edition suhrkamp 2647

AF132161

Mit diesem Band beenden wir unsere zehnjährige Langzeitstudie zur *Gruppenbezogenen Menschenfeindlichkeit*. Konzeptionell ist er daher auf die Bilanzierung von Zuständen und Entwicklungen im ersten, unruhigen Jahrzehnt des nicht mehr ganz neuen Jahrhunderts ausgerichtet. Dazu werden die soziale Integration bzw. Desintegration und die Entwicklung des Syndroms der *Gruppenbezogenen Menschenfeindlichkeit* mit Hilfe von Surveydaten zur Verbreitung menschenfeindlicher Einstellungen und Paneldaten zur Analyse ihrer Ursachen vorgestellt. Diese Langzeitdaten werden auch in weiteren Artikeln genutzt: Darin geht es um Demokratieentleerung und rechtspopulistische Einstellungen; Anomie und ökonomistische Mentalitäten in Krisenzeiten sowie den »durchgreifenden« Kapitalismus; um Kontakte mit Zuwanderern, Desintegration und schließlich Prekarität und soziale Spaltung. Die im Band enthaltenen Essays widmen sich ebenfalls der Bilanzierung nach zehn Jahren Forschungsarbeit. Im Mittelpunkt stehen dabei vor allem der Umgang mit unserem Konzept und den Ergebnissen unserer Untersuchungen in verschiedenen gesellschaftlichen Bereichen. Wie wurde unsere Arbeit über die Zeit in den Medien und von der Politik wahrgenommen? Inwiefern und auf welche Weise hat die Langzeitstudie die Diskussion über Rechtsextremismus in den letzten zehn Jahren beeinflußt? Wird die Debatte über die Vorgänge in den Fußballstadien durch das Konzept der *Gruppenbezogenen Menschenfeindlichkeit* differenzierter? Ist das »Einsickern« des Konzeptes in die Wahrnehmung und das Handeln gesellschaftlicher Institutionen (Kirchen, Stiftungen, Gewerkschaften, Opferorganisationen) gelungen? Ein persönlicher Rückblick auf das Projekt, auf wissenschaftliche sowie politische Reaktionen sowie Überlegungen zur gesellschaftlichen Verantwortung der Wissenschaft beschließen das Langzeitprojekt und die Buchreihe *Deutsche Zustände*.

Deutsche Zustände

Folge 10

Herausgegeben von
Wilhelm Heitmeyer

Suhrkamp

5. Auflage 2024

Erste Auflage 2011
edition suhrkamp 2647
© Suhrkamp Verlag AG, Berlin, 2011
Alle Rechte vorbehalten. Wir behalten uns auch
eine Nutzung des Werks für Text und Data Mining
im Sinne von § 44b UrhG vor.
Umschlag gestaltet nach einem Konzept
von Willy Fleckhaus: Rolf Staudt
Druck: Libri Plureos GmbH, Hamburg
Printed in Germany
ISBN 978-3-518-12647-9

www.suhrkamp.de

Inhalt

Zehn Jahre *Deutsche Zustände*

1. Der Ausgangspunkt

Das empirische Langzeitprojekt *Gruppenbezogene Menschenfeindlichkeit*, das wir 2002 gestartet haben, um uns der Analyse des Zustandes und der Entwicklung dieser Gesellschaft sowie den Einstellungen gegenüber schwachen Gruppen zu widmen, geht mit diesem Band zu Ende. Angesichts der aktuellen Krisen und der zu erwartenden ökonomischen, politischen und sozialen Verwerfungen wäre es freilich dringend notwendig, eine solche Dauerbeobachtung dieser Gesellschaft auch in Zukunft durchzuführen.

Die Vorgeschichte des Projekts ist lang. Alles begann Anfang der neunziger Jahre mit einem Artikel (Heitmeyer 1992), der sich gegen die Fixierung auf Rassismus als alleiniges Problem des sozialen Zusammenlebens wandte. Erst 2000 habe ich dann die Idee wieder aufgegriffen und zusammen mit Kolleginnen und Kollegen das Konzept der *Gruppenbezogenen Menschenfeindlichkeit* entwickelt.

2. Die Realisierung

Es war ein Glücksfall, daß ein Stiftungskonsortium unter Federführung der VolkswagenStiftung, namentlich dem Generalsekretär Dr. Wilhelm Krull in der entscheidenden Anfangsphase sowie dem Abteilungsleiter Prof. Axel Horstmann und seinen Referentinnen im weiteren Verlauf, mit Unterstützung der Freudenberg-Stiftung in Person von Christian Petry und der Möllgaard-Stiftung diese Langzeituntersuchung im Jahr 2001 möglich gemacht hat. Sie hat über die Zeit nicht nur in Deutschland wissenschaftliche, institutionelle, öffentliche und politische Resonanz erfahren, sondern auch zum Export deutscher Forschung ins Ausland beigetragen sowie internationale Vergleichsstudien initiiert. Es war die bisher weltweit größte und am längsten laufende Studie dieser Art. Über die Jahre wurden 23 000 Personen befragt. Bis September 2011 sind circa 150 wissenschaftliche Veröffentlichungen entstanden. Derzeit werden die Datenbestände für die Weitergabe ins Wissenschaftssystem aufbereitet. Auch zahlreiche ausländische Wissenschaftler (insbesondere Tom Pettigrew ist hier zu nennen) arbeiten inzwischen mit diesen Daten und verschiedenen Erklärungsansätzen. Ein Überblick über die empirischen Analysen, die in der Reihe *Deutsche Zustände* publiziert wurden, findet sich am Ende dieses Bandes.

3. Die Entwicklung

Unsere Konzeption der *Gruppenbezogenen Menschenfeindlichkeit* umfaßte im Jahr 2002 sechs Elemente: Rassismus, Fremdenfeindlichkeit, Antisemitismus, Heterophobie, Etabliertenvorrechte und Sexismus. Zugleich formulierten wir die Annahme, es handle sich um ein Syndrom. Diese Annahme wurde erfolgreich getestet, im Kern des Syndroms steht dabei eine Ideologie der *Ungleichwertigkeit* (Zick et al. 2008). Die Operationalisierungen sind für einige Syndromelemente erweitert und verbessert worden. So wurde zum Beispiel das ursprüngliche Element Heterophobie ausdifferenziert in die Abwertung von Homosexuellen, Behinderten und Obdachlosen. Angesichts aktueller politischer Ereignisse und Entwicklungen haben wir zusätzliche Skalen entwickelt, etwa die des israelbezogenen Antisemitismus. Schließlich haben wir vor einigen Jahren die Gruppe der Langzeitarbeitslosen in das Syndrom aufgenommen, 2011 haben wir auch Asylbewerber sowie Sinti und Roma ergänzt. Die Forschungsgruppe hat also immer wieder auf neue Entwicklungen reagiert (vgl. Zick/Hövermann/Krause in diesem Band).

Zur Erklärung der Ausmaße, Zusammenhänge und Verläufe wurde 2002 ein erstes Forschungsfeld entwickelt, das sich aus Kontextfaktoren, sozialpsychologischen und soziologischen Erklärungsansätzen zusammensetzte. Neben den Makrodaten (etwa des Arbeitsmarktes), den Mesodaten sozialer Umfelder und Mikrodaten zur individuellen Lage ist das Projekt mit zunächst fünf Konzepten gestartet: den Theorien der sozialen Desintegration, relativen Deprivation, Anomia, des Autoritarismus und der bindungslosen Flexibilität.

Die Konzepte der Kontakthypothese, der sozialen Identität, sozialen Dominanz, Demokratieentleerung und der Ökonomisierung des Sozialen erweiterten im Verlauf des Jahrzehnts das Erklärungsarsenal auch für Kausalanalysen mit Hilfe der »mitlaufenden« Panelanalyse über sechs Erhebungszeitpunkte zwischen 2002 und 2010.

4. Dank

Die erste Dekade des 21. Jahrhunderts im jährlichen Rhythmus langfristig analysieren zu können, war ein anstrengender, aber auch befriedigender Glücksfall, an dessen Realisierung viele beteiligt waren. Zu danken ist deshalb in erster Linie den wissenschaftlichen Kolleginnen und Kollegen. Die Liste ist lang. Zur Kerngruppe gehörten mit wechselnder Zugehörigkeit Oliver Christ, Kirsten Endrikat, Eva-Maria Groß, Aribert Heyder, Anna Klein, Daniela Krause, Steffen M. Kühnel, Beate Küpper, Sandra Legge, Jürgen Leibold, Rebecca Lobitz, Jürgen Mansel, Martin Petzke, Jost Reinecke, Dagmar Schaefer, Peter Schmidt, Rainer Strobl, Ulrich Wagner, Carina Wolf und Andreas Zick.

Ein immer hilfreicher Unterstützer und Anreger war während der gesamten Laufzeit Gunter Hofmann, der ehemalige Leiter der Hauptstadtredaktion der Wochenzeitung *Die Zeit*. Zu danken ist auch den zahlreichen Autorinnen und Autoren, die mit ihren Essays die jeweiligen Bände dieser Buchreihe bereichert haben.

Dank gilt auch den Sekretärinnen Sabine Passon, Ulrike Rogat und Sigrid Ward, außerdem Wiebke Fiedler-Ebke sowie den zahlreichen studentischen Hilfskräften.

Dank ist natürlich auch den über die Zeit wechselnden, uns sowohl wohlwollend als auch kritisch begleitenden Lektoren des Suhrkamp Verlages auszusprechen: Raimund Fellinger, Peter Höfle und Heinrich Geiselberger.

Es waren wichtige Erfahrungen.

W. H.

Literatur

Heitmeyer, W., »Die Gefahren eines ›schwärmerischen Antirassismus‹. Zur Notwendigkeit einer differenzierten Begriffsverwendung und einer multikulturellen Konfliktforschung«, in: *Das Argument. Zeitschrift für Philosophie und Sozialwissenschaften* 195/1992, S. 675-683.

Zick, A./Wolf, C./Küpper, B./Davidov, E./Schmidt, P./Heitmeyer, W., »The syndrome of group-focused enmity: The interrelation of prejudices tested with multiple cross-sectional and panel data«, in: *Journal of Social Issues* 64/2008, S. 385-401.

I.

Das Problem

Wilhelm Heitmeyer
Gruppenbezogene Menschenfeindlichkeit (GMF) in einem entsicherten Jahrzehnt

1. Die Idee und Grundphilosophie

Die Vermutung, daß Vorurteile gegenüber schwachen Gruppen, Vorurteile, die faktisch zur Abwertung dieser Gruppen führen, untereinander zusammenhängen könnten, hatte bereits Gordon W. Allport, der Begründer der individualpsychologischen Vorurteilsforschung, geäußert (1954). Allerdings wurde dieser Gedanke zunächst nicht systematisch konzeptionalisiert, empirisch – im Sinne eines Syndroms – auf Zusammenhänge getestet und in repräsentativen Bevölkerungsbefragungen überprüft. Dies wäre allerdings notwendig gewesen, um sozialpsychologische und soziologische Erklärungsansätze zu den Ursachen dieser Vorurteile zu entwickeln und zu testen.

Die Grundphilosophie unseres Projektes bestand nun darin, daß die *Gleichwertigkeit* aller Menschen und die Sicherung ihrer physischen und psychischen *Unversehrtheit* zu den zentralen Werten einer modernen und humanen Gesellschaft gehören. Diese Prinzipien drücken den Willen einer Gesellschaft aus, ein möglichst angstfreies Zusammenleben von Individuen und Gruppen unterschiedlicher ethnischer, religiöser, kultureller oder sozialer Herkunft mitsamt ihrer alltäglichen Lebenspraxis zu realisieren. Die Verwirklichung solcher Wert- und Normvorstellungen ist bekanntlich in engem Zusammenhang mit gesellschaftlichen Entwicklungen zu sehen, also sozialen, ökonomischen und politischen Prozessen. Eine auf längere Sicht zerstörerische Entwicklung sowohl für Individuen als auch für eine liberale und humane Gesellschaft ist dann gegeben, wenn sich menschenfeindliche Einstellungen und Verhaltensweisen zeigen oder gar ausweiten. Menschenfeindlichkeit wird erkennbar in der Betonung von *Ungleichwertigkeit* und der *Verletzung von Integrität*, wie sie in öffentlichen Aussagen von Repräsentanten sozialer Eliten, die vornehmlich über die Medien vermittelt werden, formuliert, in Institutionen oder öffentlichen Räumen artikuliert bzw. in privaten Kreisen durch Angehörige ganz unterschiedlicher Altersgruppen reproduziert werden, so daß sie auch von bestimmten politischen Gruppen – vornehmlich rechtsextremistischer Couleur – zur Legitimation manifester Diskriminierungen oder gar Gewaltakten genutzt werden können. Ziel des Langzeitprojektes war deshalb die aufmerksame Analyse der Einstellungen sozialer Gruppen vor dem Hintergrund gesellschaftlicher Entwicklungen. Als Meßlatte dienten uns dabei die genannten normativen Grundsätze der Gleichwertigkeit und Unversehrtheit.

Der Begriff *Menschenfeindlichkeit* bezieht sich auf das Verhältnis zwischen *Gruppen* und meint kein interindividuelles Feindschaftsverhältnis. Das besondere Kennzeichen unseres Begriffsverständnisses ist seine Spannbreite. Diese ergibt sich aus den beobachtbaren Phänomenen selbst, denn nicht nur Personen fremder Herkunft erleben Abwertung, Diskriminierung und Gewalt, sondern auch solche *gleicher* Herkunft, die als *abweichend empfunden oder deklariert* werden.

Ein weiterer wichtiger Aspekt unseres Konzepts ist das bereits angesprochene Verständnis als *Syndrom*, basierend auf der Annahme, daß die Elemente der *Gruppenbezogenen Menschenfeindlichkeit* untereinander zusammenhängen und einen gemeinsamen Kern aufweisen. Diese Annahme hat sich im empirischen Test bestätigt (Zick et al. 2008). Dies gilt auch für die Weiterentwicklungen des Syndroms (vgl. das Vorwort und den Beitrag von Zick/ Hövermann/Krause in diesem Band) in der nachfolgend abgebildeten aktuellen Struktur im Jahre 2011 (Abbildung 1).

2. Das Grundmodell der Langzeitanalyse

Ein neues Jahrtausend, ein neues Jahrhundert, ein neues Jahrzehnt. Das hat große Symbolkraft, darin spiegeln sich viele Hoffnungen. Auch diese standen 2002 am Beginn der Langzeituntersuchung zur *Gruppenbezogenen Menschenfeindlichkeit*, deren Ergebnisse in der Buchreihe *Deutsche Zustände* nun in insgesamt zehn Bänden publiziert worden sind. Drei Fragestellungen waren leitend und wurden über eine Dekade hinweg empirisch untersucht:

• In welchen *Formen* werden Gruppen von Menschen in dieser Gesellschaft durch Abwertungen, Diskriminierungen und Gewalt gefährdet?

Abb. 1: Das erweiterte Syndrom *Gruppenbezogene Menschenfeindlichkeit*

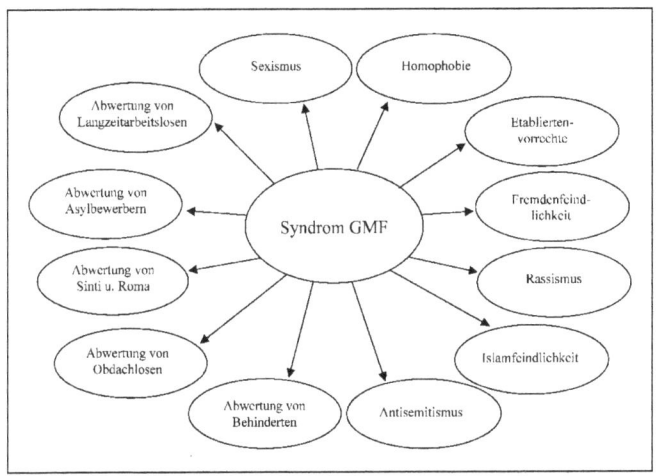

• In welchen *Ausmaßen* geschieht dies, und welche *Verläufe* zeigen sich über ein Jahrzehnt?

• Welche *Erklärungen* aus unterschiedlichen wissenschaftlichen Disziplinen lassen sich heranziehen?

Formen, Ausmaße und Erklärungen wurden in ein analytisches Konzept eingepaßt, das während des gesamten Jahrzehnts vielfach zur Anwendung gekommen ist. Es handelt sich um Analysen gesellschaftlicher Veränderungen, insbesondere im Hinblick auf:

• die Entwicklung eines autoritären Kapitalismus, die verschiedenen Krisen und sozialen Integrations- sowie Desintegrationsdynamiken,

• die politischen Einstellungen der betroffenen Menschen in unterschiedlichen sozialen Lagen sowie die Art und Weise, wie sie diese Erfahrungen verarbeiten,

• sowie ihre gegen schwache Gruppen in der Gesellschaft gerichteten Reaktionen in Form von *Gruppenbezogener Menschenfeindlichkeit.*

3. Die analytischen Eckpunkte des Konzeptes

Bereits vor der Entwicklung des GMF-Konzeptes haben wir uns mit dem sich im Zuge der Globalisierung herausbildenden *autoritären Kapitalismus* auseinandergesetzt (Heitmeyer 2001). Die leitende These lautete dabei, daß es einen Kontrollverlust der nationalstaatlichen Politik und einen Kontrollgewinn des Kapitals gegeben hatte, ein Trend, der sich im Lauf des Jahrzehnts weiter verschärfen würde. Da das Kapital nach seiner eigenen Logik kein Interesse an gesellschaftlicher Integration hat, so die Weiterführung der These, würde die Transformation des ökonomischen Systems notwendigerweise auch Auswirkungen auf die Gesellschaft, mithin auch auf *Integration und Desintegration* haben (Anhut/Heitmeyer 2000), mit ihrer je eigenen Dynamik, die unter anderem auch durch die Situation auf dem Arbeitsmarkt beeinflußt wird. Außerdem gingen wir davon aus, daß diese Trends auch das politische System im Sinne einer *Demokratieentleerung* (Heitmeyer 2001) verändern und ganz allgemein zu einer *Ökonomisierung des Sozialen* führen würden (vgl. u. a. Habermas 1981; Messner/Rosenfeld 1997; Sennett 2005).

Diese Eckpunkte bildeten den analytischen Hintergrund sowie die Grundlage für empirische Operationalisierungen in den repräsentativen Bevölkerungsbefragungen, die wir durchgeführt haben, um die Ausmaße, Ziele und Erklärungen der *Gruppenbezogenen Menschenfeindlichkeit* genauer zu beleuchten. Die ganze Vielfalt der Ergebnisse einer solchen Langzeituntersuchung läßt sich nicht in einem knappen Text abbilden. Ein Verzeichnis aller in der Buchreihe *Deutsche Zustände* (DZ) publizierten Artikel ist am Ende dieses Bandes abgedruckt. Darüber hinaus wurden unsere Ergebnisse in einer Vielzahl weiterer Artikel in Fachzeitschriften usw. publiziert.

In diesem Text möchte ich mich nun auf ein Thema konzentrieren, welches das Untersuchungsjahrzehnt kennzeichnet und das spürbare Folgen für das Phänomen der *Gruppenbezogenen Menschenfeindlichkeit* hat.

4. Das Kennzeichen des Jahrzehnts: Entsicherung

Jede Zeit trägt Kennzeichnungen. Es können Zeiten mit positiven Konnotationen sein, aber auch mit negativen. Hier wird die These vertreten, daß das zurückliegende Jahrzehnt von Entsicherung und Richtungslosigkeit im Sinne einer fehlenden sozialen Vision markiert ist, in dem auch die schwachen sozialen Gruppen sowie solche mit spezifischen Lebensstilen eine Ideologie der Ungleichwertigkeit sowie psychische und physische Verletzungen erfahren haben. In diesen Bereichen sind also keine durchgreifenden Verbesserungen eingetreten. Um dies zu veranschaulichen, sollen *erregende Signalereignisse* und *schleichende Prozesse* beschrieben und im Hinblick auf ihre Bedeutung für die *Gruppenbezogene Menschenfeindlichkeit* thematisiert werden.

a) Zu den *Signalereignissen*, die sich als *Beunruhigungen* ins öffentliche wie private Gedächtnis der individuell, sozial und materiell betroffenen Menschen und Gruppen eingekerbt haben, gehören die Folgen unterschiedlicher Krisen. Dazu zählt der 11. September 2001 mit seinen Auswirkungen auf das Zusammenleben religiöser Gruppen und die damit verbundene Islamfeindlichkeit. Es ist auch an die öffentlichen Signalereignisse rund um die Einführung von Hartz IV im Jahr 2005 zu erinnern, die für unterschiedliche Gruppen eine Statusbedrohung oder einen zeitweiligen bzw. dauerhaften Statusabsturz bedeutet haben, etwa in Form der Abwertung und Diskriminierung von Langzeitarbeitslosen. Schließlich sind die verschiedenen Stadien der ökonomisch verursachten Krisen zu nennen, beginnend 2008 mit der Finanz- und anschließend der Wirtschafts-, zeitversetzt auch der Fiskalkrise (Heitmeyer 2010, 18 ff, DZ 8). Überwölbt werden diese Krisen derzeit von der nach wie vor ungelösten Schuldenkrise, die ganze Volkswirtschaften bzw. Staatengebilde erfaßt hat (Peukert 2011). All diese Phänomene sind Ausdruck einer *Entsicherung*. Dahinter verbergen sich:

- die *Kontrollverluste* der Politik gegenüber dem Finanzkapital und seiner Erpressungslogik,
- die *Undurchschaubarkeit* der Finanzkrise mit all den hochriskanten Finanzprodukten und Spekulationstaktiken,
- die *Unkalkulierbarkeit* der (Welt-)Märkte, unter anderem ausgelöst durch chronische Schwächen der nicht länger amtierenden Ordnungsmacht USA, die derzeit nicht in der Lage ist, die Realwirtschaft zu stabilisieren,

- eine *Entmachtung* demokratisch legitimierter Parlamente, aktuell zu beobachten angesichts der höchst bedrohlichen volkswirtschaftlichen Lage im Zuge der Schuldenkrise,
- sowie schließlich die prekäre *Unkontrollierbarkeit* insbesondere des islamistisch legitimierten Terrors, der sich zu einer latenten Dauerbedrohung mit den entsprechenden psychischen Auswirkungen entwickelt hat.

Die *Entsicherung* verbindet sich mit einer politischen und kulturellen *Richtungslosigkeit*, die ihren Ausdruck findet in
- *fehlenden* politischen und öffentlichen *Debatten* über das Verhältnis von Kapitalismus und Demokratie,
- der *Beschleunigung* schwerwiegender *Entscheidungsabfolgen* wie zum Beispiel in der Schuldenkrise,
- einem Verlust des gesellschaftlichen *Zusammenhaltes* (»Rette sich wer kann«).

Entsicherung und Richtungslosigkeit (etwa in Form von Demokratieentleerung) sind Symptome und Folgen der prognostizierten Kontrollverschiebung zwischen Kapital und Politik (Heitmeyer 2001, 506ff.). In diesem Feld haben wir viele Untersuchungen durchgeführt und ausgewertet, Studien, deren Fortsetzung dringend notwendig ist.

Im Hinblick auf die Entsicherung des Zusammenlebens nach dem 11. September, speziell zur Islamfeindlichkeit, sind hier zu nennen: Leibold/Kühnel 2003, DZ 2; Leibold/Kühnel 2006, DZ 4; Leibold/Kühnel/Heitmeyer 2006; Zick/Küpper 2007, DZ 5; Leibold et al. in diesem Band). Die Erhebung, die wir im Jahr 2011 mit 2000 Personen durchgeführt haben,[1] zeigt, daß aktuell fast 53 Prozent der Befragten Probleme damit hätten, in eine Gegend zu ziehen, in der viele Muslime leben, im Vergleich zu 2004 ein Anstieg um sechs Prozent. Zudem hat die Islamfeindlichkeit im linken politischen Milieu weiter kontinuierlich zugenommen, während sie im rechten Milieu stabil auf einem hohen Niveau verharrt.

Des weiteren haben wir Analysen zur Qualität des Zusammenlebens durchgeführt, wobei häufig die Bedeutung von Kontakten zwischen Gruppen im Mittelpunkt stand: Wagner/van Dick/Endrikat 2002, DZ 1; Wolf/Wagner/Christ 2005, DZ 3; Christ/Wagner 2008, DZ 6.

Auch zur Analyse der Auswirkungen sozialer Desintegration, Spaltung und Entsicherung, insbesondere im Zusammenhang mit der Einführung von Hartz IV sowie den diversen ökonomischen Krisen, wurden seit Beginn des Projektes zahlreiche Ergebnisse vorgelegt: Endrikat/Schaefer/Heitmeyer 2002, DZ 1; Mansel/Heitmeyer 2005, DZ 3; Mansel/Endrikat/Heitmeyer 2005, DZ 3; Mansel/Endrikat/Hüpping 2006, DZ 4; Wolf/Schlüter/Schmidt 2006, DZ 4; Heitmeyer 2007, DZ 5; Mansel/Kaletta 2009, DZ 7; Mansel/Spaiser 2010, DZ 8; Zick/Lobitz/Groß 2010, DZ 8; Bekker/Wagner/Christ 2010, DZ 8; Küpper/Zick 2010, DZ 9; Zick/Hövermann 2010, DZ 9.

b) Gleichzeitig müssen *ereignisunabhängige Prozesse* aufgerufen werden, die ebenfalls mit Entsicherung und Richtungslosigkeit in Verbindung zu bringen sind und als *beunruhigende Normalisierung* gekennzeichnet werden können. Auch dazu haben wir – immer wieder mit Blick auf die Folgen für *Gruppenbezogene Menschenfeindlichkeit* – zahlreiche Analysen durchgeführt. Im Zusammenhang mit *Richtungslosigkeit* und *Entsicherung* zählen zu den entsprechenden Prozessen und Phänomenen die *Anomia* (Kühnel/Schmidt 2002, DZ 1; Hüpping 2006, DZ 4; Hüpping/Reinecke 2007, DZ 5), die *Demokratieentleerung* (Schaefer/Mansel/Heitmeyer 2002, DZ 1; Heitmeyer/Mansel 2003, DZ 2; Zick/Küpper 2006, DZ 4; Klein/Hüpping 2008, DZ 6; Legge/Reinecke/Klein 2010, DZ 9; Klein/Küpper/Zick 2009, DZ 7; Klein/Heitmeyer 2010, DZ 8; Klein/Heitmeyer 2011) und die *ökonomistischen Einstellungen* (Heitmeyer/Endrikat 2008, DZ 6; Groß/Gundlach/Heitmeyer 2010, DZ 9; Groß/Mansel/Krause 2010, DZ 9). Solche Einstellungen, die die soziale Entbettung des Lebens und die Reduzierung auf Nützlichkeit, Effizienz und Verwertbarkeit forcieren, haben von 2010 zu 2011 weiter zugenommen.

Die Ergebnisse verweisen auf Entwicklungen, im Zuge welcher die Gesellschaft unterhalb des Radars der öffentlichen Aufmerksamkeit zunehmend vergiftet wird. Dadurch verändern sich auch die Einstellungen in der Bevölkerung. Im Jahr 2011 sind fast 37 Prozent der Befragten der Auffassung, bestimmte soziale Gruppen seien nützlicher als andere, und fast dreißig Prozent finden, daß eine Gesellschaft sich Menschen, die wenig nützlich sind, nicht leisten kann.

5. Verarbeitung von Krisen

Die erregenden Signalereignisse und die schleichenden Prozesse müssen allerdings »zusammengedacht« werden, selbst wenn die öffentliche Kommunikation auf erstere fokussiert und letztere weitgehend unthematisiert bleiben. Entsicherungen und Richtungslosigkeit hinterlassen Spuren. Die unterschiedlichen und zeitlich zu differenzierenden Folgen dieser Entwicklungen für *Gruppenbezogene Menschenfeindlichkeit* lassen sich in zahlreichen der angeführten Beiträge nachlesen. Sie bekommen unter dem Druck der andauernden Krisen, insbesondere angesichts der Schuldenkrise, eine anhaltende und (möglicherweise) stärkere Bedeutung.

Welche Erfahrungen machen Menschen in solchen Krisen und wie verarbeiteten sie sie subjektiv? Diesen Aspekten haben wir uns bereits in der achten Folge (Heitmeyer 2010, DZ 8) zugewandt. Wie Menschen in solchen Situationen reagieren, hängt unter anderem davon ab, in welchem Stadium einer Krise die Menschen von ihren Auswirkungen erfaßt werden. Aktuell stehen wir vor der Frage, ob Menschen, die bereits unter den Folgen der Finanz- bzw. Bankenkrise zu leiden hatten, nun auch von der Schuldenkrise betroffen sind bzw. sein werden. Deshalb müssen wir diese Verarbeitungsmuster erneut thematisieren und unsere Analysen gegebenenfalls ergänzen.

Zu diesen Reaktionsmustern gehört etwa die *Aufspaltung der gesellschaftlichen Realität* in eine gesellschaftliche und eine individuelle Sphäre nach dem Motto »Der Gesellschaft geht es schlecht, aber mir geht es gut«. Wir haben es dabei mit der Konstruktion bzw. Aufrechterhaltung eines positiven Selbstbildes im Sinne einer *Immunisierung* zu tun.

Kollektive Schuldzuschreibungen in Form eines »Umleitens« von Verantwortungszuschreibungen auf andere Gruppen haben zum Beispiel Knappertsbusch/Kelle sowie Becker/Wagner/Christ (2010, DZ 8) untersucht. *De-Moralisierung* im Sinne eines »Alles ist möglich, alles erlaubt« analysierten Zick/Lobitz/Groß (2010, DZ 8) in jenem Band. Den Optionen einer verstärkten *politischen Partizipation* und *des anwachsenden Protests*, die Ende 2011 angesichts der Schuldenkrise bereits in mehreren EU-Ländern zu beobachten sind, gingen Klein/Heitmeyer bereits vor zwei Jahren nach.

Abb. 2: Einschätzung der wirtschaftlichen Lage in Deutschland nach Einkommensgruppen 2003-2011 (Mittelwerte, 1-4; 4 = negative, 1 = positive Einschätzung)

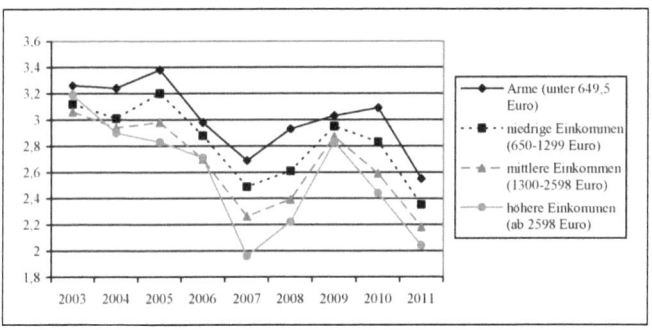

Anmerkung: Signifikanzen zwischen den Einkommensgruppen 2011: Arme – mittlere Einkommen ***; Arme – höhere Einkommen ***; niedrige Einkommen – mittlere Einkommen ***; niedrige Einkommen – höhere Einkommen ***

* p < 0,05, **p < 0,01, ***p < 0,001

Die Verlaufsdaten zur wahrgenommenen Belastung durch die wirtschaftliche Situation und zur individuellen Angst vor Arbeitslosigkeit seit Beginn der Untersuchung (hier unter besonderer Beobachtung des Zeitraumes 2008 bis 2011) zeigen nun einen bemerkenswerten Verlauf.

Die Daten zeigen, daß sich die Wahrnehmung der ökonomischen Situation trotz der bereits im Erhebungszeitraum Juni/Juli 2011 gärenden Schuldenkrise »aufgehellt« hat. Unsere Ergebnisse stehen dabei durchaus in Übereinstimmung mit anderen fast zeitgleich durchgeführten Bevölkerungsbefragungen.[2]

Dabei bleibt die Zustimmung zu Fragen, mit denen wir Orientierungslosigkeit messen (wenn auch mit Schwankungen, etwa zwischen 2009 bis 2011), vergleichsweise hoch: Um die fünfzig Prozent der Befragten haben ein Gefühl der Unordnung, niemand wisse mehr, wo man eigentlich steht, die Dinge seien heute sehr schwierig und undurchschaubar geworden, so daß man nicht mehr sagen könne, was eigentlich los ist.

Wie lassen sich diese Ergebnisse interpretieren, wenn man bedenkt, daß die Befragten sich derzeit mit der Schuldenkrise mit

Abb. 3: Sorgen und Ängste vor Arbeitslosigkeit 2003-2011 (Mittelwerte, 1-4; 4 = negative, 1 = positive Einschätzung)

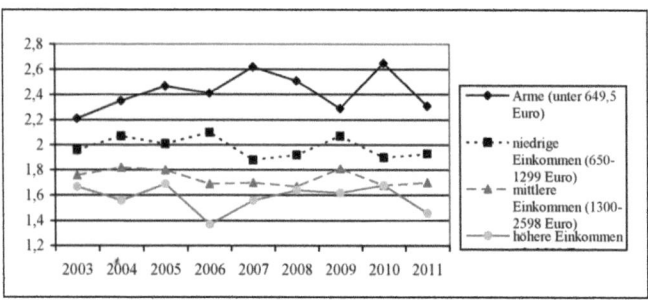

Anmerkung: Signifikanzen zwischen den Einkommensgruppen 2011: Arme – mittlere Einkommen ***; Arme – höhere Einkommen ***; niedrige Einkommen – mittlere Einkommen ***; niedrige Einkommen – höhere Einkommen ***; mittlere Einkommen – höhere Einkommen *

einer weiteren Phase in einer Serie krisenhafter Entwicklungen konfrontiert sehen? Folgende Erklärungen weisen zumindest eine gewisse Plausibilität auf:

• Der permanente Krisendruck erzeugt eine *Sehnsucht nach Beruhigung*, die von der herrschenden politischen Verschleierungspsychologie bedient – und vom Publikum angenommen wird. Völlig unabhängig übrigens von sehr skeptischen Äußerungen wie zum Beispiel jener Jean-Claude Trichets, des Präsidenten der Europäischen Zentralbank, der im Spätsommer 2011 diagnostizierte, wir befänden uns in der schwersten Krise seit dem Zweiten Weltkrieg.

• Ungleichzeitige, ihrem je eigenen Rhythmus folgende und dabei als undurchsichtig wahrgenommene ökonomische Vorgänge, über die in den Medien sehr schnell sehr viele widersprüchliche Informationen verbreitet werden und die mit politischen Kontrollverlusten einhergehen, erzeugen eine Überkomplexität, auf welche Menschen zum Teil reagieren, indem sie die *Realität ausblenden*, weil diese Entwicklungen für sie *abstrakte Turbulenzen* sind.

• Die dritte Erklärungsvariante bezieht sich auf *Vergleichsprozesse*. In den Medien wird die ökonomische Situation in Deutschland immer wieder mit der in anderen EU-Ländern oder in den USA verglichen. Diese Vergleiche sind auf wenige statistische Kennwerte reduziert, aus denen das deutsche Publikum bis zum Spätsommer 2011 immer wieder den Schluß ziehen konnte, daß es »uns« im Vergleich zu anderen Gesellschaften gutgeht – und beim Vergleich zwischen dem gesellschaftlichen und dem individuellen Zustand greift dann der bereits angeführte Mechanismus der *Aufspaltung*.

Unabhängig davon, wie die Menschen die Krisen nun individuell verarbeiten, und auch unabhängig von den Ausmaßen, Verdichtungen und Zusammenhängen zwischen den einzelnen Elementen des GMF-Syndroms (vgl. Entwicklung in den Krisenzeiten 2009-2011 in Prozent),[3] die sich im Verlauf der letzten Jahre beobachten ließen, ist es für uns von großem Interesse, wie Menschen in unterschiedlichen Soziallagen bzw. Einkommensklassen reagieren, wenn sie sich bedroht fühlen, wenn sie ihre Privilegien sichern wollen usw. Deshalb fokussieren die folgenden Ausführungen auf Untersuchungsergebnisse zu diesen Entwicklungen und Zuständen.

6. Empirische Verläufe

Die empirischen Verläufe zu den Syndromelementen lassen sich auf der Basis von Einkommensgruppen mit ihren je unterschiedlichen Chancen zur Abfederung der Folgen von Entsicherungen auf unterschiedliche Weise beschreiben. Erstens geht es dabei um die *Ausmaße* der *Gruppenbezogenen Menschenfeindlichkeit*, zweitens um ihre *Entwicklung im Zeitverlauf*.

Die folgenden Abbildungen zeigen bei allen Elementen des Syndroms höhere Werte bei den unteren Einkommensgruppen; zugleich zeichnet sich bei zahlreichen Elementen gerade bei Menschen mit höherem Einkommen seit der ersten Erhebung nach dem Ausbruch der Finanzkrise im Herbst 2008 ein signifikanter *Anstieg* ab. Zudem fällt auf, daß ältere Menschen ab 66 Jahren (unabhängig vom Einkommen) höhere Werte aufweisen, wo es um die Abwertung schwacher Gruppen geht. Zwar zeigt sich, möglicherweise als Folge der beschriebenen Verarbeitungsmechanismen, in bestimmten Bereichen eine »Aufhellung« der Wahrnehmung der wirtschaftlichen Aussichten und eine Abnahme der Angst vor Arbeits-

Abb. 4: Gruppenbezogene Menschenfeindlichkeit nach Bedrohung durch die Krise (2011)

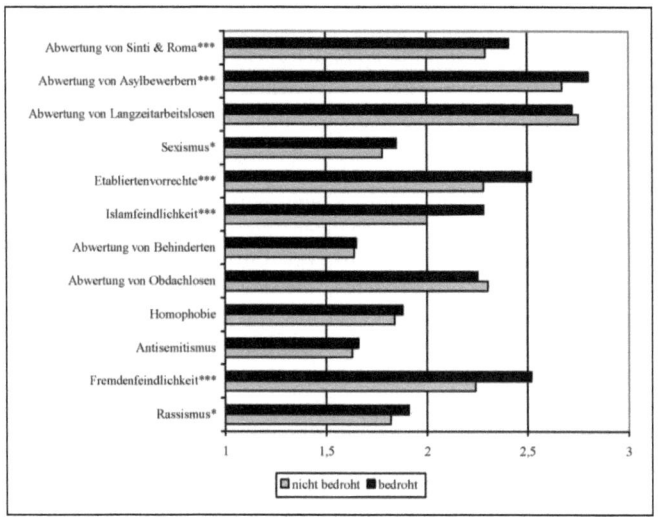

Anmerkung: Signifikanz der Unterschiede zwischen Bedrohten und Nichtbedrohten: * p < 0,05, ** p < 0,01, *** p < 0,001

losigkeit in 2011; dennoch bleibt es dabei: Unter denjenigen, die sich von Krisen bedroht fühlen, ist die *Gruppenbezogene Menschenfeindlichkeit* deutlich höher, variierend nach den Umständen.

Die Frage nach der sozialen Spaltung und den Folgen ökonomistischer Einstellungen in Zeiten der Krisen und der Ökonomisierung des Sozialen verdient – im Rückgriff auf das analytische Ausgangskonzept (vgl. oben Abschnitt 3) – besondere Aufmerksamkeit. Betrachtet man diese Zusammenhänge genauer, stellt sich heraus, daß ausgerechnet diejenigen, die sich selbst dem oberen Teil der Gesellschaft zurechnen, die soziale Spaltung der Gesellschaft signifikant weniger stark wahrnehmen. Diese Spaltung läßt sich allerdings objektiv belegen, etwa über das Netto-Geldvermögen (vgl. Mansel/Heitmeyer 2005, DZ 3, 51; DIW-Bericht 2011;[4] Dritter Armuts- und Reichtumsbericht der Bundesregierung 2008). Trotzdem beklagen Personen mit höherem Einkommen mittlerweile zunehmend, sie würden nicht in einem gerechten

Maß am allgemeinen Wachstum partizipieren. Sie bekämen also nicht das, was ihnen aus ihrer Sicht zusteht.

Daß die oberen Einkommensgruppen die soziale Spaltung weniger stark wahrnehmen, hat ganz unterschiedliche Folgen. So nehmen zum Beispiel die Solidarität und die Bereitschaft zur Hilfe für – auch krisenbedingt – schwache Gruppen ab, das Ideal der Gleichwertigkeit wird von manchen aufgekündigt (Zick/Lobitz/Groß 2010, DZ 8). Insbesondere in bezug auf Langzeitarbeitslose und Hartz-IV-Empfänger plädiert man für Leistungskürzungen. Im Sinne des Kapitals und im Einklang mit dem ökonomistischen Denken werden diese Menschen als nutzlos etikettiert. Sie müßten nun endlich selbst Verantwortung übernehmen, die Solidargemeinschaft könne nicht alle auffangen. Tatsächlich gibt es statistisch eindeutige Zusammenhänge zwischen der Forderung, die sozial Schwachen sollten ihr Leben endlich selbst in die Hand nehmen, und der Abwertung von Langzeitarbeitslosen, niedrigqualifizierten Zuwanderern und Behinderten: Angehörige höherer Einkommensgruppen betrachten diese Gruppen immer seltener als gleichwertig.

Insgesamt ist eine ökonomistische Durchdringung sozialer Verhältnisse empirisch belegbar. Es wird deutlich, daß der autoritäre Kapitalismus, dessen Zähmung in den ersten Jahrzehnten der alten Bundesrepublik noch zu gelingen schien, inzwischen außer Kontrolle geraten ist. Die spezifische Form der Gewalt, die mit diesem in den höheren Stockwerken der Wirtschaft und Politik verbreiteten Desinteresse an sozialer Integration, das längst tief in die Poren einer sich aufspaltenden Gesellschaft eingedrungen ist, einhergeht, wird zum Motor einer fortgesetzten sozialen Polarisierung. Gerade deshalb sind die Befunde so interessant, die die britischen Soziologen Richard Wilkinson und Kate Pickett (2009) in ihren ländervergleichenden Studien präsentiert haben. Wilkinson und Pickett haben nämlich herausgefunden, daß eine Gesellschaft sich im Zuge zunehmender Ungleichheit immer mehr zersetzt. Damit korrelieren soziale Probleme und auch Gewalt. Ein deutliches Warnzeichen.

Bei der Betrachtung der empirischen Ergebnisse zu den Syndromelementen im Längsschnitt soll noch einmal betont werden, daß unterschieden werden muß zwischen den *Ausmaßen* der Abwertungen und den *Entwicklungen* in den verschiedenen Einkommensgruppen. Insgesamt zeigt sich im Verlauf seit 2003[5] bei fast

Abb. 5: Abwertung von Langzeitarbeitslosen im Zeitverlauf

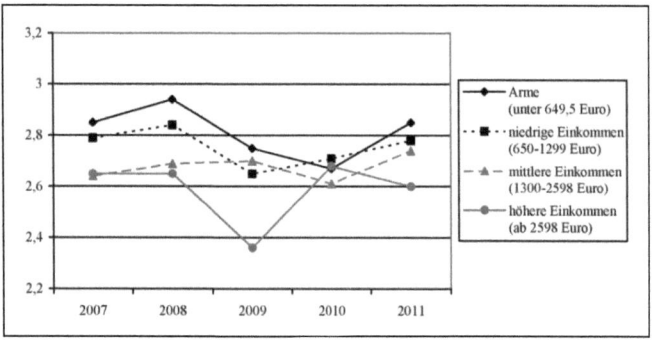

Anmerkung: Signifikanzen zwischen den Einkommensgruppen 2011: keine

allen Syndromelementen ein deutliches Bild: Je höher das Einkommen, desto weniger geben die Befragten an, schwache Gruppen in der Gesellschaft abzuwerten.

Gleichwohl gibt es einige Ausnahmen. So übersteigt in 2010 beispielsweise das Niveau der Abwertung von Langzeitarbeitslosen (Abbildung 5) unter den Befragten aus der höheren Einkommensgruppe dasjenige unter den Armen. Ebenso fordern die Befragten aus der höheren Einkommensgruppe in 2006 und 2010 mehr Rechte für Alteingesessene (Etabliertenvorrechte) (Abbildung 6) als die mittlere Einkommensgruppe, die niedrigeren Einkommensgruppen weisen jedoch durchweg höhere Werte auf. Auch beim Antisemitismus (Abbildung 7) übersteigt die höchste Einkommensgruppe im Jahr 2004 die niedrige und mittlere Einkommensgruppe.

Betrachtet man die Verläufe insgesamt, so zeigt sich erfreulicherweise, daß das Niveau in 2011 das Anfangsniveau aus dem Jahr 2002 in einigen Varianten unterschreitet. Die deutlichsten Abnahmen zeigen sich für den Sexismus (Abbildung 8) – und zwar in allen Einkommensgruppen.

Der abnehmende Trend schien sich allerdings von 2005 auf 2006 (Einführung der Hartz-IV-Gesetze) und von 2009 auf 2010, also in der Zeit, als die Menschen die Folgen der Krisen zu spüren be-

Abb. 6: Etabliertenvorrechte

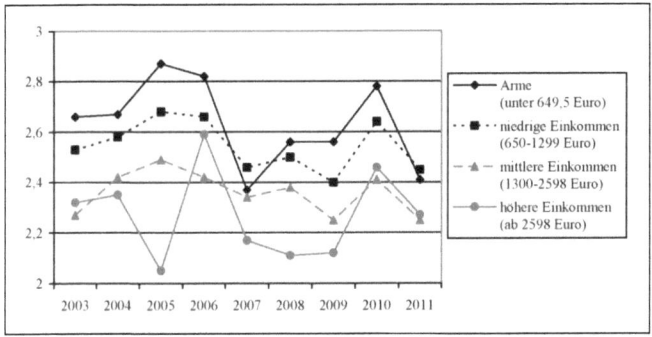

Anmerkung: Signifikanzen zwischen den Einkommensgruppen 2011: niedrige
Einkommen – mittlere Einkommen ***
* p < 0,05, ** p < 0,01, *** p < 0,001

Abb. 7: Antisemitismus

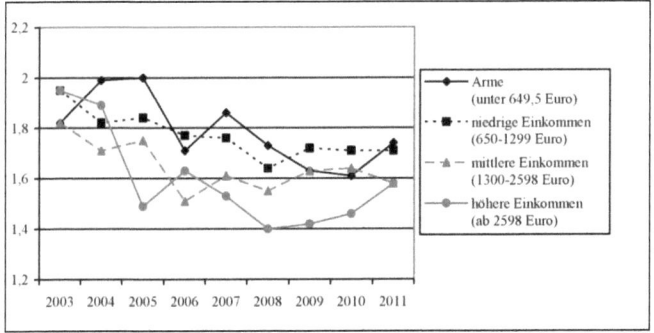

Anmerkung: Signifikanzen zwischen den Einkommensgruppen 2011: niedrige
Einkommen – mittlere Einkommen *

kamen, vor allem in der höheren Einkommensgruppe in bezug auf
viele Vorurteile umzukehren.

Die deutlichsten Anstiege verzeichnen wir in der höheren Einkommensgruppe von 2009 auf 2010 für den Rassismus (Abbildung 9), die Fremdenfeindlichkeit (Abbildung 10), die Homopho-

Abb. 8: Sexismus

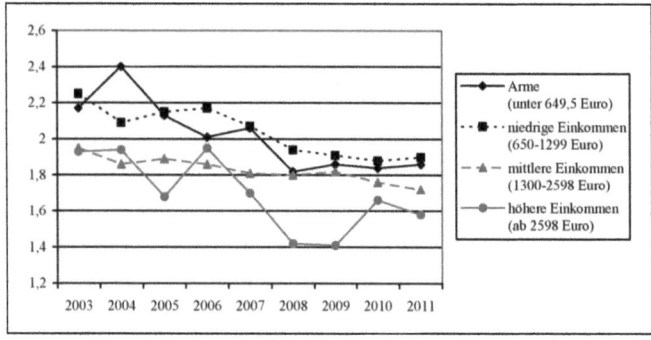

Anmerkung: Signifikanzen zwischen den Einkommensgruppen 2011: Arme – höhere Einkommen **; niedrige Einkommen – mittlere Einkommen ***; niedrige Einkommen – höhere Einkommen ***

Abb. 9: Rassismus

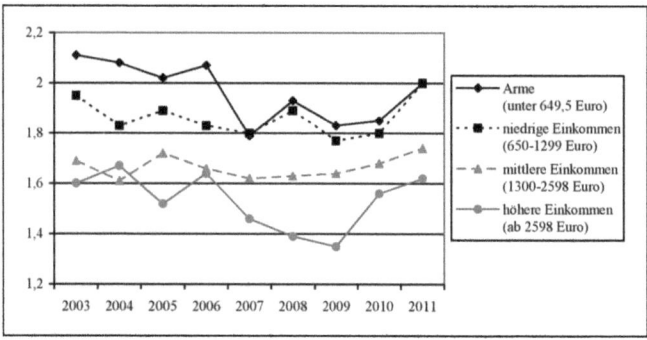

Anmerkung: Signifikanzen zwischen den Einkommensgruppen 2011: Arme – mittlere Einkommen **; Arme – höhere Einkommen ***; niedrige Einkommen – mittlere Einkommen ***; niedrige Einkommen – höhere Einkommen ***

bie (Abbildung 11), die Obdachlosenabwertung (Abbildung 12), die Behindertenabwertung (Abbildung 13) sowie die schon erwähnte Abwertung von Langzeitarbeitslosen und den Sexismus. Während diese Vorurteile in diesen Gruppen zunahmen, stagnierten sie in den anderen Einkommensgruppen weitgehend.

Abb. 10: Fremdenfeindlichkeit

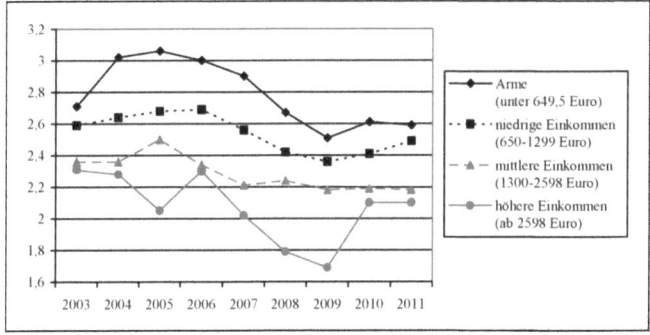

Anmerkung: Signifikanzen zwischen den Einkommensgruppen 2011: Arme –
mittlere Einkommen **; Arme – höhere Einkommen ***; niedrige Einkommen – mittlere Einkommen ***; niedrige Einkommen – höhere Einkommen

Abb. 11: Homophobie

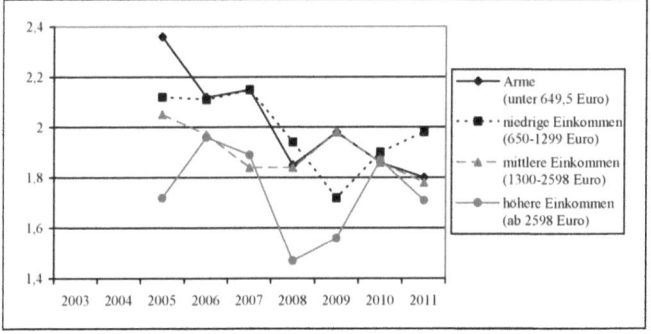

Anmerkung: Signifikanzen zwischen den Einkommensgruppen 2011: niedrige
Einkommen – mittlere Einkommen ***; niedrige Einkommen – höhere Einkommen ***

Islamfeindlichkeit (Abbildung 14) und das Einfordern von Etabliertenvorrechten nahmen von 2009 auf 2010 in allen Einkommensgruppen zu, der Anstieg unter Befragten aus den höheren
Einkommensgruppen stach aber insbesondere in bezug auf diese
beiden Syndromelemente hervor.

Abb. 12: Obdachlosenabwertung

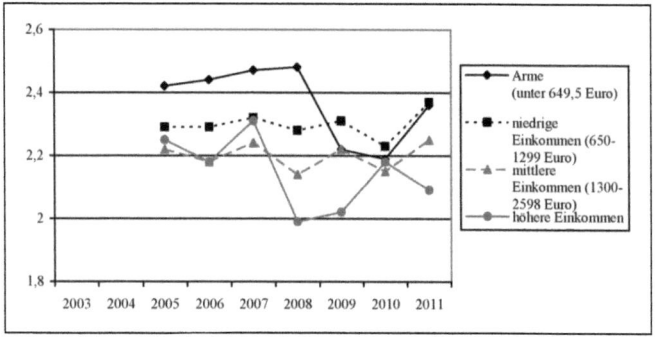

Anmerkung: Signifikanzen zwischen den Einkommensgruppen 2011: Arme – höhere Einkommen *; niedrige Einkommen – mittlere Einkommen *; niedrige Einkommen – höheren Einkommen ***

Abb. 13: Behindertenabwertung

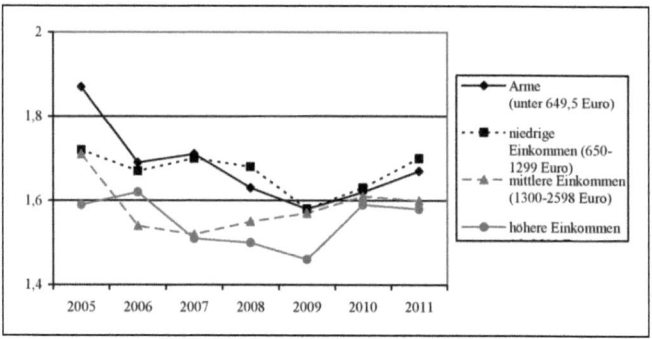

Anmerkung: Signifikanzen zwischen den Einkommensgruppen 2011: niedrige Einkommen – mittlere Einkommen *

Der Anstieg in der Abwertung schwacher Gruppen unter den Befragten mit höherem Einkommen, den wir für die Jahre 2009 auf 2010 verzeichnen, setzt sich im Folgejahr (2010 auf 2011) insgesamt nicht in dem Maße fort, gleichwohl stagnieren die Werte in den höheren Einkommensgruppen auf relativ hohem Niveau im Vergleich zum Trend der Jahre 2006 bis 2009.

Abb. 14: Islamfeindlichkeit

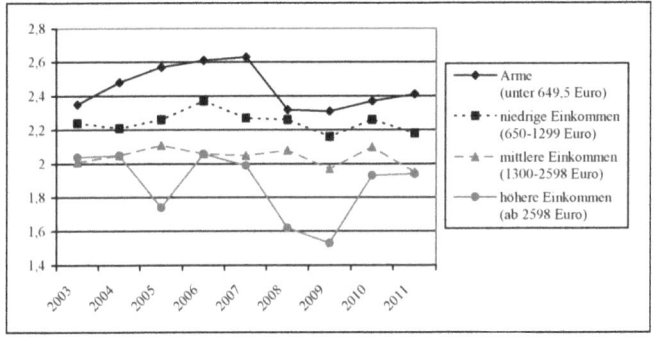

Anmerkung: Signifikanzen zwischen den Einkommensgruppen 2011: Arme – mittlere Einkommen ***; Arme – höhere Einkommen ***; niedrige Einkommen – mittlere Einkommen ***; niedrige Einkommen – höhere Einkommen **

7. Ein vorläufiges Fazit nach zehn Jahren

Die Entwicklungen, die das vergangene Jahrzehnt als ein entsichertes kennzeichnen, sind in allen zentralen Lebenssphären erfahrbar.

• In der religiösen Sphäre ist das friedliche und vom Ideal der Gleichwertigkeit geprägte *Zusammenleben* der Menschen unterschiedlichen Glaubens immer noch latent gefährdet. Immer weniger Menschen wollen in Gebieten mit vielen Moslems leben. Auch die verschiedenen Varianten des Antisemitismus geben Grund zur Sorge, wie bereits Heyder/Iser/Schmidt (2005, DZ 3) in ihrer Analyse zum israelbezogenen Antisemitismus deutlich gemacht haben.

• In der sozialen Sphäre haben die *Ökonomisierung des Sozialen* und die *Statusunsicherheit* mit den verschiedenen Desintegrationsängsten und -erfahrungen eine Kernrelevanz für die steigenden Abwertungen der als »Nutzlose« und »Ineffiziente« deklarierten Gruppen, also von Hartz-IV-Empfängern und Langzeitarbeitslosen.

• In der Sphäre der *Lebensstile* bleibt auch die Abwertung von

Homosexuellen oder Obdachlosen auf der gesellschaftlichen Tagesordnung.

• In der politischen Sphäre gibt es mit der Wahrnehmung einer *Demokratieentleerung*, also von Vertrauensverlusten und einem Gefühl der Machtlosigkeit, ernste Warnsignale, da die Anfälligkeit für rechtspopulistische Mobilisierungen auffällig ist.

• In der ökonomischen Sphäre scheint weiterhin eine Mentalität vorzuherrschen, die von der grundgesetzlichen Maxime, laut der Eigentum verpflichtet (etwa zur *Verhinderung sozialer Desintegration*), wenig wissen will. So diagnostiziert Rainer Geißler (2010, 11) eine sozialstrukturelle »Polarisierung zwischen Armen und Reichen bei schrumpfender Mitte« und eine höhere Anzahl von Abstiegen unter den Angehörigen der sogenannten »Mittelschicht«. Diese objektive Entwicklung nehmen die Menschen subjektiv auch auf hohem Niveau wahr, gleichzeitig setzt das Öffnen der Schere allerdings offensichtlich auch polarisierende Einstellungen frei. So glauben 2011 im Vergleich zu 2006 signifikant mehr Befragte mit höheren Einkommen, denen, die an ihrer Not eine Mitschuld tragen, solle nicht geholfen werden.

Zwar kann man im Spätsommer 2011 konstatieren, daß bislang keine *Kumulation* der Effekte der unterschiedlichen Krisen eingetreten ist, sondern das diese zeitlich *gestaffelt* spürbar werden. Dies ist allerdings kein Grund zur Beruhigung, denn es konnte keine der Krisen gelöst werden, nirgends gelang die Rückkehr zum stabileren Status quo ante, die Krisen wurden und werden bestenfalls »prozessiert«. Zudem haben sich die krisenhaften Entwicklungen seit 2008 zeitlich massiv verdichtet, wobei die *Schuldenkrise*, die alle anderen Probleme überwölbt, da sie nicht länger lediglich einzelne Sektoren betrifft, in denen sie eingehegt werden könnte, diesen Zustand der Staffelung und des Prozessierens nun möglicherweise beendet.

Entsicherung, Richtungslosigkeit und Instabilität sind zur neuen Normalität geworden, die Nervosität scheint über alle sozialen Gruppen hinweg zu steigen. Wir erleben, wie sich ein neuer Standard etabliert: *volatility* (*New York Times*, 19. September 2011). Eine explosive Situation als Dauerzustand.

Daher sollten wir der rohen Bürgerlichkeit auch weiterhin unsere Aufmerksamkeit widmen, einer Bürgerlichkeit, die sich bei der Beurteilung sozialer Gruppen an den Maßstäben der kapitalistischen Nützlichkeit, der Verwertbarkeit und Effizienz orientiert und somit die Gleichwertigkeit von Menschen sowie ihre psychische wie physische Integrität *antastbar* macht und dabei zugleich einen *Klassenkampf von oben* inszeniert (vgl. Sloterdijk 2009 und 2010; kritisch Hofmann in diesem Band)

Diese Roheit zeichnet sich dadurch aus, daß in bürgerlichen Kreisen offensichtliche Versuche unternommen werden, privilegierte Positionen zu wahren und abzusichern. Scheinbar gibt es hier ein »entsichertes Bürgertum«, das sich infolge ökonomischer wie gesellschaftlicher Krisen bedroht fühlt und seine Sicherungsversuche auch über liberale Tages- und Wochenzeitungen ventiliert. Der Einfluß, den diese höheren Einkommensgruppen auf negative Veränderungen des sozialen und politischen Klimas haben, ist nicht zu unterschätzen.

Rohe Bürgerlichkeit zeichnet sich – befeuert von politischen Entscheidungen – durch Tendenzen eines Rückzugs aus der Solidargemeinschaft aus. Die Entkultivierung des Bürgertums offenbart sich im Auftreten seiner Angehörigen und in der Art und Weise, wie sie versuchen, eigene Ziele mit rabiaten Mitteln durchzusetzen. Das zeigt sich nicht zuletzt in der Abwertung schwacher Gruppen. Zivilisierte, tolerante, differenzierte Einstellungen, die in höheren Einkommensgruppen einmal anzutreffen waren, scheinen sich in unzivilisierte, intolerante – ja: verrohte – zu verwandeln. Vor allem wenn jene Gruppen dem Mantra des »Unternehmerischen Selbst« anhängen (Groß/Gundlach/Heitmeyer 2010, DZ 9, 138 ff.), hat dies eine hohe Erklärungskraft in bezug auf die Abwertung vorgeblich »nutzloser« Gruppen.

Es geht hier offenkundig darum, eigene *soziale Privilegien* durch die Abwertung und Desintegration von als »nutzlos« etikettierten Menschen zu sichern oder auszubauen, sowie um eine *kulturelle Abwehrhaltung* (etwa im Hinblick auf die Islamfeindlichkeit), wobei es in diesem Fall keinen dämpfenden Bildungseffekt mehr zu geben scheint (vgl. Zick/Hövermann/Krause in diesem Band). Es mehren sich die Hinweise darauf, daß die angebliche Liberalität der höheren Einkommensgruppen erodiert.

Die geballte Wucht, mit der die Eliten einen rabiaten Klassenkampf von oben inszenieren, und die Transmission der sozialen Kälte durch eine rohe Bürgerlichkeit, die sich selbst in der Opferrolle wähnt und deshalb schwache Gruppen ostentativ abwertet, zeigen, daß eine gewaltförmige Desintegration auch in dieser Gesellschaft nicht unwahrscheinlich ist.

Tab. 1: Korrelationen zwischen unternehmerischem Universalismus und GMF nach subjektiver sozialer Position (Survey 2010)

	unten (N = 80)	Mitte (N = 702)	oben (N = 64)
Abwertung Langzeitarbeitsloser	,39***	,48***	,68***
Abwertung Obdachloser	,41***	,30***	,51***
Etabliertenvorrechte	,20 (n. s.)	,31***	,45***
Fremdenfeindlichkeit	,14 (n. s.)	,28***	,58***

Anmerkung: *** $p < .001$

Anmerkungen

1 Beschreibung des GMF-Surveys 2011.
   a) Der Fragebogen des Surveys
      Das Instrument der Untersuchung wurde so konstruiert, daß alle zwölf Elemente des Syndroms der *Gruppenbezogenen Menschenfeindlichkeit* repräsentiert sind.
      Die Endversion des Fragebogens 2011 beinhaltet je zwei bis drei Items je Konstrukt bzw. Subdimension (analog zu den Erhebungen in 2002 bis 2010).
      Als Antwortskalierung wurden drei- bis vierstufige Kategorien eingesetzt (Likert-Skalen), die auf Grund ihrer überprüften Verbalisierungen im sozialwissenschaftlichen Kontext als intervallskaliert gelten und somit den Anwendungsvoraussetzungen für multivariate Berechnungen genügen.
   b) Die Durchführung
      Die Befragung basiert auf dem Infratest-Telephon-Master-Sample (ITMS), welches verzerrungsfreie Stichproben ohne Klumpeneffekte gewährleistet. Das ITMS ist so geschichtet, daß jede Gemeinde mit mehr als 5000 Einwohnern in der Stichprobe vertreten ist und eine eigene Schicht bildet, in der durch eine systematische Zufallsauswahl Telephonhaushalte proportional zur Zahl aller Privathaushalte in der Gemeinde ausgewählt werden. Das Auswahlverfahren führte zu einer haushaltsrepräsentativen Stichprobe, wobei jeder Haushalt die gleiche Chance hatte, in die Auswahl zu kommen. In

jedem der ausgewählten Haushalte wurde durch ein Zufallsverfahren (Schwedenschlüssel) eine Person als Zielperson ausgewählt.

Die Erhebung fand vom 30. Mai 2011 bis zum 28. Juni 2011 meist zwischen 17 und 21 Uhr statt; die durchschnittliche Interviewdauer betrug 31,6 Minuten. Die Abbruchquote der Befragungen lag bei 11,2 Prozent.

c) Die Stichprobe

Die Haupterhebung umfaßt insgesamt 2000 Personen im Alter von 16 bis 94 Jahren, davon waren 53,7 Prozent (n = 1073) Frauen und 46,3 Prozent (n = 927) Männer. Der Anteil der Personen aus dem Osten Deutschlands liegt bei 33,5 Prozent (n = 670). In Westdeutschland wurden 1330 Personen (66,5 %) interviewt. Die überwiegende Mehrheit der befragten Personen gibt die deutsche Staatsangehörigkeit an, lediglich 51 AusländerInnen sind in der Stichprobe enthalten.

Die Stichprobe zeigt auf Grund der Erhebungsmethode (Telephoninterviews) haushaltsproportionale, nicht personenproportionale Verteilungen. Die rechnerische Transformation in eine Personenstichprobe erfolgt erst im Gewichtungsverfahren, welches die Repräsentativität der Stichprobe herstellt.

Durch Gewichtungsfaktoren werden auch Disproportionalitäten zwischen der Stichprobe und der Grundgesamtheit hinsichtlich verschiedener Merkmale wie Alter, Geschlecht, Bildung und Ost-West-Verteilung ausgeglichen. Die Analysen werden daher gewichtet durchgeführt. Auf Grund der unterschiedlichen Gewichtungsfaktoren können bei einigen Berechnungen die Stichprobengrößen (n-Zahlen) variieren. In der Auswertung dieses Bandes werden die befragten Personen mit Migrationshintergrund nicht berücksichtigt. Das gesamte ausgewertete Sample reduziert sich daher von insgesamt 2000 auf 1738 Fälle (ungewichtet).

In diesem Jahr wurden zur Optimierung der Befragungszeit für einen Teil der Items Splits durchgeführt. So wurde zum Beispiel einer Hälfte der Befragten Fragen zur Orientierungslosigkeit und der anderen Hälfte Fragen zur Identität gestellt (Split A und B enthalten jeweils etwa 1000 Befragte). Dies erklärt neben den Gewichtungsfaktoren variierende Stichprobengrößen (n-Zahlen) bei den Auswertungen.

2 Zu diesen Bevölkerungsbefragungen zählen die Studie *Die Ängste der Deutschen 2011* der R+V Versicherung (Wiesbaden) und die Studie des Allensbacher Instituts (vgl. *Spiegel online*, »Mehrheit der Deutschen lässt die Euro-Krise kalt« [13. August 2011], online verfügbar unter: {http://www.spiegel.de/wirtschaft/soziales/0,1518,780047,00.html} (Stand Oktober 2011).

3 Details: Die Erfassung von GMF, Zustimmung in Prozent

Prozentsatz der Befragten, die einer Aussage »eher« oder »voll und ganz« zugestimmt haben.	2009	2010	2011	Veränderungen zum Vorjahr
Rassismus				
Aussiedler sollten besser gestellt werden als Ausländer, da sie deutscher Abstammung sind.	14,4	19,1	22,2	2009-2010 *** 2010-2011 ***
Die Weißen sind zu Recht führend in der Welt.	11,3	11,3	12,8	2009-2010 n. s. 2010-2011 ***
Fremdenfeindlichkeit				
Es leben zu viele Ausländer in Deutschland.	45,8	49,4	47,1	2009-2010 * 2010-2011 n. s.
Wenn Arbeitsplätze knapp werden, sollte man die in Deutschland lebenden Ausländer wieder in ihre Heimat zurückschicken.	23,6	24,4	29,3	2009-2010 n. s. 2010-2011 ***
Antisemitismus				
Juden haben in Deutschland zuviel Einfluß	16,5	16,4	13,0	2009-2010 n. s. 2010-2011 n. s.
Durch ihr Verhalten sind die Juden an ihren Verfolgungen mitschuldig.	10,8	12,5	10,0	2009-2010 * 2010-2011 n. s.
Etabliertenvorrechte				
Wer irgendwo neu ist, sollte sich erst mal mit weniger zufriedengeben.	53,7	64,7	54,1	2009-2010 *** 2010-2011 ***
Wer schon immer hier lebt, sollte mehr Rechte haben als die, die später zugezogen sind.	30,1	37,7	30,8	2009-2010 *** 2010-2011 ***
Sexismus				
Frauen sollen sich wieder mehr auf die Rolle der Ehefrau und Mutter besinnen.	20,7	20	18,5	2009-2010 n. s. 2010-2011 n. s.
Für eine Frau sollte es wichtiger sein, ihrem Mann bei seiner Karriere zu helfen, als selbst Karriere zu machen.	13,5	14	11,5	2009-2010 n. s. 2010-2011 n. s.
Islamfeindlichkeit				
Muslimen sollte die Zuwanderung nach Deutschland untersagt werden.	21,4	26,1	22,6	2009-2010 *** 2010-2011 n. s.
Durch die vielen Muslime hier fühle ich mich manchmal wie ein Fremder im eigenen Land.	32,2	38,9	30,2	2009-2010 *** 2010-2011 ***

Prozentsatz der Befragten, die einer Aussage »eher« oder »voll und ganz« zugestimmt haben.	2009	2010	2011	Veränderungen zum Vorjahr
Homophobie				
Es ist ekelhaft, wenn Homosexuelle sich in der Öffentlichkeit küssen.	27,8	26,1	25,3	2009-2010 n. s. 2010-2011 n. s.
Homosexualität ist unmoralisch.	15,7	16,3	15,8	2009-2010 n. s. 2010-2011 n. s.
Ehen zwischen zwei Frauen bzw. zwischen zwei Männern sollten erlaubt sein. *(hier: Prozentsatz der Ablehnung)*	29,4	25,3	21,1	2009-2010 n. s. 2010-2011 **
Abwertung von obdachlosen Menschen				
Die Obdachlosen in den Städten sind unangenehm.	35,1	34,2	38,0	2009-2010 n. s. 2010-2011 **
Die meisten Obdachlosen sind arbeitsscheu.	26,3	28	30,4	2009-2010 n. s. 2010-2011 **
Bettelnde Obdachlose sollten aus den Fußgängerzonen entfernt werden.	36,3	31,2	35,4	2009-2010 ** 2010-2011 **
Abwertung von behinderten Menschen				
Für Behinderte wird in Deutschland zu viel Aufwand betrieben.	5,3	6,8	7,7	2009-2010 *** 2010-2011 n. s.
Viele Forderungen von Behinderten finde ich überzogen.	11,5	8,6	11,3	2009-2010 n. s. 2010-2011 **
Behinderte erhalten zu viele Vergünstigungen.	6,5	6,2	4,2	2009-2010 n. s. 2010-2011 n. s.
Abwertung von Langzeitarbeitslosen				
Die meisten Langzeitarbeitslosen sind nicht wirklich daran interessiert, einen Job zu finden.	47	47,3	52,7	2009-2010 n. s. 2010-2011 **
Ich finde es empörend, wenn sich die Langzeitarbeitslosen auf Kosten der Gesellschaft ein bequemes Leben machen.	57,2	58,9	61,2	2009-2010 n. s. 2010-2011 n. s.
Antiziganismus				
Ich hätte Probleme damit, wenn sich Sinti und Roma in meiner Gegend aufhalten		40,1		

Prozentsatz der Befragten, die einer Aussage »eher« oder »voll und ganz« zugestimmt haben.	2009	2010	2011	Veränderungen zum Vorjahr
Sinti und Roma sollten aus den Innenstädten verbannt werden			27,7	
Sinti und Roma neigen zur Kriminalität			44,2	
Abwertung von Asylbewerbern				
Bei der Prüfung von Asylanträgen sollte der Staat großzügig sein. *(hier: Prozentsatz der Ablehnung)*			25,8	
Die meisten Asylbewerber befürchten nicht wirklich, in ihrem Heimatland verfolgt zu werden			46,7	

***: hoch signifikant auf dem 0,1-%-Niveau; **: signifikant auf dem 1-%-Niveau; *: signifikant auf dem 5-%-Niveau

4 Bericht über DIW-Auswertung mit SOEP-Daten, laut dem die Einkommensentwicklung seit 2000 rückläufig ist. Besonders betroffen ist, wer ohnehin nur wenig verdient (vgl. Bohsem 2011).
5 Die Einkommensgruppen sind erst ab 2003 vergleichbar erhoben worden.

Literatur

Allport, G. W., *The Nature of Prejudice*, Reading 1954.
Anhut, R./Heitmeyer, W., »Desintegration, Konflikt und Ethnisierung. Eine Problemanalyse und theoretische Rahmenkonzeption«, in: Heitmeyer, W./Anhut, R. (Hg.), *Bedrohte Stadtgesellschaft. Soziale Desintegrationsprozesse und ethnisch-kulturelle Konfliktkonstellationen*, Weinheim/München 2000, S. 17-75.
Bohsem, G., »Weniger brutto vom Netto«, in: *Süddeutsche Zeitung* (20. Juli 2011), S. 18.
Geißler, R., *Die Sozialstruktur Deutschlands. Aktuelle Entwicklungen und theoretische Erklärungsmodelle*, Berlin (Friedrich Ebert Stiftung) 2010.
Habermas, J., *Theorie des kommunikativen Handelns*, 2 Bde., Frankfurt am Main 1981.
Heitmeyer, W., »Autoritärer Kapitalismus, Demokratieentleerung und Rechtspopulismus. Eine Analyse von Entwicklungstendenzen«, in: Loch, D./Heitmeyer, W. (Hg.), *Schattenseiten der Globalisierung*, Frankfurt am Main 2001, S. 497-534.
Klein, A./Heitmeyer, W., »Demokratieentleerung und Ökonomisierung

des Sozialen: Ungleichwertigkeit als Folge verschobener Kontrollbilanzen«, in: *Leviathan* 39/2011, S. 361-383.

Leibold, J./Kühnel, S./Heitmeyer, W., »Abschottung von Muslimen durch generalisierte Islamkritik?«, in: *Aus Politik und Zeitgeschichte*, 1-2/2006, S. 3-10.

Messner, S./Rosenfeld, R., *Crime and the American Dream*, Belmont 1997.

Peukert, H., *Die große Finanzmarkt- und Staatsschuldenkrise*, Marburg 2011.

Sennett, R., *Die Kultur des neuen Kapitalismus*, Berlin 2005.

Sloterdijk, P., »Warum ich doch recht habe«, in: *Die Zeit* (2. Dezember 2010), S. 51f.

Sloterdijk, P., »Die Revolution der gebenden Hand«, in; *Frankfurter Allgemeine Zeitung* (10. Juni 2009), S. 29ff.

Wilkinson, R./Pickett, K., *Gleichheit ist für alle Glück. Warum gerechte Gesellschaften für alle besser sind*, Berlin 2009.

GUNTER HOFMANN
Das Soziale und der Zeitgeist
Eine Einlassung auf das letzte Jahrzehnt

I.

Das, was man »Zeitgeist« nennen kann, die öffentliche Meinung, die Selbstverständigung der Eliten untereinander über das, was wichtig und unwichtig, richtig und falsch ist an den gesellschaftlichen Verhältnissen, ist etwas Gemachtes. Anders als das Zehn-Jahres-Projekt *Deutsche Zustände*, das sich mit Einstellungsmustern und ihren Ursachen befaßt, möchte ich mich darauf beschränken, als Journalist mit »anderen Mitteln« und auch auf einer anderen Ebene der Spur nachzugehen, wie Politik, Medien und Wirtschaft sich mit dem »Sozialen« befassen; wie also einflußreiche Politiker, Kommentatoren und Beobachter, Wissenschaftler und Ökonomen mit ihrem öffentlichen Diskurs den »Geist der Zeit« prägen und was sie beitragen zum Umgang mit Minderheiten, zur Integration oder Desintegration. Wie und weshalb sich das verändert hat in den letzten zehn Jahren, dem gilt also das Interesse.

Eine recht düstere Prognose Ralf Dahrendorfs, an die sich zu erinnern lohnt, ging dem letzten Jahrzehnt voraus. Besichtigen läßt sich aus solcher Distanz, wie weit sie sich bewahrheitet hat. Als eine »Quadratur des Kreises« bezeichnete er die Aufgabe, kapitalistische Ökonomie, soziale Integration und Demokratie im Zeitalter der Globalisierung miteinander in Einklang zu bringen. Zur gleichen Zeit müßten nämlich die Wettbewerbsfähigkeit in der Weltwirtschaft mit ihren harten Konkurrenzbedingungen, die soziale Solidarität beziehungsweise Integration und der Zusammenhalt von Gesellschaften sowie die Funktionsfähigkeit demokratischer Institutionen bewahrt werden. Da das alles vermutlich kaum auszubalancieren sei, könnten sich weitreichende politische und soziale Folgen ergeben. Dahrendorf: Das latent autoritäre Potential der Gesellschaften könne in autoritäre Entwicklungen münden, die »durch den Haupteingang kommen« dürften, wie er spekulierte (Dahrendorf 1997a; ders. 1997b; vgl. dazu auch Heitmeyer/Mansel 2003). Bemerkenswert war dieser verhaltene Unterton schon deshalb, weil Dahrendorf – der im Jahr 2009 gestorben ist – früh dafür plädiert hatte, die westlichen Gesellschaften sollten sich der ökonomischen Globalisierung öffnen und sich entsprechend durchliberalisieren. Später ging er so weit, das »Ende des sozialdemokratischen Zeitalters« zu verkünden.

In den achtziger und neunziger Jahren war die Verknüpfung zwischen sozialwissenschaftlichen Befunden und Massenmedien, die darin Vergewisserung und nutzbare Kategorien für ihre Arbeit suchten, ohnehin noch enger, und speziell Dahrendorfs Stimme wurde weltweit vernommen. Er versperrte denen mit seinem Urteil den Rückweg, die mahnten, man dürfe die sozialen Folgen eines solchen Öffnungsprozesses nicht ignorieren. Ralf Dahrendorf, das wird daran ersichtlich, hatte die Souveränität, den Zeitverhältnissen auf der Spur zu bleiben, und so verfolgte er zunehmend skeptisch, ob nicht die soziale Integration und die Demokratie in die Mühlen der ökonomischen Globalisierungsprozesse geraten könnten. Von daher war er weder der Prognose, die Demokratie werde zunehmend »entleert«, noch derjenigen von einem autoritären Kapitalismus sehr fern, auch wenn er den Rechtspopulismus in Europa von Österreich bis Dänemark, von Frankreich bis Ungarn oder Schweden nicht in der Form vorausahnte, in der er sich heute realisiert hat.

In den Medien allerdings verlief der Erkenntnisprozeß geradezu gegenläufig. Fast unisono, einschließlich der liberalen Blätter (mit Ausnahme kleiner Randphänomene wie dem *Freitag*, gelegentlich auch noch der *taz*), drängten sie die politische Klasse und insbesondere die rotgrüne Regierung, die 1998 – ein Jahr nach Dahrendorfs skeptischen Anmerkungen zur demokratischen Lage der Zeit – Helmut Kohls Koalition abgelöst hatte, auf einen neoliberalen Kurs. Die »soziale Frage« galt nicht nur als vernachlässigbar, sie wurde vielmehr regelrecht als Traditionsballast diffamiert, den man abschütteln müsse, um in der zunehmenden Weltmarktkonkurrenz nicht abgehängt zu werden. Zusätzlichen Schub erhielt diese Entwicklung mit der Wahl von Tony Blair in Großbritannien. Er folgte zwar der Ära Margret Thatchers, die das Land radikal den neoliberalen Marktkräften überlassen und die Gewerkschaften als mächtige Player endgültig ausmanövriert hatte. Aber der Labour-Premier schwor seine eigene Truppe fast in Thatcher-Manier auf eine »New Labour«-Linie ein, die ihr Hauptaugenmerk auf die neuen Aufsteigerklassen richten müsse, auf ein gesellschaftliches Leitbild, wonach jeder sein eigener »Unternehmer« sei, der sich seinen Platz erkämpfen müsse, schließlich auch auf die Priorität der Finanzmärkte und Großbanken. Der Aufstieg der Londoner City und des Finanzmarktkapitalismus mit seinen Währungsspekulationen und Hedgefonds-Spürhunden begann. Diese Tendenz setzte sich auch in Deutschland fort, sie realisierte sich dann im Jahr 2005 mit der schwarzgelben Regierung unter Angela Merkel. Auf den Journalismus wirkte das zurück: Zunehmend galt es als antiquiert, wenn Gesellschaften versuchten, sich ein Bild von sich selbst zu machen. Gesellschaftskritik wurde meist nur noch in homöopathischen Dosierungen gewünscht, das Marktgängig-Positive, das Populäre war gefragt. Zur »Entleerung« der Demokratie gehörte fortan, daß man solche Befunde, also ein Stück Selbstreflexion, zunehmend ignorierte.

Die Pointe im Jahr 2011 ist ohne diese Vorgeschichte kaum zu erklären. Ausgerechnet nach der großen Bankenkrise, die im Jahr 2008 mit der Kapitulation von Lehman Brothers in New York begann und ein weltweites Beben fast wie 1929 auslöste, gibt es in Europa kaum noch eine Mitte-Links-Regierung. Griechenlands Regierungschef Georgios Papandreou steht 2011 wegen der Haushaltslage mit dem Rücken zur Wand, ebenso wie Spaniens Sozialisten unter José Luis Rodríguez Zapatero, der bereits seinen Rückzug ankündigte. Das heißt: Die Krise des herrschenden Kapitalismus hat nicht etwa die europäische Sozialdemokratie oder Linksparteien gestärkt.

Diejenigen, denen Fairneß, soziale Gerechtigkeit oder Integration etwas bedeuteten, sahen sich vermutlich seit 1989/90 ohnehin in der Defensive. Die beschleunigte Globalisierung verstärkte diesen Prozeß, Politiker und Journalisten verhielten sich durchaus ähnlich. Dem neoliberalen Denken wurde gerade von dieser Seite wenig entgegengesetzt. War man vielleicht doch am »Ende der Geschichte« angekommen? Hatte jenes ökonomische Denken sich gar weltweit durchgesetzt, wonach jeder sich eben stärker strecken muß, wenn er überleben will? Und sollte die Linke sich nicht doch besser einer Moderne anpassen, die auf gesellschaftliche Folgen der Marktprozesse keine große Rücksicht mehr nehmen kann?

Erschrocken registrieren 2011 plötzlich Intellektuelle aus der »bürgerlichen« Welt, in den eigenen Reihen würden die Zweifel dramatisch groß, ob man überhaupt richtig gelegen habe, ein ganzes Leben lang. »Es hat mehr als dreißig Jahre gedauert«, bekannte der konservative britische Kommentator Charles Moore, »bis ich mir als Journalist diese Frage stelle, aber in dieser Woche spüre ich, daß ich sie stellen muß: Hat die Linke nicht am Ende recht?« Den Satz beispielsweise, das politische System diene nur den Reichen, habe er immer für falsch gehalten. In Anbetracht des Verhaltens der Banken oder der Kredit-Politik zu Lasten der vielen kleinen Leute müsse er jedoch sagen, der Satz sei richtig. »Ein Jahrzehnt enthemmter Finanzmarktökonomie«, griff FAZ-Herausgeber Frank Schirrmacher den Faden auf, »entpuppt sich als das erfolgreichste Resozialisierungsprogramm linker Gesellschaftskritik«. Vor allem die Finanzmärkte (und deren Manager), aber auch die Politik offenbare, daß das, was einmal »Bürgerlichkeit« hieß und bestimmte – auch soziale – Werte beinhaltete, von einer ganz anderen »Bürgerlichkeit« geradezu gekidnappt worden sei. In dieser Welt aber herrschten nur noch Doppelstandards, und das ökonomistische Denken werfe unweigerlich »moralische Probleme« auf (Moore 2011; Schirrmacher 2011). Kommt das große Erwachen jetzt ausgerechnet von dieser Seite, deren Sensibilität für gesellschaftliche Verwerfungen zuvor nicht sonderlich ausgeprägt war? Gut möglich, und es gibt Gründe dafür. Es ist auch das Erschrekken über das, was unter dem eigenen Banner geschah.

Manche der Journalisten, die Gerhard Schröder vorgeworfen hatten, seine Hartz-IV-Reformen und die Agenda 2010, also die Antwort seiner Regierung auf den globalen Konkurrenzdruck, sei viel zu halbherzig ausgefallen, stellten sich bald nach der Einführung im Jahr 2005 an die Spitze der Kritiker, als die gesellschaftlichen Nebenfolgen unübersehbar wurden – wie einige Sozial- und Politikwissenschaftler übrigens auch.

Die Bundesrepublik läge in Fesseln, lautete über Jahre hinweg die Melodie, die in jeder Sonntagabend-Talkrunde von den Gästen Sabine Christiansens herbeigepredigt wurde. Nur wenn der Arbeitsmarkt flexibilisiert würde, die langfristigen Arbeitsverhältnisse nicht mehr die Regel seien, wenn jedermann sich als »Selbständiger« verstünde, dann erst sei die Bundesrepublik wieder anschlußfähig an die globalisierte Ökonomie. In den Jahren nach Dahrendorfs Prognose gewann dieses Denken absolute Dominanz. Selbst die Lehrstühle für Ökonomie wurden fast ausschließlich einseitig besetzt. Junge Wirtschaftswissenschaftler, die auch nur ansatzweise als »Keynesianer« galten, hatten so gut wie keine Chancen mehr auf Karriere. Jemand wie Peter Bofinger, ein klassisch-moderater Ökonom, der freilich die politischen Rahmenbedingungen und die sozialen Folgen ökonomischen Handelns mitbedenkt, wurde fast zur Ausnahmestimme. Wer als Journalist die Vor- und Nachteile des Globalisierungsprozesses oder die Folgen der Transnationalisierung vorurteilsfrei abwägen, wer die Chancen entdecken, aber auch die Risiken analysiert wissen wollte, griff zwangsläufig immer häufiger auf amerikanische und britische Autoren wie John Gray, Robert Skidelsky, Joseph Stiglitz, Robert Reich, John Cassidy, Dani Rodrik oder Paul Krugman zurück. Offensichtlich vermochten sie es, anders als ihre Kollegen hierzulande, sich dem Konformitätsdruck des Mainstream-Denkens zu entziehen. Sehr viel am Zeitgeist der Jahre bis zur Krise von Lehman Brothers 2008 ist in diesem Sinne regelrecht produziert worden – nicht zuletzt von meinungsmachenden Eliten, Wirtschaftsjournalisten und Leitartiklern, die einen einseitigen Begriff von »Modernisierung« propagierten. Die Angebotsökonomie galt als naturgesetzlich vorgegeben und als der einzige Weg; das Verhältnis von Politik und Ökonomie insgesamt verschob sich diametral: Die ökonomischen Anforderungen hatten nun Priorität, und die Politik sollte den entsprechenden Rahmen schaffen. Von Postdemokratie und dem bloßen Schein regulärer politischer Prozesse, die in Wahrheit von wirtschaftlichen Überlegungen gesteuert würden, sprach daraufhin Colin Crouch (2008; 2011). Seine kritische Diagnose wurde nicht gerade breit rezipiert. Die Politik hätte dann ja zur Kenntnis nehmen müssen, daß sie gerade dabei war, sich selbst abzuwickeln. Mehr noch: Die Gesellschaft selbst geriet der Politik zunehmend aus dem Blick. Wenn immer mehr Menschen – jung oder alt, mit und ohne »Migrationshintergrund«, Langzeitarbeitslose, alleinstehende Mütter – ausgegrenzt werden oder von der untersten Sprosse der Leiter herabfielen, dann hing dieser Rückschritt zur Klassengesellschaft mit der herrschenden Politik zusammen. An kein Beispiel kann ich mich erinnern, daß einer der Journalisten, die die Fesseln der »gefesselten Republik« radikal durchzuschneiden empfahlen, einmal laut darüber reflektiert hätte, ob und warum sie sich möglicherweise geirrt hatten. Nein, sie hielten es so wie Hans-Werner Sinn, einer der Meinungsmacher unter den Wirtschaftsprofessoren: Er predigte zunächst, wie Hans-Olaf Henkel, der BDI-Chef a. D., den Marktliberalismus in einer schieren Endlos-Suada über Jahre herbei, und dann saß er nach dem Platzen der Spekulationsblase, die den Banken und Brokern Milliarden-Gewinne beschert hatte, erneut in jeder zweiten

Talk-Runde, um zu erklären, warum alles so gekommen sei, wie es kam – und was nun geschehen müsse (Henkel 2011; Sinn 2011). Dieser Zirkel, in dem die Fehlentwicklungen dann auch noch von jenen kommentiert und analysiert werden, die zu den systemimmanenten Urhebern zählen, blieb unverändert intakt.

2.

Zwei große »Debatten« standen am Ende dieses Jahrzehnts. Von Thilo Sarrazin und Peter Sloterdijk ist die Rede, zwei gewiß sehr ungleichen Partnern in der öffentlichen Arena. Der Karlsruher Fernsehphilosoph und ehemalige Kultautor für Linke wie Freigeister löste mit diversen Klageschriften gegen den modernen Steuerstaat keineswegs denselben Publikumsrausch aus wie Sarrazin mit seinem Ressentimentbuch *Deutschland schafft sich ab. Wie wir unser Land aufs Spiel setzen* (2010). Eine Auflage von eineinhalb Millionen Exemplaren hat ein politisches Opus dieser Art selten im Handumdrehen erreicht. Über die geistige Situation der Zeit verriet jedoch auch Sloterdijk – der selbstredend eine Apologie für Sarrazin verfaßte, als stieße dieser auf verrammelte Türen – eine Menge.

Sloterdijks These, der semisozialistische Staat erzwinge kleptokratisch von den Leistungsträgern massive Abgaben, statt sich getrost auf eine fröhlich-freiwillige, mildtätige Spendenbereitschaft zu verlassen, hätten in der präneoliberalen Ära nicht einmal die Hayek-Jünger so schlicht in die Welt gesetzt. Es muß also schon am »Klima« gelegen haben, daß prominente Persönlichkeiten wie Sarrazin sich so offen ausländerfeindlich und fundamentalistisch zum Islam oder wie Sloterdijk so ignorant gegenüber den real existierenden Ungleichheiten und Ausgrenzungen in der Gesellschaft äußern konnten.

Aber der Reihe nach.

Mit einem in der Kulturzeitschrift *Cicero* im Oktober 2009 publizierten »bürgerlichen Manifest« eröffnete Sloterdijk seine Philippika gegen den »nehmenden Staat«, natürlich mit einigem nietzscheanischen Pathos. Nach den ersten herben Widerworten erdete er sich eilig selbst: Das ironische Blinzeln in seinen Augen hätten die Kritiker wohl übersehen, und es sei einmal mehr typisch für deutsche Philosophieprofessoren, wie sie auf ihren ausgetrampelten ideologischen Pfaden alle kreativen und unorthodoxen Gedanken einfach abwimmelten (Sloterdijk 2010). Und natürlich zählte sich der Rektor der Karlsruher Staatlichen Hochschule für Gestaltung selbst am Ende doch wieder zu den »Sozialdemokraten«, freilich mit dem Recht, diesen die Einsicht abzuverlangen, daß man dafür sorgen müsse, »daß der Leistungsträgerkern der deutschen Population sich in Zukunft nicht nur fiskalisch mitgenommen, sondern endlich auch politisch, sozial und kulturell gewürdigt weiß«. Und das, so die Folgerung des Autors mit dem angeblich objektiven Blick von außen, sei nur dann möglich, wenn die Gemeinwohlfinanzierung vom bisherigen erzwungenen »Nehmen« auf freiwilliges »Geben« umgestellt werde (vgl. dazu auch Bahners 2011, 13 ff.). Die »traditionelle Sozialdemokratie«, suchte er Einwände von dieser Seite zu relativieren, bevor sie erhoben werden konnten, liege politisch und ideell »am Boden«, weil sie in sozialethischer Hinsicht keinen neuen Gedanken zu fassen vermöge. Sie habe es nicht gelernt, »das Wortfeld der Großzügigkeit in ihre Sprache zu integrieren«.

Wer die Welt anders sieht, muß sich von diesem Philosophen mit distanziertem Außen-Standort belehren lassen:

> »Wir haben uns – unter dem Deckmantel der Redefreiheit und der unbehinderten Meinungsäußerung – in einem System der Unterwürfigkeit, besser gesagt: der organisierten sprachlichen und gedanklichen Feigheit eingerichtet, das praktisch das ganze soziale Feld von unten bis oben paralysiert.« (Sloterdijk 2009 b)

Was in diesem »bürgerlichen Manifest« zum Ausdruck kam, hatte Sloterdijk wenige Monate zuvor bereits in der *Frankfurter Allgemeinen Zeitung* mit der These vorbereitet, daß – kaum zugespitzt formuliert – heute eine spezifische Ungleichheit herrsche, die den Leistungsträgerkern ausgrenze und benachteilige (Sloterdijk 2009 a).

Im Kern unterschied sich Sloterdijks Essay kaum von dem Text Arnulf Barings, der unter dem Titel »Bürger auf die Barrikaden!« im November 2002 – also noch zu Zeiten der Schröder-Regierung – die Sozialstaats- und Steuerpolitik angeprangert hatte. Sloterdijk betonte, ihm sei es nur um Wege zum »Gedeihen des Gemeinwesens« gegangen und darum, mit einer »Ethik des Gebens die Stagnation der zeitgenössischen politischen Kultur« zu überwinden. Den zeitgenössischen Staat setzte er freilich karikaturhaft mit seinem »mittelalterlichen und absolutistischen Vorgänger« in eins, da er – offenbar willkürlich – vom Vermögen seiner Bürger stets so viel abziehe, »wie er nehmen kann, ohne öffentliche Unruhen zu provozieren«. Er erhebe Steuern, weil es zum Staatsein gehöre, Steuern zu erheben. Daß die öffentliche Armut in den Kommunen inzwischen dramatische Auswirkungen hat, beispielsweise in Form von Einsparungen bei der Jugendhilfe oder bei der Verknappung von Kindergartenplätzen, tauchte als Beobachtung gar nicht auf; keinen Gedanken verwandte Sloterdijk darauf, welche Folgen die Privatisierung von Bildungseinrichtungen, von öffentlichen Gütern überhaupt, für diejenigen haben, die sich diesen Umstieg in privatisierte Einrichtungen nicht leisten können. Sollten sie ihre Hoffnungen eben auf den »Geist der demokratischen Bürger-Allianz« richten, in der eine »gebende Gesellschaft« die fiskalischen Transaktionen neu begründet. Kritiker einer solchen Philosophie der Freiwilligkeit tat Sloterdijk ab als Apologeten eines »Zwangsstaates« – oder gleich als Journalisten und Sozialwissenschaftler altlinker, gelegentlich sogar altleninistischer Provenienz (Sloterdijk 2009a).

3.

Als Sloterdijk das Sarrazin-Faß aufmachte und den damaligen Bundesbanker verteidigte, ging es ihm allerdings gar nicht in erster Linie um die Frage, ob die Türken nun integrationsbereit seien oder nicht. Er kämpfte vielmehr um Anerkennung für die prominenten Provokateure insgesamt, für die wahrhaft Zukurzgekommenen, die Mühseligen und Beladenen, die Bundesbankvorständler oder Hochschulrektoren, die im Fernsehen allerdings regelmäßig laut ihre Urteile über Gott und die Welt fällen dürfen. Was diese Empörung immerhin interessant machte, war die Art und Weise, wie die Frage nach der Integration hier mit der nach der Meinungsfreiheit verknüpft wurde. Ich fürchte, der Trick hat funktioniert.

Als Thilo Sarrazin sein im Spenglerschen Tonfall verfaßtes Buch über den Untergang des Abendlandes präsentierte, bekam man diese Melodie noch häufiger zu hören: In diesem Land könne man seine Meinung schlicht nicht mehr frei äußern, weil die Regisseure der öffentlichen Meinung soziale Minderheiten, staatlich Betreute und Beschützte gegen jede Kritik und jeden Mißbrauchsverdacht verteidigten. Sarrazin hat von dieser Verknüpfung geradezu gelebt: Sein »Faktencheck«, und nichts anderes habe er schließlich vorgelegt, passe eben nicht ins Bild und solle darum unterdrückt werden. Ähnlich wie Sloterdijk lud er somit alle, die sich bislang nicht getraut hatten, ihre Ressentiments offen auszusprechen, dazu ein, sich mit seinem Schicksal zu identifizieren. Tatsächlich hatte Sarrazin damit auch einigen Erfolg.

Man muß Sarrazin und Sloterdijk zusammendenken, um zu verstehen, was sie als Beeinflussung gesellschaftlicher Stimmungen erreichten. Hinterher wollte Peter Sloterdijk es zwar nicht so gemeint haben, doch darauf, daß sein Manifest nur eine logische Konsequenz seiner Denkübungen war, hat bereits Axel Honneth hingewiesen, der mit seiner Philosophie der Anerkennung den tatsächlichen Ungleichheiten und Ungerechtigkeiten auf die Spur zu kommen bemüht ist. Honneths auch heute noch aktuelle, bündige und intelligente Analyse einer intellektuellen Karriere in Deutschland mündete in die These, so solle dem »rührseligen Traum vom Sozialstaat« endlich der Garaus gemacht werden (Honneth 2009). Den Bessergestellten wolle Sloterdijk endlich das geben, was sie seiner Meinung nach verdienten. Falsch verstanden? Im Gegenteil. Als ein anderer Freigeist, Karl-Heinz Bohrer, zugunsten Sloterdijks intervenierte, wurde klar, daß man aus dem Wörtergebirge letztlich nur eine schlichte Botschaft herausdestillieren sollte: Gezielt, so Professor Bohrer, würde seinesgleichen bestraft, wenn ihm als Emeritus beispielsweise die Hälfte der beträchtlichen Preisgelder für verdiente Auszeichnungen per Steuer wieder abgeknöpft werde. Schließlich sekundierte Ulrich Greiner in der *Zeit* (2009, 47), wir sollten nicht länger die Gleichheit zum Ziel machen, es gebe schließlich auch eine »Würde der Armut«.

Es ist schwer, präzise zu bilanzieren, wie die Sloterdijk-Debatte ausgegangen ist. Argumentativ hatte er außer seinem »wilden« Denken, also dem Gestus, gegen ein Tabu zu verstoßen, wenig ins Feld zu führen. Fast könnte man mutmaßen, daß es sich um das letzte Aufflackern einer Zeitströmung handelt, die nicht wirklich eine Zukunft hat. Darauf deuten derzeit die bereits erwähnten Klagen und Selbstanklagen Charles Moores und Frank Schirrmachers hin: Zu evident ist, daß die Ungleichheiten sich in der Gesellschaft eher verschärfen, zu bedrückend ist, daß all die Bemühungen um annähernd gleiche Bildungschancen für sozial Benachteilige oder Immigranten bei null steckengeblieben sind und der pure Ökonomismus obsiegte. Da aber Bildung das A und O für gleiche Chancen auf dem Arbeitsmarkt ist und Arbeit das A und O für soziale Anerkennung, ist dieser Befund katastrophal. Von Martin Seel über Christoph Menke und Thomas Assheuer bis zu Johann Hinrich Claussen haben zahlreiche Autoren das Sloterdijk kompetent klarzumachen versucht – aber wohl kaum mit Erfolg. Die Frage wäre dann, ob sozialwissenschaftliche Akteure, die sich mit unserer Gesellschaft befassen, den Stellenwert zurückerobern können, den sie früher schon einmal hatten, um gegen diesen Zeitgeist vorzugehen. Ich fürchte, so weit ist es noch lange nicht.

Nun müßte man das alles nicht auf die Goldwaage legen. Peter Sloterdijk versetzt keine Berge, sein Einfluß auf den politischen und mentalen Mainstream ist durchaus begrenzt. Um ein Symptom handelt es sich aber gewiß. Denn da zeigte sich einer angewidert vom Postulat der »Gleichheit«, und das am Ende eines Jahrzehnts, in dem der Staat sich immer weiter zurückzog. Kreatives und meinethalben auch »wildes« Denken hätte man eher erwartet zur Frage, wieviel Desintegration – im Sinne Ralf Dahrendorfs – die ökonomische Globalisierung zur Folge hat und ob die demokratischen Institutionen noch funktionieren. Daß die »Bürgergesellschaft«, die Dahrendorf beschwört, den Raum auszufüllen vermag, den der Staat preisgibt, läßt sich ja schwerlich behaupten. Denn die »Bürger« zweifeln schließlich zunehmend daran, überhaupt einen Hebel in der Hand zu haben, mit dem sie die Politik noch beeinflussen könnten. Und auch die Politik selbst erwies sich als ohnmächtig: Jeder Versuch, auf die Krise, welche die unkontrollierten Finanzmärkte und der Shareholder-Kapitalismus ausgelöst haben, mit einem Bündel von Regularien zu antworten, ist schlicht gescheitert. Um es in den Worten des Wirtschaftswissenschaftlers Heinz-Josef Bontrup zu sagen, dem Sprecher der Arbeitsgruppe Alternative Wirtschaftspolitik: Die Ursache für die schlimmste Finanz- und Weltwirtschaftskrise seit 1929 ist

> »ausschließlich im neoliberalen Paradigma zu finden, das sukzessive seit den 1970er Jahren weltweit immer stärker sein Unwesen trieb und über mehrere kleine und mittelschwere Finanzkrisen mit dem Ausbruch der US-Subprime-Krise im August 2007 ihren Höhepunkt fand«. (Bontrup 2011, 12)

Die neoliberale Ideologie, die unverändert gepredigt werde, laufe letztlich »auf eine Zurückdrängung des Öffentlichen, des Staates, hinaus«. Märkte, selbst die Finanzmärkte, seien dereguliert und liberalisiert worden. Ungezügelter Wettbewerb soll herrschen, an dessen Ende noch mehr privatwirtschaftliche Macht steht.

Unter seinem Mikroskop hat Peter Sloterdijk entdeckt, daß der Staat ihm in seinem angeblichen Umverteilungs- und Sozialbeglückungsfuror etwas nimmt, was er freiwillig geben könnte, wenn es ihm sinnvoll erscheint. Was er dabei übersah, war die ganze Realität um ihn herum, vor allem den Umstand, daß Staat und Politik die Kontrolle über jene Handlungsfelder verloren haben, mit denen die öffentlichen Angelegenheiten gesteuert werden.

4.

Thilo Sarrazin hat schlimmere Schäden angerichtet. Mit seinen Thesen zur Intelligenz von Einwanderern, die, genetisch bedingt, sowieso keine wirklichen Chancen haben, hätte der Autor sich noch vor wenigen Jahren selbst ausmanövriert. In einem Vortrag im Juni 2010 hatte Sarrazin formuliert, es gebe eine »unterschiedliche Vermehrung von Bevölkerungsgruppen mit unterschiedlicher Intelligenz«. Das Bildungsniveau von Einwanderern aus der Türkei, dem Nahen und Mittleren Osten sowie aus Afrika sei niedrig anzusetzen, der Erbanteil an der Intelligenz um so höher, bei etwa achtzig Prozent. Wir würden »auf natürlichem Wege durchschnittlich dümmer« (zitiert nach Bahners 2011, 35). Angela Merkel hatte es zunächst gewagt, Sarrazin in der *Bild am Sonntag* (5. September 2010, 6ff.) zu erwidern, solche schlichten Pauschalurteile seien »dumm und nicht weiterführend«. In seinem Ende August 2010 erschienenen Buch legte Sarrazin dann nach: »Über die schiere Abnahme der Bevölkerung hinaus gefährdet vor allem die kontinuierliche Zunahme der weniger Stabilen, weniger Intelligenten und weniger Tüchtigen die Zukunft Deutschlands.« (Sarrazin 2010, 11)

»Nicht hilfreich« nannte Angela Merkel das scheinrationale Pamphlet des Bundesbankers. Ganze Gruppen der Gesellschaft habe er ausgegrenzt und verächtlich gemacht. Sie habe das Buch nicht gelesen, bekannte sie, die Vorabpublikationen reichten aus, um These, Kern und Intention seiner Argumentation zu erfassen. Sarrazin habe dem international hervorragenden Ansehen der

Bundesbank geschadet. Punkt. Bald darauf trennte sich die Bank von ihm. Aber die Verkaufszahlen schossen noch weiter in die Höhe, und Sarrazin-Verehrer wie Klaus von Dohnanyi oder Martin Walser empörten sich, schon allein diese Lese-Verweigerung falle auf Angela Merkel zurück. Schließlich habe Sarrazin sich doch lediglich auf Fakten berufen. Fortan hüllte sich Angela Merkel in Schweigen. Einige Monate später, scheinbar aus heiterem Himmel, gab sie zu Protokoll, Multikulti sei »gescheitert, absolut gescheitert«.

Was war passiert, daß die politische Klasse plötzlich derart in die Defensive geriet? Zunehmend hat die Politik sich abhängig gemacht von öffentlichen Stimmungen, die von den Medien erzeugt werden. Daß es die Politik selbst sein könnte oder sollte, die den »Zeitgeist« definiert – diese Idee ist vielen Akteuren auf dieser Bühne abhanden gekommen. Sie antizipieren oft lieber, wie die Meinung sich morgen drehen könnte oder welche Schlagzeilen *Bild* dann vielleicht liefert, um ja nicht aus dem Mainstream zu fallen. Das war der Grund, weshalb Angela Merkel zwei Monate lang schweigend zusah, wie das Blatt die Ressentiments gegen »die Griechen« und ihre Mißwirtschaft schürte, und darin ist wohl auch das Motiv für ihre fahrlässige Bemerkung zu suchen, die Südländer sollten gefälligst mehr und länger arbeiten und weniger urlauben. Für spanische Jugendliche beispielsweise, von denen vierzig Prozent keine Arbeit haben, ist das starker Tobak. Abhängiger denn je macht sich die Politik damit aber auch von einem Journalismus, der selbst zunehmend neuen Gesetzen folgt.

Es weht kein kritischer Geist mehr in der liberalen Öffentlichkeit. Dem Publikum ist das nicht vorzuwerfen. Der Impuls geht vielmehr von den Medien selbst aus, die übervorsichtig versuchen, nur ja nicht mit allzu viel Politik aufzuwarten – und schon gar nicht mit kritischen Befunden, beispielsweise über soziale Zustände. Das erklärt auch, weshalb kritische Sozialwissenschaftler – übrigens auch: kritische Ökonomen – nur noch einen kleinen festen Stamm von Abnehmern vorfinden, während der Vorbehalt wächst, sie könnten Leser und Käufer verprellen mit ihrer Sicht auf die Realitäten. Bei dieser klammheimlichen Entpolitisierung spielen sich Politik und Medien somit gegenseitig in die Karten. Man könnte auch sagen, sie verdoppeln das Problem. Auch die Medien, gleich welcher Couleur (und zwar bis hinein ins öffentlich-rechtliche Fernseh- und Rundfunksystem), möchten mit populären, wenn nicht populistischen Offerten die Auflagen oder die Einschaltquoten steigern. Tatsächlich befinden sich viele von ihnen, zumal die Printmedien, in der Defensive – in den USA liest nur noch eine verschwindende Minderheit gedruckte Zeitungen, und zumindest in der Tendenz zeichnet sich eine solche Entwicklung auch hierzulande ab.

Die Verlockung, in dieser Situation mit Marketing-Journalismus zu reagieren, ist enorm. Kritische Blicke auf die soziale Wirklichkeit, aber auch das mühsame Beobachten schleichender politischer Prozesse »stören« dann leicht den beabsichtigten Effekt. Lieber bietet man dem Leser Stories, in denen die Welt narrativ aufbereitet und mit Menschen bevölkert wird, über die sich nette Geschichten erzählen lassen. Am besten mit Personen, an deren Popularität dann auch der Journalismus partizipiert.

In dieser Welt mit ihren Marketing-Gesetzmäßigkeiten wurde auch Thilo Sarrazin mit seinen Islam-Thesen nach oben katapultiert. Und das Publikum nahm ihm die Klage ab, daß ihm wegen Tabuverletzung die »Existenzvernichtung« drohe, wie Peter Sloterdijk pointiert formuliert hatte. Sarrazin konnte sich damit erfolgreich gegen kritische Einwände und Gegenargumente immunisieren.

Die Talkshow-Kultur in den Fernsehanstalten, mit denen sie billig Sendezeit füllen, bildet keine Barriere gegen diesen Medientrend, sie verstärkt ihn vielmehr noch. Nicht nur, daß das Parlament – als klassischer Diskursort ohnehin in Bedrängnis, da die Exekutive in wichtigen Fragen über die Köpfe der Abgeordneten hinweg handelt – an Bedeutung fast auf null geschrumpft ist. Politik wird auf Entertainment reduziert. Und wenn sie nicht quotenfähig ist und das Publikum fesselt, wenn selbst die spektakuläre Inszenierung nichts hilft oder die populären Schauspieler, Opernsänger und Showmaster die Sache nicht aufmöbeln – dann läßt man es beim nächsten Mal eben ganz mit diesem oder jenem politischen Thema oder mit der Politik ganz allgemein.

Zum Durchbruch des neoliberalen ökonomischen Denkens und der Annahme, die Republik habe sich mit ihrem Sozialstaatsnetz selbst gefesselt, hat diese zeitgenössische Mediendemokratie erheblich beigetragen – jahrelang, sonntagabends, mit Sabine Christiansen und den ewiggleichen Gästen. Wird es einen Rückweg in eine Debatte über Alternativen, über die postneoliberale Ökonomie, über ein Regelwerk zur Zähmung des radikalen Marktkapitalismus geben? Vorstellen kann man sich das nicht. Anfangen müßte es ja damit, daß die moderne Demokratie über ihre eigenen Defizite und Deformationen laut reflektiert. Wird die Demokratie, gleichsam scheibchenweise und ohne dramatischen Paukenschlag, zur Leerstelle? Gemessen an dem Ausmaß öffentlicher Erregungen über Nichtigkeiten, an der Neigung, Populäres zu popularisieren, Kritisches aus den Sozialwissenschaften zu verdrängen und Politik maximal zu vereinfachen, kann die Antwort nur lauten: Ja, das ist mehr als eine Tendenz, die Gewichtsverlagerungen sind folgenschwer und unübersehbar.

5.

Gerhard Schröder hat als Kanzler in den Jahren 1998 bis 2005 zeitweise geglaubt, mit den Medien spielen oder sie dazu verleiten zu können, nach seiner Pfeife zu tanzen. Es funktionierte nicht. In jenen zwei Fällen, die seine Kanzlerschaft entscheidend prägten, sein »Nein« zum Irak-Krieg und die »Agenda 2010«, stieß er auf erbitterte Widerstände. Das »Nein«, das sich als die richtige Entscheidung erwies, galt als Verrat am überlieferten Transatlantizismus; und die sogenannten Hartz-IV-Reformen riefen einerseits einen Teil der Sozialdemokratie auf die Barrikaden, weil sie als Bruch mit der klassischen Grundhaltung der Partei betrachtet wurden, andererseits gingen sie den meisten Kritikern nicht weit genug. Das hinderte sie natürlich nicht, später zu bemängeln, sie hätten überhaupt nicht gegriffen oder aber ein neues Prekariat produziert.

Wie auch immer man die sozialen Verhältnisse oder die Lage des Sozialstaats heute beurteilt – ausverhandelt wurde das Paket, das den Arbeitsmarkt den globalen Anforderungen anpassen sollte, in einem eigentümlichen Erregungszustand. Es ging um ein Konzept zur Reform der Sozialsysteme und des Arbeitsmarktes, das dann ab 2003 umgesetzt wurde. Schon 1999 hatte das »Schröder-Blair-Papier« eine grundsätzliche Kurswende in diese Richtung angekündigt. In seiner Regierungserklärung am 14. März 2003 sprach der sozialdemokratische Kanzler von einem notwendigen Umbau des Sozialstaates und einer Verbesserung der Rahmenbedingungen für mehr Wachstum und Beschäftigung. Offen kündigte er Leistungskürzungen an. Konkret hieß das insbesondere: Das Arbeitslosengeld, das zuvor prozentual an die Höhe des Einkommens während der letzten Monate gekoppelt war, wird nur zwölf Monate lang ausbezahlt bzw. gekürzt, egal, wie lange der jeweilige Arbeitslose in die Arbeitslosenversicherung eingezahlt hat. Für Arbeitnehmer ab 55 Jahren, die arbeitslos wurden, verkürzte sich die Bezugsdauer auf 18 Monate (zuvor 32). Damit wurde die Arbeitslosenhilfe abgeschafft. Wenn das Arbeitslosengeld nicht mehr ausbezahlt wird, müssen Arbeitslose das Arbeitslosengeld II in Höhe des Sozialhilfesatzes beantragen. Diese Zahlung wiederum wurde an die »Bedürftigkeit« gekoppelt.

Dieses Arbeitslosengeld II erwies sich psychologisch und politisch als Hauptproblem. Da es Langzeitarbeitslose in den Status von Sozialhilfeempfängern rückte, empfanden sie es als zusätzliche Stigmatisierung, denn an den gesellschaftlichen Rand gedrängt fühlten sie sich als Arbeitslose ohnehin.

Es kamen noch andere Einschnitte hinzu, die den Eindruck verdichteten, ausgerechnet die rotgrüne Regierung verschärfe die sozialen Brüche in der Gesellschaft. Eine stärker angebotsorientierte Wirtschaftspolitik sorgte für eine Lockerung des Kündigungsschutzes und flexiblere Arbeitsverträge. Teilzeitarbeit wurde gefördert. Im Bildungsbereich verschärfte sich der Trend, private Schulen und Hochschulen einzurichten und anzuerkennen, eine Chance, die sozial Benachteiligte ihren Kindern nicht gönnen konnten. Beide großen Volksparteien drängten in einer Weise auf Elitebildung, als sollten die Jahre der postulierten »Chancengleichheit« vergessen gemacht werden. Schnell-Läufer-Ausbildungsgänge für Hochqualifizierte, Exzellenzstudiengänge, ein ins Vorschulalter verlegter Leistungsdruck, schließlich die Verschulung der Universitätsausbildung mit dem Bachelor und Master, das alles kam noch hinzu. Daß all die Versprechen über bessere Chancen für die Kinder aus benachteiligten Familien aus den siebziger Jahren am Ende die sozialen Ungleichheiten nicht aufgehoben und die Chancen nicht verbessert hatten, änderte am Siegeszug der Konkurrenzökonomie im Bildungs- und Wissenschaftsbereich nichts.

Ideologisch war dieses Jahrzehnt geradezu geprägt von einer Revolution des Normativen. Genauer: die Maßstäbe und Kriterien, an Hand derer gesellschaftliche Entwicklungen beobachtet werden, sind verlorengegangen. Hätte man Schröder gefragt, wie er sich zu der These Ralf Dahrendorfs verhalte, die Dreiheit von kapitalistischer Ökonomie, sozialer Integration und Demokratie im Zeitalter der Globalisierung in Einklang zu bringen, gleiche einer »Quadratur des Kreises«, er hätte wohl kaum widersprochen. Angesichts einer Arbeitslosenquote von bald zehn Prozent und der drohenden Abwanderung weiterer Industriezweige aus dem Hochlohnland Bundesrepublik habe er sich jedoch dafür entschieden, der kapitalistischen Ökonomie Priorität einzuräumen. Nur wenn wieder mehr Menschen einen Job hätten, gebe es auch eine Chance, daß das dünne Eis der Zivilisation trage. Er hat nicht verschleiert, welchen Weg er da eingeschlagen hatte, und würde sich heute auf Grund der rapide verbesserten Arbeitsmarktzahlen 2011 nur bestätigt fühlen. Er hätte damals vermutlich auch gar nicht geleugnet, daß es ihm nicht um Sozialpolitik, sondern um Haushaltskonsolidierung ging und er keinen anderen ökonomischen Weg wußte.

Die Medien, die solche Entwicklungen doch eigentlich kritisch begleiten sollen, fallen in dieser Funktion weithin aus: Sie standen ja Pate, sie feuerten die Politik noch zusätzlich an. Und sie haben sich – mit wenigen rühmlichen Ausnahmen – auch gegen die Kontrollübernahme der Finanzmärkte, die »enthemmte Finanzmarktökonomie« (Schirrmacher), nicht gewehrt. Jedes wirkliche, dauerhafte Interesse an gesellschaftlichen Ungleichheiten ist ihnen dabei abhanden gekommen. Zu groß war der Wille, in der Weltmarktkonkurrenz nicht zu unterliegen. Daß dann hinterher – wenn das Kind im Brunnen liegt – auch Journalisten die Einsicht aufspießen, die Klassengesellschaft kehre zurück, die Befürworter der marktradikalen Verhältnisse seien blind für die gesellschaftlichen Folgen und die Politik müsse wieder das Steuer in die Hand nehmen, bestätigt nur unfreiwillig das Bild.

6.

Daß eine durchökonomisierte Gesellschaft zum Nährboden für eine elitär motivierte Menschenfeindlichkeit wird, gehörte zu den Ausgangshypothesen Wilhelm Heitmeyers, als er sein Projekt begann. Darin sieht er sich heute im Rückblick bestätigt (vgl. auch Groß/Gundlach/Heitmeyer 2010). Das klassische Leistungsprinzip werde zunehmend durch das Prinzip des Erfolgs ersetzt, es werde also stärker zwischen »Unternehmern« und »Überflüssigen« unterschieden, die »Nutzlosen« würden stärker abgewertet.

Es trifft auch zu, muß man als Journalist hinzufügen, daß über die Jahre die Politik zunehmend an Kontrolle verlor, ja, von sich aus darauf verzichtete. Die Märkte obsiegten. Die Schule richtet sich nach dem Arbeitsmarkt aus, die klassischen Bildungsprioritäten stehen damit Kopf. Was Jürgen Habermas die »Kolonialisierung der Lebenswelt« nannte, ist inzwischen Alltag geworden. Sie tritt nur deshalb nicht richtig ans Licht, weil die Medienwelt für solche Fragen irgendwie keine Zeit hat, sie blendet sie weithin aus.

Das Leitbild des »unternehmerischen Selbst« habe sich durchgesetzt, lautet ein sozialwissenschaftliches Urteil, dem zuzuhören sich lohnt. Weitgehend würde ich dem folgen. »Enthusiasten, Ironiker, Melancholiker«, überschrieb Ulrich Bröckling (2008) einen Essay, in dem er über die unternehmerische »Anrufung« nachdachte. Bröckling:

> »Als Unternehmer ihrer selbst werden die Individuen heute in den unterschiedlichsten Lebenszusammenhängen angerufen, und sie können in dieser Weise angerufen werden, weil sie in ihrem Alltag die Erfahrung machen, daß die Ausrichtung an diesem Kraftfeld ihnen in einem fundamentalen Sinne soziale Anerkennung verschafft. Mehr noch: Sie erlaubt ihnen, überhaupt am sozialen Leben teilzunehmen. [...] Bewegt von dem Wunsch, kommunikativ anschlußfähig zu bleiben, und getrieben von der Angst, ohne diese Anpassungsleistung aus der sich über Marktmechanismen assoziierenden gesellschaftlichen Ordnung heraus zu fallen, handeln die Individuen oder bemühen sich zumindest so zu handeln, als seien sie Unternehmer in eigener Sache.«

Das möge Kräfte freisetzen, fügt er hinzu, führe aber auch zu permanenter Überforderung.

Er skizziert die Ideologie dieses letzten Jahrzehnts, die in alle Poren gedrungen ist. Wenn es nur FDP-Rhetorik wäre, könnte man zur Tagesordnung übergehen – ihr Zenit von 2009 ist längst überschritten. Nein, nahezu alle in der Arena haben das »Ich«, den selbständigen Akteur, den Unternehmer in eigener Sache zum heimlichen Leitbild erhoben. Das war das Gegenbild zum Sozialstaat, der als antiquiert galt. Wer seine Chance nutzt, kann sich durchsetzen und weit nach oben kommen. Das Hobbessche Motto der Marktradikalen wurde auch zum Motiv einer Lebenshaltung: Nur die Stärksten überleben. Während die Politik sich dazu nicht mehr so richtig bekennen will, hat sich das Prinzip in den Köpfen fest eingenistet.

Zurück zum Ausgangspunkt. Wir stehen, wie mir scheint, mehr denn je in der »Quadratur des Kreises«. Keineswegs ist die Balance zwischen Ökonomie, sozialem Zusammenhalt und demokratischer Beteiligung in beruhigender, konstruktiver Weise hergestellt. Mit ihrem realistischen Blick und ihrer diagnostischen Offenheit aber sind die Sozialwissenschaften oft näher an der Realität als die Politik, die den Wissenschaftlern so gern den Rücken zukehrt. Journalisten im Medienzirkus stehen mehr denn je vor der Aufgabe, mit solcher Hilfe wenigstens die Augen zu öffnen und die »Zustände« offen und kritisch zu benennen, statt einen Zeitgeist zu »befeuern«.

Literatur

Bahners, P., *Die Panikmacher. Die deutsche Angst vor dem Islam*, München 2011.

Baring, A., »Bürger, auf die Barrikaden! Deutschland auf dem Weg zu einer neuen westlichen DDR«, in: *Frankfurter Allgemeine Zeitung* (19. November 2002).

Bontrup, H. J., »Schuldenerlass jetzt«, in: *die tageszeitung* (18. Juli 2011).

Crouch, C., *Das befremdliche Überleben des Neoliberalismus*, Berlin 2011.

Crouch, C., *Postdemokratie*, Frankfurt am Main 2008.

Dahrendorf, R., »An der Schwelle zum autoritären Jahrhundert«, in: *Die Zeit* (47/1997a).

Dahrendorf, R., »Die Quadratur des Kreises. Ökonomie, sozialer Zusammenhalt und Demokratie im Zeitalter der Globalisierung«, in: *Blätter für deutsche und internationale Politik* 9/1997b, S. 84-89.

Greiner, U., »Die Würde der Armut. Der neue Klassenkampf bricht los: Warum wir nicht länger von Gleichheit reden sollten«, in: *Die Zeit* (12. November 2009).

Groß, E./Gundlach, J./Heitmeyer, W., »Die Ökonomisierung der Gesellschaft«, in: Heitmeyer, W. (Hg.), *Deutsche Zustände. Folge 9*, Berlin 2010, S. 131-156.

Heitmeyer, W./Mansel, J., »Entleerung der Demokratie«, in: Heitmeyer, W. (Hg.), *Deutsche Zustände. Folge 2*, Frankfurt am Main 2003, S. 37f.

Henkel, H.-O., *Rettet unser Geld! Deutschland wird ausverkauft. Wie der Euro-Betrug unseren Wohlstand gefährdet*, München 2011.

Honneth, A., »Fataler Tiefsinn aus Karlsruhe. Zum neuesten Schrifttum des Peter Sloterdijk«, in: *Die Zeit* (24. September 2009), S. 60f.

Moore, C., »I'm starting to think the left might actually be right«, in: *The Telegraph* (22. Juli 2011).

Sarrazin, T., *Deutschland schafft sich ab*, München 2010.

Schirrmacher, F., »Ich beginne zu glauben, daß die Linke recht hat«, in: *Frankfurter Allgemeine Zeitung* (15. August 2011).

Sinn, H.-W., *Ist Deutschland noch zu retten?*, Berlin 2011.

Sloterdijk, P., »Warum ich doch recht habe«, in: *Die Zeit* (2. Dezember 2010).

Sloterdijk, P., »Die Revolution der gebenden Hand«, in: *Frankfurter Allgemeine Zeitung* (10. Juni 2009a).

Sloterdijk, P., »Aufbruch der Leistungsträger«, in: *Cicero* (1. November 2009b).

II.

Empirische Analysen
Gruppenbezogene Menschenfeindlichkeit
im letzten Jahrzehnt

Zeitverläufe, politische Einstellungen
und soziale Lagen

ANDREAS ZICK/ANDREAS HÖVERMANN/
DANIELA KRAUSE

Die Abwertung von Ungleichwertigen
Erklärung und Prüfung eines erweiterten
Syndroms der *Gruppenbezogenen
Menschenfeindlichkeit*

1. Einleitung

Seit zehn Jahren untersuchen wir im Rahmen des Projektes
Gruppenbezogene Menschenfeindlichkeit die Grundlagen von
Stereotypen, Vorurteilen und Diskriminierungen, kurz: der Abwertung von Gruppen. Im Mittelpunkt steht dabei die Analyse des
Syndroms der *Gruppenbezogenen Menschenfeindlichkeit.* In
Deutschland wird eine Vielzahl von Gruppen abgewertet, man
denke etwa an Obdachlose, Homosexuelle, Menschen mit Migrationshintergrund oder muslimischen Glaubens. Die einzelnen abgewerteten Gruppen betrachten wir als Elemente des Syndroms.
Ein Element wird dann Teil des Syndroms, wenn die Gleichwertigkeit der entsprechenden Gruppe in der Gesellschaft zur Disposition gestellt wird. Wer grundsätzlich soziale Hierarchien in der
Gesellschaft, etwa jene von »oben« und »unten«, für richtig hält,
neigt, so unsere Annahme, auch eher zur Abwertung von Menschen auf Grund der Zuweisung zu einer Gruppe, die als minderwertig und untergeordnet betrachtet wird (Zick et al. 2008). Dabei
gibt es gemeinsame Ursachen für Feindseligkeiten, die in den Einstellungen der Bevölkerung zu suchen sind und die einen mehr
oder weniger starken Einfluß auf die einzelnen Syndromelemente
haben.

Im folgenden Beitrag gehen wir dem genauer nach. Wir analysieren, welche Elemente zur Zeit zum Syndrom der *Gruppenbezogenen Menschenfeindlichkeit* (GMF) gehören. Anhand der GMF-Daten testen wir das Syndrom und richten anschließend den Blick
auf die gemeinsamen Ursachen der Elemente.[1] Dabei unterscheiden wir die Befragten einerseits nach demographischen Gruppenzugehörigkeiten, andererseits nach ihren sozialen Orientierungen.

Darunter verstehen wir zum Beispiel Meinungen zur Gesellschaft, Ideologien oder Benachteiligungsgefühle.

2. Das Syndrom der *Gruppenbezogenen Menschenfeindlichkeit*

Das Syndrom der *Gruppenbezogenen Menschenfeindlichkeit* umfaßt die Abwertung unterschiedlicher Gruppen, die als ungleichwertig gekennzeichnet und wahrgenommen werden (Heitmeyer 2002; Zick/Küpper/Heitmeyer 2011). Es ist kein Phänomen, das allein am extremen Rand des politischen Spektrums angesiedelt ist, sondern es spiegelt ein breites, kollektiv weithin geteiltes Meinungsmuster in der Bevölkerung wider. Die Abwertung einer Gruppe wird Element des Syndroms, wenn die Ansicht konsensfähig wird, eine Gruppe weiche von Werten und Normen ab, sei biologisch oder sozial minderwertig, weniger kompetent, »anders« oder »fremd«. Angenommen wird zudem ein Zusammenhang zwischen den Elementen des Syndroms: Äußert eine Person Zustimmung zur Abwertung einer bestimmten Gruppe, dann neigt sie mit einer signifikant höheren Wahrscheinlichkeit dazu, auch andere Gruppen zu diskriminieren. Die syndromatische Diskriminierung ist dabei keine individuelle Disposition im Sinne eines Charakterzuges, sondern Ausdruck der Abwertung von Gruppen durch Gruppen.[2]

Eine weitere Eigenschaft des Syndroms ist dessen Variabilität. Zum Syndrom der *Gruppenbezogenen Menschenfeindlichkeit* können neue Elemente dazukommen, wie auch alte wieder herausfallen können. Für die Entscheidung über die Aufnahme neuer Gruppen sind gesellschaftliche Debatten und aktuelle politische Entwicklungen relevant. Insofern ist die Erweiterung bzw. auch die Verkleinerung des Syndroms Reaktion und Ausdruck sozialer Veränderungen. Mit der Hinzunahme der Abwertung von Langzeitarbeitslosen im Erhebungsjahr 2007 wurde die Variabilität des Syndroms schon einmal unter Beweis gestellt (vgl. Heitmeyer/ Endrikat 2008). Zwei Gruppen, deren Abwertung wir noch nicht näher untersucht haben, geraten als mögliche Elemente des Syndroms der *Gruppenbezogenen Menschenfeindlichkeit* aktuell in den Fokus: Sinti und Roma sowie Asylbewerber. Gegenüber beiden Gruppen bestehen in der Bevölkerung negative Stereotype und Vorurteile. Sie werden in politischen und medialen Diskursen als kulturell unpassend, bedrohlich und ungleichwertig dargestellt.

2.1 Die Abwertung von Asylbewerbern sowie Sinti und Roma als neue Elemente

Die Abwertung von *Asylbewerbern* gerät derzeit durch die politische Entwicklung in Nordafrika und die Berichte über Flüchtlingswellen ins Blickfeld.[3] Die neunziger Jahre waren in Deutschland geprägt von öffentlicher Feindseligkeit und gewalttätigen Übergriffen, die sich vor allem gegen diese Gruppe richteten (Zick 1997). Die »Asylantenschwemme« war Topos einer menschenfeindlichen Propaganda, die im Zuge der neuen Zuwanderung von Asylbewerbern aus Nordafrika wieder auftaucht. Die aggressive Abwertung, der Haß und die Gewalt gegen Asylbewerber verbanden sich dabei übergangslos mit einer Fremdenfeindlichkeit und einem Rassismus, die sich auch gegen andere Gruppen von sogenannten Fremden richteten.

Eine zweite Gruppe, die derzeit erheblich diskriminiert wird, sind *Sinti und Roma.*[4] Landläufig werden sie vielfach immer noch als »Zigeuner« bezeichnet. Seit Jahrhunderten sind sie Opfer von Vorurteilen, Diskriminierungen, Vertreibungen und Gewalt; derzeit werden sie in fast allen europäischen Ländern als unerwünschte Zuwanderer betrachtet (vgl. Jocham 2010; Benz 2010; FRA 2009). Besonders dramatisch ist die Lage der Roma in Ungarn. In der Europaumfrage zur *Gruppenbezogenen Menschenfeindlichkeit* begegneten aber auch Befragte aus westeuropäischen Ländern Sinti und Roma, verglichen mit anderen ethnischen, kulturellen oder religiösen Minderheiten, mit starker Antipathie (Zick/Küpper/Hövermann 2011). Angesichts dieser Fakten erscheint es nahezu zwingend, die Abwertung dieser Gruppe (auch bezeichnet als Antiziganismus) als Element des Syndroms der *Gruppenbezogenen Menschenfeindlichkeit* zu verstehen.

2.2 Der Test des Syndroms im Jahr 2011

Im Folgenden prüfen wir empirisch, wie sich das Syndrom der *Gruppenbezogenen Menschenfeindlichkeit* im Jahr 2011 darstellt. Wir untersuchen dabei, ob die Abwertung von Sinti und Roma so-

Tab. 1: Zustimmung zur Abwertung von Asylbewerbern 2011 (Angaben in Prozent)

Items	stimme überhaupt nicht zu	stimme eher nicht zu	stimme eher zu	stimme voll und ganz zu	gültige N
Die meisten Asylbewerber befürchten nicht wirklich, in ihrem Heimatland verfolgt zu werden.	6,1	47,2	31,7	15,0	1597
Bei der Prüfung von Asylanträgen sollte der Staat großzügig sein.[a]	18,8	55,4	19,2	6,6	1647

Anmerkung: [a] Dieses Item wurde später so umkodiert, daß eine Ablehnung der Aussage als Indikator für die Abwertung von Asylbewerbern steht.

wie Asylbewerbern Elemente des Syndroms sind. Zuvor stellen wir die Messung und Verbreitung dieser neuen Abwertungen vor. Die Abwertung der Gruppe der *Asylbewerber*[5] haben wir im GMF-Survey 2011 durch eine Kurzskala gemessen (Tabelle 1).[6] Die beiden Items haben sich in einem ausführlichen Vortest als zuverlässiges kurzes Meßinstrument erwiesen. Sie erfassen die Unterstellung der Illegitimität und eine diskriminierende Verhaltensabsicht in bezug auf die Prüfung von Asylverfahren. Tatsächlich vertreten die Befragten im Jahr 2011 deutliche Vorbehalte gegenüber Asylbewerbern sowie der Öffnung des Landes für solche Personen. So sprechen 47 Prozent der Befragten den meisten Asylbewerbern einen legitimen Grund für ihre Einwanderung ab, und drei Viertel der Befragten sind gegen eine großzügige Handhabung der Asylanträge.

Zur Erfassung der Abwertung von *Sinti und Roma* haben wir ebenfalls mehrere Aussagen geprüft. Zwei Aussagen bilden nach den Vortests im GMF-Survey 2011 ein zuverlässiges kurzes Meßinstrument.[7] In Tabelle 2 sind die Aussagen und die jeweilige Zustimmung in Prozent aufgeführt.

Die Items spiegeln diskriminierende Verhaltensabsichten und soziale Distanzierungen gegenüber Sinti und Roma wider. Über vierzig Prozent der Befragten geben an, Probleme damit zu haben,

Tab. 2: Zustimmung zur Abwertung von Sinti und Roma 2011 (Angaben in Prozent)

Items	stimme überhaupt nicht zu	stimme eher nicht zu	stimme eher zu	stimme voll und ganz zu	gültige N
Ich hätte Probleme damit, wenn sich Sinti und Roma in meiner Gegend aufhalten.	18,8	41,1	22,3	17,8	1626
Sinti und Roma sollten aus den Innenstädten verbannt werden.	23,6	48,7	16,4	11,3	1597

wenn sich Sinti und Roma in ihrer Wohngegend aufhalten. Fast 28 Prozent plädieren dafür, sie aus den Innenstädten zu verbannen.

Wir erwarten, daß die beiden Abwertungen mit den anderen Elementen der *Gruppenbezogenen Menschenfeindlichkeit* signifikant zusammenhängen und ein Syndrom bilden. Dies haben wir mit den Daten des GMF-Surveys 2011 durch eine konfirmatorische Faktorenanalyse geprüft. In Abbildung 1 sind die Ergebnisse schematisch dargestellt.

Abgebildet ist das Syndrom, wie es sich im Jahr 2011 für die Bundesrepublik Deutschland empirisch darstellt. Ohne an dieser Stelle auf die statistischen Details einzugehen, läßt sich an den einzelnen Faktorladungen und am akzeptablen Model-fit ablesen, daß sich alle zwölf Elemente auf einen gemeinsamen Kern zurückführen lassen. Dies bestätigt den Syndromcharakter und unterstützt die Annahme signifikanter Zusammenhänge zwischen allen Elementen. Befragte, die eine Gruppe abwerten, tendieren mit signifikant hoher Wahrscheinlichkeit auch dazu, andere Gruppen abzuwerten. Die Abwertungen von Sinti und Roma und die von Asylbewerbern (hier ist die Faktorladung mit $\beta = ,82$ sogar besonders hoch) lassen sich statistisch eindeutig dem Syndrom zuordnen.

Nichtsdestotrotz unterscheiden sich die Abwertungen unterschiedlicher Gruppen in dem Maße, wie sie mit anderen Elementen durch einen gemeinsamen Kern verbunden sind. Die Etablierten-

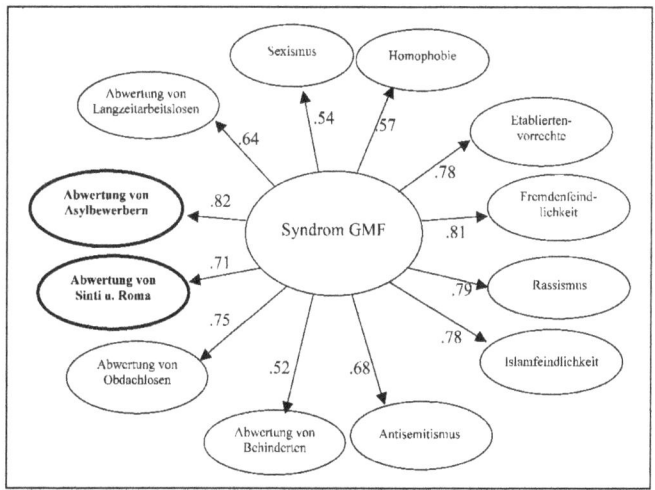

Anmerkung: Die Werte entsprechen standardisierten Parameterschätzwerten einer konfirmatorischen Faktorenanalyse zweiter Ordnung. Faktorladungen[8] erster Ordnungen sind aus Platzgründen nicht angegeben, können aber bei den Autoren erfragt werden. Model-fit: Chi² = 1178 /df = 336/ CFI = .94/ RMSEA = .045/Pclose = .99. Abgebildet sind die Faktorladungen der einzelnen Elemente *Gruppenbezogener Menschenfeindlichkeit* (im Modell als latente Konstrukte gemessen).

vorrechte, Fremdenfeindlichkeit, Rassismus, Islamfeindlichkeit und auch die Abwertung der Asylbewerber beschreiben das Syndrom besonders gut (abzulesen an den hohen Faktorladungen dieser Elemente). Sie können als Kernelemente bezeichnet werden. Hingegen sind die Abwertung von Menschen mit Behinderung, Sexismus und Homophobie lockerer mit dem Syndrom verknüpft (Faktorladungen < ‚60). Während also die Wahrscheinlichkeit sehr hoch ist, daß eine Person zugleich fremdenfeindliche und islamfeindliche Einstellungen vertritt, Asylbewerber ablehnt und die Vorrechte der Etablierten gestärkt sehen will, ist die gleiche Person zwar signifikant häufiger (aber nicht zwangsläufig) auch sexistisch, homophob oder ablehnend gegenüber behinderten Menschen. Diesen Unterschieden zwischen den Elementen gehen wir mit Blick auf die Ursachen genauer nach.

3. Ursachen der *Gruppenbezogenen Menschenfeindlichkeit*

Im Folgenden stellen wir zunächst zwei Annahmen über die Ursachen des Syndroms *Gruppenbezogene Menschenfeindlichkeit* vor. Im Anschluß daran präsentieren wir eine empirische Prüfung der Ursachen mit den GMF-Daten der vergangenen zehn Jahre.

3.1 Annahmen über die Ursachen der Abwertungen

Aus unserer Sicht sind zwei Hypothesen für das Verständnis der Ursachen der *Gruppenbezogenen Menschenfeindlichkeit* maßgeblich. Erstens werden die Abwertungen, die Personen über andere Gruppen kundtun, davon beeinflußt, welchen gesellschaftlichen Gruppen sie selbst angehören. Mit der Gruppenzugehörigkeit sind bestimmte Lebensumstände, materielle wie immaterielle Ressourcen und Güter, aber auch Orientierungen verknüpft. Der Begriff der Orientierung erscheint uns angemessen, weil er die mit der Zugehörigkeit zu Gruppen verbundenen kollektiven Einstellungen umfaßt, aber nicht auf eine bestimmte Überzeugung oder Gefühlslage eingrenzt. Die Zugehörigkeit zu einer Gruppe kann durch demographische Faktoren definiert sein, wobei die Gruppe eine Art Proxi, das heißt eine Annäherung und Zusammenfassung vieler Bedingungen, bildet. Demographische Gruppen wie Frauen und Männer, Alte und Junge, Gebildete und weniger Gebildete, Alteingesessene und Einwanderer sind soziale Kategorien, die zur Selbsteinschätzung dienen und auf deren Basis andere Menschen wahrgenommen, eingestuft und bewertet werden.

Unsere zweite zentrale Annahme schlägt ein sozialpsychologisches Verständnis von Ursachen der Abwertung vor. Erstmals haben wir das in der GMF-Europastudie formuliert (Zick/Küpper/Hövermann 2011). Demnach sind neben den Gruppenzugehörigkeiten soziale Motive eine wesentliche Ursache für Abwertungen. Zugehörigkeiten prägen gesellschaftliche Orientierungen, das heißt Wünsche, Meinungen, Ideologien oder Verhaltensabsichten. In Anlehnung an Susan Fiske (2000) unterscheiden wir fünf soziale Motive, denen wir Orientierungen zuordnen. Für die Orientierungen können wir später empirische Ergebnisse präsentieren.[9]

• Gesellschaftsmitglieder haben das Motiv, zur Gesellschaft und ihren Gruppen *dazuzugehören*, wobei die Zugehörigkeit über die Identität definiert ist. Kulturelle, nationale oder extremistische Identitäten bieten eine Orientierung für das Motiv der Zugehörigkeit. Sie erzeugen die Abwertung von Fremdgruppen, wenn die Identität der eigenen Gruppe gefährdet ist.

• Damit eng verbunden ist das Motiv der *positiven Bewertung und sozialen Anerkennung*. Gesellschaftsmitglieder erschließen ihren Wert aus dem sozialen Vergleich mit anderen. Negative Vergleiche mit anderen Menschen, die sich in dem Gefühl der Benachteiligung ausdrücken, entstammen diesem Motiv. Es erzeugt Abwertung anderer, wenn zum Beispiel Minderwertigkeitsgefühle vorhanden sind.

• Menschen wollen anderen vertrauen können und von diesen als vertrauenswürdig wahrgenommen werden. Damit hängt wiederum auch ein starkes Sicherheitsbedürfnis zusammen. Diesem dient zum Beispiel ein Autoritarismus, der sich gegen scheinbare Verletzungen von Normen und Ordnungen der Eigengruppe durch andere richtet und für Disziplin, Gehorsam, hartes Durchgreifen und eine Law-and-Order-Politik plädiert. Das Motiv des Vertrauens kann Mißtrauen und Abwertung anderer erzeugen, wenn Unsicherheit entsteht.

• Gesellschaftsmitglieder wollen soziale Umstände *verstehen* und ihr persönliches Verständnis mit ihrer Gruppe teilen. Der Eindruck der Orientierungslosigkeit (Anomia) ist von Verstehensverlusten getragen. Das Motiv des Verstehens führt zur Abwertung von Gruppen, wenn Werte und Normen sich ändern oder verlorenzugehen scheinen.

• Schließlich ist das Motiv der *Kontrolle* für Menschen als einzelne wie auch als Mitglieder einer Gesellschaft bedeutsam und prägt ebenfalls ihre Wahrnehmung der sozialen Umwelt. Das Kontrollmotiv ist eng mit dem Machtmotiv und der Suche nach bzw. Befürwortung von Dominanz verbunden, die sich beispielsweise in der Zustimmung zu oder Ablehnung von sozialen Hierarchien ausdrückt. Das Kontrollmotiv erzeugt *Gruppenbezogene Menschenfeindlichkeit*, wenn die Eigengruppe ihre Kontrolle über Fremdgruppen bedroht sieht.

Auch wenn wir davon ausgehen, daß demographische Merkmale und soziale Motive hinter der Zustimmung zu den Elementen des Syndroms der *Gruppenbezogenen Menschenfeindlichkeit* stehen, vermuten wir dennoch, daß diese Variablen einen unterschiedlich starken Einfluß auf die einzelnen Elemente haben. So erklärt eine autoritäre Orientierung vermutlich eher die Abwertungen von Gruppen, gegenüber denen Mißtrauen herrscht. Aus dem Motiv der Kontrolle läßt sich eher die Abwertung von Gruppen ableiten, welche die Macht der Eigengruppe bedrohen.

3.2 *Eine empirische Analyse der Ursachen*

Anhand der Daten der GMF-Surveys der Jahre 2002 bis 2011 haben wir die beiden Annahmen zum Syndrom der *Gruppenbezogenen Menschenfeindlichkeit* geprüft. Dazu haben wir aus den Umfragen solche Indikatoren für die Demographie und die Motive herausgesucht, die in möglichst vielen Erhebungsjahren erfaßt wurden. Das begrenzt zwar die Auswahl der Indikatoren, bietet aber die Möglichkeit, die Daten der verschiedenen Jahre zusammenzufassen. Einerseits erhalten wir dadurch eine hinreichend große Stichprobe, andererseits hat dieses Analyseverfahren den Vorteil, eine Prüfung vorzunehmen, die unabhängig vom Meßzeitpunkt ist.[10]

Als demographische Faktoren werden Alter, Geschlecht, Schulbildung, die Herkunft aus Ost- oder Westdeutschland und das Einkommen berücksichtigt. Ein weiterer Indikator ist die politische Selbstpositionierung der Befragten im Rechts-Links-Spektrum.

Den fünf Motiven liegen unseres Erachtens die folgenden expliziten Orientierungen zugrunde. Die nationale Identität drückt das Motiv der *Zugehörigkeit* aus. Sie wurde durch die Zustimmung zu der Aussage gemessen: »Wie sehr fühlen Sie sich als Deutsche/r?« Die relative Deprivation drückt das Motiv der *Bewertung* aus. Sie wurde in den GMF-Surveys kontinuierlich durch folgendes Item erfaßt: »Im Vergleich dazu, wie andere hier in Deutschland leben: Wie viel, glauben Sie, erhalten Sie persönlich? – Mehr als den gerechten Anteil, den gerechten Anteil oder weniger als den gerechten Anteil?« Der Autoritarismus ist von *Mißtrauen* geprägt. Im GMF-Survey haben wir die autoritäre Orientierung in allen Jahren durch eine zuverlässige Skala mit vier Items erfaßt (Zick/Henry 2009).[11] Den Orientierungsverlust zeichnet der nicht erfüllte Wunsch aus, soziale Gegebenheiten zu *verstehen*. Im GMF-Survey haben wir das durch eine Anomia-Skala operationalisiert, die vor allem die Wahrnehmung von Normverlusten zum Ausdruck bringt (vgl. Hüpping 2006).[12] Dem Motiv der *Kontrolle* entspricht die soziale Dominanzorientierung (Sidanius/Pratto 1999). Sie ist eine Ideologie, deren Befürworter für klare soziale Hierarchien sind und diese rechtfertigen. Ist die Hierarchie durch bestimmte Gruppen gefährdet, dann werten Menschen diese ab. Im GMF-Survey wurde die Orientierung kontinuierlich durch eine zuverlässige Skala mit drei Items gemessen (vgl. Küpper/Zick 2008; Küpper/Wolf/Zick 2010; Zick et al. 2008; Leibold/Thörner/Gosen/Schmidt in diesem Band).[13] Zusätzlich haben wir auch das Gefühl der politischen Machtlosigkeit in Politik und Gesellschaft als nicht erfülltes Kontrollmotiv in die Analyse aufgenommen. Es wurde von Beginn an in den GMF-Surveys erhoben und hat sich mehrfach als erklärender Faktor für die *Gruppenbezogene Menschenfeindlichkeit* erwiesen (vgl. Legge/Reinecke/Klein 2010; Klein/Hüpping 2008)[14].

Die Meßinstrumente der einzelnen Elemente von *Gruppenbezogener Menschenfeindlichkeit* finden sich im Anhang.

Mit den kumulierten Daten der GMF-Surveys haben wir in simultanen Regressionen den Einfluß der eben beschriebenen Faktoren auf jedes der zwölf Elemente der *Gruppenbezogenen Menschenfeindlichkeit* geprüft. Tabelle 3 zeigt die Ergebnisse.

Tab. 3: Ergebnisse simultaner Regressionsanalysen

	Rassismus	Etabliertenvorrechte	Fremdenfeindlichkeit	Islamfeindlichkeit	Antisemitismus	Abwertung von Behinderten
Alter	,08***	n.s.	,02*	,04***	,10***	,10***
Geschlecht (1 = m; 2 = w)	n.s.	–,05***	n.s.	–,04***	–,11***	–,09***
Bildung	–,06***	n.s.	–,07***	–,03**	–,05***	n.s.
West-Ost (1 = W; 2 = O)	,03**	–,04***	,05**	n.s.	–,03*	,02*
Einkommen	–,06***	–,04***	–,03**	–,04***	n.s.	n.s.
polit. Einstellg. (1 = li.; 5 = re.)	,09***	,08***	,13***	,13***	,12***	,09***
relative Deprivation	n.s.	n.s.	,06**	,06***	n.s.	n.s.
Orientierungslosigkeit	,09***	,12***	,20***	,22***	,10***	,06***
Autoritarismus	,14***	,22***	,26***	,20***	,14***	,13***
Dominanz	,31***	,24***	,19***	,16***	,21***	,22***

Identifikation	,07***	,07***	,04***	,02*	n. s.	n. s.
Machtlosigkeit in Politik & Gesellschaft	,06***	,06***	,09***	,09***	,09***	,05***
R²	,30	,28	,44	,33	,24	,16
N	6616	6615	6611	6604	6572	6602

	Abwertung von Obdachlosen	Abwertung von Sinti & Roma	Abwertung von Asylbewerbern	Homophobie	Sexismus	Abwertung von Langzeitarbeitslosen
Alter	–,03*	n. s.	n. s.	,28***	,19***	–,22***
Geschlecht (1 = m; 2 = w)	–,03**	n. s.	–,08*	–,19***	–,12***	,06***
Bildung	n. s.	n. s.	n. s.	–,03*	–,04***	–,05***
West-Ost (1 = W; 2 = O)	,06***	,09*	,09*	n. s.	–,09***	n. s.
Einkommen	,03*	n. s.	,10*	–,04***	–,09***	,08***
polit. Einstellg. (1 = li.; 5 = re.)	,10***	,13***	,09*	,15***	,13***	,12***
relative Deprivation	n. s.	n. s.	n. s.	–,03**	–,05***	n. s.
Orientierungslosigkeit	,03*	n. s.	n. s.	,07**	,09***	,04*
Autoritarismus	,25***	,22***	,29***	,18***	,22***	,36***
Dominanz	,18***	,26***	n. s.	,15***	,17***	,13***
Identifikation	,06***	n. s.	n. s.	,03**	n. s.	,04**
Machtlosigkeit in Politik & Gesellschaft	,09***	n. s.	,11***	n. s.	n. s.	,05***
R²	,21	,23	,20	,29	,27	,32
N	6617	726	726	6619	6617	3695

Anmerkung: Aufgeführt sind die jeweiligen beta-Koeffizienten. Je höher der Koeffizient, desto stärker der Einfluß einer Variable. Fett hervorgehoben sind Variablen mit einer besonders starken Erklärungskraft. Die Sternchen zeigen das Signifikanzniveau an: ***p < ,001; ** p < ,01; * p < ,05. Aufgrund des listenweisen Fallausschlusses für die einzelnen Vorurteile variiert die Stichprobengröße. Die Analysen wurden mit einem Repräsentativgewichtungsfaktor hinsichtlich Bildung, Alter, Geschlecht und Ost/West gewichtet.

Wir beginnen die Erläuterung der Ergebnisse mit dem *Rassismus*, weil er eine besonders harte Form der Abwertung darstellt (vgl. Hagendoorn 1995). Er gruppiert Menschen nach vermeintlich natürlichen und unveränderbaren Merkmalen, wie zum Beispiel ihrer Hautfarbe oder ethnischer Abstammung, und markiert sie als minderwertig.[15] Für das Verständnis des Rassismus spielen demographische Zugehörigkeiten eine untergeordnete Rolle. Zwar zeigen sich Einflüsse des Alters (je älter, desto rassistischer), des Bildungsniveaus und Einkommens (je niedriger Bildung und Einkommen, desto rassistischer) und auch der Herkunft aus Ostdeutschland, diese Effekte sind allerdings eher schwach. Unter den *Orientierungen* spielt die Benachteiligung überhaupt keine Rolle, während vor allem die Befürwortung sozialer Hierarchien, ausgedrückt in der sozialen Dominanzorientierung, einen wesentlichen Beitrag zur Erklärung von Rassismus leistet. Rassismus ist also vor allem von Macht- und Dominanzmotiven geprägt. Die subjektive Benachteiligung, nationale Identifikation und das Gefühl, politisch machtlos zu sein, sind wie bei vielen weiteren Elementen unbedeutend.

Ähnlich wie beim Rassismus berufen sich Befürworter von *Etabliertenvorrechten* auf ein generelles Prinzip der Andersartigkeit, um Gruppen als ungleichwertig zu deklarieren.[16] Auch hier ist der Einfluß demographischer Variablen unbedeutend. Wesentlich sind hingegen neben der sozialen Dominanzorientierung die Tendenz zum Autoritarismus sowie das Gefühl der Orientierungslosigkeit in einer sich verändernden Welt.

Fremdenfeindlichkeit scheint eine weniger harte Form der Abwertung zu sein als der Rassismus, weil sie sich nicht auf biologische Minderwertigkeit, sondern auf materielle wie kulturelle Konflikte zwischen der Eigen- und der Fremdgruppe beruft.[17] Die Regressionsanalyse ergibt eine beachtliche Varianzaufklärung und ein klares Erklärungsmuster. Ein niedriges Bildungsniveau und die ostdeutsche Herkunft haben einen signifikanten, wenngleich vergleichsweise schwachen Einfluß auf die Fremdenfeindlichkeit. Eine deutlich größere Rolle spielt die Selbsteinstufung der politischen Position als »rechts«. Die Fremdenfeindlichkeit wird darüber hinaus vor allem durch einen von konventionellen und punitiven Wertorientierungen geprägten Autoritarismus und die soziale Dominanzorientierung erklärt. Daneben leisten auch hier die Orientierungslosigkeit und das Gefühl der eigenen Benachteiligung einen Beitrag. Für das Ausmaß von Fremdenfeindlichkeit spielen also neben Bildung und der Herkunft aus Ostdeutschland die Motive der Kontrolle, des Vertrauens und des Verständnisses eine Rolle.

Die *Islamfeindlichkeit* ist eng mit der Fremdenfeindlichkeit verbunden (vgl. Leibold/Kühnel 2003). Kein Element des Syndroms hat wohl in der jüngsten Zeit den öffentlichen Diskurs über die Integration von Gruppen so sehr bestimmt wie sie (Zick 2011). Sie läßt sich am besten durch Bedrohungsgefühle und Überfremdungsängste erfassen.[18] Erneut ist die Zugehörigkeit zu einer demographischen Gruppe nur in geringem Ausmaß für die Islamfeindlichkeit verantwortlich. Unter den Orientierungen hat die Anomie, also der nicht erfüllte Wunsch, das soziale Geschehen zu verstehen, den stärksten Einfluß. Ebenso spielt der Eindruck der eigenen Benachteiligung eine gewisse, wenngleich schwache Rolle. Erneut sind auch Autoritarismus und Dominanzorientierung von Bedeutung.

Der *Antisemitismus* ist ein klassisches Element der *Gruppenbezogenen Menschenfeindlichkeit*, das derzeit auch im Kontext der Islamfeindlichkeit diskutiert wird (vgl. Leibold/Thörner/Gosen/Schmidt in diesem Band).[19] Für die Erklärung des Antisemitismus spielen im Gegensatz zu den eben erörterten Elementen demographische Gruppenzugehörigkeiten eine wichtige Rolle. Unter älteren und männlichen sowie Befragten mit eher niedrigem Bildungsniveau messen wir ein höheres Ausmaß an Antisemitismus. Auch eine rechte politische Position ist bedeutsam. Unter den Orientierungen sind die Anomie und der Autoritarismus relevant. Den stärksten Effekt zeigt wiederum die soziale Dominanzorientierung.

Die *Abwertung von Behinderten* repräsentiert eine Feindseligkeit, die sich in der Unterstellung angeblich überzogener Unterstützungsforderungen ausdrückt.[20] Insgesamt sind die ausgewählten Faktoren weniger gut zur Erklärung geeignet. Als bedeutendster Erklärungsfaktor erweist sich einmal mehr die soziale Dominanzorientierung. Weniger deutlich sind die Einflüsse des Autoritarismus.

Die *Abwertung von Obdachlosen* bezieht sich auf Menschen, die schwer zu schützen sind und weniger auf eine Gleichstellung vertrauen können (vgl. Jansen in diesem Band). Obdachlose werden abgewertet, weil sie Normalitätsvorstellungen eines geregelten Lebens nicht entsprechen.[21] Die Regressionsanalyse zeigt eine eher geringe Aufklärung durch die herangezogenen Faktoren. Den bedeutsamsten Einfluß haben der Autoritarismus und eine rechte politische Selbstpositionierung. Es zeigen sich aber auch Effekte der sozialen Dominanzorientierung und der politischen Machtlosigkeit. Erstmals ergibt sich auch ein positiv gerichteter Effekt des Einkommens: Die gut situierten Befragten neigen eher zur Abwertung von Obdachlosen. Dieser Befund wiederholt sich bei der nächsten Gruppe.

Die negative Beurteilung von *Asylbewerbern* wird gleichermaßen durch demographische und ideologische Faktoren beeinflußt. Während die ostdeutsche Herkunft, ein höheres Einkommen und eine rechte politische Orientierung größere Vorbehalte bestimmen, hat unter den Orientierungen vor allem der Autoritarismus eine deutliche Erklärungskraft. Die soziale Dominanzorientierung spielt anders als bei allen übrigen Elementen keine Rolle, wohl aber das Gefühl, politisch machtlos zu sein. Insgesamt klären diese vier Faktoren aber nur zwanzig Prozent der Varianz der Abwertung von Asylbewerbern auf.

Zur Beschreibung der Abwertung von *Sinti und Roma* sind demographische Faktoren kaum relevant. Lediglich die Herkunft aus Ostdeutschland sowie eine rechte politische Positionierung spielen eine Rolle. Als wesentlich bedeutsamer erweisen sich die ideologischen Orientierungen, wobei die soziale Dominanzorientierung ein besonders guter Erklärungsfaktor ist.

Die Abwertung von *Menschen mit homosexueller Orientierung* erfolgt auf der Grundlage von Stigmata. Mit der Homophobie wird ein feindseliges sexuelles Vorurteil erfaßt (Herek/Capitano 1999), das sich bemerkbar macht, wenn es um die Gleichwertigkeit zwischen hetero- und homosexuellen Menschen geht.[22] Die Analyse der Erklärungsfaktoren zeigt bedeutsame Einflüsse demographischer Merkmale. Homosexuellenfeindliche Aussagen teilen insbesondere Männer, Befragte mit geringem Einkommen sowie politisch konservativ orientierte Personen. Den bedeutendsten Erklärungsanteil hat jedoch das Alter: Je älter die Befragten sind, desto eher werten sie Homosexuelle ab. Darüber hinaus geht die Abwertung auf den Autoritarismus und die soziale Dominanzorientierung zurück. Die Ablehnung von Homosexualität scheint von Konformität und der Kontrolle tradierter Statuspositionen getragen zu sein. Zudem neigen Befragte, die sich im Vergleich zu anderen nicht benachteiligt fühlen, stärker zur Homophobie.

Der *Sexismus* ist eine gesellschaftlich feindselige Ideologie, die Frauen aufgrund ihres Geschlechts abwertet. Das geschieht offen oder subtil durch die Zuschreibung von weiblichen Eigenschaften, aufgrund deren die gleichwertige Partizipation an Ressourcen und Statuspositionen verwehrt wird.[23] Auch beim Sexismus spielen demographische Merkmale eine große Rolle. Insbesondere das Alter und Geschlecht erklären den Sexismus teilweise. Ältere und männliche Befragte stimmen den sexistischen Aussagen stärker zu. Ost-West-Unterschiede werden ebenso deutlich; Sexismus ist unter Westdeutschen stärker verbreitet. Zudem wird der Sexismus durch eine politisch rechte Selbstpositionierung, den Autoritarismus und die soziale Dominanzorientierung erklärt. Bemerkenswerterweise tendieren ähnlich wie bei der Homophobie eher jene Befragten zur Abwertung, die sich nicht benachteiligt fühlen; allerdings ist dieser Effekt nur schwach ausgeprägt.

Die Abwertung von *Langzeitarbeitslosen* ist ein weitverbreitetes Phänomen. Arbeitslosigkeit ist ein klassisches Stigma, das Vorurteile auf sich zieht (Zick 2010).[24] Unter den Einflußfaktoren leistet wiederum der Autoritarismus den stärksten Beitrag. Interessante und von den Analysen zuvor zum Teil abweichende Effekte zeigen die demographischen Kategorien. Während auch hier die (geringere) Bildung sowie die (rechte) politische Positionierung eine Rolle spielen, werten Frauen und ökonomisch besser gestellte Befragte Langzeitarbeitslose stärker ab. Darüber hinaus liegt ein bedeutender Alterseffekt vor: Jüngere Menschen werten Langzeitarbeitslose eher ab.

Insgesamt wird deutlich, welche demographischen Gruppen anfällig für die *Gruppenbezogene Menschenfeindlichkeit* sind, wobei einige Abweichungen auffallen. Durchgehend neigen weniger gebildete Befragte und Befragte, die sich politisch rechts einstufen, eher zur Feindseligkeit. Gleiches gilt für Ältere, mit Ausnahme der Abwertung von Obdachlosen und vor allem von Langzeitarbeitslosen, die von Jüngeren stärker herabgewürdigt werden. Ähnliches wird auch beim Einfluß des Einkommens deutlich: Während mit zunehmendem Einkommen Vorurteile in der Regel abnehmen, verhält es sich bei der Abwertung von Langzeitarbeitslosen, Obdachlosen und auch Asylbewerbern also jenen, die auf Unterstützung angewiesen sind, um ihren Lebensunterhalt zu sichern – umgekehrt. Frauen neigen etwas weniger zu *Gruppenbezogener*

Menschenfeindlichkeit als Männer.[25] Eine Ausnahme stellt die Feindseligkeit gegenüber Langzeitarbeitslosen dar.

Von den aus den fünf zentralen sozialen Motiven abgeleiteten Konstrukten haben vor allem der Autoritarismus und die soziale Dominanzorientierung eine nennenswerte Erklärungskraft für (nahezu) sämtliche Elemente. Die Abwertungen fast aller Gruppen sind letztlich von Sicherheits- und Kontrollmotiven geleitet. Für das Verständnis von Fremdenfeindlichkeit, Islamfeindlichkeit, Homophobie, Sexismus, für die Abwertung von Obdachlosen und Langzeitarbeitslosen ist der Autoritarismus von größerer Bedeutung als die soziale Dominanzorientierung. Auf die Feindseligkeit gegenüber Asylbewerbern hat die Dominanzorientierung gar keinen Einfluß. Umgekehrt überwiegt deren Einfluß beim Rassismus, beim Antisemitismus, bei der Abwertung von behinderten Menschen und in der Tendenz auch bei der Abwertung von Sinti und Roma sowie der Betonung von Etabliertenvorrechten.[26]

Mit zunehmender Orientierungslosigkeit nimmt die Abwertung fast aller Gruppen zu. Besonders relevant ist die Anomia zur Erklärung der Fremden- und Islamfeindlichkeit, des Antisemitismus und der Etabliertenvorrechte. Für diese Feindseligkeiten ist auch die politische Machtlosigkeit von Bedeutung. Dagegen spielt sie für das Verständnis der Abwertung von Sinti und Roma, der Homophobie und des Sexismus keine Rolle. Tendenziell steigt die *Gruppenbezogene Menschenfeindlichkeit* mit zunehmender nationaler Identifikation. Das Gefühl der ökonomischen Benachteiligung, das mit Selbstwertverlusten einhergeht, leistet einen begrenzten Beitrag zum Verständnis von Fremden- und Islamfeindlichkeit. Interessanterweise verkehren sich die Effekte beim Sexismus und der Homophobie ins Gegenteil. Hier weisen die weniger Benachteiligten höhere Werte auf. Vorurteile gegen schwache Gruppen sind also kaum durch das Gefühl der individuellen ökonomischen Benachteiligung zu erklären.

4. Eine Ordnung der Abwertungen

Die *Gruppenbezogene Menschenfeindlichkeit* geht auf Zugehörigkeiten und soziale Motive zurück. Sie ist Ausdruck des Verhältnisses von Gruppenmitgliedern gegenüber schwachen Gruppen, und das kann sich in kollektiven Affekten, Kognitionen und Verhaltensweisen manifestieren. Dem mögen Kritiker entgegenhalten, daß Umfragen »bloße Meinungen« erfassen, die keine Konsequenzen für konkrete Handlungen haben. Das trifft begrenzt zu. Viele der Aussagen, mit denen wir *Gruppenbezogene Menschenfeindlichkeit* zuverlässig messen können, drücken zumindest Handlungsabsichten aus. So beinhaltet etwa die Zustimmung zu der Aussage »Muslimen sollte die Zuwanderung nach Deutschland untersagt werden« die klare Absicht, Muslime anders zu behandeln als andere Einwanderer und sie aus der deutschen Gesellschaft auszuschließen. Die Meinung »Frauen sollen sich wieder mehr auf die Rolle der Ehefrau und Mutter besinnen« kann in der Konsequenz ein Zurückdrängen von Frauen aus dem Berufsleben nach sich ziehen. Menschen, die die gleichgeschlechtliche Ehe ablehnen, verweigern homosexuellen Menschen gleiche Rechte. Die Zustimmung, Obdachlose und ebenso Sinti und Roma aus den Innenstädten zu verbannen, bietet die Grundlage für eine faktische, extreme Diskriminierung. Wer meint, Langzeitarbeitslose seien selbst schuld an ihrer Situation, will sie mit großer Wahrscheinlichkeit auch eher zu gemeinnütziger Arbeit verpflichten (vgl. Grau/Groß/Reinecke in diesem Band). Solche verhaltensnahen Meinungen bereiten Diskriminierung auf der Handlungsebene vor (vgl. auch Schütz/Six 1996).

Unseres Erachtens ermöglicht der Blick auf diese Abwertungen und die empirisch festgestellten Ursachen ein genaueres Verständnis der *Gruppenbezogenen Menschenfeindlichkeit*. Ordnen wir die Elemente des Syndroms der *Gruppenbezogenen Menschenfeindlichkeit* nach identischen Ursachen, dann erhalten wir fünf Formen von Abwertungen, die unterschiedliche Handlungsorientierungen erkennen lassen.

1. *Abdrängen der Hinzugekommenen*. Rassismus, Fremden- und Islamfeindlichkeit sowie Etabliertenvorrechte werden durch ähnliche Ursachen beeinflußt. Für diese Elemente, die eine klare Diskriminierungsabsicht beinhalten, haben die ausgewählten Ursachen insgesamt eine hohe Erklärungskraft. Dabei spielen die demographischen Faktoren eine eher untergeordnete Rolle. Diese Elemente können vor allem durch die soziale Dominanzorientierung, den Autoritarismus, eine rechte politische Positionierung und die Orientierungslosigkeit erklärt werden. Die Vermutung liegt nahe, daß Befragte, die die gesellschaftlichen Zustände als

desorganisiert wahrnehmen – das steckt hinter den hohen Ausprägungen der genannten Ursachen –, auf diese Verunsicherung reagieren, indem sie autoritäre Unterwürfigkeit von Abweichlern
fordern. Sie versuchen Vertrauen, Kontrolle und Orientierung
durch das Abdrängen jener Gruppen herzustellen, die als Fremde
betrachtet werden und so auch behandelt werden sollen.

2. *Zurückdrängen von Ansprüchen.* Der Antisemitismus und
die Abwertung von Menschen mit Behinderung ähneln sich in den
Ursachen sehr stark. Beide Gruppen werden zurückgewiesen,
weil sie angeblich zuviel einfordern. Auch hier erklärt vor allem
die Dominanzorientierung die Vorurteile. Daneben sind wieder
eine rechte politische Orientierung, der Autoritarismus und das
Gefühl der Orientierungslosigkeit bedeutsam. Anders jedoch als
bei der ersten Gruppe zeigt sich ein nennenswerter Einfluß der eigenen demographischen Zugehörigkeit. Männer und ältere Befragte werten Juden und behinderte Menschen stärker ab.

3. *Wegdrängen der Unrechtmäßigen.* Die Abwertung von Obdachlosen, Sinti und Roma sowie Asylbewerbern ist eine Feindseligkeit gegenüber Gruppen, deren Rechtsstatus schwach ist. Sie erfolgt durch eine Form der Diskriminierung, die außerhalb der
Öffentlichkeit stattfindet, und wird vor allem von autoritär und
politisch rechts orientierten Befragten vorgenommen. Was diese
Abwertung von der anderer Gruppen unterscheidet, sind zwei auf-
fällige demographische Effekte: Zum einen geht die ostdeutsche
Herkunft mit stärkerer Abwertung einher, zum anderen nimmt die
Feindseligkeit gegenüber Asylbewerbern und Obdachlosen – anders als gegenüber anderen Gruppen – mit höherem Einkommen
zu.

4. *Empörung über Belastende.* Die Abwertung von Langzeitarbeitslosen ähnelt in einigen Punkten den Ursachen der Abwertung
der »Unrechtmäßigen«, es gibt aber auch deutliche Unterschiede.
In Abweichung zu den Befunden bei den »Hinzugekommenen«
neigen wie bei den »Unrechtmäßigen« wieder stärker die Gutsitu-
ierten zu Vorurteilen. Abweichend zu anderen Gruppen sind es
auch die jüngeren Befragten und die Frauen, die stärker zur Abwertung tendieren. Mit Blick auf die Ursachen scheinen Langzeitarbeitslose als Belastung wahrgenommen zu werden, für die sie
selbst verantwortlich gemacht werden. Einen auffallend starken
Einfluß hat der Autoritarismus, der nach Sicherheit durch Konformität trachtet.

5. Zurechtweisung der Unmoralischen. Die Abwertung von Menschen mit homosexueller Orientierung und von Frauen wird vor allem durch Autoritarismus, soziale Dominanzorientierung und eine rechte politische Selbsteinstufung erklärt. Darüber hinaus spielen in besonderem Ausmaß auch demographische Faktoren eine bedeutende Rolle. Homophobie und Sexismus sind besonders unter Älteren und unter Männern stärker ausgeprägt. Beide Gruppen werden abgewertet, weil ihnen die Gleichwertigkeit aus einer moralischer Perspektive verweigert wird: Homosexuellen aus moralischer Sicht, Frauen mit dem moralischen Zeigefinger auf ihre traditionelle Rolle.

Die Ordnung der Abwertungen soll zur Diskussion über die Hintergründe und Motive der *Gruppenbezogenen Menschenfeindlichkeit* beitragen. Vor dieser Menschenfeindlichkeit sind einige gesellschaftliche Gruppen gut geschützt. Jene Gruppen, die wir genauer betrachtet haben, sind es nicht. Die Aufdeckung von Motiven der Abwertung ist nicht nur wissenschaftlich interessant. Eine Gesellschaft, die nach Gleichwertigkeit strebt, sollte die Ungleichwertigkeit und ihre Hintergründe erkennen können.

Anmerkungen

1 Wenn von GMF-Surveys oder GMF-Daten die Rede ist, beziehen wir uns auf die Daten der repräsentativen Quer- und Längsschnittumfragen des Projektes *Gruppenbezogene Menschenfeindlichkeit.*

2 Akrami/Ekehammar/Bergh (2011) meinen mit Blick auf die hohen Interkorrelationen von Vorurteilen, daß die generalisierte Abwertung einer Disposition entspricht. Diese Auffassung wird in der vorliegenden theoretischen Konzeption nicht geteilt.

3 Vgl. zu den aktuellen Daten Bundesamt für Migration und Flüchtlinge (2011).

4 Im GMF-Projekt sind wir der Abwertung dieser Gruppe nicht hinreichend nachgegangen.

5 Die Messung ist der deutschen Teilstudie im Projekt European Social Survey 2002/2003 entnommen.

6 Aus Gründen der Kapazität können alle Konstrukte jeweils nur mit Kurzskalen, deren Qualität vorgetestet wurde, erfaßt werden. Eine ausführliche Berücksichtigung unterschiedlicher Dimensionen der Abwertung kann im Rahmen dieser Studie nur begrenzt geleistet werden. Die beiden Items wurden bereits im European Social Survey eingesetzt.

7 Dieses Meßinstrument ist im Rahmen des GMF-Projektes entwickelt worden. Die Instruktion zu beiden Items enthielt den Verweis auf die umgangssprachliche Bezeichnung »Zigeuner«: »Nun möchte ich Sie zu ihrer Meinung über Sinti und Roma befragen. Umgangssprachlich wird diese Gruppe manchmal auch als ›Zigeuner‹ bezeichnet.«

8 Standardisierte Faktorladungen können Werte von −1 bis 1 annehmen und geben darüber Auskunft, wie stark eine latente Variable, in unserem Fall das Syndrom GMF, durch das jeweilige Element bestimmt wird. Im abgebildeten Modell gilt: Je höher die Faktorladung, desto stärker wird das Syndrom durch das Element bestimmt.

9 Während Fiske (2000) die Motive aus einer sozial-evolutionären Perspektive begründet, verzichten wir auf ein evolutionäres Verständnis. Entscheidend ist, daß die Motive mit dem sozialen Kontext von Menschen variieren und durch den sozialen Kontext vermittelt werden.

10 Die Unterschiede zwischen den einzelnen Erhebungsjahren wurden geprüft und erwiesen sich als nicht erheblich.

11 »Verbrechen sollten härter bestraft werden.« – »Um Recht und Ordnung zu bewahren, sollte man härter gegen Außenseiter und Unruhestifter vorgehen.« – »Zu den wichtigsten Eigenschaften, die jemand haben sollte, gehören Gehorsam und Respekt vor dem Vorgesetzten.« – »Wir sollten dankbar sein für führende Köpfe, die uns sagen, was wir tun sollen.«

12 »Es ist heute alles so in Unordnung geraten, daß niemand mehr weiß, wo man eigentlich steht.« – »Die Dinge sind heute so schwierig, daß man nicht mehr weiß, was eigentlich los ist.« – »Früher waren die Leute besser dran, weil man wußte, was man zu tun hatte.«

13 »Einige Bevölkerungsgruppen sind nützlicher als andere.« – Die Gruppen, die in unserer Gesellschaft unten sind, sollen auch unten bleiben.« – »Es gibt Gruppen in der Bevölkerung, die weniger wert sind als andere.«

14 »Leute wie ich haben sowieso keinen Einfluß darauf, was die Regierung tut.« – »Ich halte es für sinnlos, mich politisch zu engagieren.«

15 Der Rassismus wird durch eine Skala der Zustimmung zu folgenden Aussagen gemessen: »Aussiedler sollten besser gestellt werden als Ausländer, da sie deutscher Abstammung sind.« – »Die Weißen sind zu Recht führend in der Welt.«

16 Etabliertenvorrechte werden mit folgender Skala erfaßt: »Wer irgendwo neu ist, sollte sich erst mal mit weniger zufriedengeben.« – »Wer schon immer hier lebt, sollte mehr Rechte haben als die, die später zugezogen sind.«

17 In jedem Jahr wird die Fremdenfeindlichkeit mit den folgenden Aussagen erfaßt: »Es leben zu viele Ausländer in Deutschland.« – »Wenn Arbeitsplätze knapp werden, sollte man die in Deutschland lebenden Ausländer wieder in ihre Heimat zurückschicken.«

18 In den GMF-Umfragen messen wir sie anhand der Zustimmung zu folgenden Aussagen: »Durch die vielen Muslime hier fühle ich mich manchmal wie ein Fremder im eigenen Land.« – »Muslimen sollte die Zuwanderung nach Deutschland untersagt werden.«

19 »Juden haben in Deutschland zu viel Einfluß.« – »Durch ihr Verhalten sind die Juden an ihren Verfolgungen mitschuldig.«

20 Die Aussagen, die die Behindertenabwertung messen, lauten: »Für Behinderte wird in Deutschland zu viel Aufwand betrieben.« – »Viele Forderungen von Behinderten finde ich überzogen.« – »Behinderte erhalten zu viele Vergünstigungen.«

21 »Bettelnde Obdachlose sollten aus den Fußgängerzonen entfernt werden.« – »Die Obdachlosen in den Städten sind unangenehm.« – »Die meisten Obdachlosen sind arbeitsscheu.«

22 Gemessen wurde diese Feindseligkeit in den vergangenen Jahren mit folgenden Aussagen: »Homosexualität ist unmoralisch.« – »Es ist ekelhaft, wenn Homosexuelle sich in der Öffentlichkeit küssen.« – »Ehen zwischen zwei Frauen bzw. zwischen zwei Männern sollten erlaubt sein.« (Ablehnung).

23 Wir können ihn zuverlässig durch Aussagen messen, die eine modernisierte Abwertung von Frauen ausdrücken. »Frauen sollten sich wieder mehr auf die Rolle der Ehefrau und Hausfrau besinnen.« – »Für eine Frau sollte es wichtiger sein, ihrem Mann bei seiner Karriere zu helfen, als selbst Karriere zu machen.«

24 Die Langzeitarbeitslosenabwertung haben wir erst seit 2007 erhoben. Wir messen sie mit den Aussagen: »Die meisten Langzeitarbeitslosen sind nicht wirklich daran interessiert, einen Job zu finden.« – »Wer nach längerer Arbeitslosigkeit keine Stelle findet, ist selbst schuld.« – »Ich finde es empörend, wenn sich die Langzeitarbeitslosen auf Kosten der Gesellschaft ein bequemes Leben machen.«

25 Die Geschlechtsunterschiede sind nur geringfügig und sollten daher eher als Tendenz interpretiert werden. Es gibt hierzu Abweichungen zu den Ergebnissen von Küpper/Zick (2011), die vermutlich darauf zurückzuführen sind, daß sich die Erklärungsfaktoren gegenseitig beeinflussen.

26 Diese Aussage ist rein deskriptiv und beruht nicht auf einer empirischen Prüfung der Differenz zwischen den beta-Koeffizienten.

Literatur

Akrami, N./Ekehammar, B./Bergh, R., »Generalized prejudice: Common and specific components«, in: *Psychological Science* 22/2011, S. 57-59.

Benz, W. (Hg.), *Jahrbuch für Antisemitismusforschung*, Bd. 19, Berlin 2010.

Bundesamt für Migration und Flüchtlinge, *Aktuelle Zahlen zu Asyl*, Juli 2011, *Tabellen, Diagramme, Erläuterungen*, Berlin 2011.

Fiske, S. T., »Stereotyping, prejudice, and discrimination at the seam between the centuries: evolution, culture, mind, and brain«, in: *European Journal of Social Psychology* 30/2000, S. 299-322.

FRA, »EU-MIDIS at a glance: Introduction to the FRA's EU-wide discrimination survey, herausgegeben von der European Union Agency for Fundamental Rights, Wien 2009.

Hagendoorn, L., »Intergroup biases in multiple group systems: The perception of ethnic hierarchies«, in: Stroebe, W./Hewstone, M. (Hg.), *European Review of Social Psychology* 6/1995, S. 199-228.

Heitmeyer, W./Endrikat, K., »Folgen der Ökonomisierung des Sozialen. Die Abwertung von ›Überflüssigen‹ und ›Nutzlosen‹«, in: Heitmeyer, W. (Hg.), *Deutsche Zustände. Folge 6*, Frankfurt am Main 2008, S. 55-72.

Heitmeyer, W., »Gruppenbezogene Menschenfeindlichkeit. Die theoretische Konzeption und erste empirische Ergebnisse«, in: Heitmeyer, W. (Hg.), *Deutsche Zustände. Folge 1*, Frankfurt am Main 2002, S. 15-34.

Herek, G. M./Capitano, J. P., »AIDS Stigma and sexual prejudice«, in: *American Behavioral Scientist* 42/1999, S. 1130-1147.

Hüpping, S., »Anomia. Unsicher in der Orientierung, sicher in der Abwertung«, in: Heitmeyer, W. (Hg.), *Deutsche Zustände. Folge 4*, Frankfurt am Main 2006, S. 86-100.

Jocham, A. L. J., *Antiziganismus: Exklusionsrisiken von Sinti und Roma durch Stigmatisierung*, Konstanz 2010.

Klein, A./Hüpping, S., »Politische Machtlosigkeit als Katalysator der Ethnisierung von Verteilungskonflikten«, in: Heitmeyer, W. (Hg.), *Deutsche Zustände. Folge 6*, Frankfurt am Main 2008, S. 110-122.

Küpper, B./Zick, A., »Gruppenbezogene Menschenfeindlichkeit bei Frauen und Männern«, in: Birsl, U. (Hg.), *Rechtsextremismus und Gender*, Opladen 2011, S. 187-210.

Küpper, B./Wolf, C./Zick, A., »Social status and anti-immigrant attitudes in Europe: An examination from the perspective of social dominance theory«, in: *International Journal of Conflict and Violence* 4/2010, S. 205-219.

Küpper, B./Zick, A., »Soziale Dominanz, Anerkennung und Gewalt«, in: Heitmeyer, W. (Hg.), *Deutsche Zustände. Folge 6*, Frankfurt am Main 2008, S. 116-134.

Legge, S./Reinecke, J./Klein, A., »Das Kreuz des Wählers. Die Auswirkungen von politischer Entfremdung und Fremdenfeindlichkeit auf das Wahlverhalten in abgehängten Regionen«, in: Heitmeyer, W. (Hg.), *Deutsche Zustände. Folge 8*, Frankfurt am Main 2010, S. 100-119.

Leibold, J./Kühnel, S., »Islamphobie. Sensible Aufmerksamkeit für spannungsreiche Anzeichen«, in: Heitmeyer, W. (Hg.), *Deutsche Zustände. Folge 2*, Frankfurt am Main 2003, S. 100-119.

Schütz, H./Six, B., »How strong is the relationship between prejudice and discrimination? A meta-analytic answer«, in: *International Journal of Intercultural Relations* 20/1996, S. 441-462.

Sidanius, J./Pratto, F., *Social Dominance: An Intergroup Theory of Social Hierarchy and Oppression*, New York 1999.

Zick, A., »Islamfeindlichkeit – Das Potenzial in Deutschland«, in: Pfeiffer, C./Benz, W. (Hg.), *Wir oder Scharia: Islamfeindlichkeit und Antisemitismus*, Schwalbach/Taunus 2011.

Zick, A., *Arbeitslos, nutzlos, abgewertet*, Bielefeld 2010, online verfügbar unter: {http://www.uni-bielefeld.de/ikg/zick/Report Zick Arbeitslose 3_2010.pdf} (Stand Oktober 2011).

Zick, A., *Vorurteile und Rassismus*, Münster 1997.

Zick, A./Henry, P. J., »Nach oben buckeln, nach unten treten – der deutsch-deutsche Autoritarismus«, in: Heitmeyer, W. (Hg.), *Deutsche Zustände. Folge 7*, Frankfurt am Main 2009, S. 190-204.

Zick, A./Küpper, B./Heitmeyer, W., »Vorurteile als Elemente Gruppenbezogener Menschenfeindlichkeit – eine Sichtung der Vorurteilsforschung und ein theoretischer Entwurf«, in: Pelinka, A./Bischof, K./Stögner, K. (Hg.), *Handbuch der Vorurteile*, Wien 2011.

Zick, A./Küpper, B./Hövermann, A., *Die Abwertung der Anderen. Eine europäische Zustandsbeschreibung zur Intoleranz, Vorurteilen und Diskriminierung*, Berlin 2011.

Zick, A./Wolf, C./Küpper, B./Davidov, E./Schmidt, P./Heitmeyer, W., »The syndrome of group-focused enmity: Theory and test«, in: *Special Issue on Prejudice and Discrimination in Europe, Journal of Social Issues* 64/2008, S. 363-383.

Anna Klein/Wilhelm Heitmeyer
Demokratie auf dem rechten Weg? Entwicklungen rechtspopulistischer Orientierungen und politischen Verhaltens in den letzten zehn Jahren

1. Einleitung

In zahlreichen europäischen Gesellschaften sind rechtspopulistische und rechtsextreme Parteien in den letzten zehn Jahren vermehrt erfolgreich gewesen (Spier 2010, 28). Gleichzeitig gibt es auch in Deutschland Anzeichen für rechtspopulistische bis rechtsextreme Bewegungen, etwa in Form der PRO-Initiativen (PRO Köln, PRO NRW, PRO Deutschland; vgl. dazu Häusler 2008) oder der Parteineugründung Die Freiheit mit insbesondere islamfeindlichen Positionen. Eine starke rechtspopulistische Partei hat sich in Deutschland bisher jedoch nicht etablieren können, obwohl der Vorrat an rechtspopulistischen Einstellungen in der Bevölkerung in Deutschland – auch im Vergleich zu anderen europäischen Ländern (Zick/Küpper/Hövermann 2011) – durchaus nicht gering ist.

Wir werfen in diesem Beitrag zunächst einen definitorischen Blick auf das Phänomen des Rechtspopulismus und der rechtspopulistischen Orientierungen in der Bevölkerung. Anschließend gehen wir der Frage nach, ob bzw. wie sich rechtspopulistische Orientierungen in Deutschland in politisches Verhalten umsetzen. Welche Parteien kommen für rechtspopulistisch eingestellte Personen in Frage, wenn sich keine Partei anbietet, die diese Meinungen explizit bedient? Können Konservative hier ein ausreichendes Angebot machen, können rechtsextreme Parteien zunehmend profitieren, oder ist Wahlverweigerung die Folge? Zeigt sich, abseits von Wahlen, ein rechtspopulistisches Protestpotential in der Bevölkerung?

2. Rechtspopulismus und rechtspopulistische Orientierungen

Die meisten Beiträge zum Rechtspopulismus analysieren die Ausrichtung von Parteien oder anderen institutionalisierten Formen wie zum Beispiel Bürgerinitiativen. Zwei Positionen lassen sich dabei unterscheiden (vgl. Butterwegge 2008, 40):

• Die erste Position nimmt an, Rechtspopulismus sei auf institutionalisierter Ebene ein vom Rechtsextremismus klar abgrenzbares Phänomen. Während es sich im rechtsextremen Fall um Anti-System-Parteien handele, habe man es im rechtspopulistischen Fall mit Anti-Establishment-Parteien zu tun (Kohlstruck 2008, 224). Rechtsextremismus unterscheide sich vom Rechtspopulismus durch die Kernideologie einer ethnisch-kulturell homogenen Volksgemeinschaft und das ambivalente Verhältnis zu Gewalt und Legalität (Priester 2010, 34).

• Die zweite Position macht hingegen darauf aufmerksam, daß keine klare Abgrenzung erfolgen kann, da sich auch rechtsextreme Parteien rechtspopulistischer Stilmittel bedienen, um ihre potentielle Wählerschaft zu vergrößern (Häusler 2009, 134f.). Rechtspopulismus wird als Strategie betrachtet, der sich rechtskonservative, rechtsradikale und rechtsextreme Gruppierungen gleichermaßen bedienen (Braun/Geisler/Gerster 2009, 15). Folglich werden Parteien, die im politischen Spektrum weit rechts stehen und rechtspopulistische Strategien anwenden, übergreifend als »extreme Rechte« bezeichnet (vgl. Hafeneger/Schönfelder 2007, 9; Hentges 2011).

Werden nun rechtspopulistische Einstellungen in der Bevölkerung analysiert, stellt sich die Frage, in welchem Verhältnis sie zum politischen Rechtspopulismus stehen. Einerseits könnte gemäß der Kriterien der ersten Position argumentiert werden, daß ein rechtsextremes Weltbild von Personen nur vorhanden ist, wenn Einstellungen sichtbar werden, in denen die Demokratie als System abgelehnt wird und Gewaltbereitschaft hinzukommt. Für rechtspopulistische Orientierungen könnte man hingegen davon ausgehen, diese seien nur vorhanden, wenn statt systemablehnender eher politikkritische Einstellungen zu finden sind und keine Gewaltbereitschaft, jedoch eine Zustimmung zu menschenfeindlichen und nationalistischen Haltungen. Es ist allerdings wahrscheinlich, daß rechtsextreme Gruppierungen, gerade weil sie sich auch rechtspopulistischer Mobilisierungsstrategien bedienen, Personen ansprechen, die zwar keine offen verfassungsfeindliche Haltung einnehmen, aber dennoch abwertende Einstellungen gegenüber Minderheiten äußern. Diese Strategie erweist sich als erfolgreich, wenn die NPD in Deutschland vor allem dort Unterstützung findet, wo sie nicht als verfassungsfeindliche, sondern als normale Partei neben anderen wahrgenommen wird (Zick/Küpper/Legge 2009, 181).

In diesem Zusammenhang ist auch von einem »Extremismus der Mitte« (Lipset 1959, 403) gesprochen worden, da gezeigt werden konnte, daß rechtspopulistische Einstellungen sowohl in den mittleren Einkommensgruppen als auch bei Personen, die sich selbst in der politischen Mitte verorten, verbreitet sind (Schaefer/Mansel/Heitmeyer 2002; Zick/Küpper 2006; Decker/Brähler 2006).

Betrachtet man also rechtspopulistische Einstellungen in der Bevölkerung, erscheint die zweite Perspektive gewinnbringender, da alle potentiell durch rechtspopulistische Strategien angesprochenen Personen in den Blick geraten.

Die Frage lautet dann, welche Einstellungen in der Bevölkerung durch die Mobilisierungsstrategien rechtspopulistischer Parteien, Bürgerinitiativen oder prominenter Einzelpersonen angesprochen werden. Dies kann nicht einheitlich bestimmt werden und unterliegt darüber hinaus dem gesellschaftlichen Wandel, zumal ein Kennzeichen des Rechtspopulismus darin besteht, in seiner inkonsistenten »Programmatik« auf emotionalisierbare und mobilisierungsfähige Themen in der Bevölkerung zu reagieren (vgl. Heitmeyer 2001). Es seien hier aber einige häufiger genannte Elemente angesprochen, zunächst bezüglich des Populismus im allgemeinen, anschließend bezüglich des Rechtspopulismus im speziellen.

Zur Bestimmung von Populismus im allgemeinen wird angeführt, es handle sich um eine Inszenierung einer »wahren Volksvertretung« im Unterschied zu anderen Parteien des politischen Establishments (Decker 2006, 12; Geden 2009, 95), deren Vertreter korrupt und abgehoben seien. Es werde also gezielt Mißtrauen gegenüber politischen Eliten geschürt. Dies gehe auch mit der Forderung nach mehr direkter Demokratie einher. Solche Appelle nach mehr Beteiligung des »Volkes« seien ein weiteres Element der populistischen Strategie (vgl. Decker 2006, 27). Populisten knüpfen an das Mißtrauen gegenüber politischen Eliten an, das in weiten Teilen der Bevölkerung verbreitet ist. In diesem Zusammenhang ist dargelegt worden, daß vor dem Hintergrund postdemokratischer Entwicklungen (Crouch 2008) und einer *Entleerung der Demokratie* (Heitmeyer 2001) *politischer Entfremdung* und der Wahrnehmung einer mangelnden *Responsivität politischer Eliten* andere Mechanismen zugrunde liegen als nur populistische Stimmungsmache (Schäfer 2009; Klein/Heitmeyer 2010). Es ist vielmehr davon auszugehen, daß Rechtspopulisten diese Stimmungen aufgreifen, zu verstärken und zu nutzen suchen. Deshalb ist es für die Demokratie nicht damit getan, rechtspopulistische Mobilisierungsstrategien »abzustellen«. Vielmehr besteht die Notwendigkeit, diesen zu begegnen, indem der politischen Entfremdung in der Bevölkerung sowie ihren Ursachen nachgegangen wird.

*Rechts*populismus ergänzt *politische Entfremdung* nun durch die Konstruktion einer homogenen Volksgemeinschaft, die Kriminellen ausgeliefert oder von *ethnisch-kultureller* und *religiöser Überfremdung* bedroht sei. Daraus speisen sich die folgenden ideologischen Elemente:[1]

• Fremdenfeindlichkeit (Betz 2002, 261; Häusler 2009; Geden 2009, 95; Spier 2010, 25),

• Punitivität als Ausdruck von autoritärer Aggression im Sinne einer Law-and-Order-Politik (Becker/Reddig 2004; Häusler 2009; Spier 2010, 25),

• sekundärer Antisemitismus (im Zusammenhang mit einem »neuen, unverkrampften Nationalstolz«) (Häusler 2009; Schaefer/Mansel/Heitmeyer 2002),

• Nationalismus (Spier 2010, 25; Decker 2006; 17),

• neuerdings vermehrt auch islamfeindliche Ressentiments (Häusler 2009; Hafez 2010).

Da empirisch jedoch gezeigt werden konnte, daß nationalistische Einstellungen ursächlich für Fremdenfeindlichkeit sind (Bekker/Wagner/Christ 2007), betrachten wir diese nicht als Bestandteil rechtspopulistischer Orientierungen, sondern als eine diesen vorausgehende Haltung.

Im Unterschied zum Syndrom *Gruppenbezogener Menschenfeindlichkeit* setzt sich das rechtspopulistische Einstellungsmuster nicht aus abwertenden Haltungen gegenüber allen schwachen Gruppen in der Gesellschaft zusammen, sondern enthält nur die genannten Bestandteile der rechtspopulistischen Mobilisierungsstrategien. Diese verlaufen entlang der Linie vermuteter Akzeptanz. Es werden gezielt solche Vorurteile bedient, die eher sozial akzeptiert sind, um potentielle Wähler – die ja gerade keine überzeugten Rechtsextremisten sind – nicht zu verschrecken. Deshalb betrachten wir eher »weichere« Aussagen zur Fremdenfeindlichkeit als Bestandteil rechtspopulistischer Orientierungen, und es wird ein sekundärer Antisemitismus hinzugerechnet, jedoch nicht der klassische Antisemitismus, der einer Kommunikationslatenz unterliegt (Bergmann/Erb 1986).

3. Das Konzept rechtspopulistischer Orientierungen

Folglich wurden bislang autoritäre Aggression, Fremdenfeindlichkeit und sekundärer Antisemitismus als rechtspopulistisches Orientierungsmuster bezeichnet (Schaefer et al. 2002; Klein/Küpper/Zick 2009). Blickt man auf ein Jahrzehnt rechtspopulistischer Aktivitäten in Europa zurück, so ist die zunehmende Bedeutung von Islamfeindlichkeit als Element des Rechtspopulismus kaum zu übersehen. »Anknüpfend an verbreitete Vorurteile gegen muslimische Zugewanderte haben viele Rechtsaußenparteien in Europa ihre Mobilisierungsagenden modernisiert und bedienen sich des Kampagnenthemas Antiislamismus.« (Häusler 2009, 140) Farid Hafez (2010) kann für Österreich diskursanalytisch gleich mehrere Linien islamfeindlicher Stimmungsmache identifizieren, die zum Teil auch in Deutschland – insbesondere in der PRO-Initiative (Häusler 2008) – bekannt sind: demographische Islamisierung, Terrorgefahr, politischer Islam, Fanatismus, kulturelle Andersartigkeit (Hafez 2010, 111 ff.).

Vor diesem Hintergrund erscheint es uns sinnvoll, islamfeindliche Einstellungen auch in unsere bisherige Konzeption rechtspopulistischer Orientierungen in der Bevölkerung aufzunehmen. Die empirische Voraussetzung dafür, von einem rechtspopulistischen Orientierungsmuster sprechen zu können, wäre die Kompatibilität islamfeindlicher Einstellungen mit den anderen Elementen rechtspopulistischer Orientierungen.

Wir prüfen deshalb erstens, ob sich islamfeindliche, punitive, fremdenfeindliche und antisemitische Einstellungen auf einer gemeinsamen Dimension abbilden lassen, und zweitens, ob die Verbindung islamfeindlicher Einstellungen mit den anderen Elemen-

Abb. 1: Rechtspopulistisches Orientierungsmuster (konfirmatorische Faktorenanalyse[2])

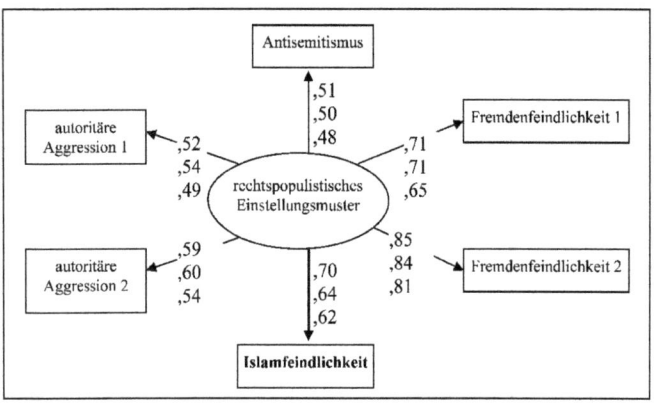

Anmerkungen:
Pfeile sind standardisierte Pfadkoeffizienten.
2011: obere Pfadkoeffizienten; Modellfit: Chi²/df: 1,417; CFI: ,999; TLI: ,998; RMSEA: ,015; N = 1738
2007: mittlere Pfadkoeffizienten; Modellfit: Chi²/df: 4,441; CFI: ,993; TLI: ,980; RMSEA: ,044; N = 1760
2003: untere Pfadkoeffizienten Modellfit: Chi²/df: 6,741; CFI: ,992; TLI: ,975; RMSEA: ,046; N = 2722

ten rechtspopulistischer Orientierungen – besonders wichtig – im Laufe der Zeit (2003-2011) enger geworden ist, wie dies die zunehmende islamfeindliche Mobilisierung durch rechtspopulistische Parteien und Einzelakteure vermuten ließe.

Zuerst untersuchen wir faktorenanalytisch, ob die genannten Elemente nahe beieinanderliegen und sich als Orientierungs*muster* beschreiben lassen. In Abbildung 1 ist zu sehen, daß dies im Jahr 2011 der Fall ist. Es zeigt sich insgesamt ein empirisch sehr gutes Gesamtmodell.

Islamfeindliche Einstellungen können somit als Bestandteil rechtspopulistischer Orientierungen in der Bevölkerung verstanden werden. Des weiteren können wir zeigen, daß dies in zunehmendem Maße gegeben ist. Islamfeindliche Einstellungen sind also seit dem Jahr 2003 immer stärker zum Bestandteil rechtspopulistischer Orientierungsmuster geworden. Die Entwicklung

Abb. 2: Entwicklung bivariater Korrelationen (–1 bis 1) von Islamfeindlichkeit mit den anderen Elementen rechtspopulistischer Orientierungsmuster (GMF-Survey 2003-2011)[3]

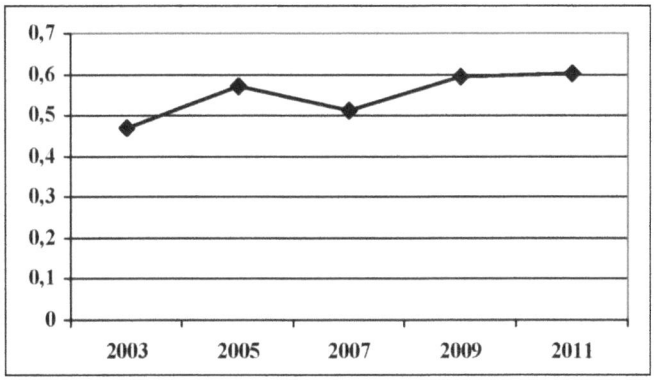

der Korrelationen zeigt einen über die Jahre stärker werdenden
Zusammenhang (Abbildung 2).

Die sehr gute Passung des Gesamtmodells zu rechtspopulistischen Einstellungen im Jahr 2011 und die gestiegenen Korrelationen verweisen auf ein zunehmend *verdichtetes* Orientierungsmuster des Rechtspopulismus im Zeitverlauf. Rechtspopulismus ist
in Bewegung und findet über Stimmungsthematisierung Resonanz in der Bevölkerung. Die neue Bedeutung der Islamfeindlichkeit hängt auch mit den Ereignissen vom 11. September 2001 zusammen. Es wurde eine Umdeutung von Kategorien eingeleitet:
Aus ethnischen Gruppen, etwa türkischstämmigen Zuwanderern,
wurden »die Muslime«. Ein zentrales Merkmal der rechtspopulistischen Strategie – die *kulturelle* Überfremdung – wurde durch
ein neues Feindbild ergänzt: die *kulturell-religiöse* Überfremdung
durch einen als homogen dargestellten und in der Bevölkerung als
solchen wahrgenommenen Islam. Jürgen Leibold und Steffen
Kühnel (2008) belegen die mangelnde Differenzierung und pau-
schalisierende Bewertung des Islam durch die Bevölkerung anhand der GMF-Daten.

Ein Blick auf die Veränderung des Ausmaßes rechtspopulistischer Einstellungen in Deutschland zeigt, daß sich die einzelnen

Elemente unterschiedlich entwickelt haben. Betrachtet man das gesamte rechtspopulistische Orientierungsmuster, so zeichnet sich im Verlauf der Zeit eher ein Rückgang ab (Tabelle 1). Dies gilt jedoch nicht für die Aussage »Durch die vielen Muslime in Deutschland fühle ich mich manchmal wie ein Fremder im eigenen Land«, der genau wie im Jahr 2003 knapp ein Drittel der Befragten zustimmt.

Insgesamt können wir im Jahr 2011 bei knapp einem Zehntel der Bevölkerung in Deutschland von rechtspopulistischen Orientierungen ausgehen, wenn wir nur Personen betrachten, die *allen* Aussagen in Tabelle 1 mindestens »eher zustimmen«. Dabei handelt es sich um ein sehr strenges Kriterium, und aufgrund der höheren Anzahl der Items ist der Wert nicht vergleichbar mit dem von Schaefer et al. (2002) ermittelten, die rechtspopulistische Orientierungen bei fast einem Fünftel der Bevölkerung ausmachten.

Tab. 1: Zustimmung in Prozent zu Aussagen, die auf eine rechtspopulistische Orientierung schließen lassen (GMF-Survey 2003/2011)

	stimme eher/voll und ganz zu	
	2003	2011
Um Recht und Ordnung zu bewahren, sollte man härter gegen Außenseiter und Unruhestifter vorgehen.**	80,5	67,3
Verbrechen sollten härter bestraft werden.**	87,2	78,9
Es leben zu viele Ausländer in Deutschland.**	59,1	47,1
Die in Deutschland lebenden Ausländer sind eine Belastung für das soziale Netz.**	51,0	44,7
Viele Juden versuchen, aus der Vergangenheit des Dritten Reiches heute ihren Vorteil zu ziehen und die Deutschen dafür zahlen zu lassen.**	54,5	36,9
Durch die vielen Muslime in Deutschland fühle ich mich manchmal wie ein Fremder im eigenen Land.	31,0	30,2
Zustimmung zu *allen* Aussagen**	13,6	9,2

Anmerkung: ** Unterschiede zwischen den Jahren sind signifikant bei p < ,01.

4. Rechtspopulismus und politisches Verhalten

Während in zahlreichen Ländern rechtspopulistische Parteien in den vergangenen Jahren erhebliche Wahlerfolge erzielten (vgl. Spier 2010, 28), konnte sich in Deutschland bisher keine solche Partei etablieren. »Die Gründe hierfür dürften in den Defiziten der Rechtsparteien selbst, vor allem aber auch in der politischen Kultur Deutschlands, der ›Ventilfunktion‹ der zahlreichen Nebenwahlen und nicht zuletzt in der Integrationskraft der demokratischen Parteien liegen.« (Arzheimer 2004, 81) Danach bleiben – so die Annahme – rechtspopulistische Orientierungen in der Bevölkerung zunächst ohne parteipolitische Konsequenzen.

Analysen zu politischem Verhalten und Rechtspopulismus nehmen oftmals die Zusammensetzung der Wählerschaft von Parteien der extremen Rechten (z. B. Spier 2010; Arzheimer 2004; Falter 2001) in den Blick. Doch die Frage, wie sich rechtspopulistisch eingestellte Personen politisch verhalten, wenn sie nicht Parteien der extremen Rechten wählen, bleibt damit ungeklärt. Wir gehen deshalb den politischen Verhaltensintentionen der Personen nach, die ein entsprechendes Einstellungsprofil aufweisen.

Stöss (1993; 2005, 97) zeigt, daß Personen mit rechtsextremistischen Orientierungen vorrangig die großen Volksparteien wählen und nur selten Parteien der extremen Rechten. Schaefer et al. (2002) können dies bestätigen, äußern aber gleichzeitig die Befürchtung, »daß diese Integrationskraft in Zeiten nachlassender Parteienloyalität zum Problem werden kann, wenn das ›richtige‹ Angebot vorhanden ist« (ebd., 127). Vor dem Hintergrund der Prognose weitreichender Veränderungen in der bundesdeutschen Parteienlandschaft und des Endes der Volksparteien (Lösche 2009) nehmen wir im Folgenden in den Blick, in welchem Maße diese Integrationsleistung noch erbracht werden kann und welche Alternativen sich für Personen mit rechtspopulistischen Orientierungen anbieten.

Es sind verschiedene Formen politischen Verhaltens denkbar, denen wir empirisch nachgehen wollen. Rechtspopulistisch eingestellte Personen könnten vor dem Hintergrund des Fehlens einer erfolgreichen rechtspopulistischen Partei in Deutschland

• in politische Apathie verfallen – sich also nicht an Wahlen oder anderen Formen politischer Partizipation beteiligen,

- als Reaktion auf die Kritik am politischen Establishment die weniger etablierten Kleinparteien wählen,
- Parteien der extremen Rechten wählen,
- eine »Volkspartei« wählen (insbesondere die CDU/CSU), wenn in ihr rechtskonservative Positionen Überschneidungen mit rechtspopulistischen Einstellungen aufweisen,
- oder sich – unabhängig von Wahlintentionen – vermehrt an Demonstrationen und politischen Veranstaltungen abseits der Parteipolitik beteiligen.

4.1 Wahlverhalten

Ein Blick auf die Wahlintentionen bei rechtspopulistisch eingestellten Personen im Jahr 2003 (Abbildung 3) zeigt, daß der größte Teil angibt, die großen Volksparteien wählen zu wollen. Dabei wird die CDU von rechtspopulistisch orientierten Personen etwas häufiger, die SPD deutlich seltener als von anderen (also Personen, die nicht rechtspopulistisch eingestellt sind) gewählt. Letzteres gilt

Abb. 3: Wahlintention rechtspopulistisch eingestellter Personen (Survey 2003)

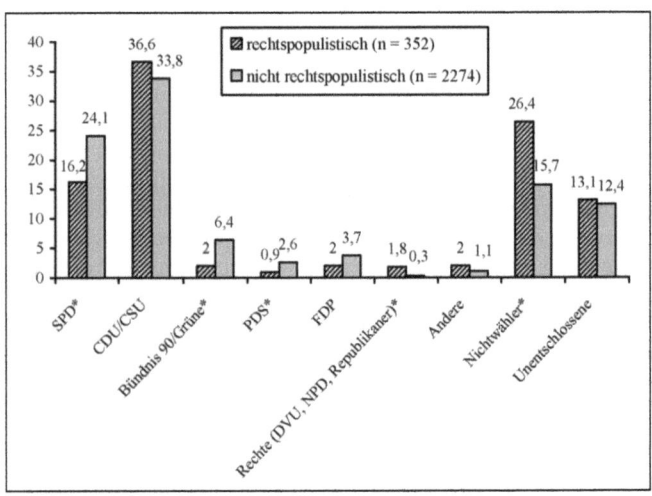

Anmerkung: * Unterschiede zwischen den Gruppen sind signifikant bei $p < ,05$.

Abb. 4: Wahlintention rechtspopulistisch eingestellter Personen (Survey 2011)

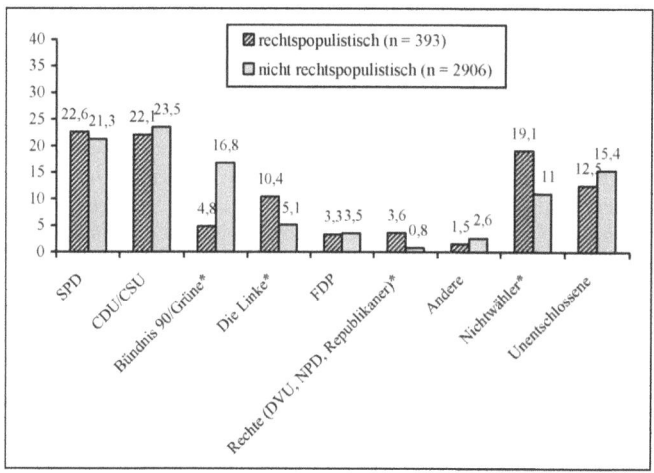

Anmerkung: * Unterschiede zwischen den Gruppen sind signifikant bei $p < ,05$.

auch für Grüne und die damalige PDS. Der Anteil der Personen, die angaben, Parteien der extremen Rechten wählen zu wollen, ist sehr gering, auch wenn er unter rechtspopulistisch eingestellten Personen etwas höher ausfällt. Diese geben zudem deutlich häufiger an, nicht zur Wahl gehen zu wollen.

Der Vergleich der Jahre 2003 und 2011 offenbart einige Verschiebungen (vgl. Abbildung 4). Die CDU wird nun von allen Befragten erheblich seltener genannt als noch 2003, von rechtspopulistisch orientierten genauso oft wie von anderen. Auch für die SPD, zu deren Wählerpotential rechtspopulistisch eingestellte Personen im Jahr 2003 noch signifikant seltener zählten, zeigt sich nun kein Unterschied mehr. Noch deutlicher wird diese Entwicklung in bezug auf die Partei Die Linke. Hatten im Jahr 2003 rechtspopulistisch eingestellte Personen noch signifikant seltener als andere angegeben, die damalige PDS wählen zu wollen, hat sich dies im Jahr 2011 ins Gegenteil verkehrt. Rechtspopulistisch eingestellte Personen geben nun signifikant häufiger als andere an, die Partei Die Linke wählen zu wollen. Bündnis 90/Die Grünen ist somit die einzige Partei, die seltener von rechtspopulistisch orientierten Personen gewählt wird. Konstant bleibt zudem der sehr hohe Anteil an potentiellen Nichtwählern in dieser Gruppe.

Insgesamt zeigt sich, daß das rechtspopulistische Potential im Jahr 2011 weniger gut von den »ehemaligen Volksparteien« (Korte 2011, 11) integriert werden kann als noch 2003. Es ergibt sich ein *Repräsentationsdefizit*. Deshalb stellt sich die Frage, ob sich rechtspopulistisch eingestellte Personen von anderen Parteien integrieren lassen, wenn die traditionellen Volksparteien dazu immer weniger in der Lage sind. Unseren Daten zufolge ist eine parteipolitische Integration des rechtspopulistischen Potentials unwahrscheinlich.

Zwei weitere Entwicklungsoptionen sind zu verfolgen: *Diffusion* und *Konzentration*. Unter Diffusion verstehen wir im Gegensatz zur Konzentration eine Streuung des rechtspopulistischen Potentials in der Bevölkerung über alle Parteien, während es im Fall der Konzentration zu einer Bündelung großer Teile dieses Potentials hinter einer Partei oder einer Initiative käme.

Die Diffusionsvariante spiegelt sich – trotz Verschiebungen – in den empirischen Daten sowohl von 2003 als auch 2011. Die rechtspopulistisch eingestellten Personen diffundieren mit ihren Wahlintentionen über alle Parteienangebote mit Ausnahme von Bündnis 90/Die Grünen. Für das demokratische System insgesamt und die parteipolitische Situation in der Gesellschaft ist dies – trotz der rechtspopulistischen Einstellungsmuster – eher eine beruhigende Variante: Es gibt keine parteipolitische Konzentration. Die problematischen, von *Gruppenbezogener Menschenfeindlichkeit* durchzogenen Einstellungsmuster bleiben latent in den öffentlichen Diskursen vorhanden, drücken sich zeitweise – wie in der Sarrazin-Debatte – manifest aus, aber gleichzeitig sind sie diffundiert, also eben nicht parteipolitisch konzentriert.

Wodurch wird nun aktuell die Konzentrationsvariante verhindert, die in anderen europäischen Ländern mit zum Teil wachsendem Erfolg zu beobachten ist? Ein wichtiger Faktor ist die chronische Erfolglosigkeit von »Ein-Thema-Parteien«, denen kaum jemand die Kompetenz zuschreibt, erfolgreich auf die allgegenwärtige Komplexität politischer und gesellschaftlicher Probleme reagieren zu können. Dies zeigen auch die Entwicklungen im Ausland, etwa in Skandinavien. Sowohl in Dänemark als auch in Norwegen waren das ursprüngliche Kernthema der heute erfolgreichen rechtspopulistischen Parteien vor allem Steuersenkungen. Erst durch die Ausweitung des Themenspektrums, das sich nun auch »gegen den Staat« und seine sozialstaatlichen wie einwanderungspolitischen Aktivitäten richtete, gewannen sie Zulauf und machtpolitische Relevanz.

Vor diesem Hintergrund werden in absehbarer Zeit die lokal bzw. regional versprengten PRO-Initiativen oder auch der Sammlungsversuch der in Berlin gestarteten Partei Die Freiheit mit ihrer »Ein-Thema-Ausrichtung« auf Islamfeindlichkeit keinen relevanten politischen Einfluß gewinnen. Gleichwohl müssen die außerparlamentarischen Aktivitäten genau verfolgt werden, weil auch 2011 medial stimulierte, anhaltende rechtspopulistische Diskurse auf Grund der Sarrazin-Thesen oder – noch unabsehbar – infolge der Anschläge in Norwegen zu erwarten sind (vgl. von Lucke in diesem Band), da diese Anlaß zu neuen Konzentrationsbemühungen geben. Rechtspopulistische Akteure versuchen immer wieder, an Protestinitiativen anzudocken, diese für sich zu vereinnahmen und sich selbst als Bürgerbewegung darzustellen (Häusler 2008).

4.2 *Protestverhalten*

Seit den Protesten gegen Stuttgart 21 und den jüngsten Anti-Atom-Demonstrationen wird in Deutschland wieder vermehrt über Bürgerproteste und Bürgerbeteiligung debattiert (vgl. etwa Rudolf/Bischoff/Leiderer 2011). Dementsprechend beobachten wir eine gestiegene Bereitschaft in der Bevölkerung, an politischen Veranstaltungen und Demonstrationen teilzunehmen (Abbildung 5). Dabei ist der Anstieg bei rechtspopulistisch eingestellten Personen überproportional groß. Hatten diese noch 2009 deutlich seltener angegeben, wahrscheinlich an einer Demonstration teilnehmen zu wollen, ist nun kein Unterschied gegenüber nicht rechtspopulistisch eingestellten Personen mehr vorhanden. Interessant ist die ebenfalls gestiegene Bereitschaft zur Teilnahme an politischen Veranstaltungen. Dies signalisiert auch ein Interesse an Diskussionen und Informationen, um möglicherweise Kompromisse zu suchen, Alternativen zu entwickeln und nicht nur »dagegen« zu sein.

Dennoch weisen diese Ergebnisse auf die nicht automatisch gegebene demokratische Natur von Bürgerprotesten hin. Vielmehr können zivilgesellschaftliche Akteure ebenso in eine menschen-

Abb. 5: Bereitschaft zur Teilnahme an politischen Veranstaltungen und Demonstrationen bei rechtspopulistisch orientierten Personen (Zustimmung in Prozent)[4]

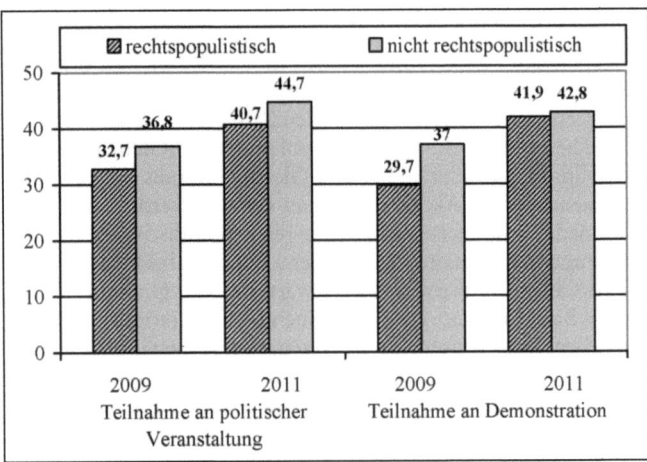

feindliche Richtung abdriften und sich von rechtspopulistischen Akteuren vereinnahmen lassen. Während die Analysen auch im Jahr 2011 eine niedrigere Wahlbereitschaft bei rechtspopulistisch eingestellten Bürgern zeigen, gilt dies für die Bereitschaft, an Demonstrationen teilzunehmen, nicht mehr. Von einer generell höheren politischen Apathie bei rechtspopulistisch eingestellten Bürgern kann also nicht mehr die Rede sein.

5. Ein Fazit

Wie in anderen europäischen Ländern gibt es auch in Deutschland nicht wenige Personen, die rechtspopulistische Einstellungen vertreten. Seit 2003 haben die Ausmaße der von uns gemessenen rechtspopulistischen Orientierungen variiert, und auch das Muster hat sich durch die Verknüpfung mit islamfeindlichen Einstellungen verändert. Wenn zusätzlich die Integrationskraft der Volksparteien nachläßt und gleichzeitig die Protestbereitschaft auch bei rechtspopulistisch orientierten Personen wächst, ist erhöhte Aufmerksamkeit geboten. Mit einem erstarkenden Rechtspopulismus konfrontiert, erscheinen zwei Strategien, die sich auch ergänzen können, erfolgversprechend.

Erstens könnten Strategien gegen Rechtspopulismus bei der politischen Konzentration ansetzen und diese zu verhindern suchen, sei es im parteipolitischen oder im außerparlamentarischen Bereich. Dazu zählt etwa der Umgang der Medien mit rechtspopulistischer Stimmungsmache, der sie mit Augenmaß begegnen und die sie enttarnen statt medial stützen sollten (vgl. dazu den Beitrag von Albrecht von Lucke in diesem Band).

Zweitens – und dem ist wohl in jüngerer Zeit weniger Aufmerksamkeit zugekommen – setzt die nachhaltigste Prävention einer rechtspopulistischen Bewegung noch immer bei den Ursachen von menschenfeindlichen Einstellungen in der Bevölkerung an. Diese werden in einem erheblichen Ausmaß von gesellschaftlichen Entwicklungen wie sozialer Desintegration, Ökonomisierung und Demokratieentleerung gespeist. Darauf haben wir in der Reihe *Deutsche Zustände* in den letzten zehn Jahren immer wieder hingewiesen.

Anmerkungen

1 Stöss (2005, S. 23 ff.) und Decker/Brähler (2006) benennen ähnliche Elemente, bezeichnen diese jedoch als rechtsextreme Einstellungen.
2 Ein multipler Gruppenvergleich zeigt, daß sich das Modell nicht signifikant verschlechtert, wenn die Pfadkoeffizienten in allen Jahren gleichgesetzt werden. Es gibt folglich keinen signifikanten Unterschied zwischen den Jahren.
3 Die Korrelation unterscheidet sich im Jahr 2011 signifikant von der im Jahr 2003. Unterschiede finden sich auch auf der Ebene der Kovarianzen.
4 Teilnahme an politischer Veranstaltung: Anstieg von 2009 auf 2011 ist signifikant bei $p < ,001$ für nicht rechtspopulistisch eingestellte Befragte. Teilnahme an Demonstration: Anstieg von 2009 auf 2011 ist signifikant bei $p < ,05$ für alle Befragte.

Arzheimer, K., »Wahlen und Rechtsextremismus«, in: Bundesministerium des Innern (Hg.), *Extremismus in Deutschland. Erscheinungsformen und aktuelle Bestandsaufnahme*, Berlin 2004, S. 56-81.

Becker, M./Reddig, M., »Punitivität und Rechtspopulismus«, in: *Punitivität*, 8. Beiheft des *Kriminologischen Journals* (2004), S. 176-192.

Becker, J./Wagner, U./Christ, O., »Nationalismus und Patriotismus als Ursache von Fremdenfeindlichkeit«, in: Heitmeyer, W. (Hg.), *Deutsche Zustände. Folge 5*, Frankfurt am Main 2007, S. 131-149.

Bergmann, W./Erb, R., »Kommunikationslatenz, Moral und öffentliche Meinung. Theoretische Überlegungen zum Antisemitismus in der Bundesrepublik Deutschland«, in: *Kölner Zeitschrift für Soziologie und Sozialpsychologie* 38/1986, S. 223-246.

Betz, H.-G., »Rechtspopulismus in Westeuropa: Aktuelle Entwicklungen und politische Bedeutung«, in: *Österreichische Zeitschrift für Politikwissenschaft* 31/2002, S. 251-264.

Braun, S./Geisler, A./Gerster, M., »Die extreme Rechte. Einleitende Betrachtungen«, in: dies. (Hg.), *Strategien der extremen Rechten. Hintergründe – Analysen – Antworten*, Wiesbaden 2009, S. 9-17.

Butterwegge, C., »Definitionen, Einfallstore und Handlungsfelder des Rechtspopulismus«, in: Butterwegge, C./Hentges, G. (Hg.), *Rechtspopulismus, Arbeitswelt und Armut. Befunde aus Deutschland, Österreich und der Schweiz*, Opladen 2008, S. 11-77.

Crouch, C., *Postdemokratie*, Frankfurt am Main 2008.

Decker, F., »Die populistische Herausforderung. Theoretische und ländervergleichende Perspektiven«, in: ders. (Hg.), *Populismus. Gefahr für die Demokratie oder nützliches Korrektiv?*, Wiesbaden 2006, S. 9-32.

Decker, O./Brähler E., *Vom Rand zur Mitte. Rechtsextreme Einstellungen und ihre Einflußfaktoren in Deutschland*, Berlin 2006.

Falter, J., »Protest- oder Überzeugungswähler? Zu den Motiven der Wähler rechtspopulistischer und rechtsextremer Parteien«, in: Landeszentrale für politische Bildung Rheinland-Pfalz (Hg.), *Nein zur Gewalt: Rechtsextremismus, Fremdenfeindlichkeit, Antisemitismus, Rassismus*, Schwalbach/Taunus 2001, S. 1-11.

Geden, O., »Die Renaissance des Rechtspopulismus in Westeuropa«, in: *Internationale Politik und Gesellschaft* 2/2009, S. 92-107.

Hafeneger, B./Schönfelder, S., *Politische Strategien gegen die extreme Rechte in Parlamenten. Folgen für die kommunale und lokale Demokratie*, Berlin 2007.

Hafez, F., *Islamophober Populismus. Moschee- und Minarettbauverbote österreichischer Parlamentsparteien*, Wiesbaden 2010.

Häusler, A., »Antiislamischer Rechtspopulismus in der extremen Rechten – die ›PRO‹-Bewegung als neue Kraft?«, in: Braun, S./Geisler, A./Gerster,

M. (Hg.), *Strategien der extremen Rechten. Hintergründe – Analysen – Antworten*, Wiesbaden 2009, S. 130-147.

Häusler, A. (Hg.), *Rechtspopulismus als »Bürgerbewegung«. Kampagnen gegen Islam und Moscheebau und kommunale Gegenstrategien*, Wiesbaden 2008.

Heitmeyer, W., »Autoritärer Kapitalismus, Demokratieentleerung und Rechtspopulismus. Eine Analyse von Entwicklungstendenzen«, in: Loch, D./Heitmeyer, W. (Hg.), *Schattenseiten der Globalisierung*, Frankfurt am Main 2001, S. 497-534.

Hentges, G., »Die extreme Rechte in Europa – zwischen niederländischem Rechtspopulismus und ungarischem Rechtsextremismus«, in: Hentges, G./Platzer, H.-W. (Hg.), *Europa – quo vadis? Ausgewählte Problemfelder der europäischen Integrationspolitik*, Wiesbaden 2011, S. 235-276.

Klein, A./Heitmeyer, W., »Wenn die Wut kein politisches Ventil findet. Politische Kapitulation und die Folgen für schwache Gruppen«, in: Heitmeyer, W. (Hg.) *Deutsche Zustände. Folge 8*, Berlin 2010, S. 164-185.

Klein, A./Küpper, B./Zick, A., »Rechtspopulismus im vereinigten Deutschland als Ergebnis von Benachteiligungsgefühlen und Demokratiekritik«, in: Heitmeyer, W. (Hg.), *Deutsche Zustände. Folge 7*, Frankfurt am Main 2009, S. 93-112.

Kohlstruck, M., »Rechtspopulismus und Rechtsextremismus. Graduelle oder qualitative Unterschiede?«, in: Faber, R./Unger, F. (Hg.), *Populismus in Geschichte und Gegenwart*, Würzburg 2008, S. 211-228.

Korte, K.-R., »Lob des Opportunismus«, in: *Die Zeit* (29/2011), S. 11.

Leibold, J./Kühnel, S., »Islamophobie oder Kritik am Islam?«, in: Heitmeyer, W. (Hg.), *Deutsche Zustände. Folge 6*, Frankfurt am Main 2008, S. 95-115.

Lipset, S. M., »Der ›Faschismus‹ – die Linke, die Rechte und die Mitte«, in: *Kölner Zeitschrift für Soziologie und Sozialpsychologie* 11/1959, S. 401-444.

Lösche, P., »Ende der Volksparteien«, in: *Aus Politik und Zeitgeschichte* 51/2009, S. 6-12.

Priester, K., »Fließende Grenzen zwischen Rechtsextremismus und Rechtspopulismus in Europa«, in: *Aus Politik und Zeitgeschichte* 44/2010, S. 33-39.

Rudolf, R./Bischoff, R./Leiderer, E. (Hg.), *Protest – Bewegung – Umbruch. Von der Stellvertreter- zur Beteiligungsdemokratie*, Hamburg 2011.

Schäfer, A., »Krisentheorien der Demokratie: Unregierbarkeit, Spätkapitalismus und Postdemokratie«, in: *dms – der moderne Staat* 1/2009, S. 159-183.

Schaefer, D./Mansel, J./Heitmeyer, W., »Rechtspopulistisches Potential. Die ›saubere Mitte‹ als Problem«, in: Heitmeyer, W. (Hg.), *Deutsche Zustände. Folge 1*, Frankfurt am Main 2002, S. 123-135.

Spier, T., *Modernisierungsverlierer? Die Wählerschaft rechtspopulistischer Parteien in Westeuropa*, Wiesbaden 2010.

Stöss, R., *Rechtsextremismus im Wandel*, Berlin 2005.

Stöss, R., »Rechtsextremismus und Wahlen in der Bundesrepublik«, in: *Aus Politik und Zeitgeschichte* 11/1993, S. 50-61.

Zick, A./Küpper, B., »Politische Mitte. Normal feindselig«, in: Heitmeyer, W. (Hg.), *Deutsche Zustände. Folge 4*, Frankfurt am Main 2006, S. 115-134.

Zick, A./Küpper, B./Hövermann, A., *Die Abwertung der Anderen. Eine europäische Zustandsbeschreibung zu Intoleranz, Vorurteilen und Diskriminierung*, Berlin 2011.

Zick, A./Küpper, B./Legge, S., »Nichts sehen, nichts merken, nichts tun oder: Couragiertes Eintreten gegen Rechtsextremismus in Ost und West«, in: Heitmeyer, W. (Hg.), *Deutsche Zustände. Folge 7*, Frankfurt am Main 2009, S. 168-189.

JÜRGEN MANSEL/OLIVER CHRIST/
WILHELM HEITMEYER

Der Effekt von Prekarisierung auf fremdenfeindliche Einstellungen. Ergebnisse aus einem Drei-Wellen-Panel und zehn jährlichen Surveys

1. Desintegration und Fremdenfeindlichkeit in der Bevölkerung im Zeitverlauf

Der Zusammenhang von konjunkturellen Schwankungen und den Entwicklungen am Arbeitsmarkt auf der einen sowie Veränderungen im Ausmaß der Fremdenfeindlichkeit auf der anderen Seite steht im Mittelpunkt der folgenden Betrachtungen. Im Gegensatz zu gängigen Auffassungen werden hier sozioökonomische Faktoren und deren Konsequenzen für die Wahrnehmung der eigenen Lebenssituation als ein wichtiger Hintergrund für die Abwertung schwacher Gruppen betrachtet. Ausgangspunkt ist die Annahme, daß unter anderem aus krisenhaften wirtschaftlichen Entwicklungen resultierende Desintegrationserfahrungen, wahrgenommene Desintegrationsrisiken und -ängste einen Nährboden für eine Ideologie der Ungleichwertigkeit darstellen, in deren Folge schwache Gruppen durch Teilgruppen der Mehrheitsbevölkerung zur Herstellung bzw. Bewahrung von Distinktion abgewertet werden (Heitmeyer 2002). Eine der Betroffenengruppen sind Migranten. Vorurteile und Ressentiments gegenüber dieser Bevölkerungsgruppe finden sich in besonderem Maße, aber keineswegs nur bei statusniedrigen Personen, die die Migranten als vermeintliche Konkurrenten am Arbeitsmarkt wahrnehmen, sondern auch bei solchen in mittlerer und gehobener Soziallage (vgl. dazu z. B. Mansel/Heitmeyer 2005).

Eine Stärke des Desintegrationsansatzes besteht darin, daß nicht nur objektive Bedingungen und Erfahrungen berücksichtigt, sondern diese mit subjektiven Bewertungen und antizipierten Risiken verbunden werden (vgl. Anhut/Heitmeyer 2000; Anhut 2002). In Querschnittuntersuchungen konnte dabei ein Zusammenhang von Desintegrationsprozessen und der Abwertung schwacher Gruppen nachgewiesen werden (vgl. z. B. Endrikat et al. 2002). Mit Hilfe des Desintegrationsansatzes läßt sich so zum Beispiel ein vergleichbar hoher Anteil in der Varianz von Fremdenfeindlichkeit aufklären wie mit traditionellen Einstellungskonzepten wie etwa dem des Autoritarismus oder dem der Anomie (Mansel 2004, 125 ff.).[1] Wichtig ist es dabei hervorzuheben, daß weniger die objektiven Bedingungen und tatsächlichen Erfahrungen als vielmehr die subjektiven Bewertungen und antizipierten Risiken einen Erklärungsbeitrag leisten. Ausschlaggebend ist also weniger die tatsächliche Betroffenheit von Arbeitslosigkeit, sondern eher die Angst vor dem Verlust der Erwerbsarbeit, also die antizipierte Bedrohung und die subjektive Einschätzung der Qualität der Beziehungen im sozialen Umfeld von Personen.

Desintegrationsprozesse sind nicht zuletzt ein Resultat krisenhafter gesellschaftlicher Entwicklungen (Mansel/Endrikat/Hüpping 2006). Insofern die Eingangsannahme zutrifft, ist daher zu erwarten, daß in einem Zeitraum, in dem sich die Desintegrationsrisiken sowie die Konkurrenzsituation infolge der wirtschaftlichen Situation und der steigenden Arbeitslosenzahlen erhöhen bzw. verschärfen, auch die Abwertung der Migranten in der Bevölkerung zunimmt. Analog zu dieser Annahme konnte auf der Basis der im Projekt *Gruppenbezogene Menschenfeindlichkeit* (GMF) durchgeführten jährlichen Querschnittbefragungen ermittelt werden, daß im Zeitraum 2002 bis zumindest 2005 das Ausmaß an Fremdenfeindlichkeit kontinuierlich gestiegen ist (Heitmeyer 2006).

Doch was geschieht, wenn sich infolge einer wirtschaftlichen Konsolidierung die Situation am Arbeitsmarkt (scheinbar) entspannt, prekäre Beschäftigungsverhältnisse seltener werden und die Konkurrenz entschärft wird? Nehmen dann auch Vorurteile gegenüber Ausländern ab?

Diese Frage kann nur mit dem hier herangezogenen Datenmaterial beantwortet werden, da bisher sonst weder national noch international ein solcher Datensatz in dieser komprimierten Form vorliegt. Dies betrifft insbesondere den Einsatz von Paneldaten und die damit verbundene Möglichkeit, Hypothesen auch in kausaler Richtung zu prüfen. Im Anschluß an einen kurzen Abriß zu Prozessen der Prekarisierung werden zunächst die den hier vorgenommenen Analysen zugrundeliegenden Daten vorgestellt. Auf der Basis der im GMF-Projekt seit 2002 im Jahresrhythmus durchgeführten Querschnittbefragungen wird anschließend untersucht, wie sich im Zeitablauf das Ausmaß der Sorgen und Ängste angesichts drohender Arbeitslosigkeit und der Einschätzung der Entwicklung der eigenen wirtschaftlichen und finanziellen Situation sowie der Fremdenfeindlichkeit entwickelt haben. Wenn sich in beiden Entwicklungslinien Parallelen ergeben, heißt dies jedoch keineswegs, daß die Ausgangsannahme bestätigt ist. Zur Prüfung des Zusammenhanges von wahrgenommenen Desintegrationsrisiken und -ängsten auf der einen sowie dem Ausmaß von Fremdenfeindlichkeit auf der anderen Seite wird zusätzlich anhand von Längsschnittdaten mit den Erhebungspunkten 2002, 2004 und 2006 eine Modellrechnung durchgeführt.

2. Zwischen Strukturkrise und wirtschaftlichem Aufschwung

Seit den fünfziger Jahren hat sich in der Bundesrepublik Deutschland eine enorme Zunahme der Reichtumsentwicklung vollzogen. Die Zahl jener Privathaushalte, die ihre Lebensgrundlagen verbessern konnten, sozial aufgestiegen sind und teilweise enormes Kapital in Form von Geldvermögen, Lebensversicherungen, Immobilien etc. anzuhäufen wußten, ist stark angestiegen (z. B. Armuts- und Reichtumsbericht der Bundesregierung 2002, Tab. I.10; Geißler 2002, 93 ff.; Rehberg 2006).

Trotz der Wohlstandssteigerung lassen sich aufgrund konjunktureller Schwankungen jedoch bereits seit Ende der sechziger Jahre krisenhafte Entwicklungen ausmachen. Besonders anschaulich kann man deren Folgen für die Arbeitnehmer über die Zeit anhand der Entwicklung der Arbeitslosenquote illustrieren, die seit Mitte der sechziger Jahre in wellenförmigen Bewegungen angestiegen ist. Zwar ging die Zahl der Arbeitslosen in den anschließenden Konsolidierungsphasen jeweils leicht zurück, sie pendelte sich jedoch kontinuierlich auf einem höheren Niveau ein und lag Ende der sechziger Jahre bei ca. zwei Prozent, Ende der Siebziger bei vier Prozent, Ende der Achtziger bei acht Prozent und Ende Neunziger schließlich bei zehn Prozent (Abbildung 1). Im Jahr 2005 erreicht die Quote dann mit über zwölf Prozent ihren (vorläufigen) Höhepunkt.

Abb. 1: Entwicklung der Arbeitslosenquote (in Prozent)

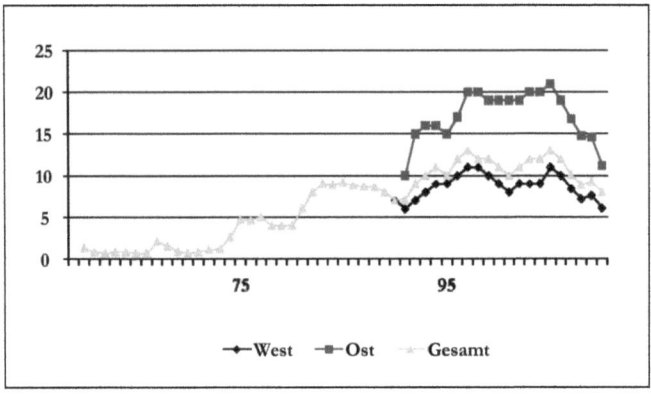

Quelle: Statistik der Bundesagentur für Arbeit; online verfügbar unter:
{http://www.pub.arbeitsagentur.de/hst/services/Statistics}
(Stand August 2011).

Hintergrund sind *zum einen* die Technisierung und die Rationalisierung der Produktionsabläufe insbesondere im sekundären Sektor. Das Arbeitsaufkommen, welches durch den Einsatz menschlicher Arbeitskraft zu erbringen ist, wurde kontinuierlich reduziert. Nur ein Teil der damit wegbrechenden Arbeitsplätze konnte vom expandierenden tertiären Sektor kompensiert werden.[2] Durch die damit einhergehenden Veränderungen der Nachfrage nach spezifischen beruflichen Qualifikationen wurden *zum anderen* Normalarbeitsverhältnisse labilisiert. Mit der Erosion der Normalerwerbsbiographie mußten sich Personen im Verlaufe ihres Erwerbslebens beruflich (ggf. mehrfach) umorientieren und in einem anderen als dem erlernten Beruf tätig werden.[3] Solche Übergangsphasen können zwar auch neue Chancen eröffnen, sind aber nicht selten mit Unterbrechungen in Form von Arbeitslosigkeit sowie mit einer beruflichen Dequalifizierung verbunden.

Auch wenn der Zerfall der Normalerwerbsbiographie sich in der Bundesrepublik Deutschland als ein eher schleichender Prozeß darstellt (Erlinghagen 2005b, 31f.), so haben die damit verbundenen Entwicklungen dennoch dazu geführt, daß nur noch etwa zwei Drittel (zwischen 65 und 71 Prozent) der Erwerbspersonen in sicheren Beschäftigungsverhältnissen tätig sind (Brink-mann/Dörre/Röbennack 2006, 34f.). Demgegenüber scheinen prekäre Beschäftigungsverhältnisse in Form von Zeit- und Leiharbeit, geringfügiger Beschäftigung, Mini-Jobs, Scheinselbständigkeit, Erwerbsarbeit im Niedriglohnsektor oder Ein-Euro-Jobs zunehmend zur Normalität zu werden.[4] Es entwickelt sich damit ein breites Feld der Erwerbsarbeit »unterhalb« der regulären unbefristeten (und befristeten) Beschäftigungsverhältnisse, auf dem die Betroffene versuchen, ihren Lebensunterhalt – ggf. am Rande des Existenzminimums – mehr oder minder kurzfristig zu sichern.

Durch drohende Arbeitslosigkeit und die Ausdehnung der Erwerbsarbeit in atypischen Beschäftigungsverhältnissen hat die Beschäftigungssicherheit der Arbeitnehmer kontinuierlich abgenommen (Erlinghagen 2005a). Personen werden zunehmend an den Rand der Gesellschaft gedrängt. Die Prekarisierung im Rahmen der Erwerbsarbeit geht für Betroffene nicht nur mit einem unstetigen und zumeist reduzierten Einkommen einher. Die Folgen zeigen sich auch in einer beruflichen und sozialen Verunsicherung infolge des Risikos der Statuserosion und des sozialen Abstiegs bei Beschäftigungswechsel, in Existenzgefährdung und dem Verlust von Hoffnung und Glauben an die Zukunft, in Sinnkrisen und Kontrollverlust, in Partizipationsblockaden und Anerkennungsdefiziten, in Planungsunsicherheit auch für das Privatleben und in dem Verlust von Sozialbeziehungen (am Arbeitsplatz). Prekarisierung macht die Betroffenen verwundbar und kann mit Beschädigungen des Selbstwertgefühls einhergehen (Bourdieu 1998; Castel 2000; Dörre/Kraemer/Speidel 2004).

Das Risiko der Prekarisierung erhöht sich zwar deutlich bei einem geringen Qualifikationsniveau der Beschäftigten, dennoch sind deren Auswirkungen keineswegs auf diesen Bevölkerungskreis beschränkt. Der Zerfall der Normalerwerbsbiographie hat auch Folgen für jene, die bisher von der Prekarisierung verschont geblieben sind. Während wiederholte Phasen der Arbeitslosigkeit bei Betroffenen auch zu Gewöhnungseffekten und dazu führen können, daß man sich im Falle zum Beispiel der erneuten Aufnahme einer befristeten Beschäftigung im Anschluß wieder auf eine Episode der Arbeitslosigkeit einstellt, so kann die Erfahrung, daß die eigene Tätigkeit auch von Zeit- oder Leiharbeitern verrichtet werden kann, auch bei Angehörigen der Stammbelegschaft eines Unternehmens Verunsicherung, Besorgnis und Ängste auslösen. Das Risiko der Arbeitslosigkeit oder des sozialen Abstiegs erzeugt damit auch bei Personen in festen Beschäftigungsverhältnissen eine disziplinierende Wirkung (z. B. sinkende Krankenstände), nicht zuletzt weil die Unsicherheit den Wunsch nach Sicherheit verstärkt. Unsicherheit bleibt damit nicht auf die Ränder der Gesellschaft beschränkt, sondern wird verallgemeinert und betrifft potentiell die gesamte Bevölkerung (Hondrich 1998, 497ff.; Dörre/Kraemer/Speidel 2006, 85ff.).

Je rarer gesicherte Arbeitsverhältnisse werden, desto mehr verschärft sich die Konkurrenz am Arbeitsmarkt. Auch wenn infolge der Entwicklungen am Arbeitsmarkt die Verunsicherung hinsichtlich des Beschäftigungsverhältnisses quer durch alle Sozialgruppen streut, so geraten insbesondere Personen in unterer Soziallage bzw. mit niedrigem beruflichen Status unter Druck.[5] Dies hat seinen Grund nicht zuletzt auch darin, daß sie gegenüber zugewanderten Bevölkerungsgruppen, die sozial mehrheitlich am unteren Ende der Sozial- und Berufsprestigehierarchie zu verorten sind, in einem Konkurrenzverhältnis stehen. Zwecks der Herstellung bzw. der Wahrung von Distinktion steigt dann die Wahrscheinlichkeit, daß von der Prekarisierung Betroffene und zusätzlich jene Personen, die aufgrund der Entwicklungen am Arbeitsmarkt Nachteile für die eigene berufliche und soziale Position erwarten oder befürchten, Migranten abwerten und für Vorurteile und Ressentiments gegenüber dieser Bevölkerungsgruppe empfänglich werden. Daher ist vermutet worden, daß die Entwicklungen am Arbeitsmarkt in der Bevölkerung zu einer Öffnung gegenüber fremdenfeindlichen und rechtsextremen Einstellungen sowie zu rechtspopulistischen Forderungen führen (vgl. z. B. Castel 2000).

In diesem Sinne konnte gezeigt werden, daß insbesondere dann, wenn die eigene prekäre Situation bzw. die Angst vor Prekarisierung mit Ohnmachtsgefühlen gekoppelt ist und die Flexibilisierung der Beschäftigungsverhältnisse als ein von außen gesetzter Zwang verstanden wird, eine Öffnung des Alltagsbewußtseins für rechtspopulistische und teilweise auch rechtsextremistische Orientierungen wahrscheinlicher wird. Des weiteren zeigt sich, daß dann, wenn die Vorbehalte nicht geäußert werden können oder dürfen (z. B. weil man davon Nachteile im Betrieb befürchtet), die Ressentiments im Verborgenen keimen und Personen dazu tendieren, solche Deutungsmuster anzuwenden, die der Ausgrenzung der Angehörigen von schwachen Gruppen dienen (Flecker/Krenn

2004; Dörre/Kraemer/Speidel 2006, 90ff.). Daß wahrgenommene Konkurrenz auf der Individualebene bzw. die wirtschaftliche Lage in einer Region einen Kontext- bzw. Kompositionseffekt[6] auf das Ausmaß von Fremdenfeindlichkeit haben, kann auch auf Basis des GMF-Datensatzes bestätigt werden (Hüpping/Reinecke 2007; Mansel/Reinecke 2008).

Wir nehmen die sich aus den zumeist quantitativen Querschnittanalysen ergebende Unsicherheit hinsichtlich der Befundlage zum Anlaß, um die Zusammenhänge von subjektiv wahrgenommener Prekarität am Arbeitsmarkt und Fremdenfeindlichkeit anhand eines Längsschnittdatensatzes zu überprüfen. Im Zentrum stehen dabei folgende Fragen:

• Wirkt sich die subjektiv wahrgenommene Prekarität am Arbeitsmarkt zu einem Meßzeitpunkt auf das individuelle Ausmaß an Fremdenfeindlichkeit zu einem späteren Meßzeitpunkt aus?

• Haben weitere im Desintegrationsansatz als relevant erachtete Sachverhalte einen Einfluß auf die individuelle Fremdenfeindlichkeit?

• Wird die subjektiv wahrgenommene Prekarität am Arbeitsmarkt durch andere Desintegrationsmerkmale mediiert?

Bevor wir zu diesen Zusammenhangsanalysen kommen, soll auf der Basis von mittlerweile zehn, im jährlichen Rhythmus durchgeführten Querschnittbefragungen in deskriptiver Form der Frage nachgegangen werden,

• wie sich in der letzten Dekade die subjektiv wahrgenommene Prekarität am Arbeitsmarkt einerseits und das Ausmaß der Fremdenfeindlichkeit andererseits in der bundesdeutschen Bevölkerung entwickelt haben.

3. Datengrundlagen

Die hier vorgenommenen Analysen basieren auf den im Rahmen des Projekts *Gruppenbezogene Menschenfeindlichkeit* mittels standardisierter Erhebungsinstrumente durchgeführten telephonischen Befragungen. Der Interviewdauer war damit ein deutliches Limit gesetzt.[7] Um dennoch eine Vielzahl von Variablen zu erheben und unterschiedliche Erklärungsansätze zu testen, wurden für die Operationalisierung weitgehend Kurzskalen (mit in der Regel zwei bis fünf Statements pro Konstrukt bzw. Subdimension) eingesetzt. Die von der Forschergruppe meist in Anlehnung an bewährte Instrumente entwickelten Kurzskalen wurden in mehreren Pretests erprobt und getestet. Als Antwortvorgaben wurden zumeist vierstufige Likert-Skalierungen verwendet.

3.1 Jährliche Surveyerhebungen

Datengrundlage des Zeitvergleichs sind die bisher seit 2002 im jährlichen Abstand durchgeführten zehn Querschnittserhebungen, bei welchen in den Jahren 2002 bis 2004 jeweils eine Zufallsauswahl mit einer Stichprobe von jeweils 3000 Personen und in den Jahren 2005 bis 2010 von jeweils 2000 Personen im Alter von über 16 Jahren befragt wurden. Die Grundgesamtheit bildeten dabei die Privathaushalte. Die Stichproben wurden disproportional zugunsten der Bevölkerung in den neuen Bundesländern geschichtet. Die hier vorgenommenen Analysen beschränken sich auf Deutsche. Personen mit Migrationshintergrund wurden bei den Berechnungen ausgeschlossen.

3.2 Längsschnittdatensatz

Die Zusammenhangsberechnungen basieren auf den Panelerhebungen, deren Ausgangspunkt die Querschnittbefragung im Jahr 2002 bildete. Um ein Dreiwellenmodell berechnen zu können, wurden bei der Auswertung neben der Erhebung aus dem Jahr 2002 auch die von 2004 und 2006 herangezogen. Bei den Analysen wurden nur diejenigen Befragten berücksichtigt, die an allen drei Erhebungen teilgenommen haben und die erwerbstätig waren. Dies waren insgesamt 334 Personen.

4. Deskriptive Befunde zur Entwicklung von Prekarität und Fremdenfeindlichkeit

4.1 Wahrgenommene Prekarität am Arbeitsmarkt

Nicht zuletzt aufgrund der oben (Abschnitt 2) berichteten Befunde gehen wir davon aus, daß weniger die unmittelbare Betroffenheit durch unsichere Beschäftigung – zum Beispiel in Form von Zeit- oder Leiharbeit – als vielmehr die aus der Prekarisierung resultierenden mentalen Prozesse folgenreich sind. Hierbei geht es zum Beispiel um die wahrgenommene Existenzgefährdung, den antizipierten Statusverlust, die erlebten Kontrollverluste im Hinblick auf die Gestaltbarkeit der eigenen Arbeitsbiographie und die erfahrene Machtlosigkeit angesichts scheinbar unabwendbarer negativer Ereignisse, von denen auch die private Lebensführung betroffen sein kann.

Auch wenn die Erscheinungsformen unsicherer Beschäftigung sowie die Folgen der Entwicklungen am Arbeitsmarkt und der Prekarisierung vielfältig sind (vgl. dazu oben Abschnitt 2), gehen wir davon aus, daß diese mentalen Prozesse in starkem Maße mit den Sorgen und Ängsten von Personen korrespondieren, die Erwerbsgrundlage zu verlieren und arbeitslos zu werden. Sie gehen mit der Befürchtung einher, daß sich die eigene wirtschaftliche und finanzielle Situation zum Beispiel infolge eines sozialen Abstiegs oder der Notwendigkeit der Aufnahme einer Tätigkeit, für die man überqualifiziert ist, in der Zukunft verschlechtern wird. Wir nehmen an, daß sich diese Einschätzungen nach der konjunkturellen Lage verändern, und betrachten diese als ein gewichtiges Indiz für das Ausmaß der jeweiligen Verunsicherung in der Bevölkerung. Wir haben die wahrgenommene Prekarität am Arbeitsmarkt hier also über drei Indikatoren operationalisiert:[8]

• die Angst vor Arbeitslosigkeit (als die emotionale Komponente),

• die Einschätzung der Wahrscheinlichkeit, in den nächsten fünf Jahren von Arbeitslosigkeit betroffen zu sein (als die eher kognitive Komponente der Angst)[9] und

• die Einschätzung der eigenen wirtschaftlichen und finanziellen Situation in den nächsten fünf Jahren.[10]

Im Hinblick auf die Angst vor Arbeitslosigkeit zeigen die im jährlichen Rhythmus durchgeführten Querschnittsbefragungen im Rahmen des GMF-Projektes, daß der Anteil der Personen, die große Angst haben, ihre Erwerbsarbeit zu verlieren, zunächst deutlich gestiegen ist und sich im Zeitraum von 2002 (10,3 Prozent) bis 2005 (17,3 Prozent) annähernd verdoppelt hat. Parallel dazu reduzierte sich im entsprechenden Zeitraum die Zahl jener Personen, die angeben, keine Angst vor Arbeitslosigkeit zu haben, von 42,9 auf 25,5 Prozent.

Unabhängig davon, ob der Rückgang der Arbeitslosenzahlen seit 2005 tatsächlich zu einer Entspannung am Arbeitsmarkt und

Abb. 2: Entwicklung der Angst vor Arbeitslosigkeit unter Erwerbstätigen (in Prozent)

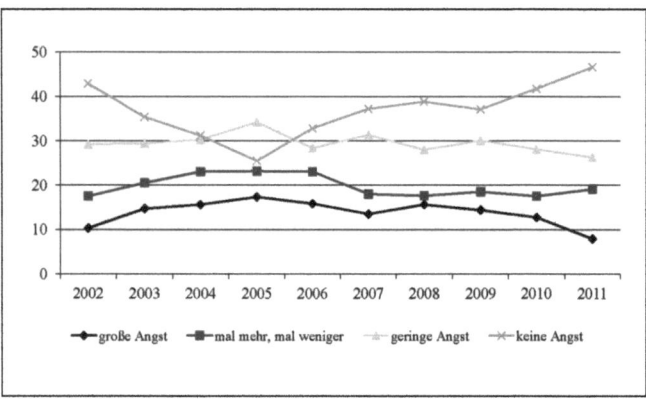

zu einer Reduzierung des Anteils der Personen geführt hat, die in prekären Beschäftigungsverhältnissen tätig sind, oder ob er primär darauf basiert, daß eine wachsende Zahl von Personen in Ein-Euro-Jobs oder in Weiterbildungsmaßnahmen untergebracht wurde, schlagen sich die wirtschaftliche Konsolidierung und die Nachrichten darüber auch im Bewußtsein der Bevölkerung nieder. Nach 2005 ist der Anteil der Personen, die angeben, keine Angst vor Arbeitslosigkeit zu haben, wieder deutlich angestiegen und hat im Jahr 2011 (mit 46,6 Prozent) fast wieder das Ausgangsniveau von 2002 erreicht (Abbildung 2). Demgegenüber zeigt sich beim Anteil der Personen mit großer Angst vor Arbeitslosigkeit nach 2005 nur ein marginaler Rückgang, der im Vergleich von 2005 nach 2007 zwar das Signifikanzniveau erreicht, danach aber auf einem für den gesamten Untersuchungszeitraum mittleren Niveau schwankt. Es ist zu vermuten, daß die Unsicherheiten, die aus der Wirtschafts- und Finanzkrise resultieren, einen klareren Rückgang der großen Angst vor Arbeitslosigkeit verhindert haben.

Ähnlich wie der Trend in bezug auf die Angst vor Arbeitslosigkeit verläuft zunächst die Entwicklung der Einschätzung der eigenen wirtschaftlichen und finanziellen Situation. Der Anteil der Personen, die vermuten, daß es ihnen in den nächsten Jahren schlechter gehen wird, steigt von 23,8 Prozent im Jahr 2002 (von

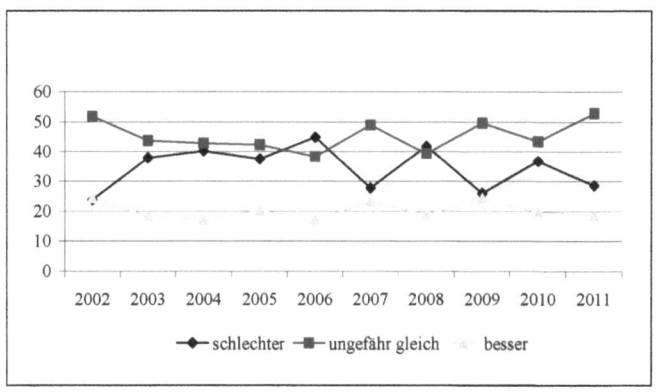

einem kleinen Rückgang im Jahr 2005 abgesehen) auf 44,8 Prozent im Jahr 2006 an. Demgegenüber geht der Anteil derer, die keine Veränderung erwarten, kontinuierlich von 51,8 Prozent (2002) auf 38,3 Prozent (2006) zurück. Nach 2006 ergibt sich für beide Gruppen eine unklare Entwicklung ohne eindeutigen Trend. Diese uneinheitliche Tendenz zeigt sich für den Anteil der Optimisten, die eine Verbesserung ihrer wirtschaftlichen und finanziellen Situation erwarten, praktisch über den gesamten Untersuchungszeitraum.

Auch wenn sich nicht bei allen Antwortkategorien auf die beiden oben behandelten Fragestellungen eindeutige Entwicklungslinien abzeichnen, so lassen sich doch bei den Veränderungen in den subjektiven Einschätzungen Trends erkennen, die mit den objektiven Entwicklungen korrespondieren.

4.2 Entwicklung der Fremdenfeindlichkeit

Die spannende Frage ist nun, ob dieses »Auf und Ab« bei der Angst vor eigener Arbeitslosigkeit sowie der Einschätzung der Entwicklung der eigenen wirtschaftlichen und finanziellen Situation (in den nächsten fünf Jahren) irgendwelche Konsequenzen für das Ausmaß der Fremdenfeindlichkeit in der deutschen Bevölkerung hat. Wirkt sich die zuerst zu- und dann abnehmende Angst vor Arbeitslosigkeit auf die Verbreitung der Vorurteile gegenüber jener Personengruppe aus, die eine potentielle Konkurrenz am Arbeitsmarkt darstellt? Vor diesem Hintergrund soll zunächst für den entsprechenden Zeitraum die Entwicklung des Ausmaßes an Fremdenfeindlichkeit in der deutschen Bevölkerung untersucht werden.

Aufgrund der Vielzahl der im GMF-Projekt erhobenen Konstrukte[11] und der begrenzten Zeitressourcen bei einer Telephonumfrage mußte die Fremdenfeindlichkeit trotz ihrer vielschichtigen Facetten (vgl. hierzu z. B. Alba et al. 2000, Rüssmann et al. 2010) in einer knappen Form operationalisiert werden. Auf der Basis mehrerer Pretests vor der Ersterhebung im Jahr 2002 wurden die beiden Statements »Es leben zu viele Ausländer in Deutschland« und »Wenn die Arbeitsplätze knapp werden, sollte man die in Deutschland lebenden Ausländer wieder in die Heimat zurückschicken« ausgewählt, die eine konkurrenzbasierte Version von Fremdenfeindlichkeit darstellen.

Betrachtet man die Verteilung über den gesamten Untersuchungszeitraum, stimmt in der Tendenz etwa die Hälfte der Befragten dem ersten und etwa ein Drittel dem zweiten Statement zu. Die Zustimmungsraten ändern sich jedoch insbesondere an den beiden Polen im Verlaufe des Untersuchungszeitraums nicht unerheblich (Abbildungen 4).

So erhöht sich zunächst der Anteil derjenigen, die der Auffassung, daß in Deutschland zu viele Ausländer leben, voll und ganz zustimmen, von 26,8 Prozent im Jahr 2002 kontinuierlich auf 33 Prozent im Jahr 2005. Daß man die Ausländer wieder in ihre Heimatländer zurückschicken sollte, wenn die Arbeitsplätze knapp werden, meinen 2002 12,2 Prozent, 2005 sind es mit 20,6 Prozent fast doppelt so viele. Nach 2005 ergibt sich hinsichtlich der vollständigen Zustimmung eine in der Tendenz abfallende Kurve. In 2011 stimmen dem ersten Statement 20,3 und dem zweiten 12,6 Prozent voll und ganz zu. Der Anteil, der den Ausländern das Recht der freien Wahl des Arbeitsplatzes oder des Lebensortes absprechen will, ist damit zwar immer noch erheblich, liegt damit aber unter dem in 2002 gemessenen Niveau.

Spiegelbildlich zur Entwicklung des Anteils der Personen, die den konkurrenzbasierten fremdenfeindlichen Aussagen voll und ganz zustimmen, entwickelt sich die Quote derer, die diesen Aus-

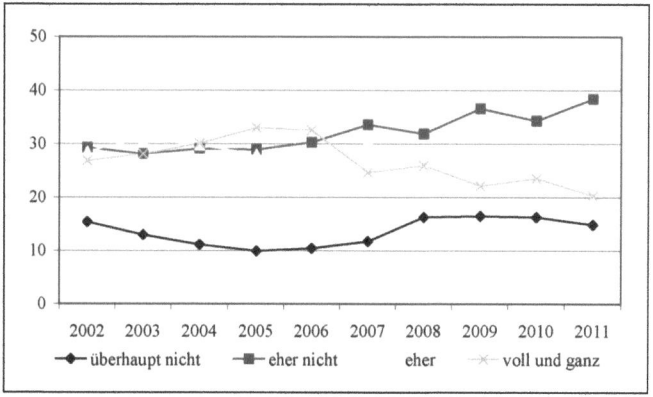

sagen überhaupt nicht zustimmen. Bis 2005 nehmen die jeweiligen Anteile ab, während sich danach die Ablehnungsquoten erhöhen.

4.3 Parallelen

Vergleicht man die beiden Entwicklungslinien, die sich anhand dieser Indikatoren für die wahrgenommene Prekarität am Arbeitsmarkt und die Fremdenfeindlichkeit abzeichnen, über die Jahre, lassen sich erstaunliche Parallelen erkennen (Abbildung 5). Sieht man von dem kleinen Einbruch bei der wahrgenommenen Prekarität im Jahr 2005 ab, zeigt sich sowohl für das Ausmaß der Fremdenfeindlichkeit als auch für die wahrgenommene Prekarität am Arbeitsmarkt für den Zeitraum von 2002 bis 2005 (bzw. 2004) zunächst ein Anstieg. Für den Zeitraum ab 2005 (bzw. 2006) läßt sich für beide Konstrukte, wenn man von dem Anstieg der Prekarität im Jahr 2008 absieht,[12] bis 2011 eine leicht abfallende Kurve ermitteln.

Daraus kann jedoch noch nicht gefolgert werden, daß zwischen beiden Aspekten ein tatsächlicher Zusammenhang existiert. Dies erbringt erst die längsschnittliche Analyse.

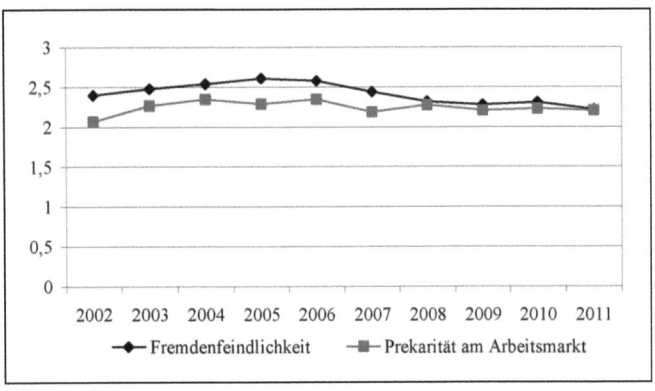

5. Zusammenhang von wahrgenommener Prekarität am Arbeitsmarkt und Fremdenfeindlichkeit in längsschnittlicher Betrachtung

Im Rahmen des Desintegrationsansatzes wird davon ausgegangen, daß Effekte von Desintegration in der einen Dimension durch die (gelungene) Integration in einer anderen Dimension kompensiert werden können (vgl. hierzu Anhut/Heitmeyer 2000; Anhut 2002). Demzufolge ist es zum Beispiel möglich, daß eine als prekär wahrgenommene Position am Arbeitsmarkt (in der Dimension der individuell-funktionalen Systemintegration) durch eine gute Einbindung in soziale Netzwerke (als kulturell-expressive Sozialintegration) dann aufgefangen werden kann, wenn der prekären Position seitens der Betroffenen eine geringere Bedeutung beigemessen wird, weil für diese vorrangig das Glück in der Paarbeziehung oder die guten Freundschaftsbeziehungen zählen. Um solche Moderations- bzw. Mediationseffekte in der längsschnittlichen Betrachtung zu berücksichtigen und abzubilden, wurde in das Drei-Wellen-Modell (Abbildung 6) neben der wahrgenommenen Prekarität am Arbeitsmarkt und Fremdenfeindlichkeit zusätzlich die Variable »Mangel an sozialer Unterstützung« aufgenommen.

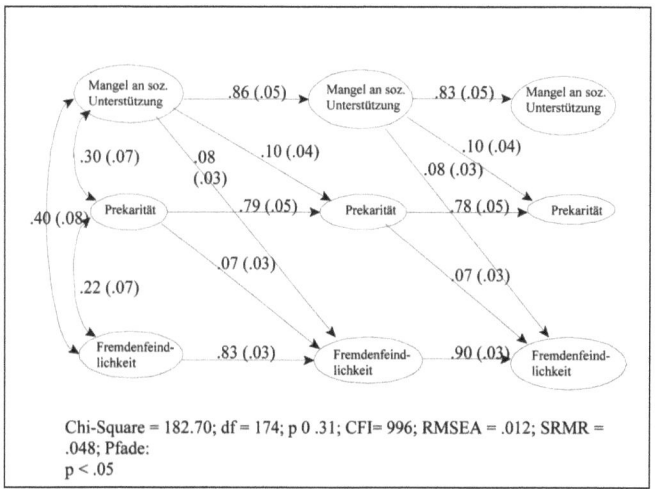

Das in Abbildung 6 dargestellte Cross-lagged-Modell[13] wurde mit Hilfe des Programms Mplus auf der Basis latenter Variablen und multipler Indikatoren berechnet.[14] Vor der eigentlichen Analyse wurde geprüft, ob Meßinvarianz vorliegt (vgl. hierzu Finkel 1995; Reinecke 2005; Geiser 2010). Dieser Test war erfolgreich. Daher kann davon ausgegangen werden, daß die Bedeutung der latenten Faktoren über die Zeit gleich ist. Alle Faktorladungen eines Konstrukts wurden daher über die Zeit gleichgesetzt. Darüber hinaus sind die autoregressiven Parameter zwischen den Konstrukten wie auch über die Zeit gleichgesetzt. Die Autokorrelation zwischen den Fehlerresiduen wurde zugelassen. Unter Kontrolle von Geschlecht, Alter und Bildung als Hintergrundvariablen bleibt das Modell unverändert bestehen.

Aus dem Modell geht hervor, daß die wahrgenommene Prekarität am Arbeitsmarkt auch dann in einem signifikanten Zusammenhang mit dem im jeweiligen Folgejahr gemessenen Niveau der

Fremdenfeindlichkeit steht, wenn das Ausmaß der Fremdenfeindlichkeit vom Vorjahr berücksichtigt wird. Das heißt, die jeweilige Prekarität am Arbeitsmarkt ist mit dafür verantwortlich, wie hoch das Ausmaß der Fremdenfeindlichkeit im Folgejahr ist. Zusätzlich wird das Ausmaß an Fremdenfeindlichkeit durch den in den jeweiligen Vorjahren gemessenen Mangel an sozialer Unterstützung im unmittelbaren Lebensumfeld der Befragten beeinflußt.[15] Die berechneten Effektstärken sind zwar relativ gering,[16] allerdings muß dabei berücksichtigt werden, daß sich diese Effekte in den jeweiligen Jahren kumulieren und, über einen längeren Zeitraum betrachtet, dann auch gravierende Veränderungen nach sich ziehen. Von daher können sich über längere Zeiträume erstreckende wirtschaftliche Krisen wie auch eine wirtschaftliche Konsolidierung (insofern sie von den Betroffenen als solche wahrgenommen werden) maßgeblich zum jeweiligen Ausmaß der Abwertung von Migranten beitragen und damit das Klima in einer Gesellschaft prägen.

Darüber hinaus wird in dem Modell ein im Desintegrationsansatz vorhergesagter Mediationseffekt bestätigt, denn der zu einem Erhebungszeitpunkt wahrgenommene Mangel an sozialer Unterstützung im unmittelbaren Lebensumfeld beeinflußt die im Folgejahr wahrgenommene Prekarität am Arbeitsmarkt. Oder umgekehrt formuliert: Fühlen sich Personen in ihrem sozialen Umfeld unterstützt, werden sie in der Folge ihre Position am Arbeitsmarkt als weniger prekär einstufen und eher hoffen, daß Chancen genutzt und ein sozialer Abstieg verhindert werden kann. Eine hohe soziale Unterstützung im Lebensumfeld beeinflußt somit nicht nur direkt das Ausmaß der Fremdenfeindlichkeit im Folgejahr, sondern wirkt sich auch dahingehend aus, daß zu den Folgezeiten die eigene Situation am Arbeitsmarkt als weniger prekär eingestuft wird. Sie trägt somit dazu bei, dem negativen Effekt von wahrgenommener Prekarität auf Fremdenfeindlichkeit vorzubeugen.

Um die Wirkung von wahrgenommener Prekarität am Arbeitsmarkt auf das Ausmaß an Fremdenfeindlichkeit in den Folgejahren nochmals deskriptiv darzustellen und zu veranschaulichen, wurden in Tabelle 1 die Werte für Fremdenfeindlichkeit für das jeweilige Jahr und das Folgejahr sowie die ermittelte Differenz in Abhängigkeit von geringer, mittlerer und hoher wahrgenommener Prekarität im jeweiligen Jahr berechnet. Auch diese Analyse bezieht dabei nur jene Personen ein, die erwerbstätig sind.

Tab. 1: Fremdenfeindlichkeit in Abhängigkeit vom Ausmaß der wahrgenommenen Prekarität am Arbeitsmarkt in den jeweiligen Vorjahren

Fremdenfeind-lichkeit	N =	2002	2004	Diff. $(t_2\text{-}t_1)$	N =	2004	2006	Diff. $(t_3\text{-}t_2)$
wahrge-nommene Prekarität am Arbeitsmarkt	265	2002			265	2004		
• niedrig	89	2,13	2,14	,01	81	2,16	2,05	–,11
• mittel	92	2,16	2,30	,14	69	2,23	2,27	,04
• hoch	84	2,38	2,54	,16	115	2,49	2,56	,07
p < Eta		n. s. ,12	,005 ,19	n. s. ,10		,05 ,18	,001 ,27	n. s. ,13

Aus Tabelle 1 geht zunächst noch einmal der aus den Querschnittanalysen bekannte Befund hervor, daß Personen, die ihre Position am Arbeitsmarkt als prekär einstufen, fremdenfeindlicher eingestellt sind als Personen, die in der Eigenwahrnehmung eine gesicherte berufliche Position innehaben. Diese Unterschiede sind jedoch aufgrund der geringen Fallzahl nur für 2004 statistisch signifikant. Da das Ausmaß der Fremdenfeindlichkeit von 2002 nach 2004 insgesamt zugenommen hat, steigt bei diesem Vergleich in allen drei Gruppen – unabhängig von deren subjektiver Position am Arbeitsmarkt – die Fremdenfeindlichkeit an, der Anstieg fällt jedoch in der Gruppe mit niedriger Prekarität deutlich geringer aus. Beim Vergleich von 2004 nach 2006 sinkt in dieser Gruppe sogar das Ausmaß der Fremdenfeindlichkeit, während sie in den beiden anderen Gruppen mit mittlerer und hoher Prekarität weiter ansteigt.

Die für die beiden Zeitvergleiche ermittelten Veränderungswerte im Ausmaß der Fremdenfeindlichkeit zu den jeweils zwei Meßzeitpunkten sind zwar statistisch nicht signifikant, aber dennoch führt die jeweils unterschiedlich starke Zunahme bzw. die Abnahme der Fremdenfeindlichkeit dazu, daß die Unterschiede zwischen den Gruppen bei den jeweiligen Wiederholungsmessungen größer werden und dann jeweils auch das Signifikanzniveau erreichen.

6. Diskussion und Fazit

Der Zusammenhang zwischen den wahrgenommenen Chancen am Arbeitsmarkt – als einem gewichtigen Indiz für die individuell-funktionale Systemintegration – und dem Ausmaß der Abwertung von Migranten (als potentiellen Konkurrenten um Arbeitsplätze) ist ein bisher nicht nur in Deutschland eher selten untersuchtes Phänomen. Dennoch ergaben sich in einer jüngst von Rüssmann, Dierkes und Hill (2010) vorgelegten Untersuchung ebenfalls Befunde, die den hier vorgestellten nahe kommen, allerdings nicht auf Paneldaten basieren.

Im Unterschied dazu ermitteln wir einen direkten Effekt der sozialen Unterstützung auf fremdenfeindliche Einstellungen. Mit unseren longitudinalen Analysen, die Aussagen über die kausale Wirkrichtung ermöglichen, kann hier der Befund bestätigt werden, daß im sozialen Umfeld erfahrene Unterstützung die wahrgenommene Prekarität am Arbeitsmarkt zu einem späteren Zeitpunkt abzumildern vermag und daß sich neben der sozialen Unterstützung auch die wahrgenommene Prekarität auf das Ausmaß der Fremdenfeindlichkeit über die Zeit auswirkt.

Darüber hinausgehend können wir im Rahmen unserer Analysen zeigen, daß mit einer als prekär eingestuften Position am Arbeitsmarkt die Betroffenen nicht nur fremdenfeindlicher eingestellt sind, sondern daß krisenhafte Entwicklungen am Arbeitsmarkt über die Zeit auch eine Zunahme des Ausmaßes der konkurrenzbasierten Fremdenfeindlichkeit in einer Gesellschaft wahrscheinlich machen. Eine über die Zeit andauernde, als prekär wahrgenommene Position am Arbeitsmarkt dürfte damit zu einer Vergrößerung der Unterschiede im Ausmaß der Fremdenfeindlichkeit im Vergleich zu jenen führen, die einen gesicherten Arbeitsplatz innehaben.

Die in der Panelanalyse in dem Drei-Wellen-Cross-lagged-Modell nachgewiesenen Effekte mangelnder sozialer Unterstützung und wahrgenommener Prekarität auf fremdenfeindliche Einstellungen sind über den hier betrachteten Zeitraum von sechs Jahren relativ gering. Es muß aber berücksichtigt werden, daß sich diese Effekte über die Zeit kumulieren und damit auch zu nicht unerheblichen Veränderungen in den Einstellungen von Personen beitragen können.

Insgesamt läßt sich aus der Analyse schließen, daß in einer Gesellschaft mit einer zunehmenden Zahl von Personen in prekären Beschäftigungsverhältnissen das Ausmaß der Fremdenfeindlichkeit steigen und sich somit die Qualität der Beziehungen zwischen Teilgruppen der Gesellschaft verschlechtern wird. Gelingt es hingegen, für zunehmend mehr Personen gesicherte berufliche Positionen zu eröffnen, so gibt dies Anlaß zur Hoffnung, daß nicht nur die Betroffenen ihre Zukunft etwas »rosiger« sehen, sondern daß sich darüber hinaus das gesellschaftliche Klima insgesamt wieder etwas menschenfreundlicher gestaltet. Deutlich wird aber auch, daß es in Politik und Wirtschaft nicht nur darum gehen kann, eine hinreichende Anzahl an Arbeitsplätzen zu schaffen. Die Arbeitsplätze sollten im Hinblick auf die Beschäftigungssicherheit auch so gestaltet sein, daß es für die einzelnen möglich wird, längerfristige Perspektiven sowohl im Hinblick auf die berufliche als auch die private Zukunft zu entwickeln, so daß Personen die Möglichkeit haben, ihre eigene Lebenssituation und Biographie planend zu gestalten. Die andauernde Prekarisierung ist in 2011 trotz positiver Arbeitsmarktstatistiken keine erfolgversprechende Voraussetzung für die Zukunft.

Anmerkungen

1 Zu berücksichtigen ist dabei allerdings, daß mit der Desintegration in drei unterschiedlichen Dimensionen mehrere, zum Teil voneinander unabhängige Aspekte in der Lebenssituation von Menschen berücksichtigt werden, während es sich beim Autoritarismus, auch wenn sich dabei drei Subdimensionen unterscheiden lassen, um ein eindimensionales Konzept handelt.

2 Im Zeitraum von 1950 bis 1970 war noch annähernd die Hälfte der abhängig Beschäftigten im sekundären Produktionssektor tätig, nach 2000 ist es weniger als ein Drittel. Im tertiären Sektor waren 1950 etwa ein Drittel der abhängigen Erwerbspersonen beschäftigt, nach 2000 sind es fast zwei Drittel. Analog dazu sank im entsprechenden Zeitraum der Anteil der Erwerbstätigen in den unteren beruflichen Positionen und den kurzfristig kündbaren Beschäftigungsverhältnissen (Arbeiter) von etwa 50 % auf 30 %, während der der Angestellten von etwa 16 % auf über 50 % anstieg (Hradil 2001, 133 ff.; Geißler 2002, 29 ff.; Datenreport 2006, 91 ff.).

3 Auch wenn die Zahl der von Arbeitnehmerseite ungewollt vollzogenen Beschäftigungsveränderungen deutlichen Schwankungen unterliegt,

läßt sich insgesamt aber ein steigender Trend ausmachen. Sie stiegen von 1985 von 0,5 Millionen auf etwa eine Million Mitte der neunziger Jahre an, reduzierten sich dann zwar in den Folgejahren nicht unerheblich, seit Anfang 2000 läßt sich allerdings wieder ein deutlicher Anstieg erkennen (Erlinghagen 2005 a, 152 ff.).

4 Auch wenn das Statistische Bundesamt in 2009 gegenüber dem Vorjahr erstmals wieder einen Rückgang der Zahl der in atypischen (befristeten, auf Teilzeit angelegten und geringfügigen) Beschäftigungsverhältnissen tätigen Erwerbspersonen sowie der Zeitarbeiternehmer/innen vermeldet (http://www.destatis.de/jetspeed/portal/cms/Sites), so hat sich ihr Anteil in den Vorjahren dennoch kontinuierlich (von 17,5 % in 1997 auf 25,5 % in 2007) erhöht {http://www.destatis.de/} (August 2011).

5 Dies zeigt sich nicht zuletzt auch daran, daß Personen in unterer Soziallage im Vergleich zu jenen in mittlerer oder gehobener Lage trotz ihres vergleichsweise geringeren wirtschaftlichen und finanziellen, beruflichen und sozialen Erfolgs ökonomischen Effizienzkriterien wie Verwertbarkeit, Funktionsfähigkeit, Rentabilität, Nützlichkeit etc. eine höhere Bedeutung beimessen, in stärkerem Maße dazu tendieren, solche Bewertungsmaßstäbe auf den sozialen Alltag und die Lebenswelt zu übertragen und diese auch bei der Bewertung von Personen oder Personengruppen heranziehen. Personen aus unterer Soziallage orientieren sich also in stärkerem Maß an ökonomischen Kriterien als Personen, die eine erfolgreiche berufliche Karriere hinter sich haben (Mansel/Endrikat 2007; Heitmeyer/Endrikat 2008).

6 Zur Unterscheidung von Kontext- und Kompositionseffekten vgl. z. B. Helbig 2010, auch wenn die dort vorgenommene Operationalisierung beider Effektarten mehr als fragwürdig ist.

7 Die durchschnittliche Interviewdauer lag bei etwa 30 Minuten.

8 Die an anderen Stellen im Rahmen des Projekts zur Auswertung von Querschnittsdaten gebildete Variable »Prekarität am Arbeitsmarkt« beinhaltet neben diesen subjektiven Einschätzungen auch objektive Indikatoren (Absolvierung einer beruflichen Ausbildung ja/nein) sowie tatsächliche Desintegrationserfahrungen (tatsächliche Betroffenheit von Arbeitslosigkeit in den letzten fünf Jahren). Diese beiden Aspekte wurden vor dem Hintergrund der längsschnittlichen Betrachtung hier nicht berücksichtigt, weil sie nur eine geringe Variation auf der Zeitachse zulassen. Beim ersten objektiven Indikator ergibt sich eine Veränderung nur dann, wenn eine Person zwischen zwei Erhebungszeitpunkten eine berufliche Erstausbildung abschließt, und im Falle der Arbeitslosigkeitserfahrung, wenn zwischen zwei Befragungszeitpunkten eine Arbeitslosigkeit eintritt bzw. wenn bei einer Wiederholungsbefragung die Erfahrung von eigener Arbeitslosigkeit den Fünf-Jahreszeitraum überschreitet. Bei einer explorativen Faktorenanalyse über

die drei Variablen ist die für das dritte Statement ermittelte Faktorladung zwar gering, aber dennoch laden die drei Statements auf nur einem Faktor. Auch bei der im Rahmen der längsschnittlichen Analyse durchgeführten konfirmatorischen Faktorenanalyse werden vertretbare Werte ermittelt.

9 Zur Unterscheidung der emotionalen (*emotionality*; Aufgeregtheit) und der kognitiven (*worry*; Besorgtheit, Sorge) Komponente der Angst sowie zu Möglichkeiten der Messung beider Komponenten vgl. Liebert/Morris 1967; Schwarzer 2000; Mansel 1995, 181ff. Auf die Wiedergabe der deskriptiven Befunde zur Entwicklung dieses Teilaspekts wird hier aus Platzgründen verzichtet.

10 Hierzu wurde der Wertebereich der dreistufigen Skalierung den anderen Variablen (Viererskalierung) angeglichen (1, 2,5 und 4).

11 Allein das für das Projekt zentrale Syndrom der *Gruppenbezogenen Menschenfeindlichkeit* enthält neun unterschiedliche Elemente. Hinzu kommen die Operationalisierungen einer Reihe von Erklärungskonzepten, die in verschiedenen Theorien als bedeutsam für Prozesse der Abwertung spezifischer Menschengruppen erachtet werden (vgl. hierzu Heitmeyer 2002 ff.).

12 Werden die zu den jeweiligen Erhebungszeitpunkten ermittelten Werte für Fremdenfeindlichkeit und Prekarität in eine korrelative Beziehung gesetzt, wird beim Vergleich bis 2007 ein Koeffizient von r = .94 und über den gesamten Zeitraum von r = .69 ermittelt.

13 Vgl. zur Angemessenheit dieses Verfahrens für die hier verfolgte Fragestellung auch Schlueter/Davidov/Schmidt 2010.

14 Missing-Values wurden im Rahmen des Full-Information-Likelihood-Verfahrens geschätzt.

15 Demgegenüber sind die Pfade von Fremdenfeindlichkeit auf Prekarität sowie von Prekarität auf soziale Unterstützung statistisch nicht signifikant.

16 Dies war angesichts der hohen zeitlichen Stabilität von Fremdenfeindlichkeit auch nicht anders zu erwarten, weil damit für die erklärenden Variablen nur ein schmaler Grad an weiterer Varianzerklärung übrigbleibt.

Literatur

Alba, R./Schmidt, P./Wasmer, M. (Hg.), *Deutsche und Ausländer, Freunde, Fremde oder Feinde?*, Wiesbaden 2000.

Anhut, R., »Die Konflikttheorie der Desintegrationstheorie«, in: Bohnacker, T. (Hg.), *Sozialwissenschaftliche Konflikttheorien. Eine Einführung*, Opladen 2002, S. 381-407.

Anhut, R./Heitmeyer, W., »Desintegration, Konflikt und Ethnisierung. Eine Problemanalyse und theoretische Rahmenkonzeption«, in: Heitmeyer, W./Anhut, R. (Hg.), *Bedrohte Stadtgesellschaft. Gesellschaftliche Desintegrationsprozesse und ethnischkulturelle Konfliktkonstellationen*, Weinheim 2000, S. 17-75.

Bundesministerium für Arbeit und Soziales (Hg.), *Armuts- und Reichtumsbericht der Bundesregierung*, Bonn 2002.

Bourdieu, P., *Gegenfeuer. Wortmeldungen im Dienste des Widerstands gegen die neoliberale Invasion*, Konstanz 1998.

Brinkmann, U./Dörre, K./Röbennack, S., *Prekäre Arbeit (Ursachen, Ausmaß, soziale Folgen und subjektive Verarbeitungsformen unsicherer Beschäftigungsverhältnisse*, Bonn 2006.

Castel, R., *Die Metamorphose der sozialen Frage. Eine Chronik der Lohnarbeit*, Konstanz 2000.

Dörre, K./Kraemer, K./Speidel, F., »Prekäre Beschäftigungsverhältnisse. Ursache von sozialer Desintegration und Rechtsextremismus«, in: Heitmeyer, W. (Hg.), *Forschungsverbund Desintegrationsprozesse – Stärkung von Integrationspotentialen einer modernen Gesellschaft*, Universität Bielefeld 2006, S. 71-102.

Dörre, K./Kraemer, K./Speidel, F., »Marktsteuerung und Prekarisierung von Arbeit – Nährboden für rechtspopulistische Orientierungen?«, in: Bischoff, J./Dörre, K./Gauthier, E. (Hg.), *Moderner Rechtspopulismus. Ursachen, Wirkungen, Gegenstrategien*, Hamburg 2004, S. 77-118.

Endrikat, K./Schaefer, D./Mansel, J./Heitmeyer, W., »Soziale Desintegration. Die riskanten Folgen negativer Anerkennungsbilanzen«, in: Heitmeyer, W. (Hg.), *Deutsche Zustände. Folge 1*, Frankfurt am Main 2002, S. 37-56.

Erlinghagen, M., »Entlassungen und Beschäftigungssicherheit im Zeitverlauf. Zur Entwicklung unfreiwilliger Arbeitsmarktmobilität in Deutschland«, in: *Zeitschrift für Soziologie* 34/2005a, S. 147-167.

Erlinghagen, M., »Die mobile Arbeitsgesellschaft und ihre Grenzen. Zum Zusammenhang von Arbeitsmarktflexibilität, Regulierung und sozialer Sicherung«, in: Kronauer, M./Linne, G. (Hg.), *Flexicurity. Die Suche nach der Sicherheit in der Flexibilität*, Berlin 2005b, S. 31-52.

Geiser, Ch., *Datenanalyse mit Mplus*, Wiesbaden 2010.

Geißler, R., *Die Sozialstruktur Deutschlands. Die gesellschaftliche Entwicklung vor und nach der Vereinigung*, Opladen 2002.

Finkel, S. E., *Causal Analysis With Panel Data*, London 1995.

Flecker, J./Krenn, M., »Abstiegsängste, verletztes Gerechtigkeitsempfinden und Ohnmachtsgefühle (zur Wahrnehmung und Verarbeitung zunehmender Unsicherheit und Ungleichheit in der Arbeitswelt«, in: Zilian, H. G. (Hg.), *Insider und Outsider*, München 2004.

Heitmeyer, W. (Hg.), *Deutsche Zustände. Folge 4*, Frankfurt am Main 2006.

Heitmeyer, W. (Hg.), *Deutsche Zustände. Folge 1*, Frankfurt am Main 2002.

Heitmeyer, W./Endrikat, K., »Die Ökonomisierung des Sozialen. Folgen für ›Überflüssige‹ und ›Nutzlose‹«, in: Heitmeyer, W. (Hg.), *Deutsche Zustände. Folge 6*, Frankfurt am Main 2008, S. 55-72.

Helbig, M., »Neighborhood does matter! Sozialstrukturelle Nachbarschaftscharakteristika und Bildungserfolg«, in: *Kölner Zeitschrift für Soziologie und Sozialpsychologie*, 62/2010, S. 655-679.

Hondrich, K. O., »Vom Wert der Arbeit – und der Arbeitslosigkeit«, in: *Zeitschrift für Erziehungswissenschaft*, 1/1998, S. 493-500.

Hradil, S., *Soziale Ungleichheit in Deutschland*, Opladen 2001.

Hüpping. S./Reinecke, J., »Abwärtsdriftende Regionen. Die Bedeutung sozioökonomischer Entwicklungen für Orientierungslosigkeit und Gruppenbezogene Menschenfeindlichkeit«, in: Heitmeyer, W. (Hg.), *Deutsche Zustände. Folge 5*, Frankfurt am Main 2007, S. 77-101.

Liebert, R. M./Morris, L. W., »Cognitive and emotional components of test anxiety. A distinction and some initial data«, in: *Psychological Reports* 20/1967, S. 975-978.

Mansel, J., »Wiederkehr autoritärer Aggression. Soziale Desintegration und Gruppenbezogene Menschenfeindlichkeit«, in: Punitivität, 8. Beiheft des *Kriminologischen Journals* (2004), S. 105-137.

Mansel, J., *Sozialisation in der Risikogesellschaft. Eine Untersuchung zu psychosozialen Belastungen Jugendlicher als Folge ihrer Bewertung gesellschaftlicher Bedrohungspotentiale*, Neuwied 1995.

Mansel, J./Endrikat, K., »Die Abwertung von ›Überflüssigen‹ und ›Nutzlosen‹ als Folge der Ökonomisierung der Lebenswelt. Langzeitarbeitslose, Behinderte und Obdachlose als Störfaktor«, in: *Soziale Probleme* 18/2007, S. 163-185.

Mansel, J./Endrikat, K./Hüpping, S., »Krisenfolgen. Soziale Abstiegsängste fördern feindselige Mentalitäten«, in: Heitmeyer, W. (Hg.), *Deutsche Zustände. Folge 4*, Frankfurt am Main 2006, S. 39-66.

Mansel, J./Heitmeyer, W., »Spaltung der Gesellschaft. Die negativen Auswirkungen auf das Zusammenleben«, in: Heitmeyer, W. (Hg.), *Deutsche Zustände. Folge 3*, Frankfurt am Main 2005, S. 39-72.

Mansel, J./Reinecke, J., »Gefühlte Desintegrationszonen – Kontexteffekte für die Abwertung schwacher Gruppen«, in: Groenemeyer, A./Wieseler, S. (Hg.), *Soziologie sozialer Probleme und sozialer Kontrolle. Realitäten, Repräsentationen und Politik*, Wiesbaden 2008, S. 527-551.

Rehberg, K.-S., »Die unsichtbare Klassengesellschaft«, in: Rehberg, K.-S. (Hg.), *Soziale Ungleichheit, kulturelle Unterschiede*, Frankfurt am Main/New York 2006, S. 19-38.

Reinecke, J., *Strukturgleichungsmodelle in den Sozialwissenschaften*, München/Wien 2005.

Rüssmann, K./Dierkes, S. M./Hill, P. B., »Soziale Desintegration und Bindungsstil als Determinanten von Fremdenfeindlichkeit«, in: *Zeitschrift für Soziologie* 39 /2010, S. 281-301.

Schlueter, E./Davidov, E./Schmidt, P., »The dynamics of authoritarianism and anomia: Applying autoregressive cross-lagged and latent growth models to a three-wave panel study«, in: van Montfort, K./Oud, H./Satorra, A. (Hg.), *Longitudinal models in the behavioral and related sciences*, EAM Book Series: Lawrence Erlbaum Publishers 2007, S. 315-336.

Schwarzer, R., *Streß, Angst und Handlungsregulation*, Stuttgart/Berlin/Köln 2000.

Statistisches Bundesamt (Hg.), *Datenreport 2006. Zahlen und Fakten über die Bundesrepublik Deutschland*, Bonn 2006.

Andreas Grau/Eva Gross/Jost Reinecke
Abgehängte Sozialräume
Die Bedeutung von Jugendarbeitslosigkeit für Orientierungslosigkeit und Fremdenfeindlichkeit

1. Das Problem

In Anbetracht der gegenwärtig viel diskutierten gesellschaftlichen Folgen hoher Jugendarbeitslosigkeit beispielsweise in Spanien, Portugal oder Griechenland wollen wir in diesem Beitrag die Auswirkungen dieses sozialstrukturellen Problems in bezug auf Benachteiligungsgefühle, Orientierungslosigkeit und Fremdenfeindlichkeit genauer untersuchen. Deutschland zeichnet sich im Vergleich zu anderen Gesellschaften in Europa durch eine relativ geringe Jugendarbeitslosigkeit aus. Gleichwohl gibt es hierzulande deutliche sozialräumliche Unterschiede.

In Sozialräumen mit hoher Jugendarbeitslosigkeit haben die jungen Leute auch in Deutschland deutlich geringere Chancen auf ein eigenständiges Leben als die Elterngeneration, obwohl sie im Durchschnitt besser ausgebildet und flexibler sind. Vor dem Hintergrund eines gesellschaftlichen Leitbildes, das der Eigenverantwortung höchste Priorität einräumt, kann die dauerhafte Verweigerung der Teilhabe der Jugendlichen am Arbeitsmarkt und somit ihrer Möglichkeiten auf Eigenständigkeit zu Resignation führen. Dies gilt insbesondere, wenn die Jugendlichen gesellschaftlichen Ansprüchen wie höheren Bildungsabschlüssen und Flexibilität genügen. Die Perspektivlosigkeit eines Teils der jungen Leute erfaßt dann viele Bewohner eines Sozialraumes, da diese registrieren, wie ihren eigenen Kindern, Enkelkindern bzw. den jungen Menschen in der näheren Umgebung trotz Anstrengung und Anpassung an geltende Normen der Zugang zum Arbeitsmarkt zeitweilig oder dauerhaft verweigert wird. Es ist anzunehmen, daß in ökonomisch abgehängten Gegenden mit vergleichsweise hoher Jugendarbeitslosigkeit ein soziales Klima der Benachteiligung entsteht, das ein soziales Klima der Orientierungslosigkeit als kollektiv subjektive Reaktion auf die sukzessive Erosion von Normen befördert. Der vorliegende Beitrag soll Erkenntnisse zu der Frage liefern, inwiefern das objektive Kontextmerkmal der Jugendarbeitslosigkeit in einem Sozialraum das soziale Klima beeinflußt und welche Folgen sich daraus für individuelle Einstellungsmuster ergeben. Jugendarbeitslosigkeit ist dabei für Kontextanalysen besonders relevant, da sie aus einem anomietheoretischen Blickwinkel auf Grund der beschriebenen Folgen für ein allgemeines soziales Klima der Orientierungslosigkeit deviante Reaktionsformen begünstigt. Wir betrachten Fremdenfeindlichkeit als eine potentielle Reaktion. Darüber hinaus lassen sich durch diesen sozialstrukturellen Indikator ökonomisch schlechter gestellte Sozialräume identifizieren. Die im Rahmen des GMF-Langzeitprojektes erhobenen Daten bieten dafür die Analysemöglichkeiten. Erstens kann auf Längsschnittdaten (2002-2010) zurückgegriffen werden, zweitens sind durch die spezielle Datenstruktur Analysen zum sozialen Klima auf Sozialraumebene möglich. So lassen sich sozialräumliche Kontextdaten auf Kreisebene mit Individualdaten verknüpfen. Dadurch kann der Frage nachgegangen werden, wie eine erhöhte Jugendarbeitslosigkeit in bestimmten Sozialräumen zum Entstehen eines sozialen Klimas der Orientierungslosigkeit beiträgt und damit individuelle Fremdenfeindlichkeit begünstigt.

2. Das theoretische Konzept

Ökonomische Benachteiligung und Prekarität, insbesondere verursacht durch Arbeitslosigkeit, sind zentrale Faktoren, wenn es um die Erklärung von Fremdenfeindlichkeit geht (vgl. Mansel/Christ/Heitmeyer in diesem Band; Rippl/Baier 2005). Allerdings kann der in der öffentlichen Debatte immer wieder auffindbare Kurzschluß »arbeitslos gleich rechtsextrem« in einer derart pauschalisierten Form nicht gezogen werden (Rippl/Baier 2005, 644). Die empirischen Befunde variieren von keinerlei über schwache bis hin zu mittleren Zusammenhängen (u. a. Bacher 2001; Rippl/Baier 2005; Wagner/Zick 1998). Nach wie vor finden in diesem Zusammenhang solche Prozesse empirisch zu wenig Beachtung, die auf der makrostrukturellen bzw. kontextuellen Ebene angesiedelt sind, worin die Unterschiede in den Befunden begründet sein könnten. Ausnahmen in dieser Richtung sind beispielsweise die Arbeiten von Hüpping/Reinecke (2007), Mansel/Reinecke (2008), Mansel/Legge/Heitmeyer (2009) und Rippl/Baier (2005).

Um die Frage zu klären, wie Arbeitslosigkeit in Fremdenfeindlichkeit umschlagen kann, ist das Konzept der relativen Deprivation hilfreich. Es beschreibt und problematisiert, wann Menschen mit ihrer Situation unzufrieden sind oder sich benachteiligt fühlen (Kessler/Harth 2008, 249). Nach Walker und Smith (2002) ist unter relativer Deprivation die Wahrnehmung und das Erleben zu verstehen, weniger zu haben, als einem zusteht. Runciman (1966) berücksichtigt in seiner theoretischen Konzeption als Gegenstand des Vergleichsprozesses nicht nur Individuen, sondern auch Gruppen: Ein Individuum kann seine negative Situation als individuelle Benachteiligung deuten, wenn er oder sie sich in der Situation als Individuum versteht. Vergleicht man sich hingegen auf Gruppenebene, wird man sich eher als kollektiv benachteiligt wahrnehmen. Fassen sich Individuen als Teil einer Gruppe auf und fällt der Vergleich mit anderen Gruppen negativ aus, kann das zur Wahrnehmung *kollektiver* Benachteiligung führen (Smith/Spears/Oyen 1994).[1] Es ist davon auszugehen, daß individuelle Benachteiligung eher zu psychosomatischen Beschwerden wie Streß und Depressionen führt, wohingegen die kollektive Benachteiligung Verhalten gegenüber anderen Gruppen motiviert (Smith/Ortiz 2002). Fremdenfeindlichkeit sollte demnach vorrangig durch kollektive Deprivationserfahrungen begünstigt werden (vgl. Pettigrew 2002; Pettigrew et al. 2008). Dabei scheint es nicht ausschlaggebend zu sein, welche Gruppe für den kollektiven Vergleich in bezug auf die Benachteiligung herangezogen wird, vielmehr begünstigt das kollektive Benachteiligungsgefühl eine Art generalisierter Abwertung (vgl. Zick/Küpper/Hövermann 2011, 177).

Objektive Aspekte der Kontextebene, insbesondere ökomische Benachteiligung, lassen vor allem indirekte Effekte auf Fremdenfeindlichkeit erwarten (Rippl/Baier 2005). Auf der Grundlage dieser Überlegungen nehmen wir an, daß sich kollektive relative Deprivation – also eine subjektive Reaktion auf objektive Benachteiligung, zum Beispiel durch erhöhte Jugendarbeitslosigkeit im Sozialraum – zunächst in einem sozialen Klima der Orientierungslosigkeit (auch unter dem Begriff Anomia gefaßt) niederschlägt. Die klassische soziologische Lesart von Anomie war lange ein konzeptueller Ansatz, um die Beziehung zwischen Sozialstruktur, Kultur und abweichendem Verhalten zu erklären (Bernburg 2002, 729). Insbesondere während ökonomischer Krisen drohen bestehende Normen- und Wertemuster aufzubrechen. Krisenhafte Einflüsse der makrostrukturellen Ebene (z. B. kollektive Deprivation als Folge von Jugendarbeitslosigkeit) können bei Individuen zu anomischen Gefühlen in Form von Orientierungslosigkeit führen (Hüpping/Reinecke 2007). Dies bleibt unseres Erachtens keineswegs nur auf die individuelle Ebene beschränkt, vielmehr kann wahrgenommene kollektive Benachteiligung als subjektive Reaktion auf eine ökonomische Krisensituation zu einem allgemeinen sozialen Klima der Orientierungslosigkeit in den betroffenen Sozialräumen beitragen.

Wir nehmen an, daß dies mit deutlich negativen Auswirkungen für die Integration schwacher Gruppen in die Gesellschaft einhergeht (Hüpping 2006; Hüpping/Reinecke 2007; Kühnel/Schmidt 2003). In zahlreichen Studien hat sich dies bestätigt: Diejenigen, die sich individuell orientierungslos fühlen, werten andere Gruppen stärker ab. Insbesondere die *Wahrnehmung* gesellschaftlicher Krisen bzw. die *gefühlte Benachteiligung* können zu individueller Orientierungslosigkeit und, damit einhergehend, zu Fremdenfeindlichkeit führen (Hüpping 2006). Eine Vielzahl der Untersuchungen zu diesem sozialen Wirkmechanismus (gefühlte Benachteiligung – Orientierungslosigkeit – Fremdenfeindlichkeit) blieb auf die individuelle Ebene beschränkt. Aufbauend auf der Annahme von Hüpping/Reinecke (2007, 79), »daß Individuen ihre Einstellungen nicht losgelöst von ihrem sozialstrukturellen und sozialräumlichen Lebenskontext entwickeln«, integrieren wir im Folgenden den sozialen Kontext, insbesondere die wirtschaftliche Qualität von Sozialräumen, systematisch in unser Erklärungsmodell für Fremdenfeindlichkeit. Dabei gehen wir über bisherige Analysen, die diesen Mechanismus auf individueller Ebene untersuchen, hinaus und stellen die Frage, inwiefern sich dieser auch auf der kontextuellen Ebene empirisch belegen läßt und zu einem fremdenfeindlichen Klima im Sozialraum beiträgt.

3. Analytisches Modell und Fragestellungen

Seit Durkheim (1983 [1897]) ist weitgehend unbestritten, daß die Handlungen von Individuen von ihrem sozialen Umfeld beeinflußt werden. Dieser Umstand wird in der sozialwissenschaftlichen Forschung, vor allem aus methodischen Gründen, häufig nicht hinreichend beachtet.[2] Unserer Auffassung nach sind »Indi-

Abb. 1: Schematische Darstellung des analytischen Modells

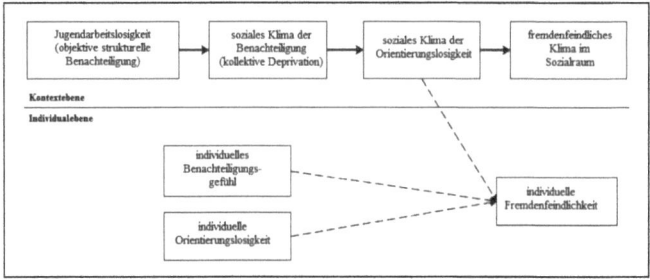

viduen [...] keine sozialen Eremiten, und ihr Verhalten kann nur erklärt werden, wenn ihr soziales Umfeld ebenfalls systematisch in Betrachtung und Analyse mit einbezogen wird« (Bühlmann 2006, Vorwort).

Nur selten wurde bisher in empirischen Studien eine simultane Analyse von individueller Orientierungslosigkeit und einem Klima der Orientierungslosigkeit durchgeführt bzw. deren Auswirkungen auf Fremdenfeindlichkeit sowie ein fremdenfeindliches Klima untersucht. Im Sinne der Mehrebenenanalyse wollen wir dieses Zusammenspiel genauer analysieren und zur Schließung dieser Forschungslücke einen Beitrag leisten. Das in Abbildung 1 schematisch dargestellte analytische Modell soll den hier gewählten Ansatz veranschaulichen.

Ausgehend von diesem analytischen Modell widmet sich der Beitrag der Überprüfung folgender Hypothesen:

• Erstens gehen wir davon aus, daß bei Individuen aus ökonomisch schwachen Sozialräumen das Ausmaß an Orientierungslosigkeit deutlich höher ausgeprägt ist, als dies bei Personen in wirtschaftlich besser gestellten Sozialräumen der Fall ist.

• Einen sozialen Mechanismus nimmt die zweite Hypothese an, nach der sich in wirtschaftlich schlechter gestellten Sozialräumen im Vergleich mit anderen Sozialräumen eher ein Klima der Benachteiligung ausbreitet und dieses in der Folge verstärkt zu einem Klima der Orientierungslosigkeit führt.

• Drittens nehmen wir an, daß ein soziales Klima der Orientierungslosigkeit auf sozialräumlicher Ebene zu einem fremdenfeindlicheren Klima im Sozialraum führt.

• Schließlich vermuten wir einen direkten Einfluß des sozialen Klimas der Orientierungslosigkeit auf die individuelle Fremdenfeindlichkeit.

4. Empirische Analysen

Die empirischen Analysen weisen folgende Struktur auf: Nach einer kurzen Beschreibung der Stichprobe und der Daten (Abschnitt 4.1) wird der Frage nachgegangen, inwiefern sich die sozioökonomische Situation im Sozialraum auf das Ausmaß an individueller Orientierungslosigkeit auswirkt (Abschnitt 4.2). In weiteren Analysen werden dann mit der gleichzeitigen Überprüfung von Effekten auf der individuellen und der Kontextebene die Auswirkungen des sozialen Klimas im Sozialraum auf Fremdenfeindlichkeit untersucht (Abschnitt 4.3). Damit soll auch ein Beitrag zur Weiterentwicklung der Vorurteilsforschung geleistet werden.

4.1 Beschreibung Stichprobe und empirisches Instrumentarium

Unsere Analysen basieren auf den repräsentativen Bevölkerungsumfragen des GMF-Projektes über einen Zeitraum von zehn Jahren. Innerhalb dieses Projektes wurden sowohl jährlich neue repräsentative Stichproben gezogen und Befragungen durchgeführt als auch wiederholte Befragungen derselben Personen im Rahmen eines Paneldesigns realisiert.[3] Die Untersuchung der Entwicklung von Orientierungslosigkeit erfolgt anhand der Daten aus den wiederholten Befragungen (vgl. Abschnitt 4.2). Nach dem ersten Meßzeitpunkt im Jahre 2002 konnten in den Jahren 2003 1300 und 2004 900 Personen erneut befragt werden. Im Jahre 2006 konnten auch Personen, die sich zwischen 2002 und 2004 nicht haben befragen lassen, erneut kontaktiert werden, so daß sich die Stichprobe auf 1120 Personen vergrößerte. Für die Jahre 2008 und 2010 standen 616 und 385 Personen zur Verfügung.[4] Die Messungen auf der Individualebene beziehen sich auf einen Zeitraum von insgesamt acht Jahren (2002 bis 2010).[5]

Neben den individuellen Einstellungsmessungen konnten Informationen zu Kennzahlen auf der Ebene des Sozialraums (Kreisebene) herangezogen werden, die aus dem Datenmaterial des Bundesamtes für Bauwesen und Raumordnung (INKAR) stammen und den Individualdaten hinzugefügt wurden.[6] Im Vordergrund unserer Analysen steht hier die Jugendarbeitslosigkeit gemessen über den Anteil Arbeitsloser zwischen 15 und 25 Jahre je 1000 Einwohner.[7] Jugendarbeitslosigkeit ist dabei für Kontextanalysen besonders relevant: Wenn sie in einem Sozialraum hoch ausgeprägt ist, führen die schlechten Zukunftsaussichten der jungen Leute auch bei vielen älteren Bewohnern – auf Grund der Sorgen um die eigenen Kinder oder Enkel – zu Sorgen über die Zukunft, die in ein soziales Klima der Orientierungslosigkeit umschlagen können, was wiederum Fremdenfeindlichkeit begünstigen kann (siehe Abschnitt 2). Zudem lassen sich durch diesen sozialstrukturellen Indikator ökonomisch schlechter gestellte Sozialräume sehr gut identifizieren und von prosperierenden unterscheiden.

Erst die Verknüpfung von Individual- und Kontextdaten ermöglicht eine differenzierte hierarchische Analyse, die auch als Mehrebenenanalyse bezeichnet wird (vgl. Bryk/Raudenbush 1992; Raudenbush/Bryk 2002; Hox 2010). Darüber hinaus kann die Entwicklung der individuellen Orientierungslosigkeit von 2002 bis 2010 unter Berücksichtigung des strukturellen Indikators Jugendarbeitslosigkeit untersucht werden.

4.2 Die Entwicklung von Orientierungslosigkeit von 2002 bis 2010

Für die folgenden Längsschnittanalysen wurden die drei Items zur Messung der Orientierungslosigkeit[8] (Anomia) in jeder Erhebung zu einem Index zusammengefaßt. Beim Vergleich der Mittelwerte über die sechs Erhebungen sind kaum Veränderungen über den Zeitraum festzustellen. Mit der Identifizierung statistischer Subgruppen wurde versucht, Unterschiede bei den befragten Personen festzustellen, die nicht auf gemessene Variablen zurückgeführt werden können. Damit soll der Frage nachgegangen werden, ob sich Gruppen mit niedriger, mittlerer und hoher Orientierungslosigkeit im Entwicklungsverlauf nachweisen lassen. Die Analyse ergab eine sinnvolle Aufteilung in vier Gruppen. Die erste Gruppe (N = 183) zeichnet sich durch ein sehr niedriges Niveau der Orientierungslosigkeit aus, die zweite (N = 1310) und dritte Gruppe (N = 859) durch ein eher mittleres, wobei sich die Gruppen jeweils unterscheiden. Die vierte Gruppe (N = 648) weist die höchsten durchschnittlichen Werte an Orientierungslosigkeit auf. Interessanterweise bleibt das Niveau in allen vier Gruppen über den gesamten Untersuchungszeitraum recht stabil.

Nun wird untersucht, ob sich die sich durch ein unterschiedliches Niveau der Orientierungslosigkeit auszeichnenden Gruppen nach dem Kontextmerkmal der Jugendarbeitslosigkeit unterscheiden.

Tabelle 1 zeigt einen eindeutigen Zusammenhang. Die Gruppe mit der höchsten Orientierungslosigkeit lebt überwiegend in den Kontexten mit der vergleichsweise höchsten Jugendarbeitslosigkeit, während die Gruppe mit der niedrigsten Orientierungslosigkeit in Kontexten mit der vergleichsweise niedrigsten Jugendarbeitslosigkeit lebt. Für die beiden mittleren Gruppen sind jeweils durchschnittliche Werte zur Jugendarbeitslosigkeit zu verzeichnen, die zwischen der ersten und der vierten Gruppe liegen. Trotz sinkender Jugendarbeitslosigkeit zwischen 2005 und 2008 bleibt der berichtete Zusammenhang erhalten.[9]

Insgesamt wird deutlich, daß mit der Unterscheidung der Befragten nach ihrem Niveau der Orientierungslosigkeit gleichzeitig auch eine Differenzierung nach dem Ausmaß der Jugendarbeitslosigkeit in ihrem Sozialraum einhergeht. Die bisherigen Ergebnisse bestätigen unsere erste Annahme. Individuen aus Sozialräu-

Tab. 1: Durchschnittliche Jugendarbeitslosigkeit in den Gruppen mit niedriger, mittlerer und hoher Orientierungslosigkeit (Arbeitslose unter 25 Jahren je 1000 Einwohner zwischen 15 und 25 Jahren)

Gruppe	2005 Mittelwert	2007 Mittelwert	2008 Mittelwert	2005–2008 Differenz
niedrige Orientierungslosigkeit (N = 183)	56,38	38,04	32,41	23,97
mittlere Orientierungslosigkeit 1 (N = 1310)	66,91	47,12	41,43	25,48
mittlere Orientierungslosigkeit 2 (N = 859)	71,01	51,35	45,29	25,72
hohe Orientierungslosigkeit (N = 648)	77,16	56,91	50,68	26,48
gesamt	69,65	49,89	43,98	43,98

men mit hoher Jugendarbeitslosigkeit äußern sich statistisch signifikant orientierungsloser als Befragte aus Sozialräumen mit geringerer Jugendarbeitslosigkeit.

4.3 Zur Relevanz des sozialen Klimas für Fremdenfeindlichkeit

Eine gleichzeitige Analyse der Wirkmechanismen auf Kontext- und Individualebene soll nun erfolgen, um den in der zweiten Annahme formulierten sozialen Mechanismus auf der Kontextebene zu überprüfen. Demzufolge ruft das sozialstrukturelle Problem der Jugendarbeitslosigkeit, das zunächst nur die junge Generation (15 bis 25 Jahre) eines Sozialraums *direkt* betrifft, eine Form der *kollektiven* Benachteiligung und Orientierungslosigkeit hervor, die letztlich durch die Abwertung schwacher Gruppen kompensiert werden kann (vgl. das analytische Modell in Abschnitt 3).

Für die Mehrebenenanalysen wurden die jährlichen Querschnittsbefragungen des GMF-Projektes aus den Jahren 2007, 2008 und 2009 zusammengefaßt und mit Kontext-Indikatoren für die Kreisebene, die sich auf das Jahr 2008[10] beziehen, zusammengespielt. Befragte mit Migrationshintergrund wurden aus der Analyse ausgeschlossen. Zudem berücksichtigen die Analysen nur die Kreise, für die 15 oder mehr gültige Fälle im Datensatz vorlagen. Insgesamt basieren unsere Analysen damit auf 3173 Befragten aus 113 Kreisen mit einer durchschnittlichen Fallzahl von etwa 28 Befragten je Kreis.

Da wir in diesem Abschnitt den Fokus auf das *soziale Klima* im kleinräumlichen Kontext legen und nicht nur auf Mechanismen auf der Individualebene, ist zunächst zu prüfen, wie zuverlässig die Befragungsdaten aus den GMF-Datensätzen soziale Kontexteigenschaften messen. Hierfür berechnen wir die *ökologischen* Reliabilitäten (vgl. Raudenbush/Sampson 1999) der hier interessierenden Messungen (Tabelle 2). Je höher die ökologische Reliabilität λ, desto stärker spiegelt die Messung auch ein von den Befragten in einem Sozialraum intersubjektiv empfundenes soziales Klima wider.[11]

Insgesamt erfaßt das subjektive Gefühl der Benachteiligung in der eigenen Gegend im Vergleich zum Rest von Deutschland mit $\lambda = 0{,}95$ am besten ein soziales Klima im Sozialraum. Unter Berücksichtigung von Alter, Geschlecht und Bildung auf der Individualebene reduziert sich die ICC nur um 2,1 Prozent, das

Tab. 2: Ökologische Reliabilitätsanalyse

	ICC (p)[12]	ICC-cond.	Δ %	λ	L1 R²	L2 R²	Korrelation mit Jugend-arbeitslosig-keit
Fremdenfeind-lichkeit	6,1	5,3	−13,1	0,64	12,1	72,4	0,85***
Orientierungs-losigkeit	5,3	4,9	−7,5	0,63	14,8	68,9	0,83***
Benachteili-gungsgefühl[13]	38,7	38,0	−2,1	0,95	1,2	87,3	0,93***

Anmerkungen:
λ = ökologische Reliabilität
ICC (p) = unkonditionale Intraklassenkorrelation
ICC-cond. = konditionale Intraklassenkorrelation: Bildung, Geschlecht, Alter.
L1 R² = erklärte Varianz auf Level 1 (Individualebene)
L2 R² = erklärte Varianz auf Level 2 (Kontextebene)

heißt, die Messung ist in hohem Maße vom sozialen Kontext abhängig, in dem der Befragte wohnt. Die Befragten schätzen also sehr übereinstimmend und unabhängig von ihrem individuellen soziodemographischen Profil (Alter, Geschlecht, Bildung) die ökonomische Benachteiligung ihres Sozialraums ein. Deutlich schlechter ist die ökologische Reliabilität der Messungen zu Fremdenfeindlichkeit und Orientierungslosigkeit. Hier sorgen die individuellen soziodemographischen Kontrollvariablen für eine Reduktion der ICCs um 7,5 Prozent bei Orientierungslosigkeit bzw. um 13,1 Prozent bei Fremdenfeindlichkeit. Individuelle Befragtenmerkmale haben demnach bei diesen Fragen mehr Einfluß auf das Antwortverhalten als bei der empfundenen Benachteiligung im Sozialraum. Dies ist auch zu erwarten, da Einstellungen, die sich nicht auf den Kontext beziehen, auch weniger vom Kontext beeinflußt werden.

Dennoch bleibt sowohl für Orientierungslosigkeit wie auch für Fremdenfeindlichkeit ein hochsignifikanter Varianzanteil von ca. fünf Prozent auf der Kontextebene bestehen (ICC-cond.). Beide Einstellungsmessungen können demzufolge durch Merkmale des sozialen Kontextes beeinflußt sein bzw. in Form eines sozialen Klimas im Sozialraum auch zur Erklärung von anderen Kontextmerkmalen beitragen. In Einklang mit diesem Ergebnis zeigen sich auf der Kontextebene (vgl. Tabelle 2) jeweils isoliert stark positive Einflüsse von Jugendarbeitslosigkeit aus der amtlichen Statistik auf das soziale Klima der Fremdenfeindlichkeit[14] (β = 0,851***), der Orientierungslosigkeit (β = 0,830 ***) und insbesondere auf ein sozialraumspezifisches Klima der Benachteiligung (β = 0,934 ***). Diese Zusammenhänge gehen mit großen erklärten Varianzanteilen auf Sozialraumebene einher. Bei der empfundenen Benachteiligung werden zum Beispiel 87,3 Prozent der Varianz auf der Kontextebene, die wiederum 38 Prozent der Gesamtvarianz ausmacht (ICC-cond. in Tabelle 2), durch die im Sozialraum bestehende Jugendarbeitslosigkeit erklärt.

Die Analyse der *reinen* Kontexteffekte[15] des Klimas der Orientierungslosigkeit und der Benachteiligung (also Merkmale der sozialräumlichen Ebene) auf individuelle Fremdenfeindlichkeit, die *über* die entsprechenden individuellen Effekte *hinaus* bestehen, bestätigt die Relevanz dieser individuellen Einstellungsmessungen als »verdichtetes« soziales Klima.

Sowohl die als soziales Klima verdichtete Orientierungslosigkeit als auch das kollektiv empfundene Benachteiligungsgefühl haben einen direkten Einfluß auf die individuelle Fremdenfeindlichkeit der Menschen in einem Sozialraum, der *über* den entsprechenden *individuellen* Effekt *hinaus* besteht (Abbildung 2). Dies soll anhand eines Beispiels veranschaulicht werden: Zwei Menschen, die als Individuen gleichermaßen orientierungslos sind, unterscheiden sich in bezug auf die erwartete Fremdenfeindlichkeit insofern, als die Person aus einem Sozialraum mit einem stärkeren

Abb. 2: Isolierte reine Kontexteffekte von Orientierungslosigkeit und Benachteiligungsgefühl auf individuelle Fremdenfeindlichkeit

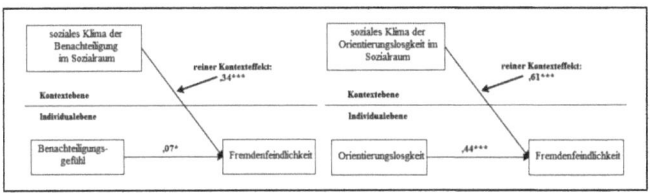

Klima der Orientierungslosigkeit – trotz identischer individueller Orientierungslosigkeit – eine statistisch höhere Wahrscheinlichkeit hat, selbst fremdenfeindliche Einstellungen zu äußern.

Unsere bisherigen Analysen belegen eine hinreichende sozialräumliche Verdichtung von Benachteiligung, Orientierungslosigkeit und Fremdenfeindlichkeit, wodurch sie als soziales Klima auf der Kontextebene an Bedeutung gewinnen (siehe ökologische Reliabilitäten und reine Kontexteffekte). Zudem bestehen bedeutsame Unterschiede zwischen den Sozialräumen, weswegen wir die Analyse des Einflusses struktureller Merkmale auf Kreisebene als sinnvoll erachten.

Bevor wir den postulierten sozialen Mechanismus auf Kontextebene untersuchen können, müssen wir die Stabilität des Einflusses von Jugendarbeitslosigkeit auf ein fremdenfeindliches Klima im Sozialraum über die isolierten Effekte hinaus überprüfen. Hierfür werden hierarchische, schrittweise Regressionsanalysen berechnet (Tabelle A im Anhang[16]). Insgesamt zeigt sich ein stabiler Effekt des sozialstrukturellen Einflußfaktors der Jugendarbeitslosigkeit auf Fremdenfeindlichkeit im Sozialraum. Unabhängig von Individualmerkmalen und davon, ob die Kreise im Osten oder im Westen liegen, fördert Jugendarbeitslosigkeit ein fremdenfeindliches Klima auf sozialräumlicher Ebene. Wie genau und auf welchen Umwegen Jugendarbeitslosigkeit zu Fremdenfeindlichkeit führt, ist der Fokus in den folgenden Analysen.

Wie bereits ausgeführt (Abschnitt 2 und 3), vermuten wir, daß das strukturelle Problem der Jugendarbeitslosigkeit, das über die Hoffnungslosigkeit der Jugendlichen hinaus auf die anderen im Sozialraum lebenden Menschen in Form eines sozialen Klimas der Benachteiligung und der Orientierungslosigkeit ausstrahlt, zu einem fremdenfeindlichen Klima beiträgt.

Diese Annahme eines sozialen Mechanismus wird im folgenden Schritt überprüft. Entsprechend unseres analytischen Modells (Abschnitt 3), berücksichtigen wir auf der Kontextebene sowohl die intersubjektiv geteilte Reaktion auf den objektiven Benachteiligungsfaktor der Jugendarbeitslosigkeit im Sozialraum, also das Klima gefühlter Benachteiligung, wie auch die als soziales Klima verdichtete Orientierungslosigkeit. Beide Faktoren werden in ihrer Relevanz als vermittelnde Kräfte zwischen Jugendarbeitslosigkeit und fremdenfeindlichem Klima untersucht (siehe Abbildung 3).[17]

Abb. 3: Graphische Darstellung der Mehrebenenanalyse

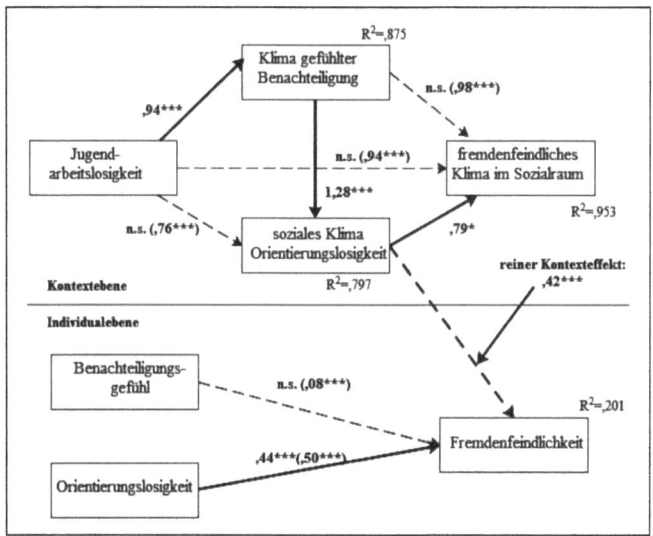

Anmerkungen: Mediationseffekte von kollektiver Orientierungslosigkeit und Benachteiligungsgefühl in der Beziehung zwischen Jugendarbeitslosigkeit und fremdenfeindlichem Klima; angegeben sind standardisierte Koeffizienten (diese können in Mehrebenenanalysen einen Wert über 1 annehmen), nur der reine Kontexteffekt wurde durch die Differenz der unstandardisierten Koeffizienten berechnet; die Werte in Klammern sind die jeweils direkten Effekte ohne Kontrolle des entsprechenden Mediators bzw. auf Individualebene die Effekte ohne Kontrolle des Kontextes; n. s. bedeutet nicht signifikant bei einer Irrtumswahrscheinlichkeit von 5 Prozent; Model-fit: CFI = 0,975/RMSEA = 0,078/SRMR (within) = 0,031/SRMR (between) = 0,007.

Entsprechend unseren Vorannahmen veranschaulicht die Analyse einen deutlichen Mechanismus auf der Kontextebene. Unter gleichzeitiger Berücksichtigung *beider* vermittelnder Einflüsse (siehe Abbildung 3) wird der Zusammenhang zwischen *Jugendarbeitslosigkeit* und durchschnittlicher *Orientierungslosigkeit* – so wie er sich in der Analyse der isolierten Effekte zeigte (siehe Tabelle 2) – vollständig über die durchschnittlich *empfundene Benachteiligung im Sozialraum* vermittelt. Hohe Jugendarbeitslosigkeit im Sozialraum führt also nicht direkt zu einer durchschnittlich höheren Orientierungslosigkeit. Vielmehr hat sie zuerst einen direkten Einfluß auf das soziale Klima der Benachteiligung. Die Menschen verarbeiten die objektive sozialstrukturelle Benachteiligung also zunächst in Form eines intersubjektiv geteilten Gefühls der Benachteiligung. Erst dieses kollektive Deprivationsgefühl begünstigt dann unmittelbar die durchschnittliche Orientierungslosigkeit im Sozialraum. Gleichzeitig wird der ohne Berücksichtigung kollektiver Orientierungslosigkeit signifikante Zusammenhang zwischen intersubjektiv geteilter *Benachteiligung* und durchschnittlicher *Fremdenfeindlichkeit* vollständig über das Klima der Orientierungslosigkeit im Sozialraum erklärt. Unter Berücksichtigung *beider* vermittelnder Einflußfaktoren ist weder der isolierte indirekte Effekt auf Fremdenfeindlichkeit über Benachteiligung noch derjenige über Orientierungslosigkeit signifikant.[18] Beide vermittelnden Effekte *zusammen* erzeugen dagegen einen signifikanten indirekten Effekt auf Fremdenfeindlichkeit. Sie offenbaren den sozialen Mechanismus auf sozialräumlicher Ebene, unabhängig von individuellen Merkmalen. Das sozialstrukturelle Kontextmerkmal Jugendarbeitslosigkeit begünstigt ein intersubjektiv geteiltes Klima der Benachteiligung im Sozialraum direkt. Dieses führt nicht unmittelbar zu mehr Fremdenfeindlichkeit im Sozialraum, sondern begünstigt ein soziales Klima der Orientierungslosigkeit, welches seinerseits die durchschnittliche Fremdenfeindlichkeit steigert.

Darüber hinaus bleibt nach Berücksichtigung des sozialen Mechanismus auf der sozialräumlichen Ebene und entsprechender Einflußvariablen auf der Individualebene ein bedeutsamer reiner Kontexteffekt auf *individuelle* Fremdenfeindlichkeit bestehen. Das soziale Klima der Orientierungslosigkeit, das durch die Jugendarbeitslosigkeit im Sozialraum erzeugt wird (über ein soziales Klima der Benachteiligung transportiert), übt einen fremdenfeindlichkeitsfördernden Einfluß auf die Menschen aus, unabhängig davon, wie orientierungslos und benachteiligt sie sich individuell fühlen (Abb. 3: b = 0,42). Unsere Analysen können also die Annahme (z. B. Bühlmann 2006; Durkheim 1983 [1897]) bestätigen, wonach individuelles Verhalten bzw. Einstellungen nicht unabhängig vom sozialräumlichen Kontext zu verstehen sind.

Um zu kontrollieren, ob die auf sozialräumlicher Ebene ermittelten Zusammenhänge zwischen Benachteiligung und menschenfeindlichen Einstellungen nicht ausschließlich auf Ost-West-Unterschieden basieren, wurden Berechnungen durchgeführt, in denen zusätzlich die Variable »Ost-West« als unabhängige Variable aufgenommen wurde (siehe Tabelle A im Anhang, Modell 2b).

Im Gegensatz zu den Erkenntnissen von Rippl/Baier (2005) bleiben in unseren Analysen über den Ost/West-Effekt *hinaus* substantielle Einflüsse der ökonomischen Situation des Sozialraumes (gemessen über die Jugendarbeitslosigkeit) bestehen. Dieses Resultat könnte allerdings auch auf unterschiedlichen Operationalisierungen beruhen, da in der vorliegenden Untersuchung andere als bei Rippl/Baier (2005) gewählt wurden (hier: Arbeitslose unter 25 Jahren, dort: Arbeitslosenquote; hier: Benachteiligung der Gegend, dort: wirtschaftliche Lage der Deutschen im Vergleich mit der der in Deutschland lebenden Ausländer). Die Stichprobe von Rippl/Baier (2005) war für eine Mehrebenenanalyse nicht geeignet, wodurch der Einfluß der Kreisebene nicht gleichzeitig analysiert werden konnte. Hierin könnte der Unterschied in den Befunden ebenfalls begründet sein.

5. Fazit

In ökonomisch schwachen Sozialräumen, die durch eine vergleichsweise hohe Jugendarbeitslosigkeit gekennzeichnet sind, weisen Befragte durchschnittlich ein höheres Maß an individueller Orientierungslosigkeit auf. Diese Differenz in Form eines höheren Ausgangsniveaus bleibt auch in längsschnittlichen Analysen im Zeitverlauf über acht Jahre erhalten. Unabhängig von der individuellen Problemlage sind die Vorurteile gegenüber Einwanderern höher ausgeprägt, wenn die kollektive relative Deprivation auf Kreisebene höher ausfällt und damit auch das Klima der Orientierungslosigkeit weiter verbreitet ist. Vorurteile sind vorrangig gruppenbezogene Phänomene, die dementsprechend vor allem durch kollektive Faktoren (hier Höhe der Jugendarbeitslosigkeit, kollektive Deprivationserfahrungen und ein Klima der Orientierungslosigkeit) zu erklären sind (vgl. Pettigrew 2002).

Wie unsere Analysen zeigen, sind Benachteiligungsgefühle auf der Gruppenebene, die auch unabhängig von individueller Deprivation bestehen können, zumindest für Fremdenfeindlichkeit von dominanter Bedeutung. In ökonomisch schlechter gestellten Kontexten entfalten sich eher kollektive Benachteiligungsgefühle, die

– vermittelt über ein Klima der Orientierungslosigkeit – ein fremdenfeindliches Klima begünstigen.

Somit stellt Jugendarbeitslosigkeit im Sozialraum ein sozialstrukturelles Problem dar, das in seinen demoralisierenden Folgen über die Gruppe der direkt Betroffenen hinaus auf die Bevölkerung im Sozialraum ausstrahlt. Die Reduktion von Jugendarbeitslosigkeit sollte damit einen prominenten Platz auf der politischen Agenda einnehmen. Die jungen Leute brauchen unbedingt Hoffnung auf eine Zukunft in Eigenständigkeit und die Aussicht auf Erfolg, insbesondere wenn sie den gesellschaftlichen Ansprüchen und Normen, in Form von guter Bildung, Flexibilität und dem Willen zu eigenverantwortlicher Lebensführung, gerecht werden. Für andere Gruppen von Jugendlichen, denen dies beispielsweise auf Grund fehlender Schul- oder Berufsabschlüsse nicht möglich ist, müssen dringend neue Förderkonzepte entwickelt werden. Andernfalls besteht die Gefahr, daß Teile der Bevölkerung diese Normen und Werte allgemein als hinfällig und wertlos erachten. Das soziale Klima der Orientierungslosigkeit befördert ein fremdenfeindliches Klima im Sozialraum. Dieses schwächt das friedfertige Zusammenleben in der Gesellschaft, da die Gleichwertigkeit der Menschen zur Disposition gestellt wird.

Die im Hinblick auf andere Gesellschaften in Europa vergleichsweise geringe Jugendarbeitslosigkeit in Deutschland könnte neben dem Fehlen eines charismatischen Wortführers eine Begründung dafür sein, warum es bisher keiner rechtspopulistischen Partei – trotz des vorhandenen rechtspopulistischen Potentials (vgl. Klein/Heitmeyer in diesem Band) – gelungen ist, sich hier in nennenswertem Ausmaß zu etablieren.

Anmerkungen

1 Es gibt empirische Hinweise, wonach individuelle und kollektive Benachteiligung auf einer unterschiedlichen Informationsbasis beruhen (Kessler/Mummendey/Leisse 2000).

2 Möglichst wenige Befragte einer Stichprobe sollen üblicherweise dem gleichen engeren sozialen Kontext angehören, um Verzerrungen möglichst gering zu halten.

3 Das Paneldesign sah wiederholte Befragungen im Abstand von einem Jahr zwischen 2002 und 2004 vor. Ab dem Jahr 2006 wurden dieselben

Befragten in einem Abstand von zwei Jahren wiederholt befragt. Die letzte Erhebung fand im Jahr 2010 statt. Informationen zu Personen mit Migrationshintergrund werden nicht berücksichtigt.

4 Analysen zur Panelmortalität (Ausfall von Untersuchungspersonen) weisen keine größeren systematischen Verzerrungen auf. Lediglich Männer und ostdeutsche Befragte waren signifikant seltener dazu bereit, sich erneut befragen zu lassen. In der Panelstichprobe sind daher Frauen und westdeutsche Befragte leicht überrepräsentiert. Bei der Überprüfung der Ausfälle zeigten sich keine systematischen Korrelationen mit den hier verwendeten Messungen.

5 Vgl. zur Messung von Fremdenfeindlichkeit Zick/Krause/Hövermann in diesem Band.

6 INKAR steht für »Indikatoren und Karten zur Raum und Stadtentwicklung«. Das Datenmaterial ist über das statistische Bundesamt in Wiesbaden erhältlich. Hier wurden Informationen aus den Jahren 2005, 2007 und 2008 verwendet. Da die befragten Personen in den Datensätzen den Sozialräumen (Kreisen) zugeordnet werden konnten, ist eine Ergänzung der Messungen zur Orientierungslosigkeit und Fremdenfeindlichkeit unproblematisch.

7 In Gesamtdeutschland beträgt der Mittelwert 44,62 (Minimum: 9,4/Maximum: 103,5). Die Daten weisen einen deutlichen Ost-West-Unterschied auf. Der Mittelwert beträgt in Westdeutschland 31,75 (Minimum: 9,4/Maximum: 69,6), in Ostdeutschland dagegen 68,78 (Minimum: 30,4/Maximum: 103,5).

8 Für die Messung von Orientierungslosigkeit konnten die Teilnehmer auf folgende Aussagen auf einer Skala von 1 bis 4 von (1) »trifft voll und ganz zu« bis (4) »trifft überhaupt nicht zu« antworten: »Es ist heute alles so in Unordnung geraten, daß niemand mehr weiß, wo man eigentlich steht«, »Die Dinge sind heute so schwierig geworden, daß man nicht mehr weiß, was los ist« und »Früher waren die Leute besser dran, weil man wußte, was man zu tun hatte«. Die Messungen wurden rekodiert (hohe Werte bedeuten starke Orientierungslosigkeit) und durch Mittelwertbildung zu einem Index zusammengefaßt.

9 Zusätzlich durchgeführte Varianzanalysen über die vier Gruppen ergeben für alle drei Jahre signifikante Differenzen zwischen den Mittelwerten.

10 Aktuellster verfügbarer Kontextdatensatz des Bundesamtes für Bau-, Stadt- und Raumforschung.

11 Es gibt keinen allgemein gültigen Grenzwert für die ökologische Reliabilität von Befragungsdaten, Duncan und Raudenbush (1999: 33) weisen aber darauf hin, daß selbst niedrige ICCs von < 10 % für große Effektstärken sorgen können.

12 Der Wert ICC (Intraklassenkorrelation) gibt den Prozentanteil der Varianz auf Kontextebene an der Gesamtvarianz der Variable wieder.

Bei der ökologischen Reliabilität λ wird zusätzlich die Befragtenzahl im Kreis berücksichtigt.

13 Die Befragten konnten auf die Frage »Wie beurteilen Sie die wirtschaftliche Lage in Ihrer Gegend im Vergleich zur wirtschaftlichen Lage in der Bundesrepublik insgesamt« mit besser (1), ungefähr gleich (2) oder schlechter (3) antworten.

14 Durchschnittswert der Befragten aus einem Kreis.

15 Der reine Kontexteffekt setzt sich zusammen aus der Differenz des unstandardisierten Regressionskoeffizienten auf der Kontextebene und des entsprechenden Koeffizienten auf der Individualebene (vgl. Raudenbush/Bryk 2002).

16 *Tab. A*: Regression individueller und struktureller Einflußgrößen auf Fremdenfeindlichkeit

	Modell 1a (OLS-Regression)		Modell 1b (Nur Varianzzerlegung)		Modell 1c (Level 1-Variablen)		Modell 2a (Level 1-Variablen und Jugendarbeitslosigkeit)		Modell 2b (Level1-Variablen, Jugendarbeitslosigkeit und Ost-West)	
	b (β)	p			b (β)	p	b (β)	p	b (β)	p
Level 1 (N = 3173)										
Geschlecht Männl (0)/ Weibl (1)	0,038 (0,023)	0,293			0,032 (0,019)	0,363	0,035 (0,021)	0,310	0,035 (0,021)	0,306
Alter	0,002 (0,037)	0,012			0,002 (0,038)	0,107	0,002 (0,039)	0,103	0,002 (0,038)	0,113
Bildung	-0,005 (-0,167)	0,000			-0,005 (-0,178)	0,000	-0,005 (-0,177)	0,000	-0,005 (-0,180)	0,000
Benachteiligungs-Gefühl	0,075 (0,068)	0,002			-0,006 (-0,005)	0,820	-0,010 (-0,008)	0,700	-0,013 (-0,009)	0,639
Orientierungslosigkeit	0,445 (0,427)	0,000			0,435 (0,418)	0,000	0,432 (0,417)	0,000	0,428 (0,414)	0,000
Level 2 (N = 113 Kreise)										
Jugendarbeitslosigkeit							0,008 (0,944)	0,000	0,003 (0,325)	0,026
Ost (1) - West (0)									0,273 (0,703)	0,001
Level 1 R^2 (σ^2)	28,8% Res, Var = 0,712		σ^2 = 0,669		26,9%	σ^2 = 0,731	26,8%	σ^2 = 0,732	26,6%	σ^2 = 0,734
Level 2 R^2 ($\tau(00)$)			$\tau(00)$ = 0,042			$\tau(00)$ = 1	89,2%	$\tau(00)$ = 0,108	98,2%	$\tau(00)$ = 0,018

	Modell 1a (OLS-Regression)		Modell 1b (Nur Varianz-zerlegung)		Modell 1c (Level 1-Variablen)		Modell 2a (Level 1-Variablen und Jugendarbeits-losigkeit)		Modell 2b (Level1-Varia-blen, Jugend-arbeitslosigkeit und Ost-West)	
	b (β)	p			b (β)	p	b (β)	p	b (β)	p
ICC (Fremden-feindlich-keit)			0,061		0,067		0,069		0,066	

Anmerkungen: Modell 1 a ist eine OLS-Regression, wie sie ohne Berücksichtigung der Clusterung der Daten durchgeführt wird – Benachteiligung hat hier einen signifikant positiven Einfluß auf Fremdenfeindlichkeit auf der Individualebene, welcher unter Berücksichtigung des Sozialraumes nicht mehr besteht. Ab Modell 1 b sind hierarchische Analysen individueller und struktureller Variablen auf individuelle Fremdenfeindlichkeit und ein fremdenfeindliches Klima im Sozialraum dargestellt; die Zahlen in Klammern sind die standardisierten Regressionskoeffizienten; ein p > 0,05 bedeutet, daß der Koeffizient keinen signifikanten Einfluß hat; R² = erklärte Varianz in Prozent/τ(oo) = Varianz der Fremdenfeindlichkeit zwischen den Kreisen/σ² = Varianz von Fremdenfeindlichkeit innerhalb der Kreise.

17 Die Berechnungen wurden mit dem Programm MPlus (Version 6) durchgeführt. Fehlende Werte wurden in Form eines listenweisen Fallausschlusses behandelt.

18 Effektzerlegung in MPlus (Version 6):
Total: ,80***; total indirekt: ,799**; spezifisch indirekt (Orientie-rungslosigkeit): n. s.; spezifisch indirekt (Benachteiligung): n. s.; spezifisch indirekt (Benachteiligung – Orientierungslosigkeit): ,94*.

Literatur

Bernburg, J. G., »Anomia, social change and crime. A theoretical examin-ation of institutional-anomie theory«, in: *British Journal of Criminology* 42/2002, S. 729-742.

Bryk, A. S./Raudenbush, S. W., *Hierarchical Linear Models in Social and Behavioral Research: Applications and Data Analysis Methods*, New-bury Park 1992.

Bühlmann, M., *Politische Partizipation im kommunalen Kontext: Der Ein-fluß lokaler Kontexteigenschaften auf individuelles politisches Partizipa-tionsverhalten*, Bern/Stuttgart/Wien 2006.

Duncan, G. J./Raudenbush, S. W., »Assessing the effects of context in stu-dies of child and youth development«, in: *Educational Psychologist* 34/1999, S. 29-41.

Durkheim, E., *Der Selbstmord*, Frankfurt am Main 1983 [1897].

Hox, J., *Multilevel Analysis. Techniques and Applications*, New York 2010.

Hüpping, S., »Anomia. Unsicher in der Orientierung, sicher in der Abwertung«, in: Heitmeyer, W. (Hg.), *Deutsche Zustände. Folge 4*, Frankfurt am Main 2006, S. 86-100.

Hüpping, S./Reinecke, J., »Abwärtsdriftende Regionen. Die Bedeutung sozioökonomischer Entwicklungen für Orientierungslosigkeit und Gruppenbezogene Menschenfeindlichkeit«, in: Heitmeyer, W. (Hg.), *Deutsche Zustände. Folge 5*, Frankfurt am Main 2007, S. 77-101.

Kessler, T./Harth, N. S., »Die Theorie relativer Deprivation«, in: Petersen, L.-E./Six, B. (Hg.), *Stereotype, Vorurteile und Diskriminierung*, Weinheim/Basel 2008, S. 249-255.

Kessler, T./Mummendey, A. und Leisse, U.-K., »The personal-group discrepancy: Is there a common information basis of personal and group judgment?«, in: *Journal of Personality and Social Psychology 79/2000*, S. 95-109.

Kühnel, S. M./Schmidt, P., »Orientierungslosigkeit. Ungünstige Effekte für schwache Gruppen«, in: Heitmeyer, W. (Hg.), *Deutsche Zustände. Folge 2*, Frankfurt am Main 2003, S. 83-95.

Lo, Y./Mendell, N. R. und Rubin, D. B., »Testing the number of components in a normal mixture«, in: *Biometrika 88/2001*, S. 767-778.

Mansel, J./Legge, S./Heitmeyer, W., »Prekarität, Deprivationserleben und Armut in wirtschaftlich prosperierenden und abwärtsdriftenden Regionen. Abwertungsprozesse und Gewaltpotenzial im Vergleich«, in: *Deutsche Zeitschrift für Kommunalwissenschaft 48/2009*, S. 51-66.

Mansel, J./Reinecke, J., »Gefühlte Desintegrationszonen – Kontexteffekte für die Abwertung schwacher Gruppen«, in: Groenemeyer, A./Wieseler, S. (Hg.), *Soziologie sozialer Probleme und sozialer Kontrolle*, Wiesbaden 2008, S. 527-551.

Muthén, L. K./Muthén, B. O., *Mplus User's Guide*, Los Angeles 1998-2010.

Pettigrew, T. F., »Summing up: Relative deprivation as a key social psychological concept«, in: Walker, I./Smith, H. J. (Hg.), *Relative Deprivation. Specification, Development, and Integration*, Cambridge 2002, S. 351-374.

Pettigrew, T. F./Christ, O./Wagner, U./Meertens, R. W./van Dick, R./Zick, A., »Relative deprivation and intergroup prejudice«, in: *Journal of Social Issues 64/2008*, S. 385-401.

Raudenbush, S. W./Bryk, A. S., *Hierarchical Linear Models: Applications and Data Analysis Methods*, 2. Auflage, Thousand Oaks 2002.

Raudenbush, S. W./Sampson, R., »Assessing direct and indirect effects in multilevel designs with latent variables«, in: *Sociological Methods Research 28/1999*, S. 123-153.

Rippl, S./Baier, D., »Das Deprivationskonzept in der Rechtsextremismusforschung. Eine vergleichende Analyse«, in: *Kölner Zeitschrift für Soziologie und Sozialpsychologie 57/2005*, S. 644-666.

Runciman, W. G., *Relative Deprivation and Social Justice*, Berkeley 1966.

Schwartz, G., »Estimating the dimension of a model«, in: *The Annals of Statistics* 6/1978, S. 461-464.

Smith, H. J./Ortiz, D. J., »Is it just me? The different consequences of personal and group relative deprivation«, in: Walker, I./Smith, H. J. (Hg.), *Relative Deprivation. Specification, Development, and Integration*, Cambridge 2002, S. 91-118.

Smith, H. J./Spears, R. und Oyen, M., »»People like us‹: The influence of personal deprivation and group membership salience on justice evaluations«, in: *Journal of Experimental Social Psychology* 30/1994, S. 277-299.

Wagner, U./Zick, A., »Ausländerfeindlichkeit, Vorurteile und diskriminierendes Verhalten«, in: Bierhoff, H. W./Wagner, U. (Hg.), *Aggression und Gewalt: Phänomene, Ursachen und Interventionen*, Stuttgart 1998, S. 145-164.

Walker, I./Smith, H. J., *Relative Deprivation. Specification, Development and Integration*, Cambridge 2002.

Wolf, C./Schlüter, E. und Schmidt, P., »Relative Deprivation. Riskante Vergleiche treffen schwache Gruppen«, in: Heitmeyer, W. (Hrsg.), *Deutsche Zustände. Folge 4*, Frankfurt am Main 2006, S. 67-85.

Zick, A./Küpper, B./Hövermann, A., *Die Abwertung der Anderen. Eine europäische Zustandsbeschreibung zu Intoleranz, Vorurteilen und Diskriminierung*, Berlin 2011.

Aktuelle Gruppenabwertungen

ANDREAS ZICK/BEATE KÜPPER

Zusammenhalt durch Ausgrenzung?
Wie die Klage über den Zerfall der Gesellschaft und die Vorstellung von kultureller Homogenität mit *Gruppenbezogener Menschenfeindlichkeit* zusammenhängen

>»Concordia domi foris pax.«
>
>*Inschrift auf dem Holstentor in Lübeck*

Persönliches Vorwort

Während wir an diesem Beitrag arbeiteten, ermordete der norwegische Attentäter Anders Breivik 77 zumeist junge Menschen. Sein Pamphlet, das er kurz vor der Tat verbreitete, ist das Dokument einer perfiden Bedrohungsideologie. Es ist darauf ausgelegt, seine Tat mit dem Hinweis zu begründen, die vermeintlich homogene abendländische Kultur sei in Gefahr, und der innere Zusammenhalt europäischer Gesellschaften drohe zu zerfallen. Auf grausamste Weise richtete er diejenigen hin, die sich für eine solidarische und zugleich vielfältige Gesellschaft stark gemacht hatten. Die Tat schockiert. Sie ist die erbarmungslose Konsequenz einer Ideologie, deren Versatzstücke und Muster überall in Europa beobachtet werden können. Die Ideologie eines »einheitlichen Volkskörpers«, dessen Zusammenhalt durch »Fremde« bedroht scheint, findet sich bei allen rechtspopulistischen und rechtsextremen Parteien. Sie findet sich aber auch in den Meinungen vieler Bürger, wie wir im folgenden Beitrag feststellen können. Angesichts dieser sprachlos machenden Tat und der in diesem Beitrag beschriebenen Einstellungsmuster in der breiten Bevölkerung gilt unsere Hochachtung um so mehr denjenigen, die in ihrer Trauer das betonen, was *Gruppenbezogener Menschenfeindlichkeit* entgegenwirkt: Zusammenhalt in Vielfalt.

1. Die Rede vom »Zusammenhalt der Gesellschaft«

Was hält die Gesellschaft zusammen? Und wieviel Vielfalt verträgt sie? Das sind zwei große soziale Fragen, die sich in der Debatte über die Zukunft der bundesrepublikanischen Gesellschaft in den letzten Jahren herauskristallisiert und verschärft haben (vgl. auch Heitmeyer 1997). Es sind Fragen, die die Diskussion über *Deutsche Zustände* prägen. Es sind Fragen nach der Qualität der sozialen Integration der Gesellschaft. Es sind aber auch Fragen, deren Beantwortung erheblich von der jeweiligen politischen Position abhängt. Während die einen kulturelle Vielfalt als Bedrohung oder Belastung empfinden und meinen, Deutschland schaffe sich angesichts der Vielfalt ab, heißen andere das Ende einer homogenen »deutschen« Gesellschaft willkommen und sehen in der Multikulturalität die Zukunft. Zusammenhalt in Vielfalt oder Zersplitterung durch »Multikulti«?

Die konträren politischen Antworten und Assoziationen, die die Frage nach dem Zusammenhalt der Gesellschaft hervorruft, beziehen sich vor allem auf das Verhältnis von Einheimischen und Eingewanderten, kulturell-religiösen Mehrheiten und Minderheiten, starken und schwachen Gruppen, auf eben jene Gruppen also, die wir seit zehn Jahren als Mehrheitsgesellschaft bzw. als Zielgruppen der *Gruppenbezogenen Menschenfeindlichkeit* beobachten. Die Antwort auf die Frage nach Zusammenhalt und Vielfalt ist letztlich davon bestimmt, wieviel Gleichwertigkeit verschiedenen sozialen Gruppen zugebilligt wird und inwieweit ihre soziale, politische und ökonomische Integration gewollt ist. Stets geht es hierbei um die Frage, welche Gruppen von der dominanten Mehrheit als legitim, gleichwertig und normal oder aber als störend, ungleich, abweichend oder sogar bedrohlich wahrgenommen werden.

Genau darin besteht jedoch zugleich eine Gefahr für die Diskussion darüber, wie der Zusammenhalt der Gesellschaft gefördert werden kann. Die Debatte über den Zusammenhalt kann in Menschenfeindlichkeit ausarten und diese weiter anheizen. Das geschieht zum Beispiel dann, wenn sie im Zustand einer vermeintlichen Bedrohung des Zusammenhalts durch Fremde geführt wird. Die Bedrohung wird als Argument zur Durchsetzung eigener Werte und Normen mißbraucht. Die Abwertung der Fremden dient zur Rechtfertigung des Zusammenhaltes einer homogenen

Mehrheitsgesellschaft. Die Frage nach dem Zusammenhalt der Gesellschaft wird dabei an die Frage nach den Gefahren einer kulturell heterogenen Gesellschaft geknüpft.

In diesem Diskurs geht es um die Frage, wie eng ein gemeinsamer Wertekanon für alle Bürger jenseits der grundgesetzlich festgelegten Regeln gelten soll. Es geht damit um Vorstellungen von und Forderungen nach kultureller Homogenität bzw. Heterogenität. Wie viele unterschiedliche Gruppen verträgt die Gesellschaft? Ist eine »Leitkultur« notwendig und gewollt? Und wenn ja, welche?

In welchem Zusammenhang stehen die Einstellungen zum Zusammenhalt und zur Vielfalt mit der *Gruppenbezogenen Menschenfeindlichkeit*? Wie wir schon früher in unseren Untersuchungen beobachtet haben, speisen und rechtfertigen sie eine ablehnende Haltung gegenüber der Integration kultureller Minderheiten, die deren soziale wie politische Teilhabe auf Augenhöhe beinhaltet. Wer fremdenfeindliche Einstellungen vertritt, lehnt die Integration und gleichberechtigte Teilhabe von Einwanderern eher ab (Zick/Küpper 2007). Vorurteile und politische Ideologien verhindern jedoch eine sachliche Debatte um Zusammenhalt und Vielfalt, Integration und Teilhabe.

Vorurteile und stereotype Abwertungen sind für dominante Gruppen ein reizvolles Mittel, den Zusammenhalt innerhalb der Mehrheitsgesellschaft zu stärken. Das gilt insbesondere dann, wenn die dominante Mehrheit glaubt oder beansprucht, eine homogene Gruppe zu sein, die geschützt werden soll (vgl. dazu u. a. auch Wolf/van Dick 2008). Wir haben in den vergangenen zehn Jahren beobachten müssen, wie sich in Deutschland und Europa der Rechtspopulismus etablieren konnte, da er auf die Fragen nach Zusammenhalt und Vielfalt eine einfache ethnozentrische Ideologie anbietet (vgl. u. a. Decker 2000; Klein/Küpper/Zick 2009; Stöss 2010).

Vorurteile gegenüber anderen sind insbesondere dann ein machtvolles Instrument, wenn der Zusammenhalt der Gruppe tatsächlich oder vermeintlich gefährdet ist. *Gruppenbezogene Menschenfeindlichkeit* bedient das Motiv der kollektiven Bindung und Zugehörigkeit (vgl. dazu Zick/Hövermann/Krause in diesem Band). Mit der Abwertung und Ausgrenzung von anderen gehen Aufwertung und Zusammenschluß der eigenen Gruppe einher. Die Kraft der *Gruppenbezogenen Menschenfeindlichkeit* besteht gerade darin, daß sie in einer vorverurteilenden, verallgemeinernden und starren Weise die Ungleichwertigkeit von Eigengruppe und Fremdgruppen zementiert, um die vermeintlich homogene eigene Gruppe zusammenzuhalten. Zwietracht wird gesät, um Eintracht herzustellen. Sie wird zugleich gesät, um die Kontrolle, die Machtposition und den Status zu erhalten, der durch Einwanderung oder durch die Gleichstellung vormals untergeordneter, abweichender oder die Norm scheinbar bedrohender Gruppen gefährdet ist.

Im Folgenden untersuchen wir den Zusammenhang zwischen der Wahrnehmung des gesellschaftlichen Zusammenhalts, den Vielfalts- und Homogenitätsvorstellungen, den Motiven des Status- und Dominanzerhalts und den Feindseligkeiten gegenüber fremden Gruppen. Zunächst präzisieren wir die Kernkonzepte unserer Analysen und leiten daraus prüfbare Annahmen ab. Unser Blick richtet sich auf subjektive Meinungen und Überzeugungen in bezug auf Zusammenhalt und Vielfalt, nicht auf eine anhand objektiver bzw. struktureller Merkmale festgemachte Kohäsion und Homogenität, wie sie sich beispielsweise in individuellen Lebensumständen, sozialen Netzwerken oder Gruppenkonstellationen spiegelt. Untersucht wird anschließend, wie verbreitet solche Meinungen in der deutschen Mehrheitsbevölkerung sind und inwieweit sich die postulierten Zusammenhänge zwischen Vielfalts-, Homogenitäts- sowie Kohäsionsvorstellungen und *Gruppenbezogener Menschenfeindlichkeit* anhand der Surveydaten aus dem Jahr 2011 empirisch nachzeichnen lassen.

2. Soziale Kohäsion – Annäherung an einen schwer bestimmbaren Begriff

Zusammenhalt ist im öffentlichen Diskurs eher Schlagwort als Programm. Auch in politischen Debatten bleibt der Begriff weitgehend unbestimmt. Er wird vor allem dann verwendet, wenn Probleme markiert werden sollen wie etwa mangelnde Solidarität oder Teilhabe. In diesem Kontext ist das »Modewort Zusammenhalt« oft auch ein Indikator für die Hilflosigkeit der Politik (Chan/To/Chan 2006).

In der Wissenschaft spricht man hingegen eher von *sozialer Kohäsion*. Die soziale Kohäsion von Gesellschaften wird als ein vielschichtiges und komplexes Phänomen verstanden und infolgedessen nicht einheitlich definiert (Friedkin 2004). Bei der Annäherung an den Begriff lassen sich, grob betrachtet, soziologische und sozialpsychologische Ansätze unterscheiden. Die meisten soziologischen Ansätze definieren Kohäsion über objektiv erfaßbare, strukturelle Merkmale wie beispielsweise soziale Netzwerke und über Ressourcen der Kooperation, die Individuen aus ihrer subjektiven Sicht zur Verfügung stehen. Sozialpsychologische Definitionsansätze betonen allein die subjektive Wahrnehmung, Emotionen, Identität und Gruppenbindung. Ganz generell ist Kohäsion mit Begriffen wie Gemeinsamkeit, Identität, Bindung, Anziehung, Beziehung usw. assoziiert. Unter diesem breiten und zum Teil vagen Begriffsverständnis leidet auch die empirische Operationalisierung von sozialem Zusammenhalt.

Der wohl wesentlichste neuere Vorschlag zur Konzeptionalisierung von sozialer Kohäsion ist der sogenannte Sozialkapitalansatz (vgl. Putnam 2000). Hier wird Kohäsion vor allem als generalisiertes Vertrauen und als soziale Einbindung in die Community verstanden, die zivilgesellschaftliches Engagement begünstigen sollen (Oliver 2000). Aus soziologischer Sicht beschreibt der Terminus Kohäsion zudem die sozialen Beziehungen, die sich aus den materiellen und sozialen Ressourcen der Mitglieder einer Gesellschaft ergeben.

Vor allem in der sozialpsychologischen Forschung wird der Begriff der Kohäsion im Kontext von Gruppen und Gruppendynamik verwendet. Zentral sind in diesen Ansätzen der Aspekt von stabiler Bindung und das Gefühl der Zusammengehörigkeit. Die Erkenntnisse aus dieser Forschung lassen sich unseres Erachtens gewinnbringend zur Analyse von Kohäsion auf einer gesellschaftlichen Ebene übertragen.

Eine klassische, sozialpsychologisch geprägte Auffassung von Kohäsion stammt von Leon Festinger, Stanley Schachter und Kurt Back (1950). Sie nehmen an, daß dem Zusammenhalt ein dynamisches *Feld von Kräften* entspricht, welches die Mitglieder dazu bewegt, in einer Gruppe zu bleiben. Ihren empirischen Gruppenstudien zufolge wird Zusammenhalt sowohl durch die Attraktivität als auch durch die Fähigkeit von Gruppen bestimmt, ihren Mitgliedern zu helfen, ihre persönlichen Ziele zu erreichen. Wissenschaftlich problematisch ist an diesen frühen Ansätzen die Definition des sogenannten »Kraftfelds« (vgl. Cota et al. 1995). Was genau soll das sein und wie kann man diese Kräfte empirisch erfassen? Trotz dieser Unbestimmtheit ist das Konzept insofern immer noch bedeutsam, als es Kohäsion als kollektives Phänomen hervorhebt, das sich nicht auf die Wahrnehmung von einzelnen reduzieren läßt. Neil Gross und William E. Martin (1952) versuchten, die Definition einzugrenzen und schlugen vor, Kohäsion als Widerstand von Gruppen gegen störende oder sie zerreißende Kräfte zu verstehen. Der Zusammenhalt bemesse sich zum Beispiel daran, wie stark gerade in Krisensituationen die Bindungen innerhalb von Gruppen seien.

Mit Blick auf die Bedeutung der Kohäsion wurde in Studien zu Gruppenprozessen immer wieder versucht, die Dimensionen und Facetten der Kohäsion genauer zu ermitteln (vgl. z. B. die Studien, die Yukelson et al. mit Basketballteams an amerikanischen Colleges durchführten [1984]). Dort ist Zusammenhalt durch gemeinsames Handeln sowie die Anziehung und Bindung zwischen den Mitgliedern der Gruppe definiert. Albert Carron schlug später eine Definition vor, welche die Dynamik betont und die inzwischen von vielen Ansätzen übernommen wurde. Kohäsion sei ein »dynamischer Prozeß, der sich in der Tendenz einer Gruppe ausdrückt, zusammenzuhalten und zusammenzubleiben, um ihre Ziele und Anliegen zu verfolgen« (Carron 1982, 124; eigene Übersetzung). Michael Hogg (1992) betont in seiner Theorie der sozialen Kohäsion den kollektiven Aspekt des Zusammenhalts. Kohäsion entstehe, wenn Individuen sich als Mitglieder einer Gruppe identifizieren. Das gehe mit einer De-Individuation und der Übernahme prototypischer Normen der Eigengruppe einher, also einer Selbstdefinition und Selbstbewertung von Menschen als Mitgliedern einer Gruppe. Da die Übernahme von Stereotypen in bezug auf die Eigengruppe mit einer positiven Selbstbewertung einhergehe, entstünden Uniformität und Konsens innerhalb der Gruppen. Soziale Kohäsion ist in dem Ansatz weniger durch die Anziehung der Gruppenmitglieder charakterisiert als über ihre soziale Identifikation. Nationaler Zusammenhalt vermittelt sich dementsprechend über die Identifikation mit einer Nation. Ähnlich gehen Joseph Chan, Ho-Pong To und Elaine Chan (2006) davon aus, die Stabilität der Beziehungen, die Kooperation innerhalb der Gruppe, eine gemeinsame Identität und ein Gefühl der Zugehörigkeit machten Kohäsion aus. Mit der Kooperation eng verbunden ist die Partizipation, also die Teilhabe an den Ressourcen, Interaktionen und Kommunikationen in Gruppen.

Nach Durchsicht verschiedenster Erklärungsansätze und mit Blick auf die Operationalisierbarkeit des Konzeptes der Kohäsion kommen sie (ebd., 290; eigene Übersetzung) zu folgender Definition:

> »Soziale Kohäsion ist ein Zustand, der sich auf die […] Interaktionen zwischen den Mitgliedern einer Gesellschaft bezieht, die durch Einstellungen und Normen charakterisiert werden und die ihrerseits Vertrauen, ein Gefühl der Zugehörigkeit und den Willen, teilzuhaben und zu helfen, sowie deren Manifestation in Verhalten beinhalten.«

Die Definition umfaßt die Unterscheidung von objektiver und subjektiver Kohäsion, also wahrgenommener Kohäsion sowie an Strukturen und Ressourcen feststellbarer Kohäsion auf der anderen Seite.

Mitglieder einer Gruppe bzw. Gesellschaft haben in der Regel ein Konzept oder eine Idee von Zusammenhalt. Die Feststellung von Zusammenhalt hat zudem immer auch eine Bewertungskomponente. Kenneth Bollen und Rick Hoyle (2001) sprechen in diesem Zusammenhang von einer moralischen Dimension. Der Zusammenhalt einer Gesellschaft kann als gegeben oder aber als fragil und gefährdet betrachtet werden. Will man soziale Kohäsion empirisch erfassen, kann man Personen daher unseres Erachtens ganz direkt zu ihrem Eindruck vom gesellschaftlichen Zusammenhalt befragen. Konkret ist dies die Frage danach, inwieweit sie den Zusammenhalt in ihrer Gesellschaft als gegeben oder als gefährdet betrachten.

3. Das Wechselspiel von sozialer Kohäsion und der Abwertung anderer

Kohäsion ist nicht nur eine Kraft, die Gruppen oder Gesellschaften bindet, sondern auch ein normatives Konzept für ihre Mitglieder. Sie bewerten und messen den Zusammenhalt mit all seinen schon beschriebenen Facetten und klagen ihn ein. Es fällt auf, daß von Kohäsion oder Zusammenhalt insbesondere dann die Rede ist, wenn Gesellschaften soziale, politische oder ökonomische Krisen erleben. Als Meinung oder Überzeugung steht Kohäsion zugleich in einem Zusammenhang mit der Abwertung anderer, die nicht zur eigenen Gruppe gerechnet werden.

Schon in der frühen Forschung zum Ethnozentrismus postulierte William Sumner (1906), Gruppen tendierten zur Abwertung anderer, um Kohäsion innerhalb ihrer eigenen Gruppe herzustellen. Boris Bizumic et al. (2009) verstehen Kohäsion sogar als eine Dimension des Ethnozentrismus. Eine ähnliche Auffassung findet sich in vielen anderen Theorien über die Ursache von Gruppenkonflikten (vgl. z. B. Brewer 1999; Hogg 1992; Sherif/Sherif 1953; LeVine/Campbell 1972; Stein 1976). Die Zunahme von innerer Kohäsion als Folge der Abwertung von anderen ist zwar theoretisch nachvollziehbar, bislang insgesamt allerdings erstaunlich selten empirisch geprüft worden. Alex Michalos und Bruno Zumbo (2001) haben in einer Studie mit über 700 Befragten verschiedenster ethnisch-kultureller Herkunft aus der kanadischen Provinz British Columbia einen signifikanten Zusammenhang zwischen Indikatoren der sozialen Kohäsion und Fremdenfeindlichkeit aufgezeigt. Allerdings spielen sowohl die Kohäsion als auch die Fremdenfeindlichkeit nur eine geringe Rolle für die Lebenszufriedenheit sowohl der dominanten Weißen als auch indigener Bevölkerungsgruppen in Kanada. Eine Studie aus den Niederlanden macht deutlich, wie eng die subjektive Bedeutsamkeit der sozialen Kohäsion mit der Überzeugung korrespondiert, Ausländer sollten ihre Kultur aufgeben anstatt sich zu integrieren (Brug/Verkuyten 2007). Eine Diskursanalyse von britischen Fernsehberichten über die Asyldebatte in den Jahren 2002 bis 2006 veranschaulicht dabei, wie sehr die Behauptung, der gesellschaftliche Zusammenhalt sei durch Einwanderung bedroht, ideologisch gefärbt ist und wie sie propagandistisch eingesetzt wird (Goodman 2008).

Indirekte Evidenz zum Zusammenhang zwischen Kohäsion und der Abwertung anderer bietet eine Reihe von Studien und Forschungsansätzen zur Konformität, insbesondere zum Autoritarismus. Hier ist die Annahme, daß gerade autoritär orientierte Personen Vorurteile gegenüber jenen Gruppen äußern, die vermeintlich die soziale Ordnung, Stabilität, Sicherheit und eben den Zusammenhalt bedrohen (Duckitt/Sibley 2007). In dem Maße, in dem autoritär Orientierte eine uniforme und kohäsive Bezugsgruppe wie eine Nation betonen, werten sie jene ab, die diese vermeintlich bedrohen, also beispielsweise Einwanderer, aber auch andere als abweichend eingestufte Gruppen. Indirekte Evidenz läßt sich ebenfalls aus der Forschung zur Theorie der Sozialen Dominanz ableiten (Sidanius/Pratto 1999). Implizit geht diese Theorie unseres Erachtens davon aus, daß insbesondere Personen, die die Dominanz und Überlegenheit ihrer eigenen Gruppe ideologisch unterfüttern wollen, Vorurteile äußern, wenn die Kohäsion innerhalb ihrer dominanten Fraktion bedroht scheint. Kritisch werden sollte es also dann, wenn der gesellschaftliche Zusammenhalt bezweifelt bzw. als gefährdet erlebt wird: Wer den fehlenden sozialen Zusammenhalt in der Gesellschaft beklagt, sollte eher zu *Gruppenbezogener Menschenfeindlichkeit* neigen, so unsere Annahme (Hypothese 1).

4. Die Überzeugung von einer homogenen Gesellschaft

Mit der Frage nach den Überzeugungen zum Zusammenhalt rückt auch die Frage ins Blickfeld, welche Vorstellung Menschen von der Konstitution der Gesellschaft haben. Wird die eigene Gruppe als homogen wahrgenommen und wird Homogenität gewünscht, oder wird die Gesellschaft als heterogen »gedacht«? Vertritt jemand eine solche Homogenitätsvorstellung, so liegt es nahe, daß der Zusammenhalt als durch die Anwesenheit sozial, kulturell, ethnisch oder religiös »anderer« Gruppen gefährdet betrachtet wird. Die Homogenitätsvorstellung drückt den Grad der erwünschten Gleichförmigkeit der eigenen Gruppe aus.

Im Gegensatz dazu lassen sich Diversitätsüberzeugungen als die Meinung definieren, Vielfalt innerhalb der eigenen Gruppe sei ihrem Funktionieren dienlich. Die Gruppe kann zum Beispiel ein Arbeitsteam, ein Freundeskreis, eine Gemeinde oder eine Nation sein. Homogenität wie Diversität lassen sich nicht allein objektiv bestimmen, etwa anhand der ethnischen Zusammensetzung einer Gesellschaft (vgl. z. B. Hooghe 2007). In den Studien, die durch Robert Putnams Befunde initiiert wurden, ist der Einfluß der objektiven Diversität auf die Kohäsion in den Mittelpunkt der Analysen getreten (vgl. Laurence 2011 für einen Überblick). Doch ist die Wahrnehmung, Kategorisierung und Bewertung von Menschen als »gleich« oder »verschieden« eine höchst subjektive Angelegenheit, die sozial ausgehandelt wird. Sie hängt ganz entscheidend davon ab, welche Merkmale in einer gegebenen sozialen Situation und einem gegebenen zeitlichen und kulturellen Kontext salient sind, das heißt die Aufmerksamkeit dominieren. Gruppen und Gesellschaften sind also keineswegs nur objektiv homogen oder heterogen, sondern diese Einschätzung hängt vor allem davon ab, als wie homogen oder heterogen die Mitglieder diese Gruppen wahrnehmen, ob sie Ähnlichkeiten und Unterschiede für bedeutsam erachten und wie sie diese bewerten. Deshalb untersuchen wir in diesem Beitrag die subjektive Bewertung des sozialen Zusammenhalts und die individuellen Homogenitätsvorstellungen, unabhängig von ihrer objektiven Gegebenheit.

5. Homogenitätsideologie und *Gruppenbezogene Menschenfeindlichkeit*

Wie sozialpsychologische Studien belegen, neigen die Mitglieder von Gruppen dazu, sich untereinander als ähnlich wahrzunehmen; auch Fremdgruppen, mit denen sie die eigene Gruppe vergleichen, erscheinen ihnen als in sich geschlossen und homogen. Gemäß den Annahmen der Theorie der sozialen Identität geht mit der Wahrnehmung von Homogenität der eigenen wie auch der fremden Gruppe die Differenzierung zwischen Eigen- und Fremdgruppe einher (vgl. Simon 1992). Allerdings tun dies nicht alle Gruppen (und auch Gesellschaften) in gleichem Maße. So versteht sich zum Beispiel Kanada als multiethnische Gesellschaft, während in Deutschland dieses Konzept nicht mehrheitlich gestützt wird. Eine Gesellschaft, die sich, gestützt auf die hohle Ideologie einer »Leitkultur«, als homogen versteht (unabhängig davon, ob sie dies, gemessen an objektiven Kriterien, tatsächlich ist), wird Einwanderer bzw. als »fremd« markierte Gruppen vermutlich leichter abwerten als eine Gesellschaft, die sich als eher heterogen definiert.

Es liegen allerdings kaum Befunde dazu vor, ob und in welchem Ausmaß die Überzeugung, die eigene Gruppe bzw. Gesellschaft sei homogen, mit einer Abwertung von identifizierten Fremdgruppen zusammenhängt. Michalos und Zumbo (2001) haben in der bereits zitierten Studie einen direkten signifikanten Zusammenhang zwischen Homogenitätsvorstellungen und Fremdenfeindlichkeit aufzeigen können. Weitere Befunde liegen aus Studien zum Zusammenhang von sozialem Kapital und Diversität vor (vgl. Laurence 2011; Savelkoul/Gesthuizen/Scheepers 2011). Die empirische Evidenz unterstützt die Annahme des Zusammenhanges zwischen der allgemeinen Ablehnung von kultureller und religiöser Diversität und der Abwertung spezifischer Gruppen. Bemerkenswerterweise begrenzt sich diese Abwertung dabei nicht nur auf andere kulturelle oder religiöse Gruppen. In einer eigenen Analyse in acht europäischen Ländern fanden wir ein höheres Ausmaß an *Gruppenbezogener Menschenfeindlichkeit* gegenüber ethnischen, kulturellen und religiösen Minderheiten, aber auch gegenüber Frauen und homosexuellen Menschen bei denjenigen Europäern, die kulturelle Diversität als wenig wünschenswert zurückwiesen und eine kulturell bzw. religiös homogene Kultur für eine Gesellschaft als besser erachteten (vgl. Zick/Küpper/Hövermann 2011). Neben der Bedrohung durch Einwanderung sowie autoritären und dominanzorientierten Ideologien erwiesen sich die Ablehnung von Vielfalt in allen Ländern als bester Erklärungsfaktor für *Gruppenbezogene Menschenfeindlichkeit*.

Folgen wir den Daten unserer und vieler weiterer Studien, ist *Gruppenbezogene Menschenfeindlichkeit* dann weniger wahrscheinlich, wenn Individuen kulturelle Heterogenität akzeptieren und anerkennen (Kymlicka 1995; Van Parijs 2004; Williams and Macedo 2004). Wird hingegen gesellschaftliche Homogenität als erstrebenswert betrachtet oder gar als gefährdet erlebt, scheint die Abwertung als abweichend wahrgenommener Gruppen wahrscheinlich (Hypothese 2a). Wer den sozialen Zusammenhalt in der Gesellschaft als gefährdet erlebt, sollte zudem deshalb eher zu *Gruppenbezogener Menschenfeindlichkeit* neigen, weil er oder sie zugleich von der Homogenität der Gesellschaft überzeugt ist und diese durch Vielfalt bedroht sieht (Mediationshypothese 2b).

6. Die Forderung von Konformität und Statuserhalt

Zweifellos ist die deutsche Gesellschaft weiterhin von Statusunterschieden zwischen Gruppen geprägt. Diese spiegeln sich in der subjektiven Wahrnehmung von dominanten und untergeordneten Gruppen, sie lassen sich aber auch anhand objektiver Indikatoren wie beispielsweise dem Einkommen belegen. In der Vorstellung vieler ist der Prototyp des Deutschen ein Mitglied der dominanten »Alteingesessenen«, die die »Leitkultur« verkörpern (ohne daß diese näher präzisiert würde). Dieses implizite Bild prägt die Debatte um Zusammenhalt und Vielfalt. Diversität kann für jene bedrohlich wirken, die sich der dominanten Gruppe zuordnen und diese als homogene Gruppe wahrnehmen, weil damit die Forderung nach gleichberechtigter Teilhabe statusniedriger Gruppen verbunden ist. Diese gefährdet den eigenen dominanten Status. Im Falle der Ablehnung von Vielfalt kann das Vorurteil als Waffe der Abwertung herangezogen werden. Mit dem Vorurteil werden den als divergent wahrgenommenen, aufstrebenden Gruppen pauschal und ohne weitere Prüfung negative Merkmale zugeschrieben, die deren Abwertung und Diskriminierung legitimieren. Weithin bekannte, kollektiv geteilte Stereotype und Mythen dienen hier der statushöheren Gruppe: Muslime sind terrorverdächtig, Juden bereichern sich mit unlauteren Mitteln, Homosexuelle untergraben die Moral, Obdachlose stören das Geschäftsleben, Arbeitslose faulenzen auf Staatskosten usw.

Wie die Autoritarismusforschung zeigt, suchen insbesondere autoritätsgläubige Mitglieder der Mehrheitsgesellschaft den inneren Zusammenhalt und sind bestrebt, Konformität durch Abwertung der vermeintlich von der »Norm« Abweichenden aufrechtzuerhalten. Ein weiterer, in der Forschung vielfach bestätigter Faktor, der die Abwertung von Minderheiten beeinflußt, ist die soziale Dominanzorientierung (Sidanius/Pratto 1999). Sie zeigt an, inwieweit Individuen Statusunterschiede zwischen sozialen Gruppen befürworten bzw. ablehnen. Je stärker die individuelle soziale Dominanzorientierung ausgeprägt ist, desto größer ist im Durchschnitt auch die *Gruppenbezogene Menschenfeindlichkeit* (vgl. auch Zick/Hövermann/Krause in diesem Band). Autoritarismus, soziale Dominanzorientierung und Diversitätsbefürwortung bilden zwar miteinander eng verknüpfte, aber dennoch eigenständige Konstrukte (Zick/Küpper/Hövermann 2011). Neben den bekannten Prädiktoren Autoritarismus und soziale Dominanzorientierung sollte die Homogenitätsvorstellung einen eigenständigen Einfluß auf *Gruppenbezogene Menschenfeindlichkeit* haben, der über den dieser beiden Konstrukte hinausgeht und nicht oder nur geringfügig durch diese mediiert wird (Hypothese 3).

7. Empirische Analyse: Verteilung und Zusammenhänge

Die vier Hypothesen werden mit den Daten des Surveys 2011 zur Erfassung von *Gruppenbezogener Menschenfeindlichkeit* geprüft. Zudem interessiert uns hier, wie die Bundesbürger grundsätzlich den Zusammenhalt und die kulturelle Homogenität beurteilen.

Für die *Gruppenbezogene Menschenfeindlichkeit*, den Autoritarismus und die soziale Dominanzorientierung lagen bereits bewährte Meßinstrumente aus den vorangegangenen Surveys vor.[1]
Für die Kohäsions- und Homogenitätsvorstellungen haben wir
zwei neue Instrumente entwickelt. Soziale Kohäsion wurde über
die Bewertung des sozialen Zusammenhalts als mangelhaft bzw.
gefährdet erfaßt, denn insbesondere diese sollte mit *Gruppenbezogener Menschenfeindlichkeit* einhergehen (vgl. Hypothese 1).
Auch die Indikatoren zur Erfassung der Homogenitätsvorstellung
enthalten eine Bewertungskomponente, da hierin die Angst vor
»Überfremdung« enthalten ist und vor einer Gefährdung durch
Heterogenität gewarnt wird. Zudem wurde die positive Bewertung von Diversität erhoben, die bereits in ähnlicher Form in 2007
erfaßt wurde (siehe oben und vgl. dazu Asbrock et al. in diesem
Band). Dies ermöglicht es zu prüfen, inwieweit das neu entwik-
kelte Konstrukt der Homogenitätsvorstellungen sich von der Befürwortung von Diversität unterscheidet und eine eigenständige
Überzeugung darstellt.

Die Items, über die wir Einstellungen zu Homogenität und Kohäsion operationalisiert haben, sind in Tabelle 1 zusätzlich zu den
Häufigkeitsangaben dargestellt. Nachfolgend wurden die Einzel-
aussagen zu jeweils einer Skala zusammengefaßt. Die Angaben zur
internen Konsistenz sind ebenfalls in Tabelle 1 aufgeführt. Dort
sind auch die Aussagen zur Befürwortung von Diversität aufgelistet.

7.2 Einstellungen der Deutschen zu Zusammenhalt und Homogenität

Im Erhebungsjahr 2011 sind 74 Prozent der Befragten der Ansicht, »die Gesellschaft« falle »eigentlich immer mehr auseinander«. 56 Prozent meinen, der Zusammenhalt in Deutschland sei
gefährdet. Etwas mehr noch als unter Westdeutschen ist dieser
Eindruck unter Ostdeutschen verbreitet. Zur Einschätzung dieser
absoluten Zustimmungen ist allerdings auch anzumerken, daß
sich die Wahrnehmung mangelnder Kohäsion im Vergleich zu
2005, als die Einstellung zu diesem Item schon einmal erfaßt
wurde, gesunken ist. Damals beobachteten noch fast 87 Prozent

Tab. 1: Prozentuale Zustimmung zu Indikatoren der Einschätzung von Kohäsion und Vielfalt in Prozent (GMF-Survey 2011)

	alpha	N	gar nicht	eher nicht	eher	voll
soziale Kohäsion	.73					
Die Gesellschaft fällt eigentlich immer mehr auseinander.		1653	3,5	22,6	37,9	36,1
Der Zusammenhalt der Deutschen ist gefährdet.		1659	7,2	36,9	29,1	26,8
Homogenitätsvorstellung	.79					
Deutschland wird in einem gefährlichen Maß überfremdet.		1664	13,3	36,6	23,8	26,2
Zu viele kulturelle Unterschiede schaden dem Zusammenhalt der Deutschen.		1643	17,9	44,8	20,2	17,0
Befürwortung von Diversität	.77					
Verschiedene kulturelle Gruppen bereichern eine Gesellschaft.		1657	2,4	12,7	43,0	41,9
Es ist besser für ein Land, wenn es eine Vielfalt unterschiedlicher Kulturen gibt.		1648	3,2	20,0	42,0	34,8

der befragten Deutschen ein Auseinanderfallen der Gesellschaft. Nur 17,5 Prozent waren der Ansicht, es gäbe noch einen starken »Zusammenhalt«.

Empirisch zeigt sich: Wer mangelnden Zusammenhalt in Deutschland beklagt, fühlt sich zugleich selbst im Vergleich zu anderen eher benachteiligt und schätzt die Lage im Land negativer ein – ökonomisch, politisch und sozial. So geht der Eindruck eines mangelnden Zusammenhalts in Deutschland einher mit der Einschätzung, auch im persönlichen Umfeld zu wenig Unterstützung zu erhalten (r = ,33),[2] und mit sozial-emotionaler Desintegration, wie sie sich in der Meinung spiegelt, echte Freunde zu finden sei immer schwieriger und verläßliche Beziehungen seien heute immer seltener (r = ,54). Ebenso geht die Feststellung eines mangelnden Zusammenhalts mit der Wahrnehmung einer sozialen Spaltung (r = ,44) und dem Gefühl eigener politischer Machtlosigkeit (r = ,41) einher. Mit größerer Wahrscheinlichkeit schätzen diejenigen, die einen mangelnden Zusammenhalt sehen, ihre eigene finanzielle Situation als schlechter ein (r = ,21), und sie beklagen, selbst keinen gerechten Anteil zu erhalten (r = ,26). Tatsächlich sind ihr Einkommen (r = –,20) und ihre Bildung im Durchschnitt geringer (r = –,24). Die Klage über mangelnden und gefährdeten Zusammenhalt in der Gesellschaft geht also offenbar Hand in Hand mit dem Gefühl der eigenen Desintegration.

Die Feststellung eines mangelnden Zusammenhalts geht bei vielen Befragten zugleich mit der Überzeugung einher, kulturelle Homogenität im Land sei erstrebenswert bzw. durch Vielfalt gefährdet (r = ,46). In 2011 sind rund 37 Prozent der Deutschen der Ansicht, daß »zu viele kulturelle Unterschiede [...] dem Zusammenhalt der Deutschen« schaden, und fünfzig Prozent meinen: »Deutschland wird in einem gefährlichen Maß überfremdet.« Von den Befragten, die den Zusammenhalt in Deutschland als gefährdet wahrnehmen, sind sogar 61 Prozent zugleich von Homogenität überzeugt. Homogenitätsvorstellungen korrelieren in ähnlicher Weise wie die Sorge um mangelnde Kohäsion mit Indikatoren der eigenen Benachteiligung in bezug auf Bildung und Einkommen sowie mit relativer Deprivation. Sie sind im Osten übrigens noch etwas weiter verbreitet als im Westen.

Zugleich wird kulturelle Vielfalt von einer überwältigenden Mehrheit der Befragten als etwas Positives bewertet. 85 Prozent sind beispielsweise der Ansicht, daß »Verschiedene kulturelle Gruppen [...] eine Gesellschaft« bereichern, knapp 77 Prozent stimmen der Aussage zu: »Es ist besser für ein Land, wenn es eine Vielfalt unterschiedlicher Kulturen gibt.« Schon im Jahr 2007 hatten siebzig Prozent der befragten Deutschen der Aussage zugestimmt, »die Einflüsse der vielen unterschiedlichen Gruppen« würden »die deutsche Kultur« bereichern. Ebenso viele Befragte gaben an, »die Vielfalt von Lebensstilen, Kulturen und Religionen in Deutschland« zu schätzen. Auch wenn die Indikatoren nicht völlig identisch sind, zeichnet sich hier doch eines ab: Immer mehr

Deutsche begrüßen kulturelle Vielfalt. Zugleich vermuteten 2007 63 Prozent der Befragten, das »Zusammenleben der Menschen in einem Land [sei] harmonischer, wenn die Menschen sich ähnlich sind«.

In den Meinungen wird eine Ambivalenz deutlich zwischen einer positiven Haltung zur Vielfalt auf der einen Seite und der Überzeugung, Vielfalt schade dem Zusammenhalt in Deutschland, auf der anderen. Die Befragten mögen Vielfalt deshalb befürworten, weil sie glauben, dies sei sozial erwünscht. Dies wäre dann der Fall, wenn die allgemeine soziale Norm die Befürwortung von Vielfalt eindeutig vorschreiben würde. Wir bezweifeln die Existenz einer solchen multikulturellen Norm, zumindest in der breiten Bevölkerung. Unserer Ansicht nach spiegelt die Ambivalenz zwischen der Befürwortung kultureller Vielfalt auf der einen Seite und den geäußerten Überfremdungsängsten auf der anderen zwei grundsätzlich menschliche Reaktionen auf »Neues und Unbekanntes«: Neugier und zugleich Angst, die Annäherung und Vermeidung auslösen und ambivalente Einstellungen erzeugen.

7.3 Zusammenhänge

In Tabelle 2 sind die Korrelationen zwischen der Kohäsions- und der Homogenitätsvorstellung sowie den beschriebenen autoritären und dominanzorientierten Überzeugungen abgebildet. Wer die kulturelle Homogenität in Deutschland gefährdet sieht, lehnt zugleich mit größerer Wahrscheinlich auch kulturelle und religiöse Vielfalt ab (r = ,47). Dennoch geht die Überzeugung, kulturelle Homogenität diene dem sozialen Zusammenhalt in Deutschland, keineswegs zwangsläufig Hand in Hand mit einer allgemeinen Ablehnung von kultureller und religiöser Vielfalt.

Bemerkenswert ist auch die bereits erwähnte recht hohe Korrelation zwischen dem Eindruck, der Zusammenhalt sei gefährdet, und der Überzeugung, Homogenität sei wünschenswert. Auch wenn Bildung, Einkommen und ein generelles Gefühl der Benachteiligung als Kontrollvariablen aufgenommen werden, reduziert sich der Zusammenhang kaum. Während Homogenitätsvorstellungen deutlich mit Kohäsion zusammenhängen, gilt dies nicht in gleichem Maße für die Befürwortung von Diversität. Hier zeigt sich lediglich ein schwacher negativer Zusammenhang (r = –,17;

nicht abgebildet). Dies unterstreicht noch einmal die Eigenständigkeit des Konstrukts der Homogenitätsvorstellung.

Wer vom Wert der kulturellen Homogenität überzeugt ist, weist zudem in der Regel höhere Werte in der sozialen Dominanzorientierung auf, das heißt, er befürwortet eine klare hierarchische Beziehung zwischen sozialen Gruppen (r = ,43). Ebenso vertritt er mit größerer Wahrscheinlichkeit eine autoritär geprägte Werthaltung als jemand, der kulturelle Homogenität nicht für wünschenswert hält (r = ,54). Während die Zusammenhänge zwischen dem Autoritarismus und der sozialen Dominanzorientierung und der Homogenitätsvorstellung jeweils recht beachtlich sind, korrelieren beide Konstrukte mit der Feststellung eines mangelnden Zusammenhalts vergleichsweise schwächer (r = ,29 bzw. ,20; vgl. Tabelle 2).

Zusätzlich ist der Zusammenhang mit Indikatoren der eigenen nationalen Identität relevant (nicht abgebildet). Wer stolz auf die deutsche Geschichte und darauf ist, Deutscher zu sein, vertritt eher das Ideal einer homogenen Kulturgemeinschaft (r = ,26) und lehnt Vielfalt mit größerer Wahrscheinlichkeit ab (r = −,17). Nationalstolz entlarvt sich damit als ethnozentrisch. Kein Zusammenhang besteht allerdings zwischen Nationalismus und der Sorge um mangelnden Zusammenhalt. Im Gegensatz dazu geht Verfassungspatriotismus, also der Stolz auf die Demokratie und soziale Sicherheit in Deutschland, einher mit einer geringeren Befürwortung von Homogenität (r = −,28) und höherer Zustimmung zu Heterogenität (r = ,16). Besonders deutlich wird hier: Wer in diesem Sinne patriotisch ist, klagt weniger über mangelnden Zusammenhalt in Deutschland (r = −,36).

Für den Einfluß der (subjektiv wahrgenommenen) Kohäsion auf *Gruppenbezogene Menschenfeindlichkeit*, die im Folgenden analysiert wird, spielt, anders als einige Autoren (z. B. Hogg 1992) annehmen, das Ausmaß der Identifikation als Deutsche/r kaum eine Rolle.

7.4 Erklärung von Gruppenbezogener Menschenfeindlichkeit

Unseren Annahmen zufolge sollten Befragte, die den Zusammenhalt in Deutschland als gefährdet betrachten und dies auch auf kulturelle Vielfalt zurückführen, eher zu *Gruppenbezogener Menschenfeindlichkeit* tendieren. Diese These und mögliche ver-

Tab. 2: Korrelationen zwischen den Grundüberzeugungen

	Homogenitäts-vorstellung	Autoritarismus	soziale Dominanz
soziale Kohäsion	,46 (,38)	,29 (,20)	,20 (,14)
Homogenitäts-vorstellung		,54 (,48)	,43 (,39)

Anmerkung: In Klammern sind die Korrelationen unter Kontrolle von Schulbildung, Einkommen und dem Gefühl der Benachteiligung (»keinen gerechten Anteil erhalten«) angegeben. Alle Korrelationen sind hochsignifikant auf dem 0,1-Prozent-Niveau.

mittelnde Effekte prüfen wir mit Hilfe einer Regressionsanalyse. In Tabelle 3 ist die empirische Erklärungskraft der bereits aufgeführten Variablen für Fremdenfeindlichkeit abgebildet. Nicht aufgeführt sind die Ergebnisse für die anderen Elemente der *Grup-*

Tab. 3: Vorhersage von Fremdenfeindlichkeit durch Einschätzungen der sozialen Kohäsion und Homogenitätsvorstellungen in der linearen Regressionsanalyse

	Modell 1	Modell 2	Modell 3	Modell 4
Kohäsion	,36***	,05*	,04*	,03
Homogenitätsvorstellung		,69***	,53***	,53***
Dominanzorientierung			,14***	,14***
Autoritarismus			,20***	,19***
Schulbildung				-,00
Einkommen				-,02
relative Deprivation				,06**
R^2	,13***	,51***	,56***	,57**

Anmerkung: Angegeben sind die beta-Koeffizienten. Je höher der Wert, desto stärker ist der Einfluß eines Prädiktors auf die vorherzusagende Variable, hier die Fremdenfeindlichkeit; Die Sternchen geben das Signifikanzniveau an: * $p < ,05$; ** $p < ,01$; *** $p < ,001$.

penbezogenen Menschenfeindlichkeit. Sie ähneln denen zur Fremdenfeindlichkeit und werden im Folgenden erläutert.

Zunächst zeigt sich – wie angenommen – ein Einfluß der Kohäsion, die hier als Feststellung eines gefährdeten Zusammenhalts in
Deutschland erfaßt wird, auf die Fremdenfeindlichkeit (Modell 1).
Je stärker eine Person den Zusammenhalt als gefährdet ansieht, desto eher neigt sie zur Abwertung schwacher Gruppen. Dies gilt
ganz besonders für Fremdenfeindlichkeit ($\beta = ,36$) und die Abwertung von Muslimen ($\beta = ,37$; nicht in Tabelle 4 aufgeführt).
Eine ähnliche, wenngleich schwächere Tendenz findet sich auch
für die Abwertung von Asylbewerbern ($\beta = ,24$), Juden ($\beta = ,23$),
die Etabliertenvorrechte ($\beta = ,21$) und die Abwertung von Langzeitarbeitslosen ($\beta = ,20$). Ein schwacher, wenngleich signifikanter
Einfluß von subjektiv festgestellter mangelnder Kohäsion besteht
auch auf die Abwertung von Sinti und Roma ($\beta = ,17$), behinderten Menschen ($\beta = ,15$) sowie Obdachlosen ($\beta = ,10$) und tendenziell sogar auf Sexismus ($\beta = ,15$) und Homophobie ($\beta = ,14$). Unsere erste Hypothese wird damit voll bestätigt.

Werden im Folgenden die Homogenitätsvorstellungen (Modell 2) berücksichtigt, offenbart sich ihr starker Einfluß auf Fremdenfeindlichkeit ($\beta = .69$) wie auch ihr substantieller Einfluß auf
alle anderen Elemente der *Gruppenbezogenen Menschenfeindlichkeit* (nicht abgebildet; alle $\beta > ,35$). Wer Homogenität für erstrebenswert hält, neigt deutlich eher zur Abwertung schwacher
Gruppen. Damit bestätigt sich auch Hypothese 2a. Zudem
schwindet der Effekt der Kohäsion, wie wir in Hypothese 2b vermutet haben. Wer den Zusammenhalt in Deutschland als gefährdet
betrachtet, neigt also beispielsweise deshalb eher zu Fremdenfeindlichkeit (oder ganz allgemein zur Abwertung der im Syndrom
erfaßten Gruppen), weil er oder sie mit größerer Wahrscheinlichkeit Homogenität begrüßt bzw. diese vermißt. Statistisch ausgedrückt, läßt sich der Einfluß der Klage über mangelnden und
gefährdeten Zusammenhalt im Land auf *Gruppenbezogene Menschenfeindlichkeit* nahezu vollständig auf die Homogenitätsvorstellungen zurückführen. Diese werden von jenen, die einen mangelnden Zusammenhalt beklagen, deutlich eher vertreten. Solche
Mediationseffekte finden sich bei allen Elementen des Syndroms.

In weiteren Schritten haben wir zusätzlich Autoritarismus und
Dominanzorientierung (Modell 3) in die Analyse eingeführt. Beide
Faktoren haben zwar, wenig überraschend, einen signifikanten

Einfluß auf *Gruppenbezogene Menschenfeindlichkeit*. Wer autoritärer (β = ,20) und dominanzorientierter (β = ,14) ist, neigt eher zur Abwertung von Einwanderern (und auch von allen anderen im Syndrom erfaßten Zielgruppen von Vorurteilen; Autoritarismus β = ,07 bis ,36; soziale Dominanzorientierung β = ,07 bis ,32). Der beschriebene Einfluß der Homogenitätsvorstellung läßt sich jedoch nicht auf diese beiden Faktoren zurückführen. Dieser Befund bestätigt die dritte Hypothese. Ebensowenig vermögen zentrale Indikatoren der Benachteiligung – Bildung, Einkommen und relative Deprivation – den Effekt zu erklären (Modell 4). Homogenitätsvorstellungen bieten also einen eigenständigen Beitrag zum Verständnis von *Gruppenbezogener Menschenfeindlichkeit*.

Insgesamt erklärt sich ein beachtlicher Prozentsatz der Varianz von Fremdenfeindlichkeit vor allem durch die Homogenitätsvorstellung mit insgesamt 57 Prozent. Ein ähnlich hoher Anteil von Varianzaufklärung findet sich für die Islamfeindlichkeit. Bei den übrigen Elementen des Syndroms *Gruppenbezogener Menschenfeindlichkeit* ist die Aufklärung zumeist geringer, aber immer noch substantiell. Die mit Abstand geringste Aufklärung leisten die genannten Variablen für die Abwertung von homosexuellen und behinderten Menschen (18 bzw. 19 Prozent).

Die Ergebnisse bestätigen zudem unsere Mediationsannahme: Befragte, die einen mangelnden Zusammenhalt in der Gesellschaft feststellen, neigen deshalb eher zur Abwertung diverser schwacher Gruppen, weil sie eine homogene Gesellschaft für erstrebenswert halten. Homogenitätsvorstellungen haben einen eigenständigen Einfluß, der sich nicht durch andere wichtige Faktoren wie Autoritarismus und soziale Dominanzorientierung und auch nicht durch die eigene Benachteiligung erklären läßt.[3]

8. Diskussion

Die Debatte über den Zusammenhalt der Gesellschaft berührt Kernfragen für die Zukunft eines kulturell, religiös, ethnisch sowie in bezug auf Lebensstile vielfältigen Deutschlands. Die Ergebnisse der Untersuchung, die wir präsentiert haben, geben einen Einblick in die Einstellungen der Bevölkerung. Im Vergleich zu den vor einigen Jahren erhobenen Daten ist die Sorge um den Zerfall der Gesellschaft zurückgegangen, die Akzeptanz der Vielfalt hat zugenommen. Dennoch betrachten 2011 noch mehr als die Hälfte der Befragten den Zusammenhalt in der Gesellschaft als gefährdet. Fast ebenso viele äußern Überfremdungsängste, und rund 37 Prozent sind der Ansicht, kulturelle Unterschiede schadeten dem Zusammenhalt. Zudem verstehen nach wie vor viele Deutsche den Zusammenhalt nicht im Sinne einer kulturell heterogenen Gesellschaft. Der Maßstab scheint die Orientierung an einer homogenen Kultur zu sein. Trotz zahlreicher Kampagnen für Vielfalt in Schulen, Fußballarenen oder am Arbeitsplatz halten viele Deutsche nach wie vor eine homogene Gesellschaft für erstrebenswert. »Überfremdungsängste«, seien sie nun tatsächlich vorhanden oder nur vorgeschoben, und die Meinung, zuviel kulturelle Differenz schade der Gesellschaft, dienen dabei auch einem Machtdiskurs, der als anders markierte Gruppen auf ihre Plätze verweist.

Wie die Ergebnisse belegen, geht die Sorge, der gesellschaftliche Zusammenhalt sei gefährdet, mit einer größeren Bereitschaft zur Abwertung schwacher Gruppen einher. Allerdings ist nicht allein die Einstellung gegenüber der Gefährdung des Zusammenhalts verantwortlich für die Abwertung. In der Homogenitätsvorstellung liegt der wesentliche Grund dafür, daß diejenigen, die über mangelnden Zusammenhalt klagen, der Abwertung von Gruppen zustimmen. Die Überfremdungsangst, die vom Leitgedanken einer homogenen Gesellschaft getragen ist, erklärt, warum die Sorge um einen mangelnden Zusammenhalt mit *Gruppenbezogener Menschenfeindlichkeit* zusammenhängt.

Dieser starke Effekt der Homogenitätsvorstellung geht unseres Erachtens auf unterschiedliche Motive und Ziele der Kohäsions- und Kulturdebatte zurück. Die Frage nach der Kohäsion wird durch einen Blick nach innen beantwortet. Es geht um den Zusammenhalt innerhalb der Gesellschaft. Die Forderung nach einer homogenen Kultur richtet sich nach außen, und genau dadurch kann sie ausgrenzend sein.

Das wurde bei zahlreichen Vorschlägen für die Integrationstests, die seit kurzem für Einwanderer nach Deutschland verpflichtend sind, deutlich. Hier wird neben Kenntnissen des Grundgesetzes beispielsweise auch Wissen über deutsche Literatur sowie Malerei abgefragt und die tolerante Haltung gegenüber Homosexualität überprüft. Noch viel mehr aber wird die Ausgrenzung in der Debatte über eine sogenannte deutsche »Leitkultur« sichtbar. Hier wird die Anpassung an dieselbe proklamiert und Strenge gegen jene »anderen« verkündet, die der »Leitkultur« zu widersprechen scheinen.

Die Forderung, sich an die »Leitkultur« anzupassen, um »wie wir« zu werden, ist jedoch unerfüllbar, so sehr sich die »anderen« auch bemühen. Es gibt zum einen gar keinen Konsens über die »Leitkultur«. Antworten auf die Nachfrage, was denn genau darunter zu verstehen sei, bleiben zumeist seltsam vage und beschränken sich, wenn es doch konkreter wird, auf das Erlernen der deutschen Sprache und die Einhaltung des Grundgesetzes. Alle weiteren Konkretisierungen würden auch die große Heterogenität in bezug auf mögliche Leitkulturmerkmale wie Tradition, Werte, Religion und Lebensweise innerhalb der Mehrheitsgesellschaft entlarven. Zum anderen ist sie von einer ausschließenden Homogenität geprägt. Hier offenbart sich eine klassische *double-bind*-Botschaft: Gerade weil Minderheiten als »andere« kategorisiert werden und ihnen unterstellt wird, die »Leitkultur« nicht zu erfüllen, sitzen sie in der Falle. Die Ideologie einer Leitkultur schließt sie als »Fremde« zwangsläufig aus, lebt von der Verdächtigung, sie paßten sich nicht genügend an, und erhält die Wahrnehmung scheinbar unüberwindbarer kultureller Differenzen aufrecht. Weil sie »andere« sind, sind sie »andere«. Es ist diese ausschließende Homogenitätsvorstellung, die die Frage nach dem Zusammenhalt der Gesellschaft mit der Zustimmung zur Ungleichwertigkeit sozialer Gruppen verbindet, wie unsere Analysen zeigen. Die *Gruppenbezogene Menschenfeindlichkeit* entlarvt, wie stark Abwertung und Ausgrenzung mit Homogenitätsvorstellungen verbunden sind.

Anmerkungen

1 Der Autoritarismus wird als sogenannter »right-wing authoritarianism« über vier Aussagen erfaßt: »Verbrechen sollten härter bestraft werden.« – »Um Recht und Ordnung zu bewahren, sollte man härter gegen Außenseiter und Unruhestifter vorgehen.« – »Zu den wichtigsten Eigenschaften, die jemand haben sollte, gehören Gehorsam und Respekt vor dem Vorgesetzten.« – »Wir sollten dankbar sein für führende Köpfe, die uns sagen, was wir tun sollen.« Die interne Konsistenz ist zufriedenstellend (alpha = ,76). Die Skala zur Erfassung der sozialen Dominanzorientierung besteht aus folgenden drei Aussagen mit aus-

reichender interner Konsistenz (alpha = ‚65): »Einige Bevölkerungsgruppen sind nützlicher als andere.« – »Die Gruppen, die in unserer Gesellschaft unten sind, sollen auch unten bleiben.« – »Es gibt Gruppen in der Bevölkerung, die weniger wert sind als andere.«

2 Sofern nicht anders angegeben, sind alle aufgeführten Korrelationen auf dem 0,1-%-Niveau signifikant.

3 Einschränkend muß erwähnt werden, daß sich eine vergleichbare Reduktion des Einflusses der Kohäsion auch durch die Berücksichtigung von Sozialer Dominanzorientierung und des Autoritarismus erzielen läßt, werden diese vor der Homogenität in die Analyse aufgenommen. Ein Grund hierfür mag in der recht hohen Korrelation von Homogenitätsvorstellungen mit beiden Konstrukten liegen, wenngleich alle drei Konstrukte empirisch voneinander trennbar sind und einen jeweils eigenen Einfluß auf die Abwertung von Fremdgruppen haben.

Literatur

Bizumic, B./Duckitt, J./Popadic, D./Dru, V./Kruass, S., »A cross-cultural investigation into a reconceptualization of ethnocentrism«, in: *European Journal of Social Psychology* 39/2009, S. 871-899.

Bollen, K. A./Hoyle, R. H., »Perceived cohesion: a conceptual and empirical examination«, in: *Social Forces* 69/2001, S. 479-504.

Brewer, M. B., »The psychology of prejudice: Ingroup love or outgroup hate?«, in: *Journal of Social Issues* 55/1999, S. 429-444.

Brug, P./Verkuyten, M., »Dealing with cultural diversity. The endorsement of societal models among ethnic minority and majority youth in the Netherlands«, in: *Youth & Society* 39/2007, S. 112-131.

Carron, A. V., »Cohesiveness in sport groups: Interpretations and considerations«, in: *Journal of Sport Psychology* 4/1982, S. 123-138.

Chan, J./To, H.-P./Chan, E., »Reconsidering social cohesion: Developing a definition and analytical framework for empirical research«, in: *Social Indicators Research* 75/2006, S. 273-302.

Cota, A. A./Evans, C. R./Dion, K. L./Kilik, L./Longman, R. S., »The structure of group cohesion«, in: *Personality and Social Psychology Bulletin* 21/1995, S. 572-580.

Decker, F., *Parteien unter Druck. Der neue Rechtspopulismus in den westlichen Demokratien*, Opladen 2000.

Duckitt, J./Sibley, C. G., »Right wing authoritarianism, social dominance orientation and the dimensions of generalized prejudice«, in: *European Journal of Personality* 21/2007, S. 113-130.

Festinger, L./Schachter, S./Back, K., *Social Pressures in Informal Groups: A Study of Human Factors in Housing*, New York 1950.

Friedkin, N. E., »Social cohesion«, in: *Annual Review of Sociology* 30/2004, S. 409-425.

Goodman, S., »Justifying harsh treatment of asylum seekers through the support of social cohesion«, in: *Annual Review of Critical Psychology* 6/2008, S. 110-124.

Gross, N./Martin, W. E., »On group cohesiveness«, in: *American Journal of Sociology* 57/1952, S. 546-554.

Heitmeyer, W. (Hg.), *Was hält die Gesellschaft zusammen? Auf dem Weg von der Konsens- zur Konfliktgesellschaft*, Frankfurt am Main 1997.

Hogg M. A., *The Social Psychology of Group Cohesiveness*, New York 1992.

Hooghe, M., »Social capital and diversity: Generalized trust, social cohesion, and regimes of diversity«, in: *Canadian Journal of Political Science* 40/2007, S. 709-732.

Klein, A./Küpper, B./Zick, A., »Rechtspopulismus im vereinigten Deutschland als Ergebnis von Benachteiligungsgefühlen und Demokratiekritik«, in: Heitmeyer, W. (Hg.), *Deutsche Zustände. Folge 7*, Frankfurt am Main 2009, S. 93-112.

Kymlicka, W., *Multicultural Citizenship: A Liberal Theory of Minority Rights*, Oxford 1995.

Laurence, J., »The effect of ethnic diversity and community disadvantage on social cohesion: a multi-level analysis of social capital and interethnic relations in the UK«, in: *European Sociological Review* 27/2011, S. 70-89.

Levine, R. A./Campbell, D. T., *Ethnocentrism: Theories of Conflict, Ethnic Attitudes and Group Behavior*, New York 1972.

Michalos, Alex C./Zumbo, B. D., »Ethnicity, modern prejudice and the quality of life«, in: *Social Indicators Research* 53/2001, S. 189-222.

Oliver, J. E., »City size and civic involvement in metropolitan America«, in: *American Political Science Review* 94/2000, S. 361-73.

Putnam, R., *Bowling Alone: The Collapse and Revival of American Community*, New York 2000.

Savelkoul, M./Gesthuizen, M./Scheepers, P., »Explaining relationships between ethnic diversity and informal social capital across European countries and regions: Tests of constrict, conflict and contact theory«, in: *Social Science Research* 40/2011, S. 1091-1107.

Sherif, M./Sherif, C. W., *Groups in Harmony and Tension*, New York 1953.

Sidanius, J./Pratto, F., *Social Dominance. An Intergroup Theory of Social Hierarchy and Oppression*, New York 1999.

Simon, B., »The perception of ingroup and outgroup homogeneity: Reintroducing the intergroup context«, in: Stroebe, W./Hewstone, M. (Hg.), *European Review of Social Psychology*, Band 3, Oxford 1992, S. 1-30.

Stein, A. A., »Conflict and cohesion: A review of the literature«, in: *Journal of Conflict Resolution* 20/1976, S. 143-172.

Stöss, R., *Rechtspopulismus in Europa*, Berlin 2010.

Sumner, W., *Folkways. A Study of the Sociological Importance of Usages, Manners, Customs, Mores, and Morals*, Boston 1906.

Van Parijs, P. (Hg.), *Cultural Diversity versus Economic Solidarity*, Brüssel 2004.

Williams, M./Macedo, S.(Hrsg.), *Political Exclusion and Domination*, New York 2004.

Wolf, C./van Dick, R., »Wenn anders nicht schlechter bedeutet. Wertschätzung von Vielfalt fördert Gleichwertigkeit der Gruppen«, in: Heitmeyer, W. (Hg.), *Deutsche Zustände. Folge 6*, Frankfurt am Main 2008, S. 137-153.

Yukelson, D./Weinberg, R./Jackson, A., »A multidimensional group cohesion instrument for intercollegiate basketball teams«, in: *Journal of Sport Psychology* 6/1984, S. 103-117.

Zick, A./Küpper, B., »Nachlassende Integrationsbereitschaft in der Mehrheitsbevölkerung«, in: Heitmeyer, W. (Hg.), *Deutsche Zustände. Folge 5*, Frankfurt am Main 2007, S. 150-168.

Zick, A./Küpper, B./Hövermann, A., *Die Abwertung der Anderen. Eine europäische Zustandsbeschreibung zu Intoleranz, Vorurteilen und Diskriminierung*, Berlin 2011.

Jürgen Leibold/Stefan Thörner/ Stefanie Gosen/Peter Schmidt

Mehr oder weniger erwünscht? Entwicklung und Akzeptanz von Vorurteilen gegenüber Muslimen und Juden

1. Einführung

Ausgehend von dem Konzept der Ungleichwertigkeit, werden im Rahmen des GMF-Projekts seit 2002 unterschiedliche Formen von Vorurteilen als Ausdruck eines Syndroms der *Gruppenbezogenen Menschenfeindlichkeit* zusammengefaßt und empirisch untersucht (vgl. Heitmeyer 2002, 2008; Zick et al. 2008). Antisemitismus und Islamfeindlichkeit sind zwei Elemente des Syndroms, die sich auf die Abwertung und Diskriminierung religiöser Minderheiten beziehen. In beiden Fällen ist es in den letzten Jahren zu öffentlichen Debatten im Spannungsbereich von Kritik und Vorurteil gekommen.[1] Neben diesen offensichtlichen Gemeinsamkeiten lassen sich dabei auch einige Unterschiede finden, die für das Verhältnis der christlich-säkular geprägten Mehrheit in Deutschland zur jeweiligen religiösen Minderheit besonders ausschlaggebend sind. Hier ist zum einen die fast vollständige Vernichtung der europäischen Juden durch das faschistische Deutschland zu nennen, die bis heute auch die besonderen Beziehungen zu den jüdischen Gemeinden in Deutschland und zu Israel maßgeblich beeinflußt (vgl. Korn 1999). Im Zuge der Westintegration der jungen Bundesrepublik und unter dem Eindruck des Holocaust wurden antisemitische Positionen in der Öffentlichkeit weitgehend mit einem Tabu belegt, so daß von einer klaren Vorurteilsrepression im öffentlichen Bereich gesprochen werden kann (Bergmann/Erb 1986, 227ff.). Dies wirkt sich in der Bundesrepublik, so zeigen aktuelle Untersuchungen, auch dahingehend aus, daß Meinungsäußerungen über Juden häufig als heikel wahrgenommen werden (vgl. Beyer/Krumpal 2010; Gosen/Thörner 2009). Dementsprechend wird das Ausmaß des Antisemitismus in der Bevölkerung meist unterschätzt (vgl. Salzborn 2009; Salzborn et al. 2009). Die Beziehungen zu den muslimischen Gruppen in der Gesellschaft in

Deutschland sind hingegen wesentlich durch die voranschreitende Integration und die damit einhergehenden Konflikte bestimmt, die eine langsame, aber stetige Veränderung der historisch gewachsenen ethnisch-religiösen Schichtung in Deutschland mit sich bringen. Zu dieser Bedrohung der sozialen Hierarchie von innen ist mit den Aktivitäten international agierender Terroristen islamischer Prägung seit 2001 eine äußere Bedrohungskomponente getreten, die beispielsweise im Rahmen des Prozesses gegen die sogenannte Sauerland-Gruppe 2009 und im Kontext des Afghanistaneinsatzes der Bundeswehr ausführlich in den Medien thematisiert wurde. Als einen Tiefpunkt in der sachlichen Auseinandersetzung um die Integration der islamischen Minderheit muß die heftige Debatte über die Thesen Thilo Sarrazins angesehen werden.[2]

An den Äußerungen Sarrazins wird zudem deutlich, daß abwertende Einlassungen gegenüber Muslimen und dem Islam in Deutschland weit weniger stark tabuisiert sind als antisemitische Aussagen. So ließ sich der ehemalige Bundesbankvorstand in der *Bild*-Zeitung (vom 26. August 2010) mit der empirisch nicht belegbaren, populistisch jedoch sicherlich wirksamen Behauptung zitieren, daß »keine andere Immigration […] so stark mit […] Kriminalität verbunden« sei wie die muslimische.

Angesichts dieser Gemeinsamkeiten und Unterschiede zwischen Antisemitismus und Islamfeindlichkeit werden wir in diesem Beitrag folgende Fragen thematisieren:

1) Haben sich Vorurteile gegenüber Juden und Muslimen in der Bundesrepublik in den letzten Jahren ähnlich entwickelt oder lassen sich Unterschiede ausmachen?

2) Gibt es Erklärungen, die sowohl zum Verständnis antisemitischer als auch islamfeindlicher Einstellungen beitragen? Oder zeigen sich hier unterschiedliche Muster?

3) Und nicht zuletzt: Welche Rolle spielt soziale Erwünschtheit bei der Erklärung antisemitischer und islamfeindlicher Einstellungen?

2. Die Zusammenhänge von Bedrohung, Vorurteil und sozialer Erwünschtheit

Um nachvollziehen zu können, warum Angehörige religiöser Minderheiten sich nicht nur hierzulande immer wieder mit pauschaler Ablehnung und Diskriminierung konfrontiert sehen, ist es notwendig, eine Vorstellung von den Beweggründen hinter den Vorurteilen zu entwickeln. Voraussetzung für ablehnende Einstellungen und diskriminierendes Verhalten ist die Unterscheidung von Eigen- und Fremdgruppe. Nach Bob Altemeyer wird im Rahmen solcher Kontakte zwischen »us versus them« unterschieden (Altemeyer 2003, 20). Die Betonung der Differenz ist dabei aber noch keine hinreichende Erklärung, sondern lediglich eine notwendige Bedingung für eine Weltanschauung, die zur Entwicklung pauschaler Vorurteile führen kann. In Reaktionen der Eigengruppe auf Fremdgruppen und insbesondere in den Begründungen für Stereotype, wie sie in öffentlichen Stellungnahmen immer wieder zu finden sind, werden häufig Aspekte gesellschaftlichen Wandels problematisiert. Diese beziehen sich auf soziale Ordnung, Stabilität, Sicherheit, Zusammenhalt, Tradition und damit im Kern auf den Erhalt der eigenen Gruppe. Eine zweite Argumentationslinie ist stärker am Verhältnis von Eigen- und Fremdgruppe orientiert und steht in engem Zusammenhang mit Begriffen wie etwa soziale Hierarchie, Dominanz, Überlegenheit und Idealisierung des Eigenen in Relation zum Anderen (vgl. Duckitt/Sibley 2010). John Duckitt hat 2001 ein duales Prozeßmodell vorgestellt. Ausgehend von Persönlichkeitsmerkmalen und im Anschluß an Arbeiten von Sidanius/Pratto (1999) zur sozialen Dominanzorientierung sowie von Bob Altemeyer (1981) über die Neigung zu autoritärer Aggression, autoritärer Unterwürfigkeit und Konventionalismus, liefert er damit eine mögliche Erklärung für die Entwicklung von Vorurteilen. Demnach bilden Menschen Vorurteile gegenüber Fremdgruppen aus, wenn der Bestand der Eigengruppe oder ihre Positionierung in der gesellschaftlichen Hierarchie als gefährdet wahrgenommen wird (Duckitt 2006). Aus der Perspektive des Ungleichwertigkeitsansatzes von Wilhelm Heitmeyer lassen sich die Erklärungsansätze zur sozialen Dominanzorientierung und zur autoritären Persönlichkeit dahingehend miteinander verknüpfen, daß die Ideologien der Ungleichwertigkeit »der Durchsetzung von Machtinteressen bzw. der Konservierung von Hierarchien und sozialer Überlegenheit« dienen (Heitmeyer 2002, 37). Um diese Ziele zu erreichen, »wird die soziale Realität verzerrt wiedergegeben [und] werden soziale Konstruktionen naturalisiert bzw. biologisiert« (ebd.). Über diese Realitätsverzerrung gelingt es, Stabilität und innere Ordnung in der Eigengruppe herzustellen und Kräfte für den Kampf gegen den äußeren Feind zu mobilisieren.

Mit den Daten der GMF-Umfragen konnte bereits gezeigt werden, daß die soziale Dominanzorientierung (SDO) und die autoritäre Aggression erheblich zur Erklärung der Vorurteile gegenüber Muslimen in den alten und neuen Bundesländern beitragen (Leibold/Kühnel 2003). Dies gilt ebenso für die Erklärung des Antisemitismus (Iser 2007). Darüber hinaus wurde die Annahme, daß das allgemeine Machtinteresse der konkreteren autoritären Aggression vorgelagert ist, bereits empirisch bestätigt (Leibold/Kummerer 2011). Wenn wir die gegenwärtigen Diskussionen um die Integrationsmöglichkeiten und die Integrationsbereitschaft von Mehrheitsgesellschaft und Minderheiten in Rechnung stellen, ist es wenig überraschend, daß Tradition, Stabilität und die bestehende soziale Hierarchie in den Augen eines Teils der Gesellschaft bedroht sind. Zudem sind der »Krieg gegen den Terror« und die in diesem Zusammenhang diskutierte Gefährdung der inneren Sicherheit bereits seit zehn Jahren zu einem festen Bestandteil der Berichterstattung über Muslime in allen Teilen der Welt geworden (vgl. Schiffer 2005). Diese Wahrnehmung terroristischer und kultureller Bedrohung, verknüpft mit Hierarchiedenken, dürfte nach John Duckitt und Chris G. Sibley (2007) die Bedeutung der autoritären Komponente im Erklärungsmodell verstärken. Im Verhältnis zu Juden ergibt sich ein etwas anderes Bild, da es weder einen aktuellen Konflikt noch ein Gefährdungspotential gibt. Allerdings zeigen die Befunde von Wilhelm Heitmeyer und Aribert Heyder (2002) sowie Peter Schmidt und Aribert Heyder (2000), daß der Autoritarismus durchaus einen bedeutsamen Beitrag zur Erklärung antisemitischer Einstellungen leistet. Aus der Perspektive des dualen Prozeßmodells von Duckitt betrachtet, lassen sich sehr wohl einige antisemitische Stereotype und Positionen ausmachen, die eine wahrgenommene Bedrohung für den Zusammenhalt der Eigengruppe, ihre Dominanz und Idealisierung zum Ausdruck bringen. Vor dem Hintergrund des Prozeßmodells ist allerdings zu erwarten, daß die Zustimmung zu klassisch antisemitischen Stereotypen wie Einfluß, Überlegenheit und Streben nach

Vorherrschaft eher mit sozialer Dominanzorientierung in Zusammenhang steht als mit autoritären Positionen. So wurden unter anderem bereits im 18. und 19. Jahrhundert die Juden als innerer Feind und als Verräter an der deutschen Nation verleumdet (vgl. Benz 2004). Diese Haltung gipfelte in Verschwörungsphantasien, in denen »den Juden« unterstellt wurde, konspirativ auf die Unterwerfung Deutschlands und der Welt hinzuarbeiten. Der in jeder Hinsicht dämonisierten Fremdgruppe wird auch heute noch ein Selbstbild entgegengestellt, bei dem es sich um ein von tiefgreifender ideologischer Verblendung zeugendes Ideal handelt. Dieses Prinzip wird zudem in Form einer rechtfertigenden Schutzbehauptung als Begründung für Notwehrhandlungen zur Täter-Opfer-Umkehr genutzt (vgl. Haury 2002). Dem positiven Selbstbild eines deutschen Antisemiten steht oftmals nur das Gedenken an den Holocaust im Weg, dem im Sinne des sekundären Antisemitismus mit »Relativierung, Verharmlosung und teilweise Leugnung [...] sowie der Forderung nach einem Schlußstrich« begegnet wird (Heyder/Iser/Schmidt 2003, 148). Dem Modell von Duckitt zufolge sollten sich daher nicht nur islamfeindliche, sondern auch antisemitische Einstellungen über das individuelle Ausmaß an sozialer Dominanzorientierung und Autoritarismus erklären lassen. Inwieweit sich das Erklärungsmodell über die Jahre (2002 bis 2011) als stabil erweist oder an den Daten scheitert, ist eine der hier zu klärenden Fragen.

Vor dem Hintergrund der unterschiedlich starken Tabuisierung von antisemitischen und islamfeindlichen Äußerungen gehen wir davon aus, daß die Verbreitung antisemitischer Einstellungen in der Bevölkerung auf der Basis von Umfragen stärker unterschätzt wird, denn die Messung eines Sachverhalts in einer Befragung sollte insbesondere dann durch soziale Erwünschtheit beeinträchtigt werden, wenn viele der interviewten Personen die soziale Norm anerkennen und die Nichtbeachtung der Norm in ihren Augen mit schwerwiegenden Konsequenzen verbunden ist. Im Anschluß an das Konzept der Kommunikationslatenz von Werner Bergmann und Rainer Erb (1986) können Personen mit antisemitischen Einstellungen in Deutschland öffentlich ihren Ansichten nicht Ausdruck verleihen, ohne mit sozialen und rechtlichen Konsequenzen rechnen zu müssen. Dadurch steigt allerdings die Wahrscheinlichkeit von Meinungsäußerungen in Form einer Ersatz- oder Umwegkommunikation. Nach Bergmann und Erb eignet sich der Antizionismus für eine solche Umwegkommunikation, weil damit verdeckt die eigentlich antisemitische Einstellung ausgedrückt werden kann (vgl. Bergmann/Erb 1986). Heyder et al. präsentierten 2003 einige Indizien dafür, daß israelbezogene Vorurteile als Umwegkommunikation für antisemitische Einstellungen gewertet werden können.

2.1 Erwartungen an das Erklärungsmodell

Aus den theoretischen Überlegungen können eine Reihe von Erwartungen abgeleitet werden.

• Gemäß des Modells von Duckitt sollten sowohl islamfeindliche als auch antisemitische Einstellungen durch das individuelle Ausmaß an sozialer Dominanzorientierung und autoritärer Haltung erklärt werden können. Allerdings sollte die autoritäre Aggression im Hinblick auf Vorurteile gegenüber Juden weniger stark zum Tragen kommen.

• Die Neigung, sich wahrgenommenen sozialen Normen zu unterwerfen, sollte in erheblichem Umfang zur Erklärung antisemitischer Einstellungen beitragen.

• Wenn aber Einstellungsäußerungen als Umwegkommunikation dienen, erwarten wir einen geringeren Einfluß sozialer Normen. Dies sollte insbesondere für antizionistische Positionen zutreffen.

• Darüber hinaus ist nicht auszuschließen, daß die Äußerung von Machtinteressen und Strafneigungen von der Rücksicht auf soziale Normen beeinflußt wird.

Aus den beschriebenen Zusammenhängen läßt sich das in Abbildung 1 skizzierte Modell ableiten, das wir in einem zweistufigen Verfahren zur Erklärung antisemitischer und islamfeindlicher Einstellungen einsetzen wollen.

Im ersten Schritt werden wir die Stabilität des Modells über den Zeitraum von 2002 bis 2011 anhand der durchgängig erhobenen Einstellungen gegenüber Muslimen und Juden prüfen. Inwieweit ein Einfluß der sozialen Erwünschtheit vorliegt, soll im zweiten Schritt untersucht werden. Dies können wir nur auf Basis der aktuellen Daten ermitteln, da ausschließlich im GMF-Fragebogen 2011 Fragen der Skala »Motivation zu vorurteilsfreiem Verhalten« (MVV) von Rainer Banse und Bertram Gawronski berücksichtigt wurden. Die Skala von Banse/Gawronski besteht in ihrer ur-

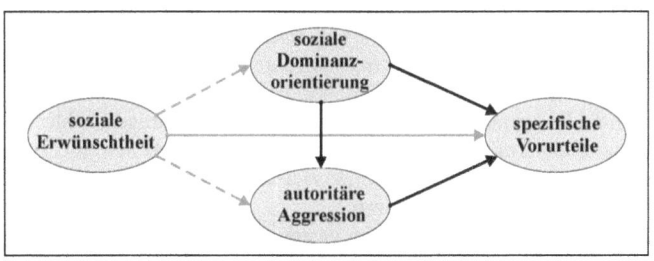

sprünglichen Form aus einer Reihe von Items, die den Autoren zufolge »die Stärke des bewußten, reflektierten Bemühens erfaßt, sich vorurteilsfrei zu verhalten« (Banse/Gawronski 2003, 5). Klassische Erklärungsmodelle zum Antwortverhalten gliedern den Antwortprozeß in mehrere aufeinander folgende kognitive Aufgaben, mit denen sich die befragte Person konfrontiert sieht, also etwa Frageverständnis, Informationsabruf, Urteilsbildung, Formulierung der Antwort und gegebenenfalls Anpassung der Antwort an soziale Normen (vgl. z. B. Cannel/Miller/Oksenberg 1981; Tourangeau/Lance/Kenneth 2000). Daher gehen wir davon aus, daß unsere Adaption der Skala von Banse und Gawronski als Messung sozial erwünschter Verhaltensabsichten angesehen werden kann. Bevor wir uns der Prüfung des Erklärungsmodells zuwenden, sollen aber zunächst die Veränderungen der Zustimmungs- und Ablehnungsraten zu ausgewählten antisemitischen, islamfeindlichen und islamkritischen Aussagen zwischen 2002 und 2011 betrachtet werden.

3. Empirische Ergebnisse zur Entwicklung von Antisemitismus und Islamfeindlichkeit

Während für die Messung antisemitischer Einstellungen seit Jahrzehnten etablierte Fragen zur Verfügung stehen, wurden im Rahmen des GMF-Projektes im Jahr 2002 erstmals Fragen zur Messung von Islamfeindlichkeit eingesetzt. Das theoretische Konstrukt der *generellen Ablehnung von Muslimen* wird seit 2003 durchgängig über zwei Aussagen erfaßt, die erstens die wahrgenommene Überfremdung der Gesellschaft durch Muslime[3] und zweitens ein Zuwanderungsverbot ansprechen.[4] Die Zustimmung zu diesen Items impliziert eine negative Kategorisierung von Muslimen als fremdartige und unerwünschte Gruppe. Darüber hinaus wurden im Verlauf der GMF-Befragungen weniger kontinuierlich weitere Fragen verwendet, die zum einen Bedrohungsgefühle[5] im Zusammenhang mit Muslimen in Deutschland erfassen und zum anderen eine *kulturelle Distanz*[6] zwischen Muslimen und Mehrheitsgesellschaft thematisieren.

In Abbildung 2 sind die Anteile der islamfeindlichen und islamkritischen Antworten in den GMF-Erhebungen seit 2003 wieder-

Abb. 2: Entwicklung islamfeindlicher und islamkritischer Einstellungen zwischen 2003 und 2011 (in Prozent; gewichtete Daten)

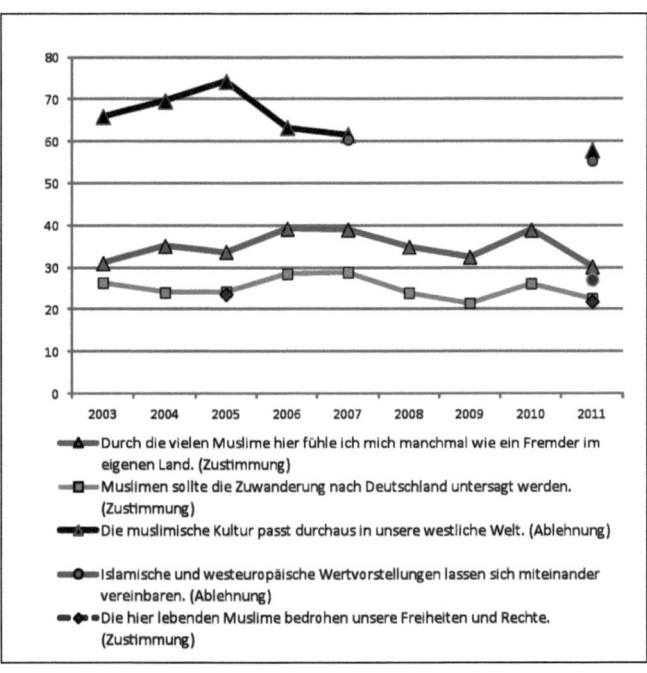

—▲—Durch die vielen Muslime hier fühle ich mich manchmal wie ein Fremder im eigenen Land. (Zustimmung)

—■—Muslimen sollte die Zuwanderung nach Deutschland untersagt werden. (Zustimmung)

—◆—Die muslimische Kultur passt durchaus in unsere westliche Welt. (Ablehnung)

—●—Islamische und westeuropäische Wertvorstellungen lassen sich miteinander vereinbaren. (Ablehnung)

— ◆ ●Die hier lebenden Muslime bedrohen unsere Freiheiten und Rechte. (Zustimmung)

gegeben. Es ist zu erkennen, daß sich die Zustimmungswerte zu den Items der generellen Ablehnung und zum Bedrohungsempfinden im Verlauf der letzten neun Jahre zwischen zwanzig und vierzig Prozent bewegt haben. Ein klarer Trend läßt sich aus den vorliegenden Ergebnissen allerdings nicht ablesen. In bezug auf die wahrgenommene kulturelle Distanz ist seit 2005 ein Rückgang von über siebzig auf unter sechzig Prozent zu verzeichnen. Im Falle der in den Befragungen etwas häufiger eingesetzten Aussage zur Vereinbarkeit von westlicher und muslimischer Kultur (»Die muslimische Kultur paßt durchaus auch in unsere westliche Welt.«) ist zwischen 2005 und 2011 der Anteil an Personen, der sich eine Vereinbarkeit westlicher und muslimischer Lebensstile vorstellen kann, um mehr als 16 Prozent gestiegen.

Die von 2002 an kontinuierlich eingesetzten Items zur Messung des *klassischen Antisemitismus* beziehen sich einerseits auf das Stereotyp der mächtigen jüdischen Lobby, die ihre Interessen angeblich auf Kosten der deutschen Mehrheitsbevölkerung durchsetzt, und andererseits auf die Ansicht, *die Juden* hätten durch ihr Verhalten ihre Verfolgung (zumindest teilweise) provoziert. Neben diesen Aspekten des Antisemitismus wurden in den repräsentativen Querschnittsbefragungen auch andere Formen antisemitischer Einstellungen erfaßt. Beide Aussagen zur Messung des *sekundären Antisemitismus*[7] wurden zu sieben Erhebungszeitpunkten eingesetzt. Die Items zur *NS-vergleichenden Israelkritik*[8] wurden nur in den Erhebungen 2006, 2008 und 2011 verwendet.

Die Aussagen zum *klassischen Antisemitismus* finden durchgehend am wenigsten Zustimmung. Zu Beginn der Untersuchungsreihe liegen die Werte im Bereich von zwanzig Prozent und pendeln sich nach 2006 auf einem Niveau zwischen zehn und 15 Prozent ein. Die Aussagen zum *sekundären Antisemitismus* finden unter den Befragten deutlich mehr Zustimmung, wobei dem Item zum Ärger über Vorwürfe an die Deutschen fast durchgehend von zwei Dritteln der Befragten zugestimmt wird. Ähnlich hohe Zustimmung findet nur noch die Aussage, Israel führe einen Vernichtungskrieg gegen die Palästinenser. Die Zustimmung lag im Jahr 2004 noch bei 68 Prozent, sank dann auf rund 42 Prozent (2006), bevor sie in den folgenden Jahren wieder anstieg. Aktuell liegt sie bei 56 Prozent.

Aus dem Vergleich der Zeitreihen zu antisemitischen und islamfeindlichen Einstellungen sind keine Gemeinsamkeiten in bezug

Abb. 3: Entwicklung der Zustimmung zu antisemitischen Aussagen zwischen 2002 und 2011 (in Prozent; gewichtete Daten)

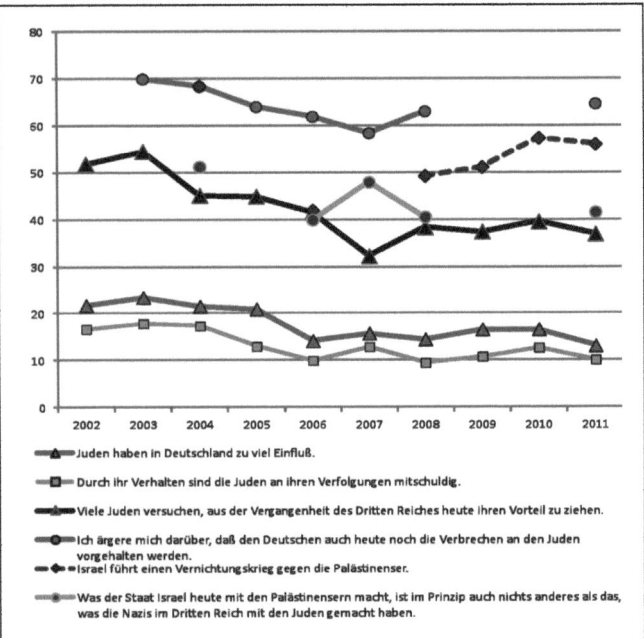

auf die Entwicklung der beiden Syndromelemente zu erkennen. Die Zustimmung zu antisemitischen Aussagen ist im Verlauf der letzten zehn Jahre leicht gesunken. Für islamfeindliche Einstellungen kann nicht von einem kontinuierlichen Rückgang gesprochen werden, wenn auch für fast alle Aussagen 2011 die niedrigsten Zustimmungswerte ermittelt wurden. Wenn auch auf sehr viel höherem Niveau, gilt dies ebenso für die eher integrationspessimistische Perspektive der *wahrgenommenen kulturellen Distanz*.

Für die Prüfung unseres Erklärungsmodells (Abbildung 1) verwenden wir (ähnlich wie Zick, Hövermann und Krause in diesem Band) neben Antisemitismus und Islamfeindlichkeit die *soziale Dominanz* und die *autoritäre Aggression* als erklärende Variablen. Seit dem GMF-Survey 2002 wurde die autoritäre Aggression über die Zustimmung zu den Aussagen »Verbrechen sollen härter bestraft« und »gegen Außenseiter und Unruhestifter sollte härter vorgegangen werden« erfaßt. Die Messung der sozialen Dominanzorientierung beruht auf zwei Aussagen, die unterstellen, daß es Gruppen in der Bevölkerung gibt, die weniger nützlich und weniger wert seien.

Die zentralen Ergebnisse zur Erklärung des klassischen Antisemitismus sind in Tabelle 1 zusammengefaßt. Alle aufgeführten Effekte sind signifikant und stellen damit einen Beleg für die theoretisch hergeleiteten Zusammenhänge dar. Die Einschätzung, daß in der Gesellschaft weniger nützliche und weniger wertvolle Gruppen existieren, hat durchgehend starke Auswirkungen auf die beiden anderen Aspekte im Modell. Sowohl der klassische Antisemitismus als auch die autoritäre Aggression werden zu einem erheblichen Teil durch die Neigung zu sozialer Dominanz erklärt. Je stärker eine befragte Person dazu tendiert, die Gruppen in der Gesellschaft nach ihrem Nutzen und Wert einzuteilen, um so mehr neigt sie dazu, Maßnahmen gegen Straftäter und Außenseiter zu fordern, und um so eher stimmt sie klassischen antisemitischen Aussagen zu. Demnach wirkt sich die Dominanzorientierung auch indirekt vermittelt durch die autoritäre Komponente im Modell aus. Die individuelle Tendenz zu autoritärer Aggression erklärt, für sich genommen, im Vergleich lediglich einen kleineren Teil der gemessenen Unterschiede. Nur das Modell für die Daten des Surveys 2005 zeigt einen etwas geringeren Effekt der sozialen Dominanz. Die Erklärung der antisemitischen Einstellung wird damit im Modell für die Daten aus 2005 stärker durch die autoritäre Aggression bestimmt. Diese Abweichung ist dadurch begründet, daß im Fragebogen der Erhebung 2005 die Aussage zur Nützlichkeit von Bevölkerungsgruppen nicht enthalten war. Insgesamt kann das Modell mit überzeugender Stabilität einen erheblichen Teil der

abhängige Variable	erklärende Variable				
	soziale Dominanzorientierung		autoritäre Aggression		
	standardisiert	unstandardisiert	standardisiert	unstandardisiert	R^2
autoritäre Agg.	,490	,623			,240
klass. Antisem.	,420	,570	,176	,188	,279
autoritäre Agg.	,425	,505			,181
klass. Antisem.	,439	,562	,212	,229	,352
autoritäre Agg.	,461	,595			,213
klass. Antisem.	,484	,730	,161	,188	,332
autoritäre Agg.	,313	,220			,098
klass. Antisem.	,278	,194	,323	,320	,268
autoritäre Agg.	,417	,461			,174
klass. Antisem.	,499	,612	,148	,164	,333
autoritäre Agg.	,473	,693			,224
klass. Antisem.	,494	,689	,197	,187	,375
autoritäre Agg.	,497	,663			,244
klass. Antisem.	,507	,664	,102	,099	,318
autoritäre Agg.	,480	,644			,231
klass. Antisem.	,549	,727	,129	,127	,386
autoritäre Agg.	,498	,755			,248
klass. Antisem.	,508	,611	,167	,132	,371
autoritäre Agg.	,529	,694			,280
klass. Antisem.	,474	,555	,188	,168	,354

Varianz (26,8 bis 38,6 Prozent) in den Angaben zum klassischen Antisemitismus aufklären.

Die in Tabelle 2 wiedergegebenen Analyseergebnisse sind ein weiterer Beleg für die Erklärungskraft des postulierten Modells. Auch im Falle der generellen Ablehnung von Muslimen sind alle erwarteten Beziehungen statistisch signifikant. In diesen Modellen stellt sich die soziale Dominanzorientierung ebenfalls als die

Tab. 2: Stärke der Effekte im Erklärungsmodell[10] zur generellen Ablehnung von Muslimen (GMF-Surveys 2002-2011; gewichtete Daten)

| | erklärende Variablen | | | | |
| | soziale Dominanz-orientierung | | autoritäre Aggression | | |
abhängige Variablen	standardi-siert	unstandar-disiert	standardi-siert	unstandar-disiert	R²
03 autoritäre Agg.	,425	,504			,181
generelle Ablehn.	,407	,497	,425	,437	,494
04 autoritäre Agg.	,471	,635			,222
generelle Ablehn.	,580	,870	,316	,352	,609
05 autoritäre Agg.	,314	,223			,099
generelle Ablehn.	,196	,145	,567	,591	,430
06 autoritäre Agg.	,430	,505			,185
generelle Ablehn.	,409	,609	,376	,477	,440
07 autoritäre Agg.	,473	,779			,224
generelle Ablehn.	,390	,683	,396	,421	,456
08 autoritäre Agg.	,490	,684			,240
generelle Ablehn.	,476	,837	,351	,442	,515
09 autoritäre Agg.	,484	,659			,235
generelle Ablehn.	,425	,685	,378	,449	,479
10 autoritäre Agg.	,504	,799			,254
generelle Ablehn.	,482	,831	,320	,348	,490
11 autoritäre Agg.	,534	,779			,285
generelle Ablehn.	,340	,595	,435	,521	,463

zentrale Erklärungsgröße dar. Auffällig ist, daß in bezug auf Muslime die Zusammenhänge von Vorurteil und autoritärer Aggression erheblich stärker ausfallen als in den Erklärungsmodellen zum klassischen Antisemitismus. Wie schon bei den Analysen zum klassischen Antisemitismus ist auch im Fall der generellen Ablehnung durch das fehlende Item im Jahr 2005 eine Verschiebung der Erklärung hin zur autoritären Aggression zu verzeichnen. Die Erklärungskraft des Modells insgesamt fällt mit Werten von 43 bis 60,3 Prozent dabei noch höher aus als bei der Erklärung der klassischen Vorurteile gegenüber Juden.

Das Modell der Erklärung von Vorurteilen durch die Tendenz zu sozialer Dominanz und autoritärer Aggression hat sich über die Zeit und unabhängig von der religiösen Zielgruppe als erklärungs-kräftig erwiesen. Es scheint allerdings noch etwas besser zu den Einstellungsmustern der Bevölkerung gegenüber Muslimen als gegenüber Juden zu passen.

3.2 Wie verändern sich die Erklärungsmuster unter Berücksichtigung der Motivation zu vorurteilsfreiem Verhalten?

Mit den im vorhergehenden Abschnitt präsentierten Analyseer-gebnissen konnte das verwendete Teilmodell zur Erklärung der Vorurteile gegenüber Juden und Muslimen an den repräsentativen Daten der GMF-Erhebungen (2002-2011) eindrucksvoll bestätigt werden. Die Antworten in Befragungen sind aber, wenn es um als heikel empfundene Inhalte geht, von der Rücksichtnahme auf so-ziale Normen beeinflußt. Dies kann sich dahingehend auswirken, daß Antworten, die eine negative Bewertung durch andere in den Augen des Befragten möglich werden lassen, heruntergespielt oder gar verschwiegen werden, während als weniger heikel empfundene Antworten in den Daten überrepräsentiert sein dürften. Es stellt sich somit die Frage, inwieweit entsprechende Effekte auch in den Daten der GMF-Befragungen vorhanden sind. Für die Messung sozial erwünschter Antworten hat sich in der sozialwissenschaft-lichen Forschung mit der von Douglas Crowne und David Mar-lowe (1960) entwickelten Skala ein Standard etabliert, von dem wir durch die Verwendung der Skala von Banse und Gawronski ab-weichen. Aufgrund der nicht mehr zeitgemäßen Inhalte der Fragen hat Joachim Stöber (1999, 2001) eine aktualisierte Form der Crowne-Marlowe-Skala entwickelt, die im deutschen Sprachraum seither eingesetzt wird. Bereits die Crowne-Marlowe-Skala zeigt eindeutige Schwächen in ihrer Zuverlässigkeit (Beretvas/Meyers/ Leite 2002). Christian Hunkler und Volker Stocké (2004) sowie Stefanie Gosen und Stefan Thörner (2009) berichten inkonsistente Ergebnisse in verschiedenen Bereichen, zum Beispiel bei Befra-gungen zu Alkoholkonsum und zu Vorurteilen gegenüber Min-derheiten. Als Grund für die gefundene Inkonsistenz vermuten die Autoren den hohen Grad der Allgemeinheit der Stöber-Skala. Vor diesem Hintergrund haben wir uns in dieser Studie für das alternative Konzept der Motivation zu vorurteilsfreiem Verhalten von Banse und Gawronski (2003) entschieden, da es in einem engeren Zusammenhang mit der Vorurteilsforschung steht. Die Messung der Motivation zu vorurteilsfreiem Verhalten beruht in unserem Modell auf der Zustimmung bzw. Ablehnung zu zwei Aussagen. In der einen wird die Ansicht formuliert, daß in Gesellschaft über Minderheiten positiv gesprochen werden sollte, und die andere unterstellt, daß es egal ist, wenn andere annehmen, jemand habe Vorurteile. Die erste Aussage thematisiert damit direkt die Absicht, soziale Normen im Zusammenhang mit Vorurteilen zu berücksichtigen. Die zweite bezieht sich auf die gegensätzliche Einstellung, politisch korrektes Verhalten gegenüber Minderheiten als irrelevant zu betrachten.[11] An den in Tabelle 3 wiedergegebenen Koeffizienten ist zu erkennen, daß sich durch die Berücksichtigung der Kontrollvariable Tendenz zu vorurteilsfreiem Verhalten nicht mehr alle erwarteten Zusammenhänge bestätigen ließen. Dies betrifft in erster Linie den direkten Einfluß der sozialen Dominanzorientierung auf das jeweilige Vorurteil. Nur für den klassischen Antisemitismus konnte dieser direkte Effekt bestätigt werden. In allen anderen Fällen wirkt die Dominanzorientierung nur indirekt über die autoritäre Aggression. Eine unmittelbare Beeinflussung der autoritären Komponente durch die Neigung zu vorurteilsfreiem Verhalten ließ sich durch die Analysen nicht bestätigen. Hingegen erwies sich der indirekte Effekt über die Dominanzorientierung als sehr stabil. Alle Modelle sprechen für eine starke Beeinflussung der sozialen Dominanzorientierung durch die soziale Erwünschtheit. Das bedeutet: Je weniger stark Befragte darauf achten, welche sozialen Normen gegenüber Minderheiten herrschen, um so eher sind sie bereit, die Gruppen in der Gesellschaft nach Nützlichkeit und Wert einzuteilen, und um so eher neigen sie zu autoritärer Aggression. Die Motivation zu vorurteilsfreiem Verhalten erweist sich mit einer Ausnahme in allen Analysen als die wichtigste Erklärungsgröße für die jeweilige antisemitische, islamfeindliche oder islamkritische Einstellung. Der klassische Antisemitismus wird an zweiter Stelle durch die soziale Dominanzorientierung und nur in geringerem Umfang durch die autoritäre Aggression beeinflußt. Für den sekundären Antisemitismus, die generelle Ablehnung von Muslimen, die wahrgenommene kulturelle Distanz und das Bedrohungsempfinden ist die autoritäre Aggression von größerer Bedeutung. Die Ausnahme bildet

Tab. 3: Stärke der Beziehungen in den Strukturmodellen[12] zur Erklärung antisemitischer, islamfeindlicher und islamkritischer Einstellungen unter Berücksichtigung des Effekts der Motivation zu vorurteilsfreiem Verhalten[13] – GMF-Survey 2011 (gewichtete Daten)

| abhängige Größen | erklärende Variablen | | | | | | R² |
| | Motivation zu vorurteilsfreiem Verhalten | | soziale Dominanzorientierung | | autoritäre Aggression | | |
	standardisiert	unstandardisiert	standardisiert	unstandardisiert	standardisiert	unstandardisiert	
antisemitische Facetten							
SDO	,611	1,270					,373
autoritäre Agg.			,537	,621			,289
klass. Antisem.	,288	,584	,263	,256	,243	,208	,419
SDO	,695	,970					,483
autoritäre Agg.			,524	,517			,275
sekundärer Antisem.	,486	,774			,426	,493	,570
SDO	,702	1,072					,495
autoritäre Agg.			,540	,590			,291
NS-Vergl. Israelkritik	,160	,149			,341	,190	,183
islamfeindliche und islamkritische Facetten							
SDO	,654	1,207					,427
autoritäre Agg.			,528	,543			,278
Generelle Ablehn.	,522	1,188			,438	,525	,621
SDO	,672	1,120					,451
autoritäre Agg.			,526	,543			,277
Bedrohung	,556	,917			,344	,329	,563
SDO	,597	,953					,356
autoritäre Agg.			,537	,571			,288
kulturelle Distanz	,477	,728			,250	,225	,367

die NS-vergleichende Israelkritik. Während alle anderen Modelle sich durch eine hohe Erklärungskraft auszeichnen, liegt die erklärte Varianz für die Israelkritik nur bei 18,3 Prozent. Den höchsten Beitrag zur Erklärung der NS-vergleichenden Israelkritik liefert die autoritäre Aggression. Der Einfluß der beiden anderen Erklärungsgrößen fällt im Vergleich zu den anderen Modellen deutlich schwächer aus. Dieses Ergebnis spricht für unsere Einschätzung, daß im Sinne der Umwegkommunikation eine Berücksichtigung sozialer Normen im Falle der Beantwortung israelkritischer Statements weniger wichtig zu sein scheint. Gestützt wird diese Einschätzung durch die Befunde der Analysen zur wahrgenommenen kulturellen Distanz, da diese eher islamkritische Position in vergleichsweise geringerem Umfang durch die Absicht zu vorurteilsfreiem Verhalten beeinflußt wird.

4. Diskussion und Implikationen

Das zentrale Anliegen unseres Beitrags war es zu untersuchen, welche Gemeinsamkeiten und Unterschiede sich im Verhältnis von christlich-säkularer Mehrheit zu muslimischer bzw. jüdischer Minderheit ergeben. Für die Zustimmung zu antisemitischen, islamfeindlichen und islamkritischen Aussagen kann aus den Befragungsdaten der letzten zehn Jahre keine eindeutige Tendenz abgeleitet werden. Die generelle Ablehnung von Muslimen erfährt 2011 im Vergleich zu den Vorjahren relativ geringe Zustimmung, wird aber immer noch von einem Viertel bis zu einem Drittel der Bevölkerung geteilt. Integrationskritische Einschätzungen, wie sie mit der Frage nach der kulturellen Distanz erfaßt werden, sind zwar im Zeitverlauf zurückgegangen, liegen aber immer noch deutlich über fünfzig Prozent. Angesichts der Einstellungen der Bundesbürger gegenüber Muslimen lassen sich einige Hürden auf dem Weg zu einer konfliktfreien Integration erkennen, denn ein Viertel nimmt die Muslime in Deutschland als Bedrohung war, und für eine Mehrheit scheinen christlich-säkulare und islamische Wertvorstellungen unvereinbar zu sein. Hinsichtlich der Vorurteile gegenüber Juden ist im zurückliegenden Jahrzehnt ein erheblicher Rückgang des klassischen Antisemitismus festzustellen. Hingegen scheinen der sekundäre Antisemitismus und die NS-vergleichende Israelkritik seit 2007 zu stagnieren bzw. leicht anzusteigen. Besorgniserregend ist hier die Zustimmung einer deutlichen Mehrheit zu einzelnen Aussagen.

Darüber hinaus zeigen unsere Befunde, daß sowohl die Vorurteile als auch die soziale Dominanzorientierung und die autoritäre Aggression von sozialer Erwünschtheit beeinflußt werden.

Diese Ergebnisse sind für die Vorurteilsforschung insgesamt von weitreichender Bedeutung, denn die Resultate sprechen dafür, daß sowohl bei der Erhebung von Vorurteilen als auch bei einigen Erklärungsgrößen ein erhebliches Maß an sozialer Normerwartung in die Beantwortung der Fragen mit einfließt. Dies ist eine These, die sich zwar vielfach in der Literatur findet, aber deren empirischer Nachweis in Bevölkerungsumfragen bisher meist fehlte. In letzter Konsequenz bedeutet dies auch für die GMF-Daten eine erhebliche und systematische Unterschätzung der Bevölkerungsanteile, die zu sozialer Dominanzorientierung, autoritärer Aggression und damit zu *Gruppenbezogener Menschenfeindlichkeit* neigen. Für die weitere Forschung ergibt sich daraus die Notwendigkeit, bei der Erfassung von Vorurteilen gleichzeitig auch die Neigung zu normkonformem Antwortverhalten mit zu erheben, da andernfalls mit den erhobenen Werten eine schwer abzuschätzende Dunkelziffer verknüpft ist.

Insgesamt konnte das vorgestellte Erklärungsmodell aus sozialer Dominanzorientierung und autoritärer Aggression über die Zeit und mit leichten Unterschieden je nach religiöser Zielgruppe empirisch bestätigt werden. Allerdings sank unter Berücksichtigung der Motivation zu vorurteilsfreiem Verhalten die Bedeutung der Dominanzorientierung ganz erheblich. Der Beitrag der autoritären Komponente zur Erklärung der Vorurteile blieb hingegen auch unter Berücksichtigung der sozialen Wünschbarkeit relativ konstant. Mit Autoritarismus und sozialer Dominanzorientierung stehen zwei solide Erklärungsgrößen zur Verfügung, aus denen sich auch Ansatzpunkte für den Diskurs zur Integration von Minderheiten ableiten lassen. Bei allen Problemen und Konflikten, die zum Teil unvermeidbar sind, wenn sich größere Gruppen in eine Gesellschaft integrieren, sollten auch die positiven Entwicklungen und Chancen einer erfolgreichen Integration bedacht werden. Soziale Ordnung, Stabilität, Sicherheit, Zusammenhalt und selbst Tradition sind keine statischen Elemente einer Gesellschaft, die fortwährend mit Veränderungen konfrontiert ist. Im Rahmen von Integrationsprozessen sind weder das starre Festhal-

ten am Eigenen noch zwanghafte Konfliktvermeidung erfolgversprechende Optionen. Nachhaltige Integration kann nur durch
geregelte Auseinandersetzungen auf dem Fundament uneinge-
schränkter Gleichwertigkeit gelingen.

Anmerkungen

1 Die Debatten entzündeten sich in der Regel an öffentlichen Äußerungen von Akteuren aus Kultur, Politik, Wissenschaft und Religion (z. B.
Martin Walser, Jürgen W. Möllemann, Martin Hohmann, Thilo Sarrazin, Wolfgang Benz, Papst Benedikt XVI.).

2 Auf Seite 316 legt der Autor einen Zusammenhang von traditioneller
Endogamie, Inzuchtdepression und dem »Versagen von Teilen der türkischen Bevölkerung im deutschen Schulsystem« nahe (Sarrazin 2010).

3 »Durch die vielen Muslime hier fühle ich mich manchmal wie ein Fremder im eigenen Land.«

4 »Muslimen sollte die Zuwanderung nach Deutschland untersagt werden.«

5 »Die hier lebenden Muslime bedrohen unsere Freiheiten und Rechte.«
– »Die hier lebenden Muslime bedrohen die deutsche Kultur.«

6 »Islamische und westeuropäische Wertvorstellungen lassen sich miteinander vereinbaren.« – »Die muslimische Kultur paßt durchaus auch
in unsere westliche Welt.«

7 »Viele Juden versuchen, aus der Vergangenheit des Dritten Reiches
heute ihren Vorteil zu ziehen.« – »Ich ärgere mich darüber, daß den
Deutschen auch heute noch die Verbrechen an den Juden vorgehalten
werden.«

8 »Israel führt einen Vernichtungskrieg gegen die Palästinenser.« – »Was
der Staat Israel heute mit den Palästinensern macht, ist im Prinzip auch
nichts anderes als das, was die Nazis im Dritten Reich mit den Juden gemacht haben.«

9 Die Anpassungsmaße der Modelle lauten 2002: Chiquadrat = 10,3;
df = 6; p = 0,111; RMSEA = 0,016 / 2003: Chiquadrat = 7,3; df = 6;
p = 0,289; RMSEA = 0,009 / 2004: Chiquadrat = 7,1; df = 6; p = 0,308;
RMSEA = 0,008 / 2005: Chiquadrat = 4,9; df = 3; p = 0,177; RMSEA =
0,019 / 2006: Chiquadrat = 9,5; df = 6; p = 0,149; RMSEA = 0,018 /
2007: Chiquadrat = 8,0; df = 6; p = 0,240; RMSEA = 0,014 / 2008: Chiquadrat = 11,0; df = 6; p= 0,088; RMSEA = 0,022 / 2009: Chiquadrat =
8,7; df = 6; p = 0,193; RMSEA = 0,016 / 2010: Chiquadrat = 5,7; df = 6;
p = 0,458; RMSEA = 0,000 / 2011: Chiquadrat = 9,22; df = 5; p = 0,101;
RMSEA = 0,022

10 Die Anpassungsmaße der Modelle lauten 2003: Chiquadrat = 6,4; df = 6; p = 0,378; RMSEA = 0,005 / 2004: Chiquadrat = 9,1; df = 5; p = 0,107; RMSEA = 0,017 / 2005: Chiquadrat = 4,9; df = 6; p = 0,026; RMSEA = 0,028 / 2006: Chiquadrat = 14,4; df = 6; p = 0,026; RMSEA = 0,028 / 2007: Chiquadrat = 8,2; df = 6; p = 0,224; RMSEA = 0,014 / 2008: Chiquadrat = 8,0; df = 5; p = 0,155; RMSEA = 0,019 / 2009: Chiquadrat = 11,1; df = 6; p = 0,084; RMSEA = 0,022 / 2010: Chiquadrat = 11,4; df = 6; p = 0,076; RMSEA = 0,023 / 2010: Chiquadrat = 10,2; df = 6; p = 0,116; RMSEA = 0,020 / 2011: Chiquadrat = 10,3; df = 6; p = 0,111; RMSEA = 0,016

11 »Man sollte in Gesellschaft eher positiv über Minderheiten sprechen.« – »Es ist mir egal, wenn jemand glaubt, daß ich Vorurteile gegenüber Minderheiten habe.«

12 Die Anpassungsmaße der Modelle lauten: klassischer Antisemitismus: Chiquadrat = 14,4; df = 13; p = 0,345; RMSEA = 0,008 / sekundärer Antisemitismus: Chiquadrat = 23,5; df = 14; p = 0,053; RMSEA = 0,020 / NS-vergleichende Israelkritik: Chiquadrat = 20,37; df = 16; p = 0,204; RMSEA = 0,013 / generelle Ablehnung: Chiquadrat = 15,5; df = 15; p = 0,414; RMSEA = 0,005 / Bedrohungsempfinden: Chiquadrat = 12,1; df = 16; p = 0,736; RMSEA = 0,000 / wahrgenommene kulturelle Distanz: Chiquadrat = 16,6; df = 16; p = 0,415; RMSEA = 0,004

13 Hohe Werte der MVV-Skala sprechen für eine niedrige Motivation zu vorurteilsfreiem Verhalten.

Literatur

Altemeyer, B., »What happens when authoritarians inherit the earth? A simulation«, in: *Analyses of Social Issues and Public Policy* 3/2003, S. 15-23.

Altemeyer, B., *Right-Wing Authoritarianism*, Winnipeg 1981.

Banse, R./Gawronski, B., »Die Skala Motivation zu vorurteilsfreiem Verhalten: Skaleneigenschaften und Validierung«, in: *Diagnostica* 49/2003, S. 4-13.

Benz, W., *Was ist Antisemitismus?*, München 2004.

Beretvas, S. N./Meyers, J. L./Leite, W. L., »A reliability generalization study of the Marlowe-Crowne social desirability scale«, in: *Educational and Psychological Measurement* 62/2002, S. 570-589.

Bergmann, W./Erb, R., »Kommunikationslatenz, Moral und öffentliche Meinung. Theoretische Überlegungen zum Antisemitismus in der Bundesrepublik Deutschland«, in: *Kölner Zeitschrift für Soziologie und Sozialpsychologie* 38/1986, S. 223-246.

Beyer, H./Krumpal, I., »Aber es gibt keine Antisemiten mehr: Eine experimentelle Studie zur Kommunikationslatenz antisemitischer Einstellungen«, in: *Kölner Zeitschrift für Soziologie und Sozialpsychologie* 62/2010, S. 681-705.

Cannell, C./Miller, P./Oksenberg, L., »Research on interviewing techniques«, in: Leinhardt, S. (Hg.), *Sociological Methodology*, San Francisco 1981, S. 389-437.

Crowne, D. P./Marlowe, D., »A new scale of social desirability independent of psychopathology«, in: *Journal of Consulting Psychology* 24/1960, S. 349-354.

Duckitt, J., »Differential effects of right-wing authoritarianism and social dominance orientation on outgroup attitudes and their mediation by threat from and competitiveness to outgroups«, in: *Personality and Social Psychology Bulletin* 32/2006, S. 684-696.

Duckitt, J., »A dual-process cognitive-motivational theory of ideology and prejudice«, in: Zanna, M. P. (Hg.), *Advances in Experimental Social Psychology*, Bd. 33, San Diego 2001, S. 41-113.

Duckitt, J./Sibley, C. G., »Right-wing authoritarianism and social dominance orientation differentially moderate intergroup effects on prejudice«, in: *European Journal of Personality* 24/2010, S. 583-601.

Duckitt, J./Sibley, C. G., »Right-wing authoritarianism, social dominance orientation and the dimensions of generalized prejudice«, in: *European Journal of Personality* 21/2007, S. 113-130.

Gosen, S./Thörner S., *Alles sozial erwünscht?: Empirische Analyse von Vorurteilen mit vier verschiedenen Methoden zur Messung sozialer Erwünschtheit*, unveröffentlichte Qualifikationsarbeit, Gießen 2009.

Haury, T., *Antisemitismus von links. Kommunistische Ideologie, Nationalismus und Antizionismus in der frühen DDR*, Hamburg 2002.

Heitmeyer, W., »Die Ideologie der Ungleichwertigkeit. Der Kern der Gruppenbezogenen Menschenfeindlichkeit«, in: Heitmeyer, W. (Hg.), *Deutsche Zustände. Folge 6*, Frankfurt am Main 2008, S. 36-44.

Heitmeyer, W., »Gruppenbezogene Menschenfeindlichkeit. Die theoretische Konzeption und erste empirische Ergebnisse«, in: Heitmeyer, W. (Hg.), *Deutsche Zustände. Folge 1*, Frankfurt am Main 2002, S. 15-36.

Heitmeyer, W./Heyder, A., »Autoritäre Haltungen. Rabiate Forderungen in unsicheren Zeiten«, in: Heitmeyer, W. (Hg.), *Deutsche Zustände. Folge 1*, Frankfurt am Main 2002, S. 59-70.

Heyder, A./Iser, J./Schmidt, P., »Israelkritik oder Antisemitismus? Meinungsbildung zwischen Öffentlichkeit, Medien und Tabus«, in: Heitmeyer, W. (Hg.), *Deutsche Zustände. Folge 2*, Frankfurt am Main 2003, S. 144-165.

Hunkler, C./Stocké, V., »Die angemessene Erfassung der Stärke und Richtung von Anreizen durch soziale Erwünschtheit«, in: *ZA-Nachrichten* 54/2004, S. 53-88.

Iser, J. A., *Vorurteile: Zur Rolle von Persönlichkeit, Werten, generellen Einstellungen und Bedrohung: die Theorie grundlegender menschlicher Werte, Autoritarismus und die Theorie der Sozialen Dominanz als Erklärungsansätze für Vorurteile; ein integrativer Theorienvergleich*, Dissertation 2007, online verfügbar unter: {http://geb.uni-giessen.de/geb/frontdoor.php?source_opus=4837&la=en} (Stand: August 2011).

Korn, S., *Geteilte Erinnerung. Beiträge zur deutsch-jüdischen Gegenwart*, Berlin 1999.

Leibold, J./ Kühnel, S., »Islamophobie. Sensible Aufmerksamkeit für spannungsreiche Anzeichen«, in: Heitmeyer, W. (Hg.), *Deutsche Zustände. Folge 2*, Frankfurt am Main 2003, S. 100-119.

Leibold, J./Kummerer, A., »Religiosität und Vorurteile gegenüber Muslimen in Ost- und Westdeutschland. Zwischen Dialogbereitschaft und Bedrohungsphantasien«, in: Pickel, G./Sammet, K. (Hg.), *Religion und Religiosität im vereinigten Deutschland. Zwanzig Jahre nach dem Umbruch*, Wiesbaden 2011, S. 309-323.

Salzborn, S., *Antisemitismus als negative Leitidee der Moderne*, Frankfurt am Main 2009.

Salzborn, S./Brosig, B./Schmidt, P., »Antisemitism research using methodological triangulation: A case Study in Germany«, in: *Quality and Quantity* 45/2009, S. 1201-1216.

Sarrazin T., *Deutschland schafft sich ab. Wie wir unser Land aufs Spiel setzen*, München 2010.

Schiffer, S., *Die Darstellung des Islams in der Presse. Sprache, Bilder, Suggestionen. Eine Auswahl von Techniken und Beispielen*, Würzburg 2005.

Schmidt, P./Heyder, A., »Wer neigt eher zu autoritärer Einstellung und Ethnozentrismus, die Ost- oder die Westdeutschen? Eine Analyse mit Strukturgleichungsmodellen«, in: Alba, R./Schmidt, P./Wasmer, M. (Hg.), *Deutsche und Ausländer: Freunde, Fremde oder Feinde?*, Wiesbaden 2000, S. 439-484.

Sidanius, J./Pratto, F., *Social Dominance: An Intergroup Theory of Social Hierarchy and Oppression*, New York 1999.

Stöber, J., »The social desirability scale-17 SDS-17: Convergent validity, discriminant validity, and relationship with age«, in: *European Journal of Psychological Assessment* 17/2001, S. 222-232.

Stöber, J., »Die Soziale-Erwünschtheits-Skala-17 SES-17: Entwicklung und erste Befunde zu Reliabilität und Validität«, in: *Diagnostica* 45/1999, S. 173-177.

Tourangeau, R./Lance, J. R./Kenneth, A. R., *The Psychology of Survey Response*, Cambridge 2000.

Zick, A./Wolf, C./Küpper, B./Davidov, E./Schmidt, P./Heitmeyer, W., »The syndrome of group-focused enmity: The interrelation of prejudices tested with multiple cross-sectional and panel data«, in: *Journal of Social Issues* 642/2008, S. 363-383.

FRANK ASBROCK/MATHIAS KAUFF/
CHRISTIAN ISSMER/OLIVER CHRIST/THOMAS
F. PETTIGREW/ULRICH WAGNER

Kontakt hilft – auch wenn die Politik es nicht immer leichtmacht

I.

Die Dokumentation *Gruppenbezogener Menschenfeindlichkeit* (GMF) ist eine wichtige gesellschaftliche Aufgabe, der sich die am Projekt beteiligten Wissenschaftlerinnen und Wissenschaftler in den vergangenen zehn Jahren gewidmet haben. Die Beiträge zu den *Deutschen Zuständen* und eine Vielzahl wissenschaftlicher Aufsätze in Fachzeitschriften verdeutlichen das. Verantwortungsvolle Wissenschaft sollte nicht nur auf Mißstände aufmerksam machen, sie muß sich auch intensiv der Frage widmen, wie sie zustande kommen. In diesem Sinne haben wir zeigen können, daß *Gruppenbezogene Menschenfeindlichkeit* unter anderem dann entsteht, wenn die Menschen sich von gesellschaftlicher Teilhabe ausgeschlossen fühlen (Endrikat/Schaefer/Mansel/Heitmeyer 2002; Küpper/Zick 2010), wenn sie bestimmte Persönlichkeitsmerkmale aufweisen (Zick/Henry 2009) oder wenn sie wenig Kontakterfahrungen mit den Adressaten *Gruppenbezogener Menschenfeindlichkeit* haben (Wagner/van Dick/Endrikat 2002). Die Aufdeckung solcher Ursachen ist auch deshalb von besonderer Bedeutung, weil mit ihrer Kenntnis häufig auch Möglichkeiten aufgezeigt sind, wie man gegen die entsprechenden Mißstände vorgehen kann (Wagner 2004). Der Nachweis, daß *Gruppenbezogene Menschenfeindlichkeit* mit mangelnden Kontakten zu den Adressaten dieser Einstellungen einhergeht, hat damit auch Implikationen für praktische Interventionsmöglichkeiten. Wie wir zeigen werden, müssen dafür allerdings die gesellschaftlichen Voraussetzungen erfüllt sein. So läuft eine noch so gut begründete und in ihrer Wirksamkeit nachgewiesene sozialwissenschaftliche Intervention ins Leere, wenn Politik und wichtige gesellschaftliche Institutionen wie Kirchen, die Wirtschaft, Vereine und Medien nicht mitspielen oder ihr durch die künstliche Konstruktion von

Feindbildern und das Herbeireden von Bedrohung sogar entgegenwirken.

2. Die Grundannahmen der Kontakthypothese

Die aktuelle Kontaktforschung (vgl. Pettigrew/Tropp 2011) ist wesentlich durch den US-amerikanischen Persönlichkeits- und Sozialpsychologen Gordon W. Allport beeinflußt, der 1954 das Buch *The Nature of Prejudice* publizierte (deutsch 1971). In einem Kapitel befaßt sich Allport mit der Möglichkeit, Beziehungen zwischen Gruppen – und hier hatte er vornehmlich das Verhältnis von weißen und schwarzen US-Amerikanern im Auge – durch Kontakte zu verbessern. Er kam zu dem Schluß, daß Kontakte besonders dann helfen, Vorurteile zu reduzieren und Intergruppenbeziehungen zu verbessern, wenn die beteiligten Mitglieder der verschiedenen Gruppen zumindest in der Kontaktsituation *den gleichen Status* haben, *gemeinsame Ziele kooperativ* verfolgen und der Kontakt *durch Autoritäten unterstützt* wird. Mit dem letzten Punkt meinte Allport, daß ein klares Eintreten staatlicher Autoritäten, etwa der Politik oder der Schulen, für Minderheiten notwendig sei, um die Effektivität von Interventionen zu ihren Gunsten zu steigern. Im Erscheinungsjahr von Allports Buch hatte der US-Supreme Court, das Verfassungsgericht der USA, gerade entschieden, die getrennte Beschulung von Schülerinnen und Schülern unterschiedlicher ethnischer Herkunft sei verfassungswidrig. In den folgenden Jahren kam es wiederholt zum Einsatz von Polizei und Nationalgarde, um die Öffnung von Schulen und Universitäten auch für schwarze Schülerinnen und Schüler gegen lokale Widerstände durchzusetzen.

Seit der Veröffentlichung von *The Nature of Prejudice* haben viele Forscherinnen und Forscher die Kontakthypothese empirisch untersucht. Pettigrew/Tropp stellten 2006 in einer Metaanalyse die Ergebnisse aller bis zum Jahr 2000 veröffentlichten und erreichbaren unveröffentlichten Studien zur Kontakthypothese zusammen. Insgesamt kommen sie auf weltweit 515 Untersuchungen. Ihre Ergebnisse zeigen, daß Kontakt in der Tat geeignet ist, Vorurteile zwischen Gruppen abzubauen: Die mittlere Korrelation von Kontakt und Vorurteilen über alle erfaßten Studien hinweg liegt bei $r = -{,}21$.[1] Die Autoren weisen darüber hinaus nach, daß die Studien, welche die von Allport genannten Bedingungen erfüllen, einen größeren vorurteilsreduzierenden Effekt zeigen als Studien, die diese Randbedingungen nicht berücksichtigen. Aber auch Kontakte unter ungünstigen Bedingungen helfen oft, gegenseitige Ablehnungen zu reduzieren.

Die positive Wirkung von Kontakt zeigte sich ebenfalls in Untersuchungen in Deutschland (z. B. Wagner/Hewstone/Machleit 1989), auch auf Basis der Daten des GMF-Projekts (Wagner/van Dick/Endrikat 2002; Wolf/Wagner/Christ 2005; Christ/Wagner 2008). Die Mehrzahl der Analysen bezog sich dabei auf den Zusammenhang von Kontakt mit Ausländern in Deutschland und Fremdenfeindlichkeit, also Vorurteile gegenüber Ausländern. Kontakt wurde dazu über die Frage operationalisiert, wie viele Freunde der Befragten Ausländer sind. In Übereinstimmung mit der internationalen Forschung (Pettigrew 1998) haben wir diese Frage als Indikator für Kontakt gewählt, weil eine positive Antwort auch beinhaltet, daß die ersten drei von Allport genannten Bedingungen für Vorurteilsreduzierung berücksichtigt werden, nämlich gleicher Status, gemeinsame Ziele und Kooperation. Fremdenfeindlichkeit wird durch die Zustimmung zu den Aussagen »Es leben zu viele Ausländer in Deutschland« und »Wenn Arbeitsplätze knapp werden, sollte man die in Deutschland lebenden Ausländer wieder in ihre Heimat zurückschicken« erfaßt, die sich in den GMF-Studien durchgängig als zuverlässige Indikatoren erwiesen haben. Eine metaanalytische Zusammenfassung der bevölkerungsrepräsentativen Befragungen, in denen der Zusammenhang von Kontakt und Fremdenfeindlichkeit zwischen 2002 und 2011 erhoben wurde, zeigt einen Zusammenhang von r = −,31 (p < ,001).[2] Für die aktuellen Daten von 2011 beträgt die Korrelation zwischen Kontakt zu Ausländern in Deutschland und ethnischen Vorurteilen r = −,27 (p < ,001).[3]

Die berichteten korrelativen Zusammenhänge unterstützen die Annahme der Kontakthypothese, Kontakt trage zur Verbesserung von Intergruppenbeziehungen und zum Abbau von Vorurteilen bei. Allerdings belegt der reine Zusammenhang in Querschnittsuntersuchungen nicht die *Kausalität*: Eine signifikante Korrelation zwischen Kontakt und Fremdenfeindlichkeit kann darauf zurückgehen, daß Kontakt, wie angenommen, Vorurteile reduziert. Derselbe Zusammenhang würde allerdings auch dann nachzuweisen sein, wenn die kausalen Verhältnisse genau umgekehrt wären, wenn nämlich diejenigen, die viele Vorurteile gegen Ausländer haben, deshalb den Kontakt mit Ausländern vermeiden. Tatsächlich neigen Personen mit vielen Vorurteilen eher dazu, Kontakt zu vermeiden (Binder et al. 2009). Aber auch für den von uns unterstellten kausalen Einfluß von Kontakt auf Vorurteile gilt: In einer experimentellen Studie haben Shook/Fazio (2008) Kontakterfahrungen experimentell manipuliert. Schwarze und weiße US-amerikanische Studienanfängerinnen und -anfänger wurden zufällig jeweils einem Mitbewohner zugeordnet, der entweder derselben ethnischen Gruppe oder einer anderen ethnischen Gruppe angehörte. Nach einem Vierteljahr äußerten die Versuchsteilnehmer der gemischten Gruppen weniger Vorurteile, die der homogenen Gruppen dagegen nicht. Angesichts der experimentellen Manipulation von Kontakt in dieser Studie kann angenommen werden, daß hier die Ursache für die Reduktion von Vorurteilen lag.

Auch die GMF-Längsschnittuntersuchung erlaubt es, dem kausalen Verhältnis von Kontakt und Vorurteilen gegen Ausländer genauer nachzugehen. In dieser Längsschnittuntersuchung wurden dieselben Personen 2002, 2003, 2004, 2006, 2008 und 2010 wiederholt befragt. In einer Analyse der Daten von 2002, 2004 und 2006 zeigt sich, daß diejenigen, die 2002 bzw. 2004 über mehr Kontakt mit Ausländern berichteten, zwei Jahre später weniger Vorurteile gegen Ausländer äußerten als diejenigen, die vorher über weniger Kontakte verfügt hatten (Christ/Wagner 2008).

Die kritische Frage an dieser Stelle lautet: Hilft Kontakt wirklich immer, um Vorurteile gegenüber Minderheiten zu reduzieren? Die Antwort: nein. Auf die Folgen extrem negativer Kontakterfahrungen weisen Pham/Weinstein/Longman (2004) hin. Sie zeigen anhand einer Studie in Ruanda, daß diejenigen, die während des Völkermordes negative Erfahrungen mit Mitgliedern der jeweils fremden Gruppe (Hutu oder Tutsi) machen mußten, nach Beendigung der gewalttätigen Auseinandersetzungen der fremden Gruppe ablehnender gegenüberstanden und weniger zur Versöhnung bereit waren. Solche extremen negativen Kontakterfahrungen sind in Deutschland glücklicherweise relativ selten. Darüber hinaus läßt sich anhand der GMF-Daten zeigen, daß deutsche Befragte in den Umfragen seltener von negativen Kontakterfahrungen (»Wie oft hatten Sie unangenehme Erfahrungen mit Ausländern?«) mit Mitgliedern fremder Gruppen, insbesondere Ausländern in Deutschland, berichteten als von positiven (Pettigrew/

Tropp 2011). Kontakterfahrungen scheinen also in der Regel eher positiver Natur zu sein. Kontakt hilft – fast – immer.[4]

3. Formen von Kontakt

Wenn Allport (1954) von Kontakt zwischen Gruppen sprach, hatte er direkte physische Begegnungen von schwarzen und weißen US-Amerikanern vor Augen. Neuere Forschung macht deutlich, daß auch indirekter Kontakt dazu beitragen kann, Intergruppenbeziehungen zu verbessern und Vorurteile zu reduzieren. Turner/Crisp/Lambert (2007) zeigen in einer Serie von Experimenten, daß allein die Vorstellung einer positiven Begegnung mit einem Mitglied einer abgelehnten Gruppe die eigenen Einstellungen zu dieser Gruppe verändern kann. Sie nennen diese Form *vorgestellten Kontakt* (*imagined contact*). Darüber hinaus zeigt sich, daß auch *virtueller Kontakt* (Lemmer/Wagner 2011) unter Verwendung elektronischer Medien hilfreich sein kann, um Vorurteile abzubauen. Yablon/Katz (2001) berichten von einer Untersuchung, in der sie jüdisch-israelischen und muslimisch-arabischen Schülerinnen und Schülern die Gelegenheit gaben, über das Internet miteinander zu kommunizieren. Wie die Kontakthypothese vorhersagt, zeigten die Teilnehmerinnen und Teilnehmer im Anschluß weniger Vorurteile. Wright/Aron/McLaughlin-Volpe/Ropp (1997) haben Formen von *erweitertem Kontakt* (*extended contact*) untersucht. Demnach kann allein das Wissen über Kontakt zwischen einem Mitglied der eigenen und einem Mitglied der fremden Gruppe Vorurteile reduzieren. Christ/Hewstone/Tausch/Wagner/Voci/Hughes/Cairns (2010) dokumentieren diesen Effekt auch anhand der GMF-Daten: Deutsche Befragte, deren Freunde Kontakt mit Ausländern in Deutschland haben, äußern weniger Fremdenfeindlichkeit als Befragte, deren Freunde keinen Kontakt mit Ausländern haben. Darüber hinaus zeigen sie, daß *erweiterter Kontakt* besonders dann vorurteilsreduzierend wirkt, wenn die Befragten nur wenige Möglichkeiten zu *direktem Kontakt* haben, beispielsweise weil es nur wenige Ausländer in der Nachbarschaft gibt.

4. Warum Kontakt wirkt: Angst, Empathie und Deprovinzialisierung

Die Hypothese, daß Kontakt unter vielen Umständen Feindseligkeiten zwischen Gruppen und Vorurteile reduzieren kann, ist empirisch beeindruckend belegt. Aber *warum* kommt es zu dieser Reduktion? Pettigrew/Tropp (2008) haben in einer weiteren meta-analytischen Zusammenfassung der weltweit verfügbaren Untersuchungen drei Hypothesen getestet. Sie kommen zu dem Ergebnis, daß Kontakt hilft, weil dadurch *Ängste reduziert werden*, etwa die vor Mißverständnissen bei Begegnungen mit Mitgliedern der fremden Gruppe, aber auch Befürchtungen vor materieller Ausbeutung durch die fremde Gruppe und Angst vor der Bedrohung der eigenen Normen, Werte und der eigenen Kultur. Der zweite Grund, warum Kontakt wirkt, ist, daß er das Verständnis für die fremde Gruppe, die *Empathie* mit ihren Mitgliedern erhöht. Nur schwache Unterstützung finden Pettigrew/Tropp (2008) für die ebenfalls geprüfte Annahme, daß mit zunehmenden Kontakten das Wissen über die fremde Gruppe steigt und deshalb die Vorurteile zurückgehen.

Wir möchten hier auf eine weitere Erklärung hinweisen, die bislang aber kaum geprüft wurde: Kontakt mit Mitgliedern fremder Gruppen reduziert Vorurteile, weil er die Haltung zum Zusammenleben der eigenen mit fremden Gruppen verändert. Pettigrew (1998) bezeichnet dies als *Deprovinzialisierung*, das heißt als die Erkenntnis, daß die eigenen kulturellen Standards und Gewohnheiten nicht die einzig denkbaren und möglichen sind. Ein damit verwandtes Konstrukt ist die *Diversitätsüberzeugung*. Darunter versteht man die Auffassung, daß Vielfältigkeit für das Funktionieren von Gruppen nützlich ist (Wolf/van Dick 2008). Personen mit dieser Überzeugung empfinden Vielfalt als nützlich für die eigene Gesellschaft, während Personen mit einer niedrig ausgeprägten Diversitätsüberzeugung sie für belastend halten. Im Sinne von Pettigrews (1998) Deprovinzialisierungshypothese sollte Kontakt also mit der Überzeugung einhergehen, daß Vielfalt einer Gesellschaft nutzt und Vorurteile reduziert. Diese Annahme konnten wir am Beispiel der aktuellen GMF-Daten von 2011 bestätigen: Der reduzierende Effekt von Kontakt auf Fremdenfeindlichkeit wird zum Teil über eine Zunahme von Diversitätsüberzeugungen vermittelt (siehe Abbildung 1). Kontakt geht also mit einer Erwei-

Abb. 1: Mediation von Kontakterfahrungen auf Fremdenfeindlichkeit über Diversitätsüberzeugungen (N = 829 Personen; GMF-Survey 2011)

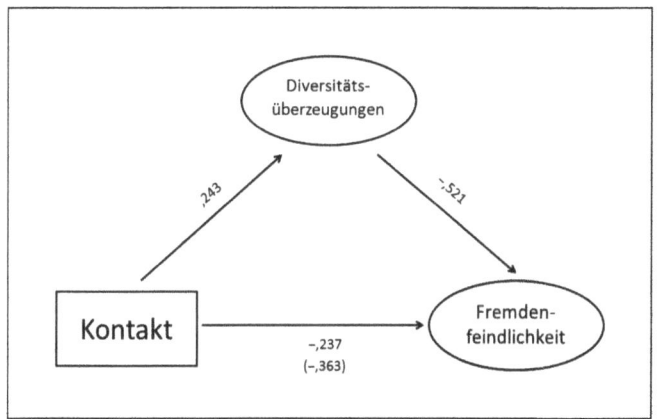

Anmerkungen: Zusammenhänge sind als standardisierte Regressionsgewichte angegeben. Alle Zusammenhänge mit p < ‚001 signifikant. Der Wert in Klammern gibt den Effekt von Kontakt auf Fremdenfeindlichkeit ohne gleichzeitige Berücksichtigung von Diversitätsüberzeugungen an.[5]

terung des eigenen kulturellen Horizonts einher, was wiederum Vorurteile gegenüber Minderheiten reduziert (vgl. auch Christ/Wagner 2008).

5. Kontakt und Verhalten

Die psychologische Forschung konzentriert sich häufig auf Vorurteile, die aber wiederum auch Prädiktoren von diskriminierendem Verhalten sind (vgl. z. B. Dovidio/Brigham/Johnson/Gaertner 1996; Schütz/Six 1996). Kontakterfahrungen sollten daher nicht nur einen positiven Einfluß auf Intergruppeneinstellungen haben, sondern auch auf entsprechendes Verhalten, nämlich den Abbau von Diskriminierung und Aggression sowie den Aufbau positiver, gleichberechtigter Beziehungen zwischen Mitgliedern verschiedener Gruppen. Anhand der GMF-Längsschnittdaten konnten Wagner/Christ/Pettigrew (2008) zeigen, daß Personen, die fremdenfeindliche Vorurteile äußern, später eher zur Diskriminierung von Ausländern neigen. Sie fanden auch, daß Kontakt direkt *und* indirekt über die Reduktion von Vorurteilen mit weniger Diskriminierungsintentionen gegenüber Ausländern zusammenhängt. Auch Kontaktmöglichkeiten im Wohnumfeld reduzieren Diskriminierung: So haben Asbrock/Wagner/Christ (2006) einen negativen Zusammenhang zwischen dem Ausländeranteil im Wohnbezirk (vgl. Wagner/Christ/Pettigrew/Stellmacher/Wolf 2006) und Vermeidungstendenzen ($r = -,16$, $p < ,01$) bzw. Aggressionsbereitschaft gegenüber Ausländern ($r = -,08$, $p < ,01$) festgestellt. Die aktuellen GMF-Daten sprechen ebenfalls für den positiven Zusammenhang von Kontakt und Intergruppenverhalten: Die Korrelation zwischen Intergruppenkontakt und der Zustimmung zu der Aussage »Ich würde kein Auto von einem Ausländer kaufen« liegt bei $r = -,20$ ($p < ,001$).

Kontakt wirkt also über reine Einstellungsänderungen hinaus und kann demnach Diskriminierung abbauen. Dies ist für die Verbesserung von Intergruppenbeziehungen extrem wichtig, da für das friedliche und respektvolle Zusammenleben nicht nur Einstellungen, sondern auch das daraus resultierende Verhalten relevant sind.

6. Kontaktinterventionen

Der häufig replizierte Befund, daß Vorurteile, diskriminierendes und gewalttätiges Verhalten zwischen Gruppen oft auf mangelnde Kontakte zurückgehen, eröffnet Interventionsmöglichkeiten durch geplante und gezielte Bereitstellung von Kontaktmöglichkeiten.

Beispielsweise haben Deutsch/Collins (1951) und Wilner/Walkley/Cook (1955) die Bedeutung von Kontakt für die Gestaltung von Wohnquartieren untersucht. Sie zeigen, daß eine ethnisch gemischte Belegung von Wohnungen zu einer Verbesserung der Beziehung zwischen den weißen und schwarzen Bewohnerinnen und Bewohnern führt. Die Mehrzahl der auf der Kontakttheorie basierenden Interventionsprogramme wurde im schulischen Kontext umgesetzt, insbesondere in den Vereinigten Staaten und in Nordirland. Allerdings zeigt die Forschung (Stephan 1978), daß die gemeinsame Beschulung von Mitgliedern verschiedener ethnischer Gruppen allein oft nicht ausreicht, um Kontakte zu etablieren. Damit Schülerinnen und Schüler sich nicht nur in ihren eigenen ethnischen Netzwerken bewegen, kommen insbesondere in den USA (Slavin/Cooper 1999) und in Israel (Sharan/Kussell/Hertz-Lazarowitz/Bejarano/Raviv/Sharan 1984) Programme nach dem Konzept des Kooperativen Gruppenunterrichts zum Einsatz. In diesen werden die Annahmen der Kontakthypothese im Sinne Allports umgesetzt. Schülerinnen und Schüler einer Klasse werden in ethnisch heterogene Kleingruppen aufgeteilt. Innerhalb dieser Kleingruppen müssen die Schülerinnen und Schüler *kooperativ* Gruppenaufgaben lösen. Die Aufgaben sind so gestaltet, daß die Herbeiführung des *gemeinsamen Ziels*, das heißt die Lösung der Aufgaben, nur möglich ist, wenn wirklich alle Gruppenmitglieder erfolgreich mitwirken. Alle Beteiligten bekommen so einen *gleichen Status*. Wenn eine solche Form von Gruppenunterricht durch die Schule oder die Lehrerin eingeführt ist, wird der Kontakt *durch Autoritäten unterstützt* (vgl. Lanphen 2011). In einer metaanalytischen Zusammenstellung aller weltweit auffindbaren Evaluationen von Kontaktinterventionen zeigen Lemmer/Wagner (2011), daß diese Formen von Kontaktprogrammen tatsächlich helfen, die Intergruppenbeziehungen signifikant zu verbessern. Lemmer/Wagner finden darüber hinaus Verbesserungen auch bei solchen Interventionsprogrammen, die auf indirekten oder virtuellen Formen von Kontakt basieren. Das sind zum Beispiel Programme, bei denen Schülerinnen und Schüler Geschichten über positive Begegnungen zwischen Mitgliedern der eigenen und fremden Gruppe lesen (Cameron/Rutland/Brown/Douch 2006), die Beteiligten sich eine Kontaktsituation mit Mitgliedern der fremden Gruppe vorstellen (Husnu/Crisp 2010) oder über das Internet mit Mitgliedern fremder Gruppen kommunizieren (Yablon/Katz 2001). Diese Maßnahmen erwiesen sich als fast genauso effektiv wie Interventionen auf der Basis direkten Kontakts (Lemmer/Wagner 2011).

7. Randbedingungen für die Wirkung von Kontakt

Die vorurteilsreduzierende Wirkung von Kontakt ist abhängig von individuellen und strukturellen Randbedingungen. Aktuelle

Studien, unter anderem auf der Basis der GMF-Daten, zeigen besonders starke Effekte der Begegnung mit Fremdgruppenmitgliedern bei Personen mit autoritären Einstellungen, das heißt bei Menschen, die sich eher Autoritäten unterordnen und Abweichler von traditionellen Werten und Normen härter bestraft sehen wollen (Dhont/Van Hiel 2009; Asbrock/Christ/Duckitt/Sibley 2011). Diese Personen sind es auch, die vermehrt Vorurteile zeigen und solche Begegnungen eher vermeiden (Pettigrew/Tropp 2011). So scheint Kontakt besonders bei denen wirksam zu sein, die ihn am meisten benötigen.

Neben Personenmerkmalen beeinflussen auch strukturelle Voraussetzungen die Auswirkungen von Kontakt. Damit überhaupt Vorurteile reduziert werden können, müssen Personen die Möglichkeit haben, Erfahrungen mit einer Fremdgruppe zu machen, z. B. über Begegnungen in der Nachbarschaft oder am Arbeitsplatz. Anhand der GMF-Daten zeigen Wagner/Christ/Pettigrew/Stellmacher/Wolf (2006) einen negativen Zusammenhang zwischen dem Ausländeranteil im Regierungsbezirk, gemessen an der offiziellen Einwohnerstatistik, und den Vorurteilen der Befragten. Je *höher* der Ausländeranteil, um so *geringer* die Vorurteile. Die Befragten haben mit steigendem Ausländeranteil mehr Kontaktmöglichkeiten zu Ausländern und können so ihre Vorurteile reduzieren. In gleicher Weise läßt sich der seit zwanzig Jahren nachweisbare Unterschied in bezug auf Vorurteile unter West- und Ostdeutschen erklären: Personen aus Westdeutschland äußern in fast allen Befragungen im Mittel geringere Vorurteile gegenüber Ausländern als Ostdeutsche (z. B. Wagner et al. 2003). Auch in den aktuellen GMF-Daten von 2011 sind die mittleren Vorurteilswerte in Westdeutschland ($M = 2,08$, $SD = ,83$)[6] signifikant geringer als in Ostdeutschland ($M = 2,46$, $SD = ,89$; p < ,001; alle Werte ohne Berlin). Der Ausländeranteil in Westdeutschland beträgt zehn Prozent, in Ostdeutschland zwei Prozent (Statistisches Bundesamt 2010). Personen in Westdeutschland haben also einfach mehr Möglichkeiten als Personen in Ostdeutschland, mit Ausländern in Kontakt zu treten und somit auch ihre Vorurteile zu reduzieren. Die aktuellen GMF-Daten von 2011 stützen diese Annahme: Abbildung 2 zeigt, daß durch die Berücksichtigung von Kontakt der Zusammenhang zwischen dem Leben in West- bzw. Ostdeutschland und Fremdenfeindlichkeit signifikant (p < ,01) von $\beta = ,291$ auf $\beta = ,170$ abnimmt, was auf die vermittelnde Rolle

Abb. 2: Mediation des Effekts von Herkunft (Ost- oder Westdeutschland) auf Fremdenfeindlichkeit über Kontakterfahrungen (N = 830 Personen; GMF-Survey 2011)

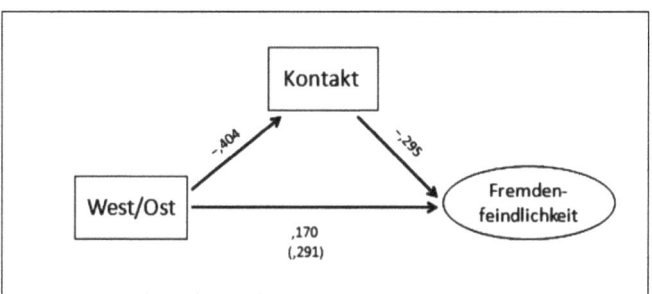

Anmerkungen: Zusammenhänge sind als standardisierte Regressionsgewichte angegeben. Alle Zusammenhänge mit mindestens p < ‚001 sind signifikant. Der Wert in Klammern gibt den Effekt von Herkunft (Ost- oder Westdeutschland) auf Fremdenfeindlichkeit ohne gleichzeitige Berücksichtigung von Kontakterfahrungen an.[8]

von Kontakt für diesen Zusammenhang hinweist (vgl. auch Wagner/van Dick/Pettigrew/Christ 2003).[7]

Die geschilderten Befunde widersprechen dem weitverbreiteten und auch politisch gern gestützten Stereotyp, wonach mit steigendem Ausländeranteil die Belastbarkeit der autochthonen Bevölkerung überschritten wird. Die Daten zeigen das Gegenteil: Je weniger Ausländer in der Nachbarschaft leben, je weniger Möglichkeiten für Kontakte mit Mitgliedern der Fremdgruppe gegeben sind, um so weniger können die Menschen ihre stereotypen Vorstellungen über »die Fremden« revidieren. Die Anwesenheit von »anderen« in der Nachbarschaft ist demnach eine Chance. Benachteiligt sind diejenigen, die in ethnisch homogenen Nachbarschaften leben und keine Möglichkeit haben, durch Kontakte interkulturelle Kompetenz zu entwickeln.

8. Kontakt und das Herbeireden von Bedrohung

Eine der häufigsten Ursachen von Vorurteilen ist die Wahrnehmung von Fremden als Bedrohung (z. B. Stephan/Renfro 2003;

Schlüter/Schmidt/Wagner 2008). Die Angst vor dem Unbekannten kann Flucht- oder Abwehrreaktionen auslösen.

In den letzten Jahren kam es in Deutschland immer wieder zu öffentlicher Empörung über vermeintliche feindselige Einstellungen gegenüber Deutschen. Bundesfamilienministerin Kristina Schröder beispielsweise gab 2008 in einem Fernseh-Interview zu Protokoll, sie nehme verstärkte »Deutschenfeindlichkeit« wahr (*Panorama*, 24. Januar 2008). Als Beleg für ihre Unterstellung eines »Rassismus gegen Deutsche« führte sie in späteren Interviews empirische Ergebnisse des Kriminologischen Forschungsinstituts Niedersachsen (KFN) in Hannover an (*Spiegel online*, 10. Oktober 2010). Die Autoren der von ihr zitierten Studie, Baier/Pfeiffer/Rabold/Simonson/Kappes (2010), wiesen dies umgehend zurück (*Frankfurter Rundschau*, 12. Oktober 2010). Christian Pfeiffer, Direktor des KFN, machte schon nach Schröders ersten Äußerungen zu diesem Thema deutlich, daß »keine aktuelle wissenschaftliche Untersuchung« existiert, »die belegen würde, daß die Deutschenfeindlichkeit zunimmt« (*Panorama*, 24. Januar 2008). Tatsächlich spricht die Studie von Baier und Kollegen (2010) eindeutig *gegen* die These der »Deutschenfeindlichkeit«: Jugendliche ohne deutsche Staatsangehörigkeit in Deutschland bewerten zwar ihre eigene Gruppe am positivsten, nennen dann aber sofort Deutsche als zweitbeliebteste Gruppe, noch vor anderen (vgl. auch Möller/Heitmeyer 2004; Mansel/Spaiser 2011).

Obwohl sich eine weitverbreitete »Deutschenfeindlichkeit« unter Einwanderern offensichtlich nicht nachweisen läßt, existiert sie weiterhin als politisch-mediales Schreckgespenst in der öffentlichen Debatte (z. B. *Berliner Morgenpost*, 5. Juli 2011).

Die Behauptung einer »umgekehrten Fremdenfeindlichkeit« ist kein neues Phänomen. In den USA ist die Unterstellung von »reverse racism«, also rassistischen Einstellungen Schwarzer gegenüber Weißen, bereits länger bekannt (z. B. Norton/Sommers 2011). In der Weimarer Republik entstand in weiten Teilen der deutschen Bevölkerung der Eindruck, die deutsche Mehrheitsbevölkerung sei ein Opfer der Juden (Bartov 1998). Thomsen/Green/Ho/Levin/van Laar/Sinclair/Sidanius (2010) zeigen in einer aktuellen Studie, daß Angehörige der Mehrheitsgesellschaft die Wahrnehmung der eigenen ethnischen Gruppe als Opfer zur Aufrechterhaltung gesellschaftlicher Hierarchien verwenden: Dadurch, daß die Mehrheit sich als Opfer darstellt, legitimiert sie ihre

Vorurteile und Diskriminierungen gegenüber Minderheiten, denen so eine Mitschuld an den Vorurteilen gegenüber ihnen selbst gegeben wird (vgl. auch Zick/Küpper 2005).

Die Umkehrung von Opfer- und Täterrollen schafft politische und gesellschaftliche Stimmungen, die Vorurteile und Diskriminierung gegenüber Minderheiten mit aufrechterhalten und fördern. Situationen können sich aufschaukeln, so daß sie Potentiale für stärkere Konflikte enthalten (vgl. dazu auch die antisemitische Täter-Opfer-Umkehr durch NS-vergleichende Israelkritik, z. B. Heyder/Iser/Schmidt 2005).

In der GMF-Studie 2011 wurde »wahrgenommene Deutschenfeindlichkeit« mit Hilfe von vier Items erfaßt. Die Befragten sollten angeben, wie sehr sie folgenden Aussagen zustimmen: »Die Ausländer in Deutschland verachten die Deutschen«, »In Deutschland gibt es Rassismus gegen Deutsche«, »Als Deutscher muß man sich mittlerweile von Ausländern im eigenen Land beschimpfen lassen« und »Ich glaube, daß die Deutschen in Zukunft immer häufiger Opfer von Deutschenfeindlichkeit im eigenen Land werden«. In Abbildung 3 ist der Zusammenhang zwischen »wahrgenommener Deutschenfeindlichkeit« und Fremdenfeindlichkeit zu sehen ($r = ,75$, $p < ,001$). Die vorliegenden Daten lassen keinen Schluß über Kausalität zu, zeigen aber, daß Fremdenfeindlichkeit und »wahrgenommene Deutschenfeindlichkeit« Hand in Hand gehen: Personen, die mehr Fremdenfeindlichkeit äußern, nehmen auch verstärkt Deutschenfeindlichkeit wahr. Interessant ist nun, wie Kontakterfahrungen zu Ausländern auf diesen Zusammenhang wirken (Abbildung 3). Wie erwartet, hat Kontakt nicht nur eine reduzierende Wirkung auf Fremdenfeindlichkeit ($\beta = -,356$, $p < ,001$), sondern auch auf »wahrgenommene Deutschenfeindlichkeit« ($\beta = -,195$, $p < ,001$). Mit anderen Worten: Besonders solche Befragten werfen Ausländern »Deutschenfeindlichkeit« vor, die selbst nur wenig Kontakt mit Ausländern haben. Ganz offensichtlich wird die politisch initiierte und medial verstärkte Thematisierung von »Deutschenfeindlichkeit« durch Zugewanderte genutzt, um die eigenen Vorurteile zu begründen.

Die Wahrnehmung von Zugewanderten als »deutschenfeindlich« verstärkt sich nicht nur wechselseitig mit Vorurteilen, sondern wirkt auch der Bereitschaft entgegen, Kontakt zur als feindselig wahrgenommenen Gruppe aufzunehmen. In einer Voruntersuchung zur »wahrgenommenen Deutschenfeindlichkeit«

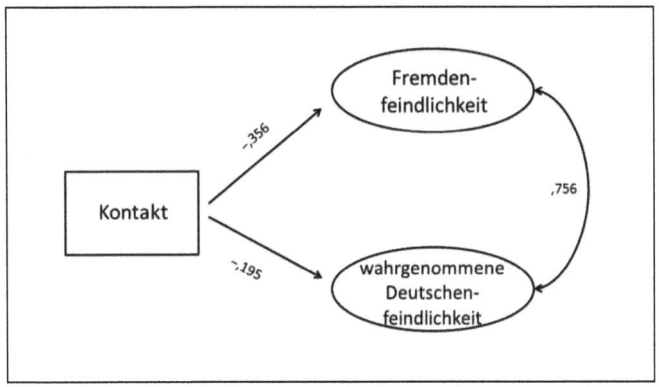

Anmerkungen: Einseitige Pfeile stellen standardisierte Regressionsgewichte dar, zweiseitige Pfeile Korrelationen. Alle Zusammenhänge sind mit mindestens p < ,001 signifikant.[9]

haben wir die Bereitschaft zur Kontaktaufnahme mit Zugewanderten anhand der Aussagen »Wenn ich die Wahl hätte, würde ich mit Ausländern lieber nichts zu tun haben« (rekodiert) und »Ich hätte gerne mehr Kontakt zu in Deutschland lebenden Ausländern« erfaßt. Wie erwartet, zeigt die »wahrgenommene Deutschenfeindlichkeit« einen negativen Zusammenhang zur Kontaktbereitschaft (r = −,213, p = ,006). Die Unterstellung von Deutschenfeindlichkeit vermindert also auch die Bereitschaft zur Kontaktaufnahme mit Fremdgruppen. Da Kontakt besonders bei denjenigen wirkt, die ihn vermeiden wollen bzw. viele Vorurteile haben, würden vermutlich gerade Personen, die Zugewanderten in Deutschland hohe Deutschenfeindlichkeit unterstellen, besonders davon profitieren (vgl. Dhont/Van Hiel 2009; Asbrock et al. 2011).

9. Epilog: Sozialwissenschaftliche Interventionsmöglichkeiten vor dem Hintergrund politisch herbeigeredeter Voreingenommenheit

Allport (1954) hatte bereits früh Bedingungen formuliert, die erfüllt sein sollten, damit Kontakt zur Entspannung zwischen Gruppen beiträgt. Eine dieser Bedingungen war, daß der Kontakt durch Autoritäten unterstützt wird (siehe oben). Wesentlich für die Wirkung von Kontakt ist daher die gesellschaftliche und politische Stimmung, unter der er stattfindet, mit anderen Worten, die gesellschaftliche und politische Akzeptanz von Einwanderung und Einwanderern. Unsere Ergebnisse zur skizzierten Debatte um die Deutschenfeindlichkeit zeigen, daß leichtfertiges Herbeireden von Feindseligkeit schwerwiegende Konsequenzen nach sich ziehen kann. Eine solche Debatte wird vor allem von den Menschen aufgegriffen, die viele Vorurteile haben. Die instrumentelle Unterstellung von Feindseligkeit durch Einwanderer der Mehrheit gegenüber kann der Legitimierung von Vorurteilen und Diskriminierung dienen und reduziert die Bereitschaft zur Kontaktaufnahme. Die mit solchen Argumentationsmustern einhergehende Gefahr für das Zusammenleben in Deutschland sollte bekannt sein.

Die politische Unterstellung von Deutschenfeindlichkeit unter Zuwanderern in Deutschland ist nur ein Beispiel dafür, wie leichtfertige politische Äußerungen insbesondere bei denjenigen ankommen, die Einwanderung ohnehin skeptisch gegenüberstehen. Vor dem Hintergrund solcher politischer Äußerungen und des damit herbeigeführten politischen Klimas besteht die Gefahr, daß die Wirkung positiver Kontakte in Frage gestellt wird. In der Verantwortung steht in diesem Zusammenhang nicht allein die Politik, sondern jede gesellschaftliche Institution. Abwertende Äußerungen durch religiöse Würdenträger, Sportfunktionäre oder die Medien tragen ebenso zur Aufrechterhaltung von Konflikten zwischen den Gruppen einer Gesellschaft bei.

Die Psychologie verfügt über empirisch abgesicherte Kenntnisse und darauf aufbauende Möglichkeiten, gegen Mißstände wie Vorurteile und Diskriminierung vorzugehen. Politische und gesellschaftliche Verantwortungsträger müssen allerdings mitmachen und dürfen nicht verantwortungslos zu einem gesellschaftlichen Klima beitragen, vor dessen Hintergrund theoretisch fundierte und wirksame Interventionen einen sehr schweren Stand haben.

Anmerkungen

1 Der Korrelationskoeffizient r gibt an, wie stark der Zusammenhang zwischen zwei Variablen ist. Die Koeffizienten können zwischen –1 und +1 schwanken. Eine Korrelation von 0 gibt an, daß die Variablen keinen Zusammenhang zeigen, während eine positive oder eine negative Korrelation darauf hinweisen, daß die Variablen miteinander in Verbindung stehen. Je näher der Wert an +1 ist, desto deutlicher ist der positive Zusammenhang (je größer A, desto größer ist B). Je näher der Wert an –1 ist, desto deutlicher ist der negative Zusammenhang (je größer A, desto kleiner ist B).

2 Der Indikator p gibt das statistische Signifikanzniveau für einen berichteten Effekt an. Als signifikant bzw. bedeutsam wird ein Effekt bezeichnet, wenn die Irrtumswahrscheinlichkeit kleiner als 5 % ausfällt, ausgedrückt in p < ,05 oder geringer.

3 Die Stichprobe hat, soweit nicht anders angegeben, für alle in diesem Text beschriebenen Analysen auf der Basis der GMF-Daten 2011 eine Größe von N = 829, da die Items zu Kontakt nur der Hälfte der Befragten vorgelegt wurden.

4 Aktuelle Befunde zeigen, daß auch Minderheiten von Kontakterfahrungen profitieren können, allerdings sind die Effekte schwächer als für Angehörige der Mehrheiten (Pettigrew/Tropp 2011). Kontakterfahrungen *können* sogar dazu führen, daß Minderheiten sich weniger für die eigenen Rechte einsetzen (Dixon/Tropp/Durrheim/Tredoux 2010). Auf der anderen Seite kann Kontakt aber Minderheiten eine erste Möglichkeit bieten, sich überhaupt Gehör zu verschaffen (Rimé/Kanyangara/Yzerbyt/Paez 2011).

5 Durch eckige Kästchen sind manifeste Variablen gekennzeichnet, die durch einzelne Items erfaßt sind. Ovale Kästchen kennzeichnen latente Variablen, in deren Berechnung verschiedene einzelne Items unterschiedlich stark eingegangen sind. Dieses Vorgehen reduziert Meßfehler und ermöglicht eine genauere Interpretation der Daten. Die einfachen Pfeile geben β-Koeffizienten an (s. Anmerkung 7). Eine Bootstrap-Analyse (Preacher/Hayes 2008) zeigt einen signifikanten indirekten Effekt von Kontakt über Diversitätsüberzeugungen auf Fremdenfeindlichkeit (β = –,127 (SE = ,021); p < ,001; $KI_{95\%}$ = –,164/ –,089. Model fit: $\chi^2_{(3)}$ = 2,024; p = ,568; CFI = 1,000; RMSEA = ,000; SRMR = ,006.

6 Die Standardabweichung (SD) gibt die Streuung der gemessenen Werte

um den Mittelwert an. Innerhalb dieser Schwankung um den Mittelwert herum liegen gut 2/3 (68 %) aller Stichprobenwerte.

7 Ein β-Koeffizient gibt wie ein Korrelationskoeffizient r Auskunft über den Zusammenhang zwischen zwei Variablen. Im Unterschied zum Korrelationskoeffizienten hängt β davon ab, welche weiteren Einflußfaktoren berücksichtigt werden. Beta-Koeffizienten können einen Wert von −1 bis +1 annehmen. Je näher der Koeffizient an +1 ist, desto höher der positive Einfluß, je näher er an −1 ist, desto höher der negative Einfluß.

8 Indirekter Effekt: $\beta = ,119$ (SE $= ,017$); $p < ,001$; $KI_{95\%} = ,091/,148$. Model fit: $\chi^2_{(1)} = 2,024$; $p = ,355$; CFI $= 1,000$; RMSEA $= ,000$; SRMR $= ,004$.

9 Model fit: $\chi^2_{(12)} = 23,380$; $p < ,05$; CFI $= ,995$; RMSEA $= ,034$; SRMR $= ,020$.

Literatur

Allport, G., *The Nature of Prejudice*, Cambridge 1954.

Asbrock, F./Christ, O./Duckitt, J./Sibley, C. G., *Differential Effects of Intergroup Contact for Authoritarians and Social Dominators: A Dual Process Model perspective*, zur Begutachtung eingereichtes Manuskript 2011.

Asbrock, F./Wagner, U./Christ, O., »Diskriminierung. Folgen der Feindseligkeit«, in: Heitmeyer, W. (Hg.), *Deutsche Zustände. Folge 4*, Frankfurt am Main 2006, S. 156-175.

Baier, D./Pfeiffer, C./Rabold, S./Simonson, J./Kappes, C., *Kinder und Jugendliche in Deutschland. Gewalterfahrungen, Integration, Medienkonsum. Zweiter Forschungsbericht zum gemeinsamen Forschungsprojekt des Bundesministeriums des Innern und des KFN*, KFN-Forschungsbericht Nr. 109, 2010.

Bartov, O., »Defining enemies, making victims: Germans, Jews, and the Holocaust«, in: *American Historical Review* 103/1998, S. 771-816.

Binder, J./Zagefka, H./Brown, R./Funke, F./Kessler, T./Mummendey, A. et al., »Does contact reduce prejudice or does prejudice reduce contact? A longitudinal test of the contact hypothesis among majority and minority groups in three European countries«, in: *Journal of Personality and Social Psychology* 96/2009, S. 843-856.

Cameron, L./Rutland, A./Brown, R./Douch, R., »Changing children's intergroup attitudes toward refugees: Testing different models of extended contact«, in: *Child Development* 77/2006, S. 1208-1219.

Christ, O./Hewstone, M./Tausch, N./Wagner, U./Voci, A./Hughes, J./Cairns, E., »Direct contact as a moderator of extended contact effects:

Cross-sectional and longitudinal impact on outgroup attitudes, behavioral intentions, and attitude certainty«, in: *Personality and Social Psychology Bulletin* 36/2010, S. 1662-1674.

Christ, O./Wagner, U., »Interkulturelle Kontakte und Gruppenbezogene Menschenfeindlichkeit: Die Wirkung von interkulturellen Kontakten auf eine Ideologie der Ungleichwertigkeit«, in: Heitmeyer, W. (Hg.), *Deutsche Zustände. Folge 6*, Frankfurt am Main 2008, S. 154-168.

Deutsch, M./Collins, M., *Interracial Housing: A Psychological Evaluation of a Social Experiment*, Minneapolis 1951.

Dhont, K./Van Hiel, A., »We must not be enemies: Interracial contact and the reduction of prejudice among authoritarians«, in: *Personality and Individual Differences* 46/2009, S. 172-177.

Dixon, J./Tropp, L. R./Durrheim, K./Tredoux, C., »›Let them eat harmony‹: Prejudice reduction and the political attitudes of historically disadvantaged groups«, in: *Current Directions in Psychological Science* 19/2010, S. 76-80.

Dovidio, J. F./Brigham, J. C./Johnson, B. T./Gaertner, S. L., »Stereotyping, prejudice, and discrimination: Another look«, in: Macrae, C. N./Stangor, C./Hewstone, M. (Hg.), *Stereotypes and stereotyping*, New York 1996, S. 276-319.

Endrikat, K./Schaefer, D./Mansel, J./Heitmeyer, W., »Soziale Desintegration. Die riskanten Folgen negativer Anerkennungsbilanzen«, in: Heitmeyer, W. (Hg.), *Deutsche Zustände. Folge 1*, Frankfurt am Main 2002, S. 37-58.

Heyder, A./Iser, J./Schmidt, P., »Israelkritik oder Antisemitismus? Meinungsbildung zwischen Öffentlichkeit, Medien und Tabus«, in: Heitmeyer, W. (Hg.), *Deutsche Zustände. Folge 3*, Frankfurt am Main 2005, S. 144-165.

Husnu, S./Crisp, R. J., »Imagined intergroup contact: A new technique for encouraging greater inter-ethnic contact in Cyprus«, in: *Peace and Conflict: Journal of Peace Psychology* 16/2010, S. 97-108.

Küpper, B./Zick, A., »Macht Armut menschenfeindlich? Zusammenhänge in acht europäischen Ländern«, in: Heitmeyer, W. (Hg.), *Deutsche Zustände. Folge 9*, Frankfurt am Main 2010, S. 84-105.

Lanphen, J., *Kooperatives Lernen und Integrationsförderung. Evaluation einer theoriegeleiteten Intervention in ethnisch heterogenen Schulklassen*, Münster 2011 (im Druck).

Lemmer, G./Wagner, U., *Do Direct and Indirect Contact Programs Improve Inter-Ethnic Relations? A Meta-Analytic Evaluation of Theory-Driven Interventions*, zur Begutachtung eingereichtes Manuskript 2011.

Mansel, J./Spaiser, V., *Abwertung von Deutschen?*, zur Begutachtung eingereichtes 2011.

Möller, R./Heitmeyer, W., »Anerkennungsdefizite und Vorurteile. Ergebnisse einer Langzeituntersuchung mit Jugendlichen unterschiedlicher ethnischer Herkunft«, in: *Zeitschrift für Erziehungswissenschaft* 7/2004, S. 498-517.

Norton, M. I./Sommers, S. R., »Whites see racism as a zero-sum game that they are now losing«, in: *Perspectives on Psychological Science* 6/2011, S. 215-218.

Pettigrew, T. F., »Intergroup contact theory«, in: *Annual Review of Psychology* 49/1998, S. 65-85.

Pettigrew, T. F./Tropp, L. R., *When Groups Meet. The Dynamics of Intergroup Contact*, Hove 2011.

Pettigrew, T. F./Tropp, L. R., »How does intergroup contact reduce prejudice? Meta-analytic tests of three mediators«, in: *European Journal of Social Psychology* 38/2008, S. 922-934.

Pettigrew, T. F./Tropp, L. R., »A meta-analytic test of intergroup contact theory«, in: *Journal of Personality and Social Psychology* 90/2006, S. 751-783.

Pham, P. N./Weinstein, H. M./Longman, T., »Trauma and PTSD symptoms in Rwanda: implications for attitudes toward justice and reconciliation«, in: *Jama*, 292/2004, S. 602-612.

Preacher, K. J./Hayes, A. F., »Asymptotic and resampling strategies for assessing and comparing indirect effects in multiple mediator models«, in: *Behavior Research Methods* 40/2008, S. 879-891.

Rimé, B./Kanyangara, P./Yzerbyt, V./Paez, D., »The impact of Gacaca tribunals in Rwanda: Psychosocial effects of participation in a truth and reconciliation process after a genocide«, in: *European Journal of Social Psychology* 41/2011, S. 695-706.

Schlüter, E./Schmidt, P./Wagner, U., »Disentangling the causal relations of perceived group threat and outgroup derogation: Cross-national evidence from German and Russian panel surveys«, in: *European Sociological Review* 24/2008, S. 567-581.

Schütz, H./Six, B., »How strong is the relationship between prejudice and discrimination? A meta-analytic answer«, in: *International Journal of Intercultural Relations* 20/1996, S. 441-462.

Sharan, S./Kussell, P./Hertz-Lazarowitz, R./Bejarano, Y./Raviv, S./Sharan, Y., *Cooperative Learning in the Classroom: Research in Desegregated Schools*, Hillsdale 1984.

Shook, N. J./Fazio, R. H., »Interracial roommate relationships: An experimental field test of the contact hypothesis«, in: *Psychological Science* 19/2008, S. 717-723.

Slavin, R. E./Cooper, R., »Improving intergroup relations: Lessons learned from cooperative learning programs«, in: *Journal of Social Issues* 55/1999, S. 647-663.

Statistisches Bundesamt, *Bevölkerung und Erwerbstätigkeit. Bevölkerung mit Migrationshintergrund. Ergebnisse des Mikrozensus 2009*, Wiesbaden 2010.

Stephan, W. G., »School desegretation: An evaluation of predictions made in Brown v. Board of Education«, in: *Psychological Bulletin* 85/1978, S. 217-238.

Stephan, W. G./Renfro, C. L., »The role of threat in intergroup relations«, in: Mackie, D. M./Smith, E. R. (Hg.), *From Prejudice to Intergroup Relations. Different Reactions to Social Groups*, New York 2003, S. 191-207.

Thomsen, L./Green, E. G. T./Ho, A. K./Levin, S./van Laar, C./Sinclair, S./Sidanius, J., »Wolves in sheep's clothing: SDO asymmetrically predicts perceived ethnic victimization among white and Latino students across three years«, in: *Personality and Social Psychology Bulletin* 36/2010, S. 225-238.

Turner, R. N./Crisp, R. J./Lambert, E., »Imagining intergroup contact can improve intergroup attitudes«, in: *Group Processes and Intergroup Relations* 10/2007, S. 427-441.

Wagner, U., »Ansätze und Ergebnisse von Projektevaluation – Einige Überlegungen zu Präventionsprogrammen gegen Fremdenfeindlichkeit«, in: *Journal für Konflikt- und Gewaltforschung* 6/2004, S. 8-18.

Wagner, U./ Christ, O./ Pettigrew, T. F., »Prejudice and group related behavior«, in *Journal of Social Issues* 64/2008, S. 403-416.

Wagner, U./Christ, O./Pettigrew, T. F./Stellmacher, J./Wolf, C., »Prejudice and minority proportion: Contact instead of threat effects«, in: *Social Psychology Quarterly* 69/2006, S. 380-390.

Wagner, U./Hewstone, M./Machleit, U., »Contact and prejudice between Germans and Turks: A correlational study«, in: *Human Relations* 42/1989, S. 561-574.

Wagner, U./van Dick, R./Endrikat, K., »Interkulturelle Kontakte. Die Ergebnisse lassen hoffen«, in: Heitmeyer, W. (Hg.), *Deutsche Zustände. Folge 1*, Frankfurt am Main 2002, S. 96-109.

Wagner, U./van Dick, R./Pettigrew, T. F./Christ, O., »Ethnic prejudice in East and West Germany: The explanatory power of intergroup contact«, in: *Group Processes and Intergroup Relations* 6/2003, S. 22-36.

Wilner, D. M./Walkley, R. P./Cook, S. W., *Human Relations in Interracial Housing: A Study of the Contact Hypothesis*, Minneapolis 1955.

Wolf, C./van Dick, R., »Wenn anders nicht schlechter bedeutet. Die Wertschätzung von Vielfalt fördert die Gleichwertigkeit von Gruppen«, in: Heitmeyer, W. (Hg.), *Deutsche Zustände. Folge 6*, Frankfurt am Main 2008, S. 137-153.

Wolf, C./Wagner, U./Christ, O., »Die Belastungsgrenze ist nicht überschritten. Empirische Ergebnisse gegen die Behauptung vom ›vollen Boot‹«, in: Heitmeyer, W. (Hg.), *Deutsche Zustände. Folge 3*, Frankfurt am Main 2005, S. 73-91.

Wright, S. C./Aron, A./McLaughlin-Volpe, T./Ropp, S. A., »The extended contact effect: Knowledge of cross-group friendships and prejudice«, in: *Journal of Personality and Social Psychology* 73/1997, S. 73-90.

Yablon, Y. B./Katz, Y. J., »Internet-based group relations: A high school peace education project in Israel«, in: *Education Media International* 38/2001, S. 175-182.

Zick, A./Henry. P. J., »Nach oben buckeln, nach unten treten. Der deutsch-deutsche Autoritarismus«, in: Heitmeyer, W. (Hg.), *Deutsche Zustände. Folge 7*, Frankfurt am Main 2009, S. 190-204.

Zick, A./Küpper. B., »>Die sind doch selbst schuld, wenn man was gegen sie hat!< oder Wie man sich seiner Vorurteile entledigt«, in: Heitmeyer, W. (Hg.), *Deutsche Zustände. Folge 3*, Frankfurt am Main 2005, S. 129-143.

JÜRGEN MANSEL/VIKTORIA SPAISER

Antisemitische Einstellungen bei Jugendlichen aus muslimisch geprägten Sozialisationskontexten Eigene Diskriminierungserfahrungen und transnationale Einflüsse als Hintergrundfaktoren[1]

1. Das Problem

Antisemitismus ist kein ausschließlich deutsches Problem. Dies ist seit langem bekannt, denn es liegt eine Vielzahl von Studien vor, in denen die Verbreitung und die Hintergründe antisemitischer Vorurteile in europäischen Gesellschaften verglichen werden (vgl. Zick 2010; Zick/Küpper/Hövermann 2011). Demgegenüber wurden Migranten-Communities bisher weitgehend vernachlässigt (vgl. Wetzel 2010). In jüngster Zeit wurde gehäuft die Vermutung geäußert, antisemitische Vorurteile sowie diskriminierende Verhaltensweisen seien unter Migranten und dabei insbesondere unter muslimischen Jugendlichen weit verbreitet (vgl. Kiefer 2007; Küntzel 2007). Hinreichend elaborierte empirische Untersuchungen liegen dazu bisher allerdings nicht vor.

Um ein genaueres Bild zu erhalten, erfassen wir im Projekt »Soziale Beziehungen und Konfliktpotentiale im Kontext von Erfahrungen verweigerter Teilhabe und Anerkennung bei Jugendlichen mit und ohne Migrationshintergrund« das Ausmaß und die Hintergründe antisemitischer Einstellungen unter Migranten. Da die Auswertung des qualitativen Materials erbrachte, daß antisemitische Einstellungen von Jugendlichen aus muslimisch geprägten Sozialisationskontexten häufig in Verbindung mit der israelischen Politik geäußert werden, konzentrieren wir uns auf den israelbezogenen Antisemitismus. Bei dieser Form des Antisemitismus werden Juden kollektiv für die Politik Israels verantwortlich gemacht, und diese Politik wird wiederum zur Begründung der Antipathie gegenüber Juden herangezogen (vgl. Heyder/Iser/Schmidt 2005).

2. Die Fragestellungen

Trotz der Unübersichtlichkeit der Debatte in der politischen und wissenschaftlichen Öffentlichkeit ist unstrittig, daß es antisemitische Einstellungen und entsprechende Verhaltensweisen auch unter muslimischen Migranten gibt. Die gewalttätige Attacke auf eine jüdische Tanzgruppe im Juni 2010 in Hannover zeigte dies einmal mehr. Ungeklärt ist bisher das Ausmaß solcher Einstellungen und Verhaltensweisen bei den in Deutschland aufwachsenden muslimischen Jugendlichen. Aufklärungsbedürftig sind ferner die Ursachenmuster für diese antisemitischen Einstellungen und Verhaltensweisen. Deshalb gehen wir folgenden Fragestellungen nach:

- Welche Bedeutung kommt den Benachteiligungs- und Diskriminierungserfahrungen der Jugendlichen zu?
- Inwiefern wird versucht, die aus solchen Erfahrungen resultierenden Beschädigungen der Identität durch eine Aufwertung der Eigengruppe zu kompensieren?
- Inwiefern sind transnationale Medien aus den Herkunftsländern relevant?
- Welchen Einfluß haben schließlich die politischen Sozialisationskontexte?

Im Folgenden stellen wir zunächst unsere theoretischen Annahmen vor, gehen dann auf die Verbreitung des israelbezogenen Antisemitismus und auf die in den Fragen aufgeworfenen Aspekte ein, die in das abschließende Modell als Ursachen für israelbezogenen Antisemitismus einfließen.

3. Theoretische Annahmen

Wir gehen davon aus, daß abwertende Einstellungen gegenüber Angehörigen anderer Gruppen bei muslimischen Jugendlichen unter anderem eine Folge der Erfahrung von Benachteiligung und Diskriminierung durch Angehörige der Mehrheitsgesellschaft sind. Abgewertet, diskriminiert und benachteiligt werden muslimische Jugendliche dabei weniger als Individuen, sondern vielmehr als Angehörige einer ethnischen und religiösen Gruppe. Bedroht und beschädigt wird daher weniger die personale als vielmehr die soziale Identität. Für die soziale Identität gewinnt nun infolge der Ereignisse nach dem 11. September 2001 und der daraus resultierenden Wahrnehmungsverschiebung in der deutschen Mehrheitsgesellschaft neben der ethnischen auch die religiöse Zugehörigkeit zunehmend an Gewicht.

Diskriminierung und Erfahrungen der Abwertung der sozialen Eigengruppe bedrohen die positive Selbsteinschätzung der sozialen Identität (vgl. Tajfel/Turner 1986). Sind Menschen mit einer negativen Bewertung ihrer Eigengruppe und damit ihrer sozialen Identität konfrontiert, können sie sich entscheiden, die Eigengruppe zu verlassen. Dies ist jedoch für Migranten häufig nicht möglich, da die Mehrheitsgesellschaft ihnen selbst dann die Gruppenzugehörigkeit zuschreibt, wenn sie eingebürgert wurden oder wenn sie sich selbst nicht länger in dieser Gruppe verorten. Vor dem Hintergrund einer solchen Kategorisierung durch die Mehrheitsgesellschaft ist für Menschen mit Migrationshintergrund die Eigengruppe von hoher Bedeutung. Primäre Identitäten wie Ethnie und Religion geraten dadurch in den Vordergrund.

Menschen können auch versuchen, die eigene Gruppe aufzuwerten, indem sie zum Beispiel andere, für die Eigengruppe günstige Vergleichsdimensionen nutzen (vgl. Mummendey/Simon 1989) oder indem sie eine andere Vergleichsgruppe heranziehen, was es unter Umständen erlaubt, die Eigengruppe positiver zu bewerten (vgl. Brewer 1999).

Die Aufwertung der Eigengruppe kann unter bestimmten Umständen mit der Abwertung anderer Gruppen einhergehen:

a) Fühlen sich Angehörige einer bestimmten Gruppe moralisch überlegen und konzipieren sie ihre Wertevorstellungen als absolut, werden Gruppen, die diesen Moralvorstellungen nicht folgen, abgewertet (vgl. Sidanius 1993).

b) Gemäß der Realistic Conflict Theory wird eine Fremdgruppe zum Beispiel dann abgewertet, wenn diese als Bedrohung wahrgenommen wird (vgl. Duckitt/Mphuthing 1998).

Wir gehen deshalb davon aus, daß eine Abwertung der Eigengruppe infolge der Religionszugehörigkeit, etwa in Form von Diskriminierung, dazu führt, daß einige in Deutschland aufwachsende muslimische Jugendliche dazu tendieren, ihre Eigengruppe unter anderem in bezug auf eine Vergleichsgruppe aufzuwerten. Juden kommen – so vermuten wir – als eine solche Vergleichsgruppe in Frage, was unter anderem damit zu tun hat, daß einige muslimische Jugendliche Juden in einen Zusammenhang mit der israelischen Politik stellen und das Agieren des Staates Israel im Nahost-Konflikt als besonders verwerflich ansehen. Sowohl in arabischen als auch in türkischen Fernsehsendern, die über Satellitenanlagen in Deutschland empfangen werden können, nimmt die Berichterstattung über den Nahost-Konflikt viel Raum ein, und Israelis werden meist einseitig als brutale Aggressoren, die Palästinenser hingegen ausschließlich als Opfer dargestellt. Auch im Internet, das Jugendlichen immer mehr auch als politische Informationsquelle dient, wird auf einschlägigen Seiten, sei es in deutscher oder in der Sprache des jeweiligen Herkunftslandes, gegen Israel gehetzt. Zudem wird in einigen Filmen und Büchern aus Ländern des Nahen und Mittleren Ostens eine eindeutig antisemitische Stimmung erzeugt (vgl. Wetzel 2010; Amadeu Antonio Stiftung 2009). Medien wirken in diesem Zusammenhang als Agenda-Setter (vgl. Cohen 1963), indem sie den Nahost-Konflikt in der muslimischen Öffentlichkeit präsent halten und somit die Israelis als negative Vergleichsgruppe für die Aufwertung der Eigengruppe als einer moralisch überlegenen anbieten. Da einige muslimische Jugendliche außerdem nicht klar zwischen Juden und Israelis differenzieren – wie wir noch am Beispiel von Interviewabschnitten zeigen –, können Juden insgesamt als negative Vergleichsgruppe konzipiert werden. Möglicherweise entfalten Medien jedoch auch eine direkte Wirkung auf Einstellungen gegenüber Israelis und Juden. Es gibt zahlreiche Studien, die Effekte starker Emotionen und Stimmungen auf politische Einstellungen nachweisen (vgl. Haddock/Zanna 1998; Marcus 2002). Der Einfluß von Emotionen ist dabei um so größer, je komplexer und undurchschaubarer Situationen oder Ereignisse sind (vgl. Forgas 1999). Weiterhin zeigen Studien, daß Medieninformationen solche Emotionen und Stimmungen beeinflussen und auf diese Weise eine Wirkung auf politische Einstellungen entfalten können (vgl. Haddock/Zanna 1998; Kepplinger/Maurer 2005), wenngleich die Effekte von Medieninformationen im Sinne des Framing-Ansatzes stark von persönlichen Prädispositionen abhängen (vgl. Gross/D'Ambrosio 2004). Daher vermuten wir, daß insbesondere bei emotional hochaufgeladenen Themen wie dem Nahost-Konflikt der Konsum entsprechender Medienangebote bei Jugendlichen antiisraelische Stimmungen sowie antisemitische Vorurteile und Ressentiments verstärken kann.

Schließlich ist der Sozialisationskontext der Jugendlichen zu beachten, also die normativen und politischen Bezugskontexte, in denen sie aufwachsen. Im Rahmen der politischen Sozialisation erwerben Jugendliche bestimmte politische Orientierungs- und Verhaltensmuster. Dabei handelt es sich um einen aktiven Aneignungsprozeß, der die politischen Denk- und Handlungsmöglichkeiten der Individuen konstituiert. Neben der Familie sind insbesondere die *peers* als primäre Sozialisationsagenten zu nennen, aber auch sekundäre und tertiäre Agenten (vgl. Reinders 2001). Zum Beispiel können Menschen aus der eigenen religiösen Gemeinschaft einen wichtigen Beitrag zur politischen Sozialisation leisten. Die theoretischen Annahmen gruppieren sich also um Diskriminierungswahrnehmungen und -erfahrungen, Auf- und Abwertungsprozesse, die politische Sozialisation und transnationale Mediennutzung. Die empirische Analyse soll sie zusammenführen.

4. Datengrundlage und Untersuchungsanlage

4.1 Untersuchungsregionen

Wir konzentrierten uns bei der Erhebung der empirischen Daten auf vier Untersuchungsregionen, die aufgrund der spezifischen ethnischen Zusammensetzung der Wohnbevölkerung ausgewählt wurden. In allen vier Regionen ist der Migrantenanteil im Vergleich zum Bundesdurchschnitt deutlich erhöht.

Infolge der Begrenzung auf diese Untersuchungsregionen sind repräsentative Aussagen hinsichtlich der Verbreitung von Erfahrungen, Einstellungen und Haltungen nicht möglich. Zulässig sind nur Vergleichsaussagen zwischen den hier unterschiedenen Gruppen (siehe unten). Dies ist deshalb der Fall, weil die Jugendlichen alle in den gleichen Stadtteilen aufwachsen und die gleichen Schulen besuchen.

4.2 Qualitative und quantitative Erhebungen

In den vier Untersuchungsregionen haben wir zunächst mit Jugendlichen mit türkischem und arabischem Migrationshintergrund 43 problemzentrierte Interviews und zwanzig Gruppendiskussionen durchgeführt. Ziel dieser qualitativen Erhebung war es unter anderem, differenzierte Antisemitismus-Facetten zu erheben. Auf der Basis der qualitativen Befunde haben wir ein standardisiertes Erhebungsinstrument entwickelt, das in einem Pretest erprobt wurde. An der als Klassenbefragung[2] angelegten Haupterhebung, bei der die Jugendlichen jeweils einzeln den Fragebogen bearbeiteten, waren 2404 Schülerinnen und Schüler sowohl mit als auch ohne Migrationshintergrund beteiligt.

5. Empirische Ergebnisse

5.1 Zur Verbreitung antisemitischer Einstellungen

In den Interviews und Gruppendiskussionen mit türkischen und arabischen Jugendlichen unterscheiden viele der von uns befragten muslimischen Jugendlichen – entgegen manchen öffentlichen Vermutungen – durchaus zwischen Juden und der aktuellen Politik Israels. Diese Jugendlichen betonen häufig, es komme immer auf den einzelnen Menschen an, und äußern kaum pauschale Vorurteile:

MOHAMMED: »Das Problem ist, daß dadurch, daß Israel diese ganzen Sachen gemacht, diesen Krieg, Unterdrückung, und diese ganzen Sachen, hat auch Israel richtig Haß abbekommen. Das war auch lange Zeit auf alle Juden, das muß man offen sagen so. Ich denke aber, daß von der vernünftigen Seite, von der Gelehrtenseite, von muslimischen Gelehrten hört man immer so, ›es ist nicht das Judentum, wir müssen differenzieren‹. [...] Der Unterschied zwischen Judentum und der zionistischen Idee beispielsweise ist ein Riesenunterschied, da muß man unterscheiden. Und da müssen wir auch, genau, da muß man auf jeden Fall unterscheiden, muß man auch als Einzelperson unterscheiden, auf jeden Fall.«

Zahlreiche andere muslimische Jugendliche differenzieren hingegen nicht zwischen Israel und den Juden und ziehen die aktuelle israelische Politik als Legitimation der Abwertung von Juden heran:

KAMIL: »Auf jeden Fall hasse ich nur Juden.«

INTERVIEWER: »Juden?«

KAMIL: »Ja, weil von Geburt an, haben wir gelernt, haben die immer Mist gebaut mit uns, sage ich mal.«

Interviewer: »Was meinst du mit ›mit uns‹?«

KAMIL: »Die Araber, die muslimische Religion, dies und das. Die haben immer Palästina ohne Grund angegriffen, wirklich ohne Grund, die sagen immer ›Hamas-Terroristen‹ – wenn man seine Erde verteidigt, ist das Töten oder Terrorismus oder was.«

Aber auch bei diesen Jugendlichen verbergen sich hinter antisemitischen Einstellungen keineswegs gefestigte, bewußt reflektierte Weltbilder oder Ideologien. Es sind eher fragmentierte Vorurteile, die die Jugendlichen in der Kommunikation mit anderen »aufgeschnappt« haben bzw. die ihnen in Form überlieferter Erzählungen nahegebracht wurden.

Der geringe Reflexionsgrad macht die Ressentiments jedoch nicht weniger brisant. Auch die latente und wenig kognitiv durchdrungene Form des Antisemitismus kann bei sich bietenden Anlässen handlungsrelevant werden. Wie die Interviewbeispiele zeigen, äußern muslimische Jugendliche antisemitische Vorurteile insbesondere in Form des israelbezogenen Antisemitismus. Um das Ausmaß des israelbezogenen Antisemitismus bei muslimischen Jugendlichen einschätzen zu können, haben wir die Ausprägung in vier ethnisch-religiösen Gruppen ermittelt und verglichen (Abbildung 1): 1) deutsche Jugendliche (D), 2) jugendliche Aussiedler (Auss.), 3) Jugendliche mit muslimischem Migrationshintergrund (MuJu), 4) Jugendliche mit sonstigem Migrationshintergrund (SoMi).[3]

In bezug auf den israelbezogenen Antisemitismus lassen sich für die einzelnen Gruppen deutliche Unterschiede ermitteln. So stimmt (auf der vierstufigen Antwortskala von »stimme gar nicht zu« [0], »stimmte eher nicht zu« [1], »stimme eher zu« [2], »stimme völlig zu« [3]) zum Beispiel jede(r) Dritte (35,7 Prozent) muslimi-

Abb. 1: Israelbezogener Antisemitismus und Verständnis für das Handeln der Palästinenser sowie für die israelische Politik (Mittelwerte mit Wertebereich 0-3)

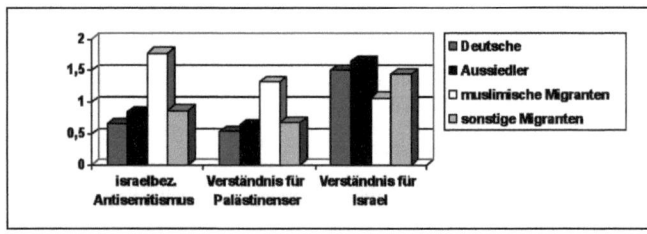

sche Jugendliche dem Statement »Durch die israelische Politik werden mir die Juden immer unsympathischer« »völlig zu«. Bei den anderen Gruppen vertritt nur etwa jede(r) Dreißigste bis Zwanzigste diese Auffassung (D: 3,6 Prozent; Auss: 4,5 Prozent und SoMi: 5,7 Prozent).[4] Auch der Aussage »Bei der Politik, die Israel betreibt, kann ich gut verstehen, daß man etwas gegen Juden hat« stimmen mehr als zehnmal so viele muslimische Jugendliche wie altersgleiche Deutsche »voll zu« (MuJu: 31,6 Prozent; D: 2,7 Prozent; Auss: 4,7 Prozent; SoMi: 4,4 Prozent).

Dem ersten Statement stimmen von den deutschen Jugendlichen etwa ein Siebtel (D: 14,5 Prozent, Auss: 25,2 Prozent, MuJu: 63,6 Prozent und SoMi: 21,6 Prozent) und der zweiten Aussage ein vergleichbarer Anteil (D: 14,1 Prozent, Auss: 21,5 Prozent, MuMi: 59,0 Prozent, SoMi: 23,0 Prozent) »völlig« oder »eher« zu. Damit erweisen sich auch etwa bei deutschen Jugendlichen und anderen Zuwandererjugendlichen antisemitische Einstellungen als keine Seltenheit.

Muslimische Jugendliche ergreifen im Nahost-Konflikt auch deutlich häufiger Partei für die Palästinenser. Fast ein Drittel (29,8 Prozent) stimmt der Auffassung »völlig zu«, es sei in Ordnung, wenn die Palästinenser in ihrem Kampf gegen Israel auch Gewalt anwenden (D: 3,5 Prozent, Auss: 6,3 Prozent, SoMi: 4,8 Prozent).[5] Auf der anderen Seite lehnt fast die Hälfte (49,8 Prozent) der muslimischen Jugendlichen die palästinensische Gewalt ab. Viele von ihnen stehen damit keineswegs bedingungslos hinter den Palästinensern. Ein hoher Anteil lehnt Gewalt als Mittel zur Durchsetzung von Interessen ab. Zugleich räumen mit 35,8 Prozent im Vergleich zu den Deutschen nur etwa halb so viele der muslimischen Jugendlichen Israel zumindest in der Tendenz das Recht ein, sich gegen die palästinensische Gewalt zu wehren (D: 66,5 Prozent, Auss: 73,9 Prozent, SoMi: 60,6 Prozent).[6]

5.2 Benachteiligungs- und Diskriminierungserfahrungen und Aufwertung der Eigengruppe

Die muslimischen Jugendlichen tendieren nicht nur zur stärkeren Abwertung von Juden, sondern sie selbst erfahren seitens der Bevölkerungsmajorität häufiger Ablehnung und eine benachteiligende Behandlung. Diese stellen für die Jugendlichen einschneidende und belastende Lebensereignisse dar, die für ihren weiteren Werdegang häufig gravierende Folgen haben. So schildert zum Beispiel eine Jugendliche, die wir Fatma genannt haben, folgenden Sachverhalt:

FATMA: »Es war in der 10. Klasse in der Phase, als es um die Abschluß-zeugnisse ging. Da strengt sich halt jeder an. Dann war das so, daß wir zu einem Termin ein Programm hatten, an dem alle Schüler teilnehmen konnten, die in die Oberstufe gehen wollten. Es ging um den Q-Vermerk (Zugangsberechtigung zur gymnasialen Oberstufe; Anm. d. Verf.). Ich war auch dabei. Vom ganzen Jahrgang waren wir insgesamt zwei Türken. Auf einmal wurde ich dann unterbrochen. Dann hat der Lehrer mich und meine türkische Freundin hinaus gebeten und hat gemeint: ›Wollt Ihr nicht eine Ausbildung machen? Meint Ihr, Ihr schafft das?‹ und so. Ich stand erst einmal unter Schock. ›Wie?‹ – ›Überlegen Sie sich doch, vielleicht eine Ausbildung zu machen. Oberstufe ist ja vielleicht nichts für Sie‹, meinte er. ›Nein, ich bin mir wohl bewußt, daß ich das schaffen kann.‹ Das fand ich wirklich blöde, daß genau wir beide als Ausländer aus der Klasse herausgeholt und mit dem Vorurteil ›Ihr schafft das nicht!‹ konfrontiert wurden. Das war auch so eine negative Erfahrung, die ich in der Schule gemacht habe. Die hat mich sehr geprägt.«

Und Emine führt aufgrund ähnlicher Erfahrungen ihrer Schwester weiter aus:

EMINE: »Aber daß sie direkt in eine Ausbildung geschubst wird, statt etwas Höheres zu machen, verstehe ich nicht, und ich verstehe auch nicht, weshalb die Lehrer das machen. Was ist daran so schlimm, wenn eine türkische Schülerin ihr Abitur macht und studieren will? Hat sie kein Recht darauf? Bin ich schuld daran, daß ich keine deutschen Eltern habe? Bin ich schuld daran, daß ich keine Petra oder keine Anna bin? Da denkt man auch: Was ist das?«

Aufgrund solcher Schilderungen haben wir den Jugendlichen in der standardisierten Erhebung bestimmte Situationsbeschreibungen vorgegeben (vgl. Abbildung 2) und gefragt, wie häufig sie solche Erfahrungen im letzten Jahr machen mußten. Erhoben wurden die Benachteiligung in der Schule, die Diskriminierung durch deutsche Institutionen und Einrichtungen, religiöse Diskriminierung sowie wahrgenommene Benachteiligung aufgrund der ethnischen und religiösen Zugehörigkeit. Die Benachteiligungserfahrungen in der Schule beziehen sich zum Beispiel darauf,

Abb. 2: Diskriminierung in der Schule (durchschnittliche Anzahl der Benachteiligungserfahrungen)

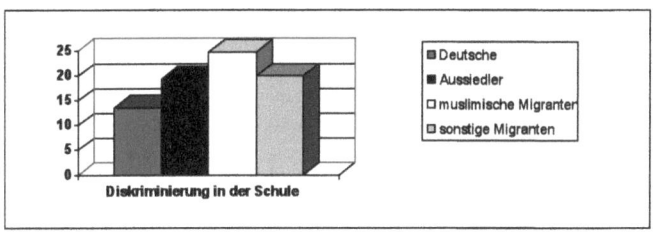

• im Unterricht, obwohl man sich längere Zeit/häufiger gemeldet hat, von der Lehrkraft nicht aufgefordert zu werden, seine Position zu äußern;

• sich durch die Lehrerinnen und Lehrer ungerecht bewertet zu fühlen oder darauf,

• daß Jugendlichen – wie oben anhand von Interviewpassagen ausgeführt – durch Lehrkräfte die Kompetenzen abgesprochen wurden, die erforderlich sind, um ein hochwertiges Schulabschlußzertifikat erwerben zu können.

Fast ein Drittel der muslimischen Jugendlichen (30,5 Prozent) gibt an, daß ihnen letzteres oft (drei bis neun Mal) oder sehr oft (zehn Mal und häufiger) passiert ist. Unter den deutschen Jugendlichen berichtet nur etwas mehr als ein Zehntel von solchen Erfahrungen (D: 11,4 Prozent, Auss: 17,2 Prozent; SoMi: 24,6 Prozent).[7]

Auch von anderen Formen schulischer Benachteiligung sind die muslimischen Jugendlichen häufiger betroffen. Im Vergleich zu den einheimischen Jugendlichen geben zum Beispiel fast doppelt so viele von ihnen an (17,9 Prozent), es sei in der Schule sehr oft vorgekommen, daß sie trotz längerer bzw. wiederholter Meldung nicht »drangenommen« wurden (D: 8,8 Prozent; Auss: 16,7 Prozent; SoMi: 15,7 Prozent).[8]

Besonders dramatisch sind Situationen, in denen die erfahrene Mißachtung einen religiösen Hintergrund hatte. So berichtet zum Beispiel Hassan in einer Gruppendiskussion:

HASSAN: »Das ist kraß. Die haben auch zu mir gesagt, als der Anschlag war vom 11. September, kamen die Lehrer zu mir und haben Fragen gestellt. Also erstmal, als die ganze Klasse raus war, ja: ›Hassan, bleib mal bitte hier, wir haben ein paar Fragen an dich.‹ Ich so: ›Ja, was ist denn los?‹ Die so: ›Ja, hast du vielleicht Freunde, die streng religiös sind? Oder hast du vielleicht Kontakte zu Leuten, die streng religiös sind‹ und so weiter. ›Oder bist du ein strenger Moslem?‹ [...] Allein der Gedanke, daß ich so einer war, hat die Lehrer dazu gebracht, so mich, mich schlecht zu behandeln. [...] Auch das mit dem Terrorismus, nach dem 11. September, da war das echt schwierig, wirklich schwierig für uns [...]. Weil, wenn man dann täglich irgendwie darauf angesprochen wurde: ›Und, wie geht es deinem Onkel in Afghanistan oder in Pakistan?‹ Und: ›Schon im Terrorcamp gewesen?‹ Und das sind wirklich jetzt auch Sachen, die mich jetzt persönlich in den letzten sieben Jahren verfolgt haben. Das ist echt hart.«

Diese Anfeindungen beziehen sich weniger auf die personale als auf die soziale Identität. Dies wird hier ebenso deutlich wie in dem erstgenannten Schulbeispiel, bei welchem der Lehrer gezielt die beiden türkischen Schülerinnen aus der Klasse anspricht, um sie darauf hinzuweisen, daß sie wahrscheinlich nicht die erforderlichen Kompetenzen haben, um erfolgreich in der Sekundarstufe II zu bestehen. Die Jugendlichen geraten weniger als Person denn als Angehörige einer religiösen Gemeinschaft in Verdacht. Den Jugendlichen ist dies auch bewußt, sie reflektieren durchaus, daß weniger sie als Person gemeint sind als vielmehr ihre gesamte ethnische und religiöse Gruppe, mit der sie von Angehörigen der Mehrheitsgesellschaft immer wieder in Verbindung gebracht werden und von der sie sich deshalb – wie oben bereits angemerkt – auch nicht loslösen können.

Solche Äußerungen, die für die Jugendlichen häufig kaum nachvollziehbar sind, waren der Anlaß, auch bei der standardisierten Erhebung nach der Häufigkeit des Erlebens von Situationen und Formen der Diskriminierung mit religiösem Hintergrund zu fragen. Da es allerdings wenig sinnvoll war, die konkreten Situationen auch von nicht muslimischen Jugendlichen beantworten zu lassen, ist diesbezüglich ein Gruppenvergleich nicht möglich. Etwa ein Sechstel der muslimischen Jugendlichen (17,2 Prozent) gibt an, sie selbst oder Familienangehörige seien häufiger als dreimal wegen des Tragens eines Kopftuches »schief angesehen« oder schlecht behandelt worden. Etwa ein Siebtel (14,8 Prozent) wurde – wenn auch teilweise im Scherz – schon dreimal oder häufiger als Terrorist(in) beschimpft. Ein Drittel (29,5 Prozent) machte dreimal oder häufiger Erfahrungen mit Beleidigungen des Islam in ihrer Gegenwart, und etwa ein Zehntel (11,1 Prozent) gab an, bereits dreimal oder häufiger auf eine Bewerbung für ein Praktikum oder einen Ausbildungsplatz eine Absage erhalten zu haben, weil sie vom Arbeitgeber (z. B. durch das Tragen eines Kopftuches, einen nichtdeutschen Namen) als Muslime identifiziert wurden.

Insgesamt wurden mehr als zwei Drittel (68,1 Prozent) der befragten muslimischen Jugendlichen nach ihrer Wahrnehmung auf Grund ihrer religiösen Zugehörigkeit mindestens einmal diskriminiert. Das heißt, weniger als ein Drittel (31,9 Prozent) gibt an, bisher von derartigen Erfahrungen verschont geblieben zu sein. Bemerkenswerterweise unterscheiden sich aber die verschiedenen muslimischen Gruppen in der Häufigkeit solcher Erfahrungen. Türkischstämmige Jugendliche machen Erfahrungen einer solchen religionsbezogenen Diskriminierung deutlich seltener als arabischstämmige Jugendliche und Jugendliche mit anderem muslimischem Migrationshintergrund. So haben zum Beispiel »nur« 10,8 Prozent der türkischstämmigen Jugendlichen schon dreimal oder häufiger die Erfahrung gemacht, daß der Islam in ihrer Gegenwart beleidigt wurde, dagegen sind es 19,5 Prozent der arabischstämmigen Jugendlichen und 22,4 Prozent der Jugendlichen mit sonstigem muslimischem Migrationshintergrund, die von solchen Erfahrungen berichten.[9] Es gibt also in bezug auf Diskriminierungserfahrungen nicht nur Unterschiede zwischen Jugendlichen mit muslimischem Migrationshintergrund und Jugendlichen mit anderem bzw. ohne Migrationshintergrund, sondern auch innerhalb der Gruppe der Jugendlichen aus muslimisch geprägten Sozialisationskontexten sind beachtliche Unterschiede auszumachen.

Im Unterschied zu den konkreten Situationsbezügen wurden bei allen Jugendlichen auch allgemeinere Fragen zur erlebten Abwertung infolge der ethnischen oder religiösen Zugehörigkeit erhoben. Dem Statement »In den Medien werden Personen meiner Ethnie oder Religionsgemeinschaft häufig mit negativen Eigenschaften belegt« stimmen (auf der vierstufigen Antwortskala) in der Tendenz mehr als fünfmal so viele der muslimischen Jugendlichen (66 Prozent) zu als Angehörige anderer Gruppen (D: 12,5 Prozent; Auss: 32 Prozent; SoMi: 29,2 Prozent).[10] Ähnlich ausgeprägt sind die Gruppenunterschiede beim Statement »Viele Menschen haben Vorurteile gegenüber Personen meiner Ethnie

Abb. 3: Wahrgenommene Abwertung der Eigengruppe (Mittelwerte mit Wertebereich 0-3)

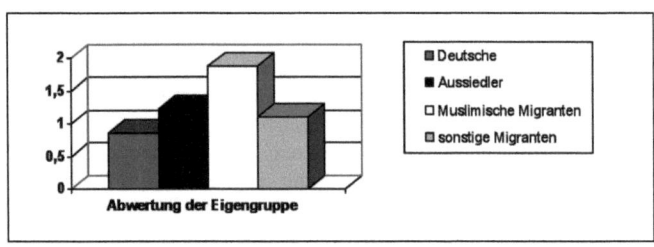

oder Religionsgemeinschaft« (Zustimmungsquoten: D: 24,7 Prozent, Auss: 44,2 Prozent, MuMi: 71,2 Prozent und SoMi: 35,6 Prozent, Abbildung 3).[11]

Wenn sich muslimische Jugendliche in der Aufnahmegesellschaft benachteiligt fühlen, erscheinen Versuche der Aufwertung der Eigengruppe verständlich. Um dies zu erreichen, erheben sie politische Forderungen, die auf mehr Gleichberechtigung abzielen.

Die Aufwertung der Eigengruppe äußert sich darin, daß über neun Zehntel der muslimischen Jugendlichen (90,7 Prozent) fordern, der Islam müsse in der Schule neben den christlichen Religionen gleichwertig behandelt werden. Diese Forderung wird zwar auch von einem erheblichen Anteil der nicht muslimischen Jugendlichen unterstützt, die Zustimmung fällt hier jedoch deutlich niedriger aus (D: 45,2 Prozent; Auss: 53,2 Prozent; SoMi: 51,0 Prozent).[12] Zugleich vertreten annähernd dreimal so viele der muslimischen Jugendlichen (90,6 Prozent; D: 34,1 Prozent; Auss: 34,1 Prozent; SoMi: 40,1 Prozent) die Auffassung, die Menschen in Deutschland könnten viel vom Islam lernen.[13]

5.3 Sozialisationsumfeld und transnationale Mediennutzung

Unserer Ausgangsvermutung folgend, nach der das Sozialisationsumfeld der Jugendlichen eine wichtige Rolle für gesellschaftliche und politische Orientierungsmuster spielt, haben wir in unsere Untersuchung auch die Häufigkeit der politischen Gespräche mit verschiedenen Sozialisationsagenten aus dem sozialen Umfeld der Jugendlichen als Indikator für politische Sozialisation einbezogen. Während sich in bezug auf die Familie oder die *peers* zwar signifikante, aber keine besonders großen Unterschiede im Vergleich der vier ethnisch-religiösen Untersuchungsgruppen ergeben,[14] sind die Unterschiede im Hinblick auf die Häufigkeit politischer Gespräche mit Menschen aus der eigenen religiösen Gemeinschaft auffällig. Etwa ein Viertel (24,6 Prozent) der muslimischen Jugendlichen führt solche Gespräche häufig oder sehr häufig und ein weiteres Sechstel (16,9 Prozent) nimmt an solchen Gesprächen zumindest ab und zu teil. In den anderen Gruppen führt nur etwa ein Zwanzigstel (D: 4,3 Prozent; Auss: 2,8 Prozent; SoMi: 6,8 Prozent)[15] solche Gespräche häufig oder sehr häufig. Vermutlich haben für die muslimischen Jugendlichen die Menschen aus der Religionsgemeinschaft eine besondere Bedeutung, weil sie

– für die sie betreffenden Problemlagen in der Mehrheitsgesellschaft keine geeigneten oder interessierten Ansprechpartner finden,
– aber auch häufiger besonders religiös[16] sind und daher den Personen ihres Glaubens ein besonderes Vertrauen entgegenbringen,
– Gespräche mit solchen Personen suchen, die helfen können, die bedrohte oder geschädigte soziale Identität aufzuwerten.

Vor diesem Hintergrund nutzen muslimische Jugendliche auch häufiger Fernsehsender aus ihrem Herkunftsland bzw. suchen Internetseiten auf, die geeignet sind, ihre soziale Identität zu festigen.

Auch in bezug auf den letzten Punkt bestätigen die empirischen Daten unsere Vermutung. Im Vergleich verfolgen fast doppelt so viele der muslimischen Jugendlichen (70,5 Prozent) mehrmals in der Woche Nachrichten (40,8 Prozent tun dies sogar täglich) aus dem Herkunftsland (SoMi: 39,7 Prozent, Auss: 35,2 Prozent).[17]

Bei der Informationssuche im Internet sind die Gruppenunterschiede nicht ganz so deutlich, aber dennoch hochsignifikant.[18] 43,8 Prozent der muslimischen Jugendlichen nutzen mehrfach wöchentlich Internetseiten aus ihrem Herkunftsland, um sich über das Weltgeschehen zu informieren (Auss: 30,5 Prozent, SoMi: 30,7 Prozent).

5.4 *Hintergründe des israelbezogenen Antisemitismus bei muslimischen Jugendlichen*

Im letzten Schritt wollen wir anhand der empirischen Daten überprüfen, inwiefern die zuvor beschriebenen Umstände für überproportional häufig von einigen muslimischen Jugendlichen vertretene Überzeugungen, die auf einen israelbezogenen Antisemitismus schließen lassen, ausschlaggebend sind.[19] Dazu dient eine Modellrechnung zur Modellierung der entsprechenden Zusammenhänge anhand der empirischen Daten (Abbildung 4).

Die in Abbildung 4 ausgewiesenen Zusammenhänge bestätigen weitgehend die theoretischen Annahmen, auch wenn die Zusammenhänge teilweise schwächer ausfallen als erwartet.

Ausgehend von einer Situation, in der die Jugendlichen aufgrund ihrer ethnischen oder religiösen Gruppenzugehörigkeit diskriminiert und benachteiligt werden und in der sie sich permanent mit der externen negativen Bewertung der Eigengruppe konfrontiert sehen, sind sie gezwungen, nach Strategien zu suchen, die geeignet sind, die Eigengruppe aufzuwerten und somit auch die beschädigte soziale Identität wiederherzustellen. Eine Strategie, die

Abb. 4: Hintergründe des israelbezogenen Antisemitismus bei muslimischen Jugendlichen[20]

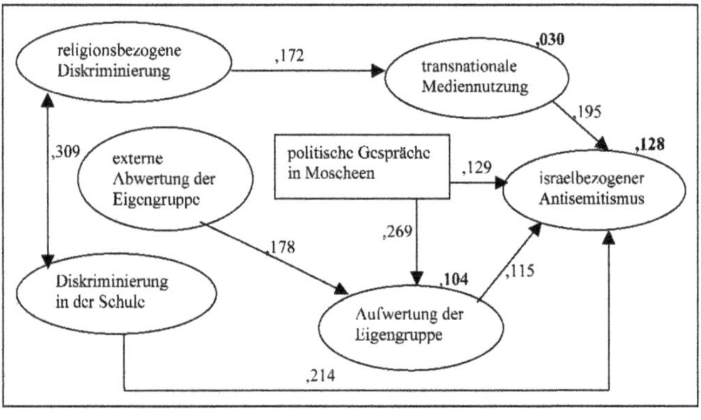

Anmerkungen: Model-fit-Indizes: Chi-Quadrat = 291,104 (133); CFI: 0,939; RMSEA: 0,040; SRMR: 0,036; $R^2 = 0,128$ für israelbezogenen Antisemitismus.

ein Teil der Jugendlichen offenbar in dieser Situation ergreift, besteht darin, eine andere Vergleichsgruppe heranzuziehen, die für die Aufwertung der Eigengruppe geeignet ist. Jugendliche, die religiöse Diskriminierung erfahren haben, nutzen häufiger Fernsehsender und Internetangebote aus dem Herkunftsland. Diese Medien, aber auch Menschen aus dem Sozialisationsumfeld der Jugendlichen, insbesondere aus einzelnen Moscheegemeinden,[21] scheinen die aktuelle israelische Politik für eine generelle Abwertung von Juden heranzuziehen.[22] Israelis/Juden sind offenbar aufgrund der meist negativen und emotional aufgeladenen Bewertung eine geeignete Vergleichsgruppe für die Eigengruppenaufwertung. Politische Gespräche, die Jugendliche mit Menschen aus bestimmten Moscheekreisen führen, tragen außerdem auch direkt zur Aufwertung der Eigengruppe bei, zum Beispiel wenn Muslime in solchen Gesprächen als moralisch überlegen dargestellt werden.

Externe Einflüsse wie Medien oder einflußreiche Menschen aus dem Sozialisationsumfeld haben also eine hohe Bedeutung für das Ausmaß von israelbezogenem Antisemitismus bei Jugendlichen aus muslimisch geprägten Sozialisationskontexten. Dennoch spielen auch die unmittelbaren Erfahrungen von Benachteiligung, zum Beispiel in der Schule, denen muslimische Jugendliche in der Aufnahmegesellschaft ausgesetzt sind, für die Aufwertungs- und Abwertungsprozesse eine wichtige Rolle.

Unklar ist aber nach wie vor, wieso gerade die Juden von jenen muslimischen Jugendlichen, die israelbezogenen Äußerungen zustimmen, abgewertet werden. Warum eignen sie sich als Vergleichsgruppe? Diese Frage läßt sich anhand der quantitativ-statistischen Daten nicht beantworten. Deshalb soll zum Schluß noch einmal das qualitative Interviewmaterial interpretativ herangezogen werden, um einer Antwort näherzukommen.

6. Weiterführende Schlußbetrachtung

Wie bereits erläutert, geht die Aufwertung der Eigengruppe nicht automatisch mit der Abwertung von Fremdgruppen einher. Dazu müssen weitere Bedingungen erfüllt sein wie zum Beispiel das Empfinden einer Bedrohung. Die Frage ist also: Inwiefern und wodurch bedrohen – in der Wahrnehmung der Jugendlichen – die

Juden in Deutschland lebende muslimische Jugendliche? Was haben Juden und die israelische Politik, zwischen denen antisemitisch eingestellte Jugendliche nicht differenzieren, mit den Diskriminierungserfahrungen der muslimischen Jugendlichen durch die deutsche Mehrheitsgesellschaft zu tun?

Auf der Basis des qualitativen Datenmaterials vermuten wir, daß muslimische Jugendliche mit antisemitischen Einstellungen die eigene benachteiligte Lebenssituation, gestützt auf teilweise sehr drastische transnationale Medienberichte,[23] mit der schwierigen Lage anderer Muslime weltweit in Verbindung bringen. Eine starke Identifizierung wird dabei von diesen Jugendlichen insbesondere mit den Palästinensern aufgebaut. Als gemeinsamer Feind werden dann von antisemitisch eingestellten Jugendlichen aus muslimisch geprägten Sozialisationskontexten Israel und, aufgrund mangelnder Differenzierung, die Juden insgesamt ausgemacht. Demnach versuchen Juden über Medien, die laut einigen Jugendlichen in jüdischer Hand sind, die Muslime in westlichen Ländern in ein schlechtes Licht zu rücken, um sich im Nahost-Konflikt die Solidarität westlicher Länder zu sichern. Auf diese Weise tragen Juden in der Wahrnehmung dieser Jugendlichen zur Diskriminierung von Muslimen in westlichen Ländern bei. Diese Jugendlichen sehen also ihre gesellschaftliche Stellung und Anerkennung in der deutschen Gesellschaft durch Juden, zum Beispiel durch eine Manipulation der Medien, bedroht. In einer Gruppendiskussion kam es zum Beispiel zu folgendem Wortwechsel:

SAID: »Kann es sein, daß der *Spiegel* den Juden gehört?«

KEMAL: »*Stern* und Dings auch nicht wahr? *Bild*?«

SAID: »Genau die beiden.«

(Durcheinander)

ABDUL: »Dieses Schlechtmachen. Gegenoffensive gegen Islam. Um uns halt, damit man daraus unterschwellig dieses Vorgehen rechtfertigen kann.«

Die Verknüpfung der eigenen Lage in Deutschland mit der Situation der Palästinenser wird im folgenden Zitat besonders gut deutlich.

IRFAN: »Daß auch die Israelis chemische Waffen einsetzen, was ja eigentlich von der Amnesty International verboten ist. Aber da es ja Moslems sind, ist ja, ist ja egal. [...] Aber da, die Deutschen ziehen ja immer liebend gern dann immer die Religion ins Spiel. Wenn ein Christ, ein Nicht-moslem, eine Tat begangen hat, dann heißt es: ›Ja, der Alex W. hat das und das gemacht.‹ Wenn aber ein Moslem: ›Ja, der Moslemextremist Irhab B. hat was weiß ich, versucht, irgendwas zu machen.‹ [...] Das wollen die Leute, die Leute wollen, die wollen eine Schlagzeile. Die wollen den Islam schlechtmachen. Also, halt so darstellen, wie er gerade nicht ist. Und das ist schade für uns. Weil wir haben dann, dann, dann die Arschkarte. Das ist eine Hetze. Es ist also, das ist eine offenbare Hetze. Islamophobie ist hier in Deutschland zwar, wird nicht anerkannt. Aber es ist da. Und es ist eine Hetze. Ein eigener Staat versprochen. Nur, wo? Ja, es sind Moslems, es ist egal, das ist Dreck. Die, die halten wir mal schön hin. [...]. Und wenn es einmal bei Ungerechtigkeit, bei den Moslems ist, dann ist es immer so, unter den Teppich kehren. Oder nicht darüber berichten.«

Antisemitisch eingestellte muslimische Jugendliche verbinden offenbar eigene diskriminierende Erfahrungen mit dem transnationalen Geschehen. Dabei werden Juden von diesen Jugendlichen als der eigentliche Feind oder Rivale konzipiert. Die extrem negativen Eigenschaften, die den Juden mit Bezug auf die Israelpolitik in den von vielen Jugendlichen konsumierten Medien und in ihrem sozialen Umfeld zugeschrieben werden, machen diese auch zur passenden Vergleichsgruppe. Es ist ein Narrativ, das diskursiv konstruiert wird. Das Konzept des Narrativen leitet sich aus Clifford Geertz' Verständnis von Kultur als zu dechiffrierendem Text ab (vgl. Geertz 1993). Menschen und Gruppen erleben ihr Dasein als eine Serie von Geschichten, die mit Bedeutung aufgeladen sind und deren Interpretation historisch und kulturell bestimmt ist (vgl. Fischer 1989). Die (Neu-)Konstruktion der sozialen Identität, zum Beispiel als Reaktion auf Diskriminierung, erfolgt narrativ. Dabei wird die persönliche Geschichte des Individuums mit den großen Erzählungen der Gemeinschaft verknüpft, denn dadurch wird zum Beispiel die Umma, also die weltweite Gemeinschaft der Muslime, für jeden einzelnen erst erfahrbar (vgl. Müller-Funk 2008). Das große Narrativ, in dem Muslime als weltweit gedemütigte Opfer konstruiert werden, bietet also eine Orientierungsvorlage für muslimische Jugendliche im Umgang mit der eigenen Lebenslage, in der sie Diskriminierung und Abwertung als Muslime erfahren. Juden sind in diesem Narrativ einer der bedeutendsten Gegner der Muslime.

1 Der Beitrag entstand im Rahmen eines Projektes, das vom Bundesministerium für Familie, Senioren, Frauen und Jugend im Rahmen des Programms »Vielfalt tut gut. Jugend für Vielfalt, Toleranz und Demokratie« gefördert wird.

2 Bei den Klassenbefragungen waren jeweils geschulte Interviewer anwesend, die den Jugendlichen bei individuellen Verständnis(rück)fragen Begriffe wie z. B. »Ethnie« etc. erklärten.

3 Die Zuordnung der Jugendlichen zu den ethnisch-religiösen Gruppen hat nicht den Hintergrund, daß wir davon ausgehen, daß sich die Jugendlichen essentiell nach der ethnischen Herkunft oder religiösen Zugehörigkeit unterscheiden. Vielmehr gehen wir davon aus, daß aufgrund der sozialen Konstruktion von Unterschieden und infolge der in der Alltagskommunikation erfolgenden Zuordnung von Personen zu spezifischen Gruppen Gruppenunterschiede erst virulent werden und sich dann als Reaktionen der sozialen Kategorisierung und der Prozesse der Ethnisierung (Bukow/Llaryora 1988) in den Einstellungen, Orientierungen und Verhaltensweisen der Betroffenen niederschlagen.

4 Im Rahmen unseres Projektes haben wir die vier ethnisch-religiösen Gruppen gebildet, um einerseits eine Differenzierung zwischen verschiedenen Gruppen von Jugendlichen mit Migrationshintergrund vorzunehmen, und andererseits, um eine ausreichend große Fallzahl in den Gruppen zu gewährleisten, die auch Zusammenhangsanalysen und multiple Gruppenvergleiche erlaubt.

5 Eta = ,485

6 Eta = ,377

7 Eta = ,309

8 Eta = ,225

9 Eta = ,116

10 Eta = ,115 für Vergleich zwischen arabisch- und türkischstämmigen Jugendlichen und Eta = ,183 für Vergleich zwischen türkischstämmigen Jugendlichen und Jugendlichen mit sonstigem muslimischem Migrationshintergrund.

11 Eta = ,452

12 Eta = ,425

13 Eta = ,488

14 Eta = ,552

15 So führen z. B. 53,3 Prozent der muslimischen Migrantenjugendlichen häufig oder sehr häufig politische Gespräche mit ihren Eltern, bei den Aussiedlerjugendlichen sind es lediglich 35,6 Prozent, bei den Deutschen 45,6 Prozent und bei den sonstigen Migranten 42,0 Prozent (Eta = ,099).

16 Eta = ,364

17 Muslimische Jugendliche unterscheiden sich in ihrer Religiösität hochsignifikant von anderen Gruppen. So gehen z. B. 23,9 Prozent der muslimischen Jugendlichen mehrmals in der Woche in die Moschee (in die Kirche: D: 3,4 Prozent, Auss: 13,0 Prozent, SoMi: 9,6 Prozent (Eta = ,200)). Angemerkt sei, daß der Moscheebesuch bei muslimischen Jugendlichen einen anderen Stellenwert hat. Das Besuchen einer Moschee ist nicht zwangsläufig mit Gottesdienst verbunden, sondern dient oft nur einem einfachen Gebet oder dem sozialen Miteinander. Aber es geben auch 33,8 Prozent der muslimischen Jugendlichen an, sehr stark gläubig zu sein (D: 2,8 Prozent, Auss: 8,2 Prozent, SoMi: 15,4 Prozent [Eta = ,337]). Dies bedeutet allerdings auch, daß fast zwei Drittel der muslimischen Jugendlichen der Religion keinen außerordentlich starken Stellenwert beimessen, was in der deutschen Öffentlichkeit oft übersehen wird.

18 Eta = 0,454

19 Eta = 0,268

20 Das Modell dient nicht dazu, zu erklären, weshalb muslimische Jugendliche in stärkerem Maße antisemitische Einstellungen vertreten als z. B. deutsche oder Aussiedlerjugendliche, sondern lediglich dazu, die Hintergründe aufzuzeigen, weshalb einige muslimische Jugendliche in stärkerem Maße antisemitische Einstellungen vertreten als andere Jugendliche mit entsprechendem Migrationshintergrund.

21 Abgebildet ist aus Platz- und Übersichtlichkeitsgründen das Strukturmodell, gerechnet wurde jedoch mit Mplus 6.0 ein Mehrebenen-Strukturgleichungsmodell, d. h., die Meßmodelle gingen in die Berechnung ein. Ebenfalls wurde die durch die Klassenbefragung bedingte hierarchische Datenstruktur berücksichtigt, wobei nur die Zusammenhänge auf der ersten Ebene (Within-Ebene) von Interesse waren. Die Modell-Variable »politische Gespräche in Moscheen« ist eine manifeste Variable, gemessen wurde die Häufigkeit politischer Gespräche mit Menschen der eigenen Religionsgemeinschaft.

22 Anhand unseres Datensatzes ist es uns nicht möglich festzustellen, in welchen Moscheenkreisen Jugendliche möglicherweise mit antisemitischen Inhalten konfrontiert werden. Wir möchten aber ausdrücklich darauf hinweisen, daß hier eine Differenzierung unbedingt notwendig ist. Es gibt einige Moscheegemeinden, in denen eine stark antizionistische oder sogar antisemitische Haltung eingenommen wird, doch ebenso gibt es zahlreiche Moscheen, die sich vom Antisemitismus und anderen Formen von abwertenden Einstellungen absolut distanzieren. Außerdem ist es durchaus auch möglich, daß die Moscheegemeinde Antisemitismus ablehnt, jedoch einzelne Personen in der Gemeinde antisemitische Einstellungen pflegen und diese in informellen Gesprächen mit Jugendlichen kundtun. Auch sei darauf hin-

gewiesen, daß wir nicht nur nicht erfaßt haben, mit welchen Menschen aus welchen Moscheegemeinden die Jugendlichen politische Gespräche führen, sondern auch nicht, was der Inhalt der politischen Gespräche ist.

23 Wir haben überprüft, ob ähnliche Effekte von anderen Sozialisationsagenten in der Umgebung der Jugendlichen ausgehen, also z. B. von der Familie oder von *peers*, doch wir haben hier keinen Zusammenhang mit israelbezogenem Antisemitismus gefunden.

24 Die Jugendlichen erzählten uns in den Interviews immer wieder von den aufwühlenden Bildern von verstümmelten Kindern und Frauen aus Palästina. Diese Bilder erwecken bei den Jugendlichen meist das Bild von Israel, das besonders brutal und unmenschlich agiert. So meinte z. B. ein arabischer Jugendlicher aus Frankfurt: »Mein Vater sieht ja immer den arabischen Nachrichtensender und da zeigen die immer, die greifen auch mit verbotenen biologischen Waffen, Phosphor. Da wurde ein Krankenhaus mit Phosphor bombardiert. Schon der Rauch ist, wenn man den einatmet, dann wird die Lunge verbrannt.«

Literatur

Amadeu Antonio Stiftung, »*Die Juden sind schuld*«. *Antisemitismus in der Einwanderungsgesellschaft am Beispiel von muslimisch sozialisierten Milieus. Beispiele, Erfahrungen und Handlungsoptionen aus der pädagogischen und kommunalen Arbeit*, Berlin 2009.

Brewer, M. B., »The psychology of prejudice: Ingroup love or outgroup hate?«, in: *Journal of Social Issues* 55/1999, S. 420-444.

Bukow, W.-D./Llaryora, R., *Mitbürger aus der Fremde. Soziogenese ethnischer Minoritäten*, Opladen 1988.

Cohen, B. C., *The Press and Foreign Policy*, Princeton 1963.

Ducket, J./Mphuthing, T., »Group identification and intergroup attitudes: A longitudinal analysis in South Africa«, in: *Journal of Personality and Social Psychology* 74/1998, S. 80-85.

Fischer, W., »Clarifying the narrative paradigm«, in: *Communication Monographs* 56/1989, S. 55-58.

Forgas, J. P., »On feeling good and being rude: Affective influences on language use and request formulations«, in: *Journal of Personality and Social Psychology* 76/1999, S. 928-939.

Geertz, C., *The Interpretation of Cultures. Selected Essays*, New York 1993.

Gross, K./D'Ambrosio, L., »Framing emotional response«, in: *Political Psychology* 25/2004, S. 1-29.

Haddock, G./Zanna, M. P., »Assessing the impact of affective and cognitive information in predicting attitudes toward capital punishment«, in: *Law and Human Behavior* 22/1998, S. 325-339.

Heyder, A./Iser, J./Schmidt, P., »Israelkritik oder Antisemitismus? Meinungsbildung zwischen Öffentlichkeit, Medien und Tabus«, in: Heitmeyer, W. (Hg.), *Deutsche Zustände. Folge 3*, Frankfurt am Main 2005, S. 143-165.

Kepplinger, H. M./Maurer, M., *Abschied vom rationalen Wähler. Warum Wahlen im Fernsehen entschieden werden*, Freiburg 2005.

Kiefer, M., »Islamisierter Antisemitismus«, in: Benz, W./Wetzel, J. (Hg.), *Antisemitismus und radikaler Islamismus*, Essen 2007, S. 71-84.

Küntzel, M., *Islamischer Antisemitismus und deutsche Politik*, Berlin 2007.

Marcus, G. E., *The Sentimental Citizen. Emotion in Democratic Politics*, University Park, Pennsylvania, 2002.

Müller-Funk, W., *Die Kultur und ihre Narrative. Eine Einführung*, Wien/New York 2008.

Mummendey, S. M./Simon, B., »Better or different? III: The impact of importance of comparison dimension and relative ingroup size upon intergroup discrimination«, in: *British Journal of Social Psychology* 28/1989, S. 1-16.

Reinders, H., *Politische Sozialisation Jugendlicher in der Nachwendezeit. Forschungsstand, theoretische Perspektiven und empirische Evidenzen*, Opladen 2001.

Sidanius J., »The psychology of group conflict and the dynamics of oppression: a social dominance perspective«, in: Iyengar S./McGuire, W. (Hg.), *Explorations in Political Psychology*, Durham 1993.

Tajfel, H./Turner, J. C., »The social identity theory of intergroup behaviour«, in: Worchel, S./ Austin, W. (Hg.), *Psychology of intergroup relations*, Chicago 1986, S. 7-24.

Wetzel, J., »Moderner Antisemitismus unter Muslimen in Deutschland«, in: Schneiders, T. (Hg.), *Islamverherrlichung. Wenn Kritik zum Tabu wird*, Wiesbaden 2010.

Zick, A., »Aktueller Antisemitismus im Spiegel von Umfragen – ein Phänomen der Mitte«, in; Schwarz-Friesel, M./Friesel, E./Reinharz, J. (Hg.), *Aktueller Antisemitismus – ein Phänomen der Mitte*, Berlin 2010, S. 225-245.

Zick, A./Küpper, B./Hövermann, A., *Die Abwertung der Anderen. Eine europäische Zustandsbeschreibung zu Intoleranz, Vorurteilen und Diskriminierung*, Berlin 2011.

III.

Bilanzierungen, Auswirkungen, Verantwortung

Bilanzierung

Das Konzept des Langzeitprojektes zur *Gruppenbezogenen Menschenfeindlichkeit* hatte zwei zentrale Eckpunkte: die Analyse von Veränderung der sozialen und politischen Kultur sowie die Dokumentation und Aufklärung der Verletzungen von Gleichwertigkeit und Würde im Sinne von *Unantastbarkeit* nach den Vorgaben des Grundgesetzes.

Nach zehn Jahren der Forschungen gilt weiterhin: Die Würde des Menschen ist antastbar. Die Aktivitäten bestimmter politischer Bewegungen und Parteien bleiben – trotz zivilgesellschaftlichen Engagements – für bestimmte schwache Gruppen lebensgefährlich. Dies zeigen zum Beispiel exemplarische Verlaufsaufzeichnungen zu ostdeutschen Sozialräumen von Dierk Borstel sowie die Dokumentation der rechtsextremistisch motivierten Tötungen seit der Wiedervereinigung durch Frank Jansen. Diese Recherchen haben besonders vor dem Hintergrund des zwanzigsten Jahrestages der Ausschreitungen in Hoyerswerda eine besondere Relevanz.

Warum gelingt es nicht, die brutale Abwertung, Diskriminierung und tödliche Gewalt aufzuhalten? Selbst wenn keine linearen Steigerungsraten zu verzeichnen sind, bleiben diese Erfahrungen doch für jedes einzelne Opfer ein traumatischer Schmerz. Deshalb ist die öffentliche Diskussion über zunehmende oder abnehmende Gewaltquoten – oft geführt aus politischem Kalkül, um zu beruhigen oder zu beunruhigen – aus Sicht der Opfer bloßer Zynismus.

Wilhelm Heitmeyer

Dierk Borstel

Rechtsextremismus und Demokratieentwicklung in Ostdeutschland
Eine Zwischenbilanz nach zehn Jahren

Ibraimo Alberto war ein gefeierter Boxchampion. Er kam 1981 im Zuge eines Abkommens mit Mosambik in die DDR, um zu studieren – und blieb. Noch vor wenigen Jahren erzählte er, er habe keine Angst. Er sei das Kämpfen schließlich gewohnt, und zwar in mehrfacher Hinsicht: als Sportler, als Sozialarbeiter, der vielen gewaltbereiten Jugendlichen neue Wege aufgezeigt hat, als ehrenamtlicher Ausländerbeauftragter und als einer der wenigen Schwarzen in der brandenburgischen Grenzstadt Schwedt. Rassismus war ein steter Begleiter in seinem ostdeutschen Leben. Er hat sich den alltäglichen Anfeindungen gestellt und öffentlich Position gegen jede Form der Diskriminierung bezogen. Dreißig Jahre nach seiner Ankunft in Ostdeutschland verläßt er im Juni 2011 die Stadt Schwedt. Im *Tagesspiegel* wird er mit den Worten zitiert: »Ich fühle mich in Schwedt nicht mehr sicher.« (Jansen 2011) Zu achtzig Prozent sei sein Weggang den zunehmenden rechtsextremen Anfeindungen geschuldet, denen er und seine Familie ausgesetzt seien. Die Stadt teilt diese Position nicht. Sie verkündet, Alberto sei aus rein privaten Gründen nach Westdeutschland gezogen. Hört man sich vor Ort um, heißt es, Alberto sei wegen eines Jobangebots gegangen.

An dem Wochenende, als Alberto seinen Wegzug aus Schwedt erklärt, herrscht hundert Kilometer weiter im vorpommerschen Ueckermünde Festtagsstimmung. Mehrere tausend Zuschauer sammeln sich zum traditionellen Hafenfest in der Stadt am Stettiner Haff. Wie jedes Jahr ist als Höhepunkt ein »Badewannenrennen« angekündigt. Phantasievoll gestaltete Flöße werden unter dem Jubel der Beteiligten zu Wasser gelassen und rüsten sich zur großen Wasserschlacht. Mit dabei ist auch ein offizielles Gefährt der örtlichen Rechtsextremisten mit NPD-Mitgliedern und Vertretern der Freien Kräfte. Ein Dutzend rechtsextremer Parteigänger und zum Teil auch Amtsträger genießen die Aufmerksamkeit der Bürger und Touristen und paddeln, einige lässig eine Zigarette im Mundwinkel, zum Spaßgefecht. An Land verteilen derweil

Freunde der Partei unwidersprochen ihre Flugblätter. Hier ist die NPD auch bildlich in die Mitte der Gesellschaft vorgedrungen.

Parallel dazu verkündet ein Wissenschaftler des Verfassungsschutzes auf einer großen Demokratietagung in Berlin, der Rechtsextremismus sei in Deutschland heute weitgehend geächtet. Das Eintreten oder offene Bekenntnis zum Rechtsextremismus führe in der Regel zu sozialen, beruflichen und zum Teil sogar staatlichen Sanktionen. Diesen Zustand gelte es zu bewahren, heißt es in dem veröffentlichten Thesenpapier (vgl. Grumke 2011).

Aus Dresden kommen derweil Meldungen zum Vorgehen der Polizei anläßlich der jährlichen Februar-Demonstration in der sächsischen Hauptstadt. Der Polizeichef stolperte über eine Handy-Affäre, nachdem zunehmend Informationen an die Öffentlichkeit gelangten, nach denen die Telephonkontakte der nichtrechtsextremen Gegendemonstranten systematisch ausgespäht wurden, ja daß man in manchen Stadtteilen die Gesprächsdaten der Bürger komplett gesammelt und ausgewertet hatte. Dieses unverhältnismäßige Vorgehen und das darin zum Ausdruck kommende Mißtrauen gegenüber nicht rechtsextremen Demonstranten sorgten weit über Dresden und Sachsen hinaus für Entsetzen.

Einige Kilometer weiter südlich, in der sächsischen Kleinstadt Limbach-Oberfrohna, formulierte Bürgermeister Hans-Christian Rickauer von der CDU einen öffentlichen Hilferuf an den Innenminister. Die Präventionsarbeit der Stadt sei an ihre Grenzen geraten, Auseinandersetzungen zwischen rechtsextremen und nichtrechtsextremen Jugendlichen hätten deutlich zugenommen. Dabei sei eine Gewaltspirale in Gang gesetzt worden, zu der es vor Ort unterschiedliche Interpretationen gebe. Für die Stadtoberen handelt es sich um eine Auseinandersetzung zwischen links- und rechtsextremen Gewalttätern. Fachbeobachter, zum Beispiel vom Kulturbüro Sachsen, erkennen statt dessen vor allem eine starke rechtsextreme Gewaltkulisse gegen nichtrechtsextreme Jugendliche, die erst vom städtischen Establishment zu Linksextremisten gestempelt würden.

Im Osten Sachsens liegt die Stadt Bautzen. Dort sind Wochen später viele Bürger noch immer geschockt über eine rechtsextreme Demonstration am 1. Mai. In den späten Abendstunden waren etwas über hundert Neonazis, mit weißen Masken verkleidet, im Fackelschein und unter Trommelwirbel durch die Stadt gezogen. Polizei, Stadtverwaltung, Staats- und Verfassungsschutz wurden davon vollkommen überrascht. Diese Aktion wurde im Internet dokumentiert, von anderen Rechtsextremisten hymnisch kommentiert und findet inzwischen in Ost- und Westdeutschland Nachahmer.

Bereits diese wenigen Impressionen aus dem ersten Halbjahr 2011 zeigen die Aktualität der Probleme rund um den Rechtsextremismus, die Gewalt und die alltäglichen Ausgrenzungen schwacher Gruppen. Sie belegen auch elf Jahre nach dem von der damaligen rotgrünen Bundesregierung verkündeten »Aufstand der Anständigen« ein erschreckendes Maß der Veralltäglichung antidemokratischer Einstellungen und Verhaltensweisen. Zu Recht wird in der Wissenschaft darauf hingewiesen, daß es sich beim Rechtsextremismus um ein lernendes System handelt (vgl. Heitmeyer 2007). Auch die Interaktion zwischen demokratischen und rechtsextremen Akteuren bedarf immer wieder einer neuen Aushandlung. Seit der erste Band der *Deutschen Zustände* 2002 erschien, hat sich die gesellschaftliche Situation in Ostdeutschland – auf das sich dieser Beitrag begrenzt – somit deutlich verändert.

Dieser Wandel verlief in den einzelnen ostdeutschen Regionen nicht einheitlich, mehrere Trends sind erkennbar. In den folgenden Thesen sollen dabei die zentralen Entwicklungen und Handlungsnotwendigkeiten skizziert werden. Die Komplexität der Dinge zwingt dazu, den Blick nicht allein auf den Rechtsextremismus, sondern auch auf die demokratische Bürgergesellschaft als Gegenpart sowie auf die *Gruppenbezogene Menschenfeindlichkeit* als Ermöglichungskultur rechtsextremer Umtriebe zu richten.

Erstens: *In den Großstädten gibt es neue, erfreuliche Formen der aktiven Auseinandersetzung.*

Wer zehn oder gar zwanzig Jahre nicht in Leipzig, Erfurt, Dresden oder Rostock gewesen ist, wird diese Städte kaum noch wiedererkennen. Nicht nur das äußere Erscheinungsbild hat sich gewandelt, auch klimatisch sind positive Veränderungen spürbar. In den Großstädten gibt es Ansätze einer aktiven und nachhaltigen Bürgergesellschaft, die in der Lage ist, Fragen des politischen Klimas offen zu artikulieren und zu problematisieren. In den Stadtverwaltungen gibt es Erfahrungen mit der Bekämpfung rechtsextremer Aktionen und der medialen und politischen Steuerung der Auseinandersetzungen. Erkennbar ist an diesen Orten oft auch ein Rückgang der eindeutig rechtsextremen Bestrebungen. Es ist, basierend auf studentischen Milieus, auch gelungen, Nischen für pluralistische Lebenskonzepte zu entwickeln. Dieser positive Trend bedeutet nicht, daß es dort keine Probleme mit Rechtsextremismus oder gar *Gruppenbezogener Menschenfeindlichkeit* mehr gäbe. Positiv ist jedoch der weitgehende und zumeist auch parteiübergreifende Konsens darüber, daß diese Erscheinungen nicht mehr geleugnet werden dürfen, sondern eine demokratische Reaktion erforderlich machen.

Zweitens: Dennoch gibt es nach wie vor eine eklatante Schwäche der demokratischen Bürgergesellschaft.

Der »Aufstand der Anständigen« war ein förderpolitischer Paradigmenwechsel. Nicht mehr die rechtsextremen Täter sollten mittels pädagogischer Maßnahmen betreut werden, sondern eine aktive Demokratiebewegung sollte den Rechtsextremisten die Luft zum Atmen nehmen und den von Rechtsextremisten propagierten »Raumkampf« (Heitmeyer 2002) vor Ort annehmen.

Tatsächlich zeigten die Maßnahmen Wirkung. In allen ostdeutschen Bundesländern gibt es heute professionelle Strukturen, die sich der Demokratieförderung verschrieben haben. Das Problem ist nur: Es handelt sich mitnichten um eine freie Bürgergesellschaft. Die professionellen Strukturen wie die Regionalzentren für demokratische Kultur, Opferberatungsstellen oder Mobile Beratungsteams sind zu nahezu einhundert Prozent abhängig von der staatlichen Förderung. Es handelt sich im strengen Sinne um ein Outsourcing staatlicher Leistungen und nicht um eine selbstorganisierte Bürgergesellschaft. Vor zehn Jahren war die Förderung als Anschub gedacht. Das ist sie formal immer noch, und deshalb hat sie bis heute den methodischen Mangel der jeweils auf drei Jahre begrenzten Modellförderung. Die professionellen Strukturen sind dadurch nach wie vor abhängig von ihrem Geldgeber und müssen sich alle drei Jahre neu erfinden – eben als Modell. Außerdem gibt es daneben kaum tragfähige Strategien, mit Hilfe derer die entsprechenden Projekte diesem Dilemma entkommen könnten, da andere Förderungen – etwa durch Spenden wie in den USA – jene Bürgergesellschaft voraussetzen, die sich in Ostdeutschland erst entwickeln soll.

Eng damit verbunden ist auch die anhaltende Schwierigkeit, die zu Beginn dieser Untersuchungsreihe entwickelte Idee der reflexiven Stadtgesellschaft (Heitmeyer 2003), die über die Qualität des

Zusammenlebens im eigenen Wohnumfeld, Dorf oder Stadtteil debattiert und streitet, mit Leben zu füllen. Zwar existieren entsprechende Foren oder Bündnisse mittlerweile in vielen Städten; sie sind jedoch zumeist auf wenige und kleine Personengruppen begrenzt und werden oft von professionellen Institutionen und Akteuren getragen. Nur selten gelingt es tatsächlich, diese Diskurse auf die öffentliche Agenda zu bringen. Es fehlen noch immer Ideen und Instrumente, besonders für kleinere Sozialräume, wie man solche Problemlagen überhaupt für die Allgemeinheit aufarbeiten kann. Auch hier zeigt sich somit das Dilemma, daß trotz aller Fortschritte in der Demokratieentwicklung von einer breitaufgestellten, aktiven und sich selbst bewußten Bürgergesellschaft nur in Ansätzen gesprochen werden kann.

Drittens: *Das Verhältnis zwischen Staat und professioneller Bürgergesellschaft hat sich verschlechtert.*

Die Politik hat die Förderung der professionellen Strukturen der Bürgergesellschaft nach der Installation der Programme bald an die jeweiligen Ministerialverwaltungen abgegeben. Diese münzten fortan die grob skizzierten politischen Vorgaben in konkrete Maßnahmen um. War vor zehn Jahren noch die flächendeckende Installation neuer Netzwerke und professioneller Träger, die sich explizit der Förderung der Demokratie widmen wollten, das Ziel, verschoben sich die Fördermaßnahmen danach zunehmend. An die Stelle der Strukturförderung mit Hilfe von Modellprojekten trat der Wunsch, eher nichtprofessionelle Klein- und Kleinstprojekte zu stärken. Diese waren zeitlich zumeist auf wenige Monate begrenzt und hatten vor allem Aktionscharakter. Demokratieentwicklung ist jedoch ein auf Dauer zu stellender Prozeß, der nicht alleine auf Aktionen oder symbolischen Taten beruhen kann, sondern vor allem eine nachhaltige Stärkung und Profilierung demokratiefördernder Institutionen, Werte und Akteure braucht. Gleichzeitig wurde in der Programmentwicklung die Macht der kommunalen Verwaltung gestärkt. Dies ging zu Lasten der vielerorts in einer Etablierungsphase befindlichen größeren Organisationen, die auch die Kraft und die mediale Stärke hatten, um auf gesellschaftliche Fehlentwicklungen hörbar hinzuweisen und die von vielen Verwaltungsstellen und Ministerien als potentielle Kritiker ihres Handelns aufgefaßt wurden. Ihnen wurden trotz des Einspringens vieler Bundesländer längerfristige Finanzierungsmöglichkeiten entzogen. Gestärkt wurden hingegen kleine, zumeist ehrenamtlich arbeitende Initiativen, die von den Kommunen geschätzt wurden, sowie die großen, mit den Kommunen eng verbundenen Sozialträger.

In den Orten, wo eine offene Verwaltung auf eine bündnisfähige Bürgergesellschaft traf, war dieser Sachverhalt noch unproblematisch. In anderen Kommunen definierten bürgergesellschaftliche Organisationen auch Teile der kommunalen Verwaltung als problemverschärfend (vgl. z. B. die Reportagen zu Ueckermünde, Anklam oder Wurzen [Borstel 2007a; Staud 2008; Czeremin 2010; Buchstein/Heinrich 2010]). Dort schwächten die Programme sogar jene Initiativen, die sich den örtlichen Problemen ernsthaft und kritisch stellen wollten, da sie finanziell nicht nur vom Bund, sondern zum Beispiel über lokale Aktionspläne von jenen Verwaltungen finanziell abhängig wurden, die sie eben noch kritisiert hatten. Als Beispiel kann hier Anklam in Vorpommern genannt werden. Die frühere Initiative »Bunt statt Braun« kritisierte noch vor wenigen Jahren das Verhalten der Stadtverwaltung. Der Ordnungsamtsleiter der Stadt nahm dort als Privatperson an einer rechtsextremen Veranstaltung teil, und der Bürgermeister verkündete öffentlich seine Distanz zur Idee der Demokratie. Er stünde als Stadtoberhaupt für den Ansatz einer »Demokratur« (vgl. Borstel 2011). Gerade in Anklam sollte nun also die Kommune darüber bestimmen, welche bürgergesellschaftliche Initiative vor Ort sie fördern wollte. Wichtig wäre es dort aber gewesen, unabhängige und überregionale Träger zu unterstützen, die zur Not auch mal gegen das Votum einer Verwaltung demokratiefördernd handeln können. Im konkreten Fall sprang ausnahmsweise die Bundeszentrale für politische Bildung ein, die ein solches Projekt langfristig gefördert hat und damit in Anklam erkennbare Erfolge feiert.

Nach der kurzen Blüte einer staatlich finanzierten Bürgergesellschaft wurde jener kleine Keim der Freiheit somit an die Kandare der Bürokratie genommen. Dabei greift der demokratisch verfaßte Staat zu Maßnahmen, die seine Vertreter zu Recht in der Vergangenheit bei nichtdemokratischen Staaten kritisiert haben. Dazu zählen zum Beispiel die erst nach massiver Kritik leicht abgeschwächte Verpflichtung geförderter Projekte, den Behörden auf Nachfrage nicht näher bestimmte Dossiers zur Staatstreue ihrer Partnerorganisationen vorzulegen, sowie der Wunsch, die Projekte sollten öffentliche Äußerungen (zum Beispiel in Form von

Presseerklärungen) vorab dem jeweiligen Ministerium zur inhaltlichen Freigabe vorlegen. Die von Mißtrauen getränkte, demokratiefeindliche und absurde Zielrichtung dieser Anliegen wird deutlich, wenn man sich vergewissert, wer zu diesen Trägern gehört. Neben kleineren Organisationen zählen dazu die großen Kirchen, die Gewerkschaften und Sozialverbände wie das Deutsche Rote Kreuz oder die Arbeiterwohlfahrt, die nun der Demokratieferne verdächtigt werden und sich gegenüber Ministerialbeamten erklären müssen.

Viertens: *Es haben sich mindestens zwei große Modellregionen des Rechtsextremismus herausgebildet.*
   Ostvorpommern und die Sächsische Schweiz genießen im europäischen Rechtsextremismus einen hervorragenden Ruf (vgl. Richter 2008; Borstel 2011). Beide Regionen gelten als gelungene Beispiele einer rechtsextremen Verankerung in der Mitte der örtlichen Gesellschaften. Während sich in der Sächsischen Schweiz jedoch bereits vor zehn Jahren ein zunächst zaghafter, dann aber doch stärkerer und vor allem auch nachhaltiger demokratischer Widerstand regte, hat Ostvorpommern diesbezüglich noch immer deutliche Defizite. Trotz mehrerer professioneller Angebote und der durchaus gelungenen Arbeit des Vereins für ein demokratisches Ostvorpommern kann im Hinterland von Usedom noch keine Entwarnung gegeben werden. Im Gegenteil: Die rechtsextremen Strukturen sind fest etabliert. In vielen Dörfern dominieren sie die Lebenswelt der örtlichen Jugend, und den Erwachsenen fällt zunehmend jede Abgrenzung schwer. Rechtsextremismus ist in Vorpommern unhinterfragte Normalität, ohne daß dessen Vertreter Mehrheiten organisieren könnten. Der Großteil der Menschen in Vorpommern ist sicherlich nicht rechtsextrem eingestellt. Den Nichtrechtsextremisten gelingt es allerdings nicht, die Wirkungsmacht der rechtsextremen Gruppen einzuschränken. Stück für Stück bauen die örtlichen Rechtsextremisten ihren Einfluß aus. Sie kaufen Immobilien, professionalisieren ihre Propaganda, bieten Jugendlichen attraktive, niedrigschwellige Angebote und inszenieren sich als »Kümmerer«, besonders gegenüber den sozial Schwachen. Vor Ort ist das alles bekannt. Nur fehlen Kraft, Mut und organisatorische Stärke, um aus der Region heraus einen wirklich demokratischen Widerstand zu organisieren. Die »real existierende Demokratie« ist in Teilen des Landes zum Schimpf-

wort geworden. Man verbindet sie mit einer zwanzigjährigen Tradition des systematischen Strukturabbaus, der Enttäuschung und Entfremdung vom Staat und von den demokratischen Institutionen. Ostvorpommern ist dabei nicht in einem postdemokratischen Stadium, sondern eher in einem prädemokratischen Entwicklungszustand. Die Demokratie hat sich dort bisher nicht kulturell verankern können. Dieses Vakuum nutzt die rechtsextreme Seite, die sich als politisch-kulturelle Wertalternative zum bestehenden System inszeniert.

Fünftens: *Die Angst hat viele Engagierte ausgelaugt. Es hat sich eine neue Angstkultur etabliert.*

Viele engagierte Demokraten können inzwischen auf ein Jahrzehnt des Lebens in Angst zurückblicken. Die offiziellen Zahlen zur rechtsextremen Gewalt schwanken von Jahr zu Jahr. Zuletzt zeigten sie sich leicht rückläufig. Dieser positive Trend verdeckt jedoch das hohe Maß der Gewöhnung an die Veralltäglichung und Professionalisierung rechtsextremer Gewalt- und Drohkulissen. Sie trifft schwache Gruppen zumeist spontan. Seit etwa zwei, drei Jahren ist jedoch auch ein strategischer Wandel der gewaltbereiten Gruppen innerhalb der rechtsextremen Strukturwelt zu erkennen. Mit dem schwindenden Einfluß der NPD gewannen wieder jene Gruppen an Oberwasser, die sich offen zum Straßen- und Raumkampf bekennen. Ihr Ziel ist die Befreiung ganzer Landstriche von jenen Personenkreisen, die nicht in ihr enges Weltbild passen. Sie setzen nach wie vor auf die Verdrängung ihrer Gegner auch mit Gewalt sowie die Herstellung alltäglicher Hegemonien. Leidtragende dieses Wandels sind auch jene Personen, die sich öffentlich zum Rechtsextremismus äußern und damit vor Ort oftmals in die Rolle der »Nestbeschmutzer« gedrängt werden. Diese Personen wissen um das Gewaltpotential der Rechtsextremen, sie werden bedroht, außerdem sind sie vor Ort mit Entsolidarisierung konfrontiert. Sie fühlen sich zunehmend hilflos, haben Angst um sich und ihre Familien und vermissen eine Anerkennung für ihr Tun.

Wie gehen diese Menschen mit der ständigen Bedrohung um? Einige ziehen sich aus der Öffentlichkeit zurück, und vor allem Jüngere verlassen ihre Heimat. Zur Angst vor rechtsextremer Gewalt kommt der Umstand, daß viele von ihnen in andere Regionen ziehen, sobald die Lebensphase der Ausbildung beginnt. Andere

Personen suchen vor Ort nach Umgehungsstrategien. Sie ziehen sich aus der direkten Arbeit gegen den Rechtsextremismus zurück und suchen sich neue Nischen für ein gesellschaftliches Engagement. Wieder andere versuchen, standhaft zu bleiben und äußern sich weiter zu den lokalen Problemen und Entwicklungen. An ihnen nagt die Angst, zum Teil mit schwerwiegenden gesundheitlichen Folgen. Besonders in den ländlich-peripheren Regionen können sich diese Personen nicht auf die Polizei verlassen, die angesichts der dortigen Entfernungen und großen Einsatzgebiete kaum örtliche Präsenz zeigen kann. Die rechtsextreme Seite nimmt diesen deutschen Zustand genüßlich wahr und fühlt sich in den jeweiligen lokalen Kontexten dadurch zunehmend gestärkt und mächtig.

Eng damit verbunden ist auch die Tatsache, daß wir es in einigen Regionen Ostdeutschlands mittlerweile mit einer ganzen Generation von Jugendlichen zu tun haben, für die der Rechtsextremismus ein normaler Bestandteil der Umgebung war, in der sie aufgewachsen sind. Sie haben abgrenzende oder aber integrierende Strategien des Umgangs entwickelt. Inwieweit diese Erfahrungen auch jenseits der beschriebenen Modellregionen zu einer zusätzlichen Normalisierung des Rechtsextremismus beitragen werden oder nicht, ist völlig offen.

Sechstens: *Ein Durchbruch der rechtsextremen Organisationen ist ausgeblieben.*
Von der regionalen Schwäche der demokratischen Strukturen konnten die rechtsextremen Parteien und Organisationen dennoch nur teilweise profitieren. Jenseits der Modellregionen gab es in Ostdeutschland in dieser Hinsicht ein ziemliches Auf und Ab. Erinnert sei an die mittlerweile oft schon in DDR-Zeiten zurückreichende und jetzt mehrere Jahrzehnte andauernde Präsenz von Gruppen und Cliquen in Ostdeutschland. Vor Ort zeigen sich dadurch neue Generationen rechtsextremer Gesellungsformen, wobei sich zunehmend jüngere Rechtsextremisten von den Alten und ihren Ideen und Ansätzen abzugrenzen versuchen. Dabei lassen sich mehrere Entwicklungen aufzeigen.

Neben der NPD konnte sich keine rechtsextreme oder auch rechtspopulistische Partei etablieren. Lediglich die DVU verfügte vorübergehend über eine brandenburgische Andockstelle. Die NPD selbst ist in den einzelnen Bundesländern unterschiedlich stark. In Sachsen und Mecklenburg-Vorpommern verfügt sie über Landtagserfahrung und konnte die damit verbundenen Privilegien und Gelder zum Ausbau ihrer Strukturen nutzen. Die Hintergründe in den beiden Ländern sind dabei allerdings höchst unterschiedlich. In Mecklenburg-Vorpommern ist die NPD eine von den Freien Kameradschaften und Netzwerken gekaperte Partei (vgl. Heinrich 2008). In Sachsen hingegen lebt sie vor allem von westdeutschen Zugängen und einigen regional etablierten NPD-Mitgliedern. Aus diesem Grund unterscheiden sich auch die thematischen Ausrichtungen der Landesverbände. Im Norden gibt sich die Partei erheblich radikaler in ihren Formulierungen und in ihrem Politikverständnis. Der sächsische Landesverband hingegen verwendet auch rechtspopulistische Kommunikationsstrategien und legt trotz einiger gezielter Propagandaaktionen größeren Wert auf gesellschaftliche Etablierung.

Wesentliche Teile innerhalb der rechtsextremen Organisationswelten halten dauerhaft Distanz zu den Parteien. Für sie ist die NPD bestenfalls ein Partner auf Zeit, manchen gilt sie als systemimmanente Organisation, die bekämpft werden muß. Diese Personenkreise organisieren sich noch immer in den hinlänglich beschriebenen Kameradschaften, freien Netzwerken oder auch internationalen Organisationen wie den Hammerskins oder den trotz Verbot nach wie vor agierenden Blood & Honour-Strukturen. Dieses Netzwerk ist allen Umbrüchen zum Trotz relativ stabil und erstreckt sich über ganz Ostdeutschland. Beinahe alle temporären und regionalen Niedergänge konnten aufgefangen werden (vgl. Borstel 2007b).

In den letzten Jahren hat sich – zum Teil selbständig, manchmal auch von den älteren Führungskadern der jeweilig beherrschenden Szene gefördert – eine neue Bewegung der sogenannten »Autonomen Nationalisten« ausgebreitet (vgl. Schedler/Häusler 2011), in der sich in erster Linie die nachwachsende rechtsextreme Generation sammelt. Die Autonomen Nationalisten kopieren nicht nur die Ästhetik und den Kleidungsstil linker Gruppen, sondern sie haben vor allem neue rechtsextreme Aktionsformen entwickelt. Das Internet gewinnt dabei als Mobilisierungs- und Rekrutierungsinstrument an Einfluß. Gewalt ist in diesen Gruppen ein Teil der Lebenswelt. Sie stellen in ihrer Propaganda jugendgerecht Systemfragen wie zum Beispiel die nach sozialer Gerechtigkeit oder dem demographischen Wandel.

Alle drei Organisationsformen – die NPD, freie Kameradschaften und Netzwerke, Autonome Nationalisten – kooperieren trotz vielfältiger Streitigkeiten und Abgrenzungsversuche in vielen Bereichen. Deutlich wird dies etwa in der Professionalisierung der rechtsextremen Kampagnenarbeit. Nach dem aus rechtsextremer Sicht erfolgreichen ersten Versuch der Organisation einer überregionalen Gegenkampagne mit Demonstrationen, Flugschriften, Internetauftritten, Videos und Tonträgern zur Ausstellung »Verbrechen der Wehrmacht. Dimensionen des Vernichtungskrieges 1941-1944« mit dem Titel »Opa war in Ordnung« (vgl. Virchow 2006) folgten mittlerweile mehrere rechtsextreme Kampagnen, in denen es zum Beispiel um Sexualstraftäter oder den demographischen Wandel ging. Neu waren daran die gut funktionierende überregionale Zusammenarbeit verschiedener rechtsextremer Gruppen und Parteien sowie die Vereinheitlichung der Logos, Parolen und ästhetischen Werbemittel. Dazu wurden unter anderem flächendeckend Propagandamaterialien entwickelt und verteilt. Regelmäßige Demonstrationen sorgen für die nötige Öffentlichkeit. Flankiert werden diese Kampagnen mit jugendgerechten Medien wie Musikstücken und Videos, die man kostenlos im Internet beziehen kann.

Trotzdem haben sich – und das ist ein wichtiger Punkt – viele Blütenträume der Rechtsextremisten bisher nicht erfüllt. Die nationale Revolution hat nicht stattgefunden. Geblieben sind jedoch hier und da Normalisierungs- und Anerkennungserfahrungen, die der rechtsextremen Seite immer wieder Auftrieb geben. In vielen Orten blieb die rechtsextreme Seite trotz an sich für sie günstiger Rahmenbedingungen schwach. Organisationsbegabte Persönlichkeiten finden sich im Rechtsextremismus nur selten. Viele führende Kadergrößen verzweifeln angesichts des Zustands ihrer Mannschaften, denen Alkohol und Gewalt oft wichtiger sind als die Umsetzung politischer Strategien. Aus Sicht der Demokratie ist dies natürlich zunächst erfreulich. Betrachtet man die Dinge allerdings aus der Perspektive schwacher Gruppen und berücksichtigt man auch die Entwicklung der im Rahmen des Syndroms der *Gruppenbezogenen Menschenfeindlichkeit* erfaßten Einstellungen, so gibt es keinen Grund für Selbstzufriedenheit.

Siebtens: *Die »ästhetische« Sichtbarkeit des Rechtsextremismus ist dahin.*

Rechtsextremismus war zu Beginn der neunziger Jahre auch äußerlich ein prägnanter Bestandteil der ostdeutschen Jugendkultur. Allerdings hatte sich dies schon vor dem Jahr 2002 verändert. Als offen zur Schau gestellte ästhetische Formation ist der Rechtsextremismus jenseits kleiner Zellen verschwunden. Diese ästhetische Normalisierung ist aber gerade Teil des Problems. Immerhin stellt sich die dringende Frage, inwieweit er in den Köpfen stabil geblieben ist oder nicht. Mit der Ausdifferenzierung der ästhetischen Trends und der anschließenden Vermischung mit dem Mainstream oder bestehenden Subkulturen verschwand in vielen Regionen vermeintlich der Problemdruck, da der Rechtsextremismus nun nicht mehr für jeden offen erkennbar war. Die Opfergruppen bekamen ihn allerdings nach wie vor zu spüren.

Achtens: *Die Demokratieerfahrungen sind noch immer ambivalent.*

Eine demokratische Kultur ist ohne die in den Beiträgen zur Reihe *Deutsche Zustände* immer wieder geforderte *Kultur der Anerkennung* nicht möglich. *Gruppenbezogene Menschenfeindlichkeit* steht einer solchen Kultur entgegen, und vor diesem Hintergrund ist die Stabilität des Syndroms auch Ausdruck einer immanenten Schwäche der Demokratie in Ost- und Westdeutschland.

In Ostdeutschland kommen jedoch zusätzliche Faktoren ins Spiel. Ein zentraler Punkt sind dabei bis heute die unterschiedlichen Erfahrungen mit der Demokratie. Die Demokratisierung nach dem Zweiten Weltkrieg wird im kollektiven Gedächtnis der Westdeutschen auch mit dem ökonomischen Aufschwung verbunden und ist damit positiv konnotiert. Trotz der anfänglichen Euphorie nach der Wende fehlt diese Erfahrung bis heute in weiten Teilen Ostdeutschlands.

Die Demokratie verband sich nicht mit dem erhofften ökonomischen Aufschwung und der erträumten Synthese aus D-Mark, Freiheit und sozialer Sicherheit. Im Gegenteil: Arbeitslosigkeit, Angst vor und Erfahrungen mit sozialem Abstieg sowie das Gefühl der Entwertung privater Lebensleistungen zu DDR-Zeiten trafen viele ostdeutsche Familien und werden noch immer mit dem neuen Gesellschafts- und Politikmodell unmittelbar verbunden. Die Demokratie ist zwar als staatliche Struktur verankert; sie wird aber vielerorts noch immer als »fremd« empfunden. Interessant ist dabei, daß es trotzdem eine große Zustimmung zu den Idealen der Demokratie gibt; man vermißt jedoch ihre praktische Umsetzung und fordert ihre Realisierung in der alltäglichen Praxis.

Die Erfahrungen mit der »real existierenden« Demokratie werden sehr unterschiedlich verarbeitet. Einerseits gibt es da natürlich Apathie und den Rückzug aus dem öffentlichen Raum. Einen anderen Weg bestreiten viele junge Ostdeutsche, die mit der sozialen Unsicherheit ihrer Eltern aufgewachsen sind und schon früh erkannt haben, daß es in der modernen Gesellschaft kaum noch selbstverständliche Lebensläufe gibt. Sie nehmen ihr Leben selbst in die Hand und ziehen oftmals schon früh in die größeren Städte oder nach Westdeutschland und kehren auch nach ihrer Ausbildung nicht mehr in ihre ländliche Heimat zurück. Den demokratischen Parteien und Institutionen fehlt somit der Nachwuchs. Ältere Menschen, die sich dort seit der Wende engagiert haben, werden allerdings allmählich müde oder alt. Wer soll nun die demokratischen Institutionen mit Leben füllen? Diese Frage wird – auch vor dem Hintergrund des demographischen Wandels – zu einer Schicksalsfrage für die lebendige Demokratie, insbesondere in den ländlichen und kleinstädtischen Regionen Ostdeutschlands.

Neuntens: *Neue Brücken des Zusammenlebens wurden gebaut.*

Die DDR war ein überaus integrationsfeindlicher Staat. Neben russischen Soldaten und Studierenden aus sozialistischen Bruderländern gab es lediglich eine geringe Zahl von Menschen, die im Rahmen zeitlich begrenzter Arbeitsmigrationsprogramme ins Land kamen und kaum Kontakt mit der deutschen Bevölkerung hatten. In der Folge war der Blick auf die westdeutsche Integrationslandschaft nach der Wiedervereinigung für viele Ostdeutsche ein Kulturschock, da ihnen elementare Erfahrungen im Umgang mit Migranten fehlten. Gemäß der Kontakthypothese (vgl. Christ/Wagner 2008 sowie Asbrock et al. in diesem Band), nach der positive, gleichberechtigte Kontakte Gefühle der Fremdheit abbauen, steckte in dieser wenig pluralistischen und weitgehend monoethnischen Kultur ein den Rassismus befördendes Moment. Zwanzig Jahre später sind weite Teile Ostdeutschlands noch immer eine integrationspolitische Wüste. Zuzug gibt es in vielen

Regionen nur von zugewiesenen Asylbewerbern auf Zeit (vgl. zu den Folgen exemplarisch Heinrich 2004). Dies verhindert bis heute die gesellschaftliche Öffnung gegenüber Migranten, da elementare Alltagserfahrungen nach wie vor fehlen. Dennoch gibt es Brücken, vor allem in den Städten. Auch wenn dort immer noch deutlich weniger Migranten leben als in westdeutschen Städten, hat sich doch ein neuer Alltag des Zusammenlebens von Menschen mit verschiedenen kulturellen Biographien und religiösen Hintergründen etabliert.

Fazit

Ostdeutschland befindet sich noch immer in einer Transformationsphase mit offenem Ausgang. Weder die Rechtsextremen noch die demokratischen Akteure konnten unumkehrbare Geländegewinne verbuchen. Hoffnung macht vor allem die Entwicklung in den großen Städten, die zu neuen Zentren der demokratischen Kultur werden könnten. Bedrückend ist die Situation dagegen in den Modellregionen des Rechtsextremismus und an anderen Orten, wo Demokratieferne, ökonomische Probleme sowie gut verankerte rechtsextreme Strukturen sich mit der Verunsicherung der Bevölkerung und feindseligen Einstellungen gegenüber schwachen Gruppen zu einer hochproblematischen Gemengelage verbinden. Angesichts der Schwäche der demokratischen Kultur und der sie tragenden Akteure und Institutionen vor Ort stellt sich dort nach wie vor die Frage nach der Zukunft der Demokratie. Der Rechtsextremismus bietet sich selbst als Alternative an, scheitert bisher aber auch an eigenen strukturellen und programmatischen Mängeln.

Literatur

Borstel, D., »*Braun gehört zu Bunt dazu!*«. *Rechtsextremismus und Demokratie am Beispiel Ostvorpommern*, Münster 2011, S. 344-415.

Borstel, D., »Heimat und Zukunft in Ueckermünde«, in: Heitmeyer, W. (Hg.), *Deutsche Zustände. Folge 5*, Frankfurt am Main 2007a, S. 197-206.

Borstel, D., »Rechtsextreme Strukturen, Szenen und Umfelder«, in: Backes, U./Steglich, H. (Hg.), *Die NPD. Erfolgsbedingungen einer rechtsextremistischen Partei*, Baden Baden 2007b, S. 261-282.

Buchstein, H./Heinrich, G. (Hg.), *Rechtsextremismus in Ostdeutschland. Demokratie und Rechtsextremismus im ländlichen Raum*, Schwalbach/Taunus 2010.

Christ, O./Wagner, U., »Interkulturelle Kontakte und Gruppenbezogene Menschenfeindlichkeit«, in: Heitmeyer, W. (Hg.), *Deutsche Zustände. Folge 6*, Frankfurt am Main 2008, S. 154-168.

Czeremin, L., »Das Tor aus den Ohren verloren. In Colditz zerfällt ein Bündnis gegen Rechtsextremismus«, in: Heitmeyer, W. (Hg.), *Deutsche Zustände. Folge 8*, Frankfurt am Main 2010, S. 259-268.

Grumke, T., *Rechtsextremismus und Rechtspopulismus als Herausforderung für die Demokratie*, online verfügbar unter: {http://www.demokratie-deutschland-2011.de/common/pdf/
Rechtsextremismus_und_Rechtspopulismus.pdf} (Stand Juli 2011).

Heinrich, G., »Die NPD als Bewegungspartei«, in: *Forschungsjournal Neue Soziale Bewegungen* 4/2008, S. 29-38.

Heinrich, G., »Akzeptanzprobleme der Migration in Mecklenburg-Vorpommern«, in: Werz, N./Nuthmann, R. (Hg.), *Abwanderung und Migration in Mecklenburg und Vorpommern*, Wiesbaden 2004, S. 279-293.

Heitmeyer, W., »Unthematisierte Reproduktionsverhältnisse. Zur Selbststabilisierung eines feindseligen Klimas«, in: Heitmeyer, W. (Hg.), *Deutsche Zustände. Folge 5*, Frankfurt am Main 2007, S. 281-293.

Heitmeyer, W., »Beunruhigende Normalität«, in: Heitmeyer, W. (Hg.), *Deutsche Zustände. Folge 2*, Frankfurt am Main 2003, S. 299-310.

Heitmeyer, W., »Rechtsextremistische Gewalt«, in: Heitmeyer, W./Hagan, J. (Hg.), *Internationales Handbuch der Gewaltforschung*, Wiesbaden 2002, S. 501-546.

Jansen, F., »›Ich fühle mich in Schwedt nicht mehr sicher!‹. Ein Bericht über Ibraimo Alberto in Schwedt«, in: *Der Tagesspiegel* (30. Juni 2011).

Richter, B., *Rechter Alltag – Ein Bericht über die »deutschen Zustände« in Reinhardtsdorf-Schöna und Kleingießhübel*, herausgegeben von der Amadeu Antonio Stiftung, Berlin 2008.

Schedler, J./Häusler, A. (Hg.), *Autonome Nationalisten. Neonazismus in Bewegung*, Wiesbaden 2011.

Staud, T., »Unterwegs in der faschisierten Provinz. Erlebnisse einer Lesereise«, in: Heitmeyer, W. (Hg.), *Deutsche Zustände. Folge 6*, Frankfurt am Main 2008, S. 282-287.

Virchow, F., »Dimensionen der ›Demonstrationspolitik‹ der extremen Rechten in Deutschland«, in: Klärner, A./Kohlstruck, M. (Hg.), *Moderner Rechtsextremismus in Deutschland*, Hamburg 2006, S. 68-101.

FRANK JANSEN

Opfer rechtsextremistischer Gewalt
Eine Bilanz zur Schicksalsvergessenheit seit der Wiedervereinigung

I.

Der Mörder trägt am Hemdkragen die Runen der SS. Thomas A. betritt mit einer Pumpgun die Praxis des Rechtsanwalts Hartmut Nickel in Overath (bei Köln), um Rache zu üben. Der Neonazi ist pleite, sein Kampf für ein Viertes Reich erfolglos. Dem Ex-Söldner erscheint Nickel als ideales Opfer, um Lebensfrust und braunem Haß in einem Fanal freien Lauf zu lassen. Der Anwalt hatte in einem Streit des Neonazis um Mietschulden die Gegenseite vertreten. Thomas A. mußte einen Bauernhof räumen, auf dem er Treffen mit anderen Rechtsextremisten veranstaltet hatte. Am 7. Oktober 2003 schlägt der Neonazi in Killermanier zurück.

Thomas A. tötet mit Schüssen aus der Pumpgun erst Nickels Ehefrau Mechthild Bucksteeg, dann Nickels Tochter Alja und zuletzt den Anwalt. Am Tag nach der Mordorgie verfaßt der Täter ein Flugblatt mit dem Titel »Deutsches Volk!«. Thomas A. schreibt, in Overath hätten »Teile der in der Schutzstaffel zusammengefaßten Deutschen Streitkräfte mit der Befreiung des Reichsgebietes und der strafrechtlichen Verfolgung der Hochverräter begonnen«.

Im Dezember 2004 fällt das Landgericht Köln das härteste Urteil, das in so einem Fall denkbar ist. Thomas A. erhält nicht nur lebenslange Haft wegen Mordes. Die Richter bescheinigen ihm, seine nationalsozialistische Anschauung habe ihm »ein Handeln mit Härte, Entschlossenheit und ungerührtem Vollstreckerwillen« ermöglicht. Die Kammer sieht deshalb auch eine »besondere Schwere der Schuld«. Damit verlängert sich die Haftdauer über die sonst üblichen 15 Jahre hinaus. Aber selbst das halten die Richter nicht für ausreichend. Sie verhängen zusätzlich eine Sicherungsverwahrung, da andernfalls zu befürchten sei, daß der Neonazi »den bewaffneten Kampf nach seiner Haftentlassung fortzusetzen gedenkt«, wie es im Urteil heißt.

Der Fall Thomas A. ist eines der spektakulärsten rechtsextremen Tötungsverbrechen in der Geschichte der Bundesrepublik. Doch in der Statistik der Bundesregierung zu den Todesopfern rechter Gewalt seit der Wiedervereinigung fehlt der Dreifachmord von Overath. Auch 87 weitere Männer, Frauen und Jugendliche, die bei rechtsextrem motivierten Angriffen starben, werden in der offiziellen Bilanz nicht genannt. Die Bundesregierung erwähnt, gestützt auf die Zahlen der Polizeien der Länder, lediglich 47 Tote seit 1990. Dieser Wert setzt sich aus den Meldungen der Landeskriminalämter zusammen, die von den regionalen Polizeibehörden informiert werden. Die Summe landet beim Bundeskriminalamt, das dann der Bundesregierung, konkret: dem Bundesinnenministerium, die Bilanz übermittelt.

Der Berliner *Tagesspiegel* hat mit der *Frankfurter Rundschau* und zuletzt mit dem Wochenblatt *Die Zeit* das Schicksal von insgesamt 137 Todesopfern rechter Gewalt recherchiert, mehr als die Hälfte starben in Ostdeutschland einschließlich Berlins. Außerdem kommen 14 Verdachtsfälle hinzu. Bei diesen Tötungsverbrechen gibt es Indizien dafür, daß die Täter aus einer rechtsextremen Motivation heraus handelten, völlige Klarheit war aber bei den Recherchen nicht zu erlangen. Die erste Sonderveröffentlichung erschien im September 2000, die vorläufig letzte im September 2010. Und auch nach zehn Jahren Recherche zeigt sich wieder: Das Verhalten der Behörden vor, während und nach den Berichten in den Zeitungen bleibt ein weitgehend unangenehmes Kapitel in der Historie des wiedervereinigten Landes.

2.

Fairerweise muß gesagt werden, daß es auch Lichtblicke gibt, Einsicht, Korrekturen. Aber viel zu wenig, um die enorme Diskrepanz zwischen der Zahl von 47 Todesopfern rechter Gewalt zu erhellen, die in den Angaben der Regierung vermerkt sind, und der Summe von 137 erschlagenen, zertretenen, erschossenen, verbrannten, ertränkten oder sonstwie getöteten Menschen, die in den drei Zeitungen genannt werden – ohne einen bundesweiten Aufschrei auszulösen. Bei diesem Thema ist der deutsche Zustand meist ein Mangel an Empathie. In der Polizei, in der Justiz, in Ministerien, in Parlamenten, in Medien, in der Gesellschaft schlechthin. Nicht überall, aber viel zu oft. Es scheint nur wenige zu interessieren, ob Neonazis 47 Menschen getötet haben oder 137 – oder noch mehr, denn es gibt sicherlich ein Dunkelfeld, das auch drei Zeitungen nicht aufklären können, trotz aufwendiger Recherchen.

In den demokratischen Parteien, in den Kirchen, in Gewerkschaften und anderen Verbänden ist nur wenig oder gar kein Protest zu hören, oft nicht einmal fragendes Interesse. Doch alle demokratischen Parteien und zahllose weitere Institutionen und Verbände und Vereine fordern immer wieder, die Bürgerinnen und Bürger der Bundesrepublik sollten sich dem Rechtsextremismus entgegenstellen und Zivilcourage zeigen. Wie aber soll eine Bevölkerung die Notwendigkeit für permanentes Engagement gegen Rechtsextremismus erkennen, wenn Polizei und Justiz die tödliche Dimension brauner Gewalt in Teilen ausblenden oder gar nicht erst wahrnehmen? Man könnte die Frage auch ins Grundsätzliche wenden: Wie kann sich eine Demokratie angemessen gegen einen ihrer härtesten Feinde wehren, wenn sie sein verbrecherisches Potential nur ungenügend erfaßt?

Und warum muß so eine Frage ausgerechnet in Deutschland gestellt werden, dem Land, dessen Geschichte in einem auch heute noch kaum faßbaren Ausmaß von rechtsextremem Mordwahn belastet ist?

Es wird zudem die Würde von Opfern rechter Gewalt mißachtet, wenn sie nicht als solche wahrgenommen werden. Denn die von Polizei und Justiz häufig vorgenommene Bewertung rechter Tötungsverbrechen als unpolitische Delikte erweckt den Eindruck, es habe sich bei allem Grauen doch nur um ein beinahe alltägliches Verbrechen gehandelt, wie es nun mal überall geschieht. Diese Sichtweise blendet aus, daß Rechtsextremisten, wie es einst das NS-Regime vorgemacht hat, ihre Opfer und ihr soziales Milieu als unwertes Leben ansehen und daraus ableiten, vernichtende Gewalt sei legitimiert – durch eine Ideologie der Ungleichwertigkeit als Kern von *Gruppenbezogener Menschenfeindlichkeit*.

Ein Obdachloser, ein Linker, ein Migrant werden in der Regel nicht wegen ein paar Euro attackiert, sondern weil die rechtsextremen Täter ihnen pauschal das Existenzrecht absprechen. Opfer werden in manchen Fällen allerdings auch sogenannte »Normalbürger«, die keiner sozialen Minderheit angehören, sondern es lediglich gewagt haben, einem Neonazi zu widersprechen oder einfach nur da waren, als ein Rechtsextremist sich austoben mußte.

Hier wirkt der Vernichtungswahn auf den ersten Blick ziellos und kann im Einzelfall sogar andere Rechtsextremisten treffen. Bei genauem Hinschauen erschließt sich aber auch da, in welchem Maße die braune oder zumindest ressentimentgeladene Gesinnung die Täter geprägt hat.

3.

Um welche Fälle tödlicher Gewalt handelt es sich? Zunächst eine Übersicht, dann einige Beispiele. In der Summe von 137 Toten finden sich 42 Migranten (darunter fünf Spätaussiedler); 32 Menschen, die von den Tätern als »asozial« verachtet werden, also 24 Obdachlose und acht Arbeitslose – viele aus diesen Milieus waren alkoholkrank; elf Linke und Punks (rechtes Feindbild »Zecken«); vier Polizisten; drei Behinderte; zwei »Kinderschänder« (Tatmotiv Selbstjustiz); zwei Szeneaussteiger; auch zwei Rechtsextremisten; ein Homosexueller; eine Prostituierte; ein als »Jude« eingestufter und dann zu Tode gequälter Mann; und: 36 »Normalbürger«, bei denen vordergründig oft kein klassisches rechtsextremes Opferschema zu erkennen war, im Detail dann aber durchaus ein rechtes Motiv. Mehrere dieser Opfer hatten Zivilcourage gezeigt und sich offen gegen Rechtsextremismus gestellt, andere hatten es gewagt, sich Neonazis in scheinbar unpolitischen Konflikten entgegenzustellen – wie der Overather Anwalt Hartmut Nickel, der im Streit um Mietschulden gegen den Ex-Söldner Thomas A. aufgetreten war.

Die neunzig Toten, die bislang offiziell nicht als Opfer rechter Gewalt anerkannt werden, lassen sich folgenden Milieus zurechnen: 16 Migranten; 16 Obdachlose und sechs Arbeitslose; die eine Prostituierte; der Schwule; fünf Linke und Punks; alle drei Behinderten; ein Szeneaussteiger; die beiden »Kinderschänder«; alle fünf Spätaussiedler; drei Polizisten; die beiden Rechtsextremisten – und 29 »Normalbürger«.

Es fällt auf, daß Polizei und Justiz bei den größeren Opfergruppen »Normalbürger« und »Asoziale« (Obdachlose und Arbeitslose) prozentual wenige als Todesopfer rechter Gewalt anerkannt haben – während bei den getöteten Migranten »nur« etwa vierzig Prozent in der offiziellen Statistik nicht auftauchen. Das könnte ein Indiz sein für eine eher selektive gesellschaftliche Wahrnehmung rechtsextremer Gewalt als vorrangig ausländerfeindliches Phänomen. Einem »fremd« aussehenden Menschen wird möglicherweise auch bei Polizei und Justiz eher ein Status als Opfer rechter Gewalt zugestanden als einem deutschen Obdachlosen und einem deutschen »Normalbürger«.

Weniger aussagekräftig angesichts geringer Fallzahlen, aber doch bedrückend erscheint auch, daß Polizei und Justiz keinen der getöteten Spätaussiedler und Behinderten als Opfer rechter Gewalt registriert haben.

4.

Einige Beispiele rechter Angriffe künden exemplarisch von den Defiziten der offiziellen Erfassung rechter Tötungsverbrechen. Der Obdachlose Eberhart Tennstedt wird in der Nacht zum 5. April 1994 in Quedlinburg (Sachsen-Anhalt) zusammen mit einem weiteren Obdachlosen von drei jungen Rechtsextremisten verprügelt. Mit Schüssen aus einer Gaspistole treiben sie ihre Opfer in einen Fluß. Der alkoholisierte Tennstedt ertrinkt. Bei der Polizei sagen die Täter, »Penner« paßten nicht ins Stadtbild. Es stellt sich heraus, daß ein Kioskbesitzer den Rechtsextremen den Auftrag erteilt hatte, die Obdachlosen zu vertreiben. Im Dezember 1994 verurteilt das Landgericht Magdeburg den Haupttäter wegen Aussetzung einer hilflosen Person und Körperverletzung mit Todesfolge zu drei Jahren Jugendstrafe. Die Mittäter und der Kioskbesitzer erhalten Bewährungsstrafen. In der Urteilsbegründung heißt es, bei der Tat habe es sich um eine »Machtdemonstration gegenüber Schwächeren« gehandelt. Die Angeklagten hätten die Obdachlosen »gewaltsam vertreiben« wollen.

Doch der Fall wird nicht als rechtes Tötungsverbrechen registriert. Bis heute nicht.

In Gera (Thüringen) quälen vier Rechtsextremisten am 20. Januar 2004 den Spätaussiedler Oleg Valger zu Tode. Nach einem Streit haben die jungen Täter den Mann in ein Wäldchen gelockt und traktieren ihn dort mit Tritten, Messerstichen und Hammerschlägen. Nach dem Tod Valgers sagt einer der Täter:«Wenigstens eine Russensau weniger.« Das Landgericht Gera spricht im Urteil von einer menschenverachtenden Gesinnung, erkennt aber keinen fremdenfeindlichen Hintergrund. Im Juli 2004 werden die

Haupttäter wegen Mordes zu Jugendstrafen von neun und zehn Jahren verurteilt.

In den Polizeistatistiken zu rechten Tötungsverbrechen steht der Fall nicht.

Am Abend des 28. März 2005, Ostermontag, kommt es an der Dortmunder U-Bahn-Haltestelle Kampstraße zu einer verbalen Auseinandersetzung zwischen dem Punk Thomas Schulz, Spitzname »Schmuddel«, und dem Skinhead Sven K., der zur rechten Szene zählt. Sven K. zieht ein Messer und tötet Schulz mit einem Stich ins Herz. In der Urteilsbegründung nennen die Richter die mögliche »menschenverachtende Einstellung« des jungen Täters gegenüber Punks als »eines unter mehreren Motiven«. Der Stich ins Herz wird nicht als Mord, sondern »nur« als Totschlag gewertet. Sven K. erhält sieben Jahre Jugendhaft. Kurz nach seiner Entlassung aus der Haft beteiligte er sich laut Polizei im Dezember 2010 am Überfall auf das linke Szenelokal »HirschQ« in Dortmund.

Als rechtes Tötungsverbrechen gilt die Messerattacke auf Thomas Schulz offiziell nicht.

Kontinuierlich hat beim Thema rechte Tötungsverbrechen nur die Linkspartei, früher PDS, bei der Bundesregierung nachgehakt. Von SPD und Grünen kam deutlich weniger, von Union und FDP fast nichts. Und es ist nicht zu erkennen, daß sich an diesem Zustand etwas geändert hat. Das seltsame, bisweilen willkürlich oder gar zynisch erscheinende Prozedere der Anerkennung von Todesopfern rechter Gewalt durch Staat und Politik läßt wenig Hoffnung zu. Wie schon eine kurze Bilanz der Jahre von 1990 bis heute nahelegt.

Die Bundesregierung unter Helmut Kohl spricht 1993 in einer Antwort auf eine Anfrage der PDS-Fraktion von insgesamt 22 Todesopfern rechter Gewalt. Im Jahr 1999, die Regierung ist jetzt rotgrün, erhält die PDS-Fraktion eine Antwort, die überrascht: Von den 22 Toten, die 1993 genannt wurden, ist in der offiziellen Statistik die Hälfte verschwunden. Da die Regierung unter Gerhard Schröder aber elf neue Fälle nennt, lautet die Bilanz wie schon sechs Jahre zuvor: 22 Todesopfer rechter Gewalt. Mehr nicht.

Als *Tagesspiegel* und *Frankfurter Rundschau* im September 2000 ihre erste Liste mit insgesamt 93 Toten veröffentlichen, kommt die Polizei bundesweit auf lediglich 26 Opfer. Der damalige Bundesinnenminister Otto Schily (SPD) gibt aber erstaunlich schnell zu, die Polizei habe bundesweit »Erfassungsdefizite«. Das Bundeskriminalamt schickt die Liste von *Tagesspiegel* und *Frankfurter Rundschau* an die Landeskriminalämter, damit sie ihre Akten durchforsten. In einigen Ländern geschieht das, in anderen nicht. Im November 2000 verkündet Schily, die Polizei melde nun insgesamt 36 Todesopfer rechter Gewalt seit der Wiedervereinigung, also zehn mehr als noch zwei Monate zuvor. Das Bundeskriminalamt hält allerdings auch die neue Zahl für zu niedrig, kann aber in der föderal strukturierten Bundesrepublik keine Landesbehörde anweisen, Statistiken zu ändern.

Immerhin wird in der neuen Bilanz jetzt auch ein besonders auffälliger Fall genannt. Im Februar 1997 erschießt der Berliner Neonazi Kai Diesner in Schleswig-Holstein den Polizisten Stefan Grage. Diesner ist auf der Flucht, wenige Tage zuvor hat er mit seiner großkalibrigen Waffe in Berlin den der PDS angehörenden Buchhändler Klaus Baltruschat schwer verletzt. Aus Haß auf Linke, erst recht nachdem Autonome kurz zuvor in Berlin gewaltsam einen rechtsextremen Aufmarsch verhindert haben. Und der Polizist Stefan Grage muß sterben, weil Diesner ihn als Büttel des Systems verachtet. Grages Kollege kommt bei den Schüssen auf einem Autobahnparkplatz nur knapp mit dem Leben davon.

Das Landgericht Lübeck bescheinigt Diesner eine menschenverachtende Gesinnung und verurteilt ihn zu lebenslanger Haft. Die Richter sehen auch eine besondere Schwere der Schuld. Das Landeskriminalamt Schleswig-Holstein meldet den Fall allerdings nicht als rechtes Tötungsverbrechen. Erst als das BKA im Herbst 2000, gestützt auf die Liste von *Tagesspiegel* und *Frankfurter Rundschau*, auch in Kiel nachfragt, kommt von dort eine Korrektur. Ein Experte des Landeskriminalamts gibt später zu, es sei ihm unangenehm, daß der Fall Diesner nicht früher als rechtes Tötungsverbrechen erfaßt wurde.

Im Bundesinnenministerium heißt es im Herbst 2000 hinter vorgehaltener Hand, die beiden Zeitungen hätten dankenswerterweise die schwierige Diskussion mit den Länderbehörden um eine Reform der Erfassungskriterien befördert. Im Jahr 2001 wird dann das neue Definitionssystem »Politisch Motivierte Kriminalität (PMK)« eingeführt. Es unterscheidet sich deutlich von den bisherigen Kriterien, die einen rechtsextremen Angriff nur als politische Tat werteten, wenn eine Attacke auf die Grundordnung der Bundesrepublik zu erkennen war. Der Überfall eines angetrunken

Nazi-Skinheads auf einen Obdachlosen fiel beinahe automatisch durch das Raster. Die PMK-Definition hingegen, aufgeteilt in PMK rechts, PMK links, PMK Ausländer (für Delikte nichtdeutscher Täter) und PMK Sonstige, ist bewußt auf viele denkbare Situationen zugeschnitten. Der zentrale Satz lautet: Der PMK werden Straftaten zugeordnet,

> »wenn in Würdigung der Umstände der Tat und/oder der Einstellung des Täters Anhaltspunkte dafür vorliegen, daß sie gegen eine Person gerichtet sind wegen ihrer politischen Einstellung, Nationalität, Volkszugehörigkeit, Rasse, Hautfarbe, Religion, Weltanschauung, Herkunft oder aufgrund ihres äußeren Erscheinungsbildes, ihrer Behinderung, ihrer sexuellen Orientierung oder ihres gesellschaftlichen Status«.

Der Begriff »gesellschaftlicher Status« verweist vor allem auf Angriffe, denen Obdachlose, Alkoholkranke und andere Menschen ausgesetzt sind, die von rechtsextremen Tätern, aber auch von »nur« ressentimentgeladenen »Normalbürgern« als »asozial« verachtet werden. Solche Delikte können in der PMK als Haßkriminalität und damit als »PMK rechts« eingeordnet werden. Das ist, wie die gesamte PMK-Definition, ein umfassender und differenzierter Ansatz. Bei der Erfassung von Todesopfern rechter Gewalt hat sie jedoch wenig genutzt, weil sie von den Polizeien der Länder nur partiell wahrgenommen und angewandt wird. Oder sie wird schlicht ignoriert, nicht nur von Polizeibeamten, sondern auch von Staatsanwälten und Richtern.

Ein erster Verdacht, die Einführung des Definitionssystem PMK greife zumindest bei der Erfassung von Todesopfern rechter Gewalt kaum, ergibt sich schon im Jahr 2003. Da aktualisieren der *Tagesspiegel* und die *Frankfurter Rundschau* ihre Opferliste und kommen durch neue Recherchen auf 99 Tote seit der Wiedervereinigung. Die Bundesregierung nennt jedoch nur 39 Todesopfer – das sind lediglich drei mehr als nach der Korrektur im Jahr 2000. Einer der neuen, offiziell erwähnten Fälle ist allerdings bemerkenswert, da hier eine Strafkammer unter Hinweis auf das Definitionssystem PMK ein Urteil verkündet hat, das früher wahrscheinlich anders ausgefallen wäre.

In der Nacht zum 9. August 2001 erschlagen im brandenburgischen Ort Dahlewitz fünf junge Männer den Obdachlosen Dieter Manzke. Bei ihrer Festnahme sagen die Täter, sie hätten »Ordnung schaffen wollen« und sich von der Lebensweise des Opfers »gestört gefühlt«. Die Staatsanwaltschaft Potsdam sieht kein rechtes Motiv, die jungen Schläger sind bislang nicht als Neonazis aufgefallen. Doch die Jugendkammer des Landgerichts Potsdam bewertet den Fall anders. Es habe sich um ein rechtes Tötungsverbrechen gemäß der PMK-Definition gehandelt, sagt der Vorsitzende Richter, Klaus Przybilla, bei der Verkündung des Urteils im April 2002. Przybilla, der sich intensiv mit dem Thema PMK befaßt hat, hält den Angeklagten vor, angetrieben durch dumpfen Sozialdarwinismus hätten sie Manzke als »Penner« verachtet und zu Tode gequält. Das Landeskriminalamt Brandenburg meldet dann den Fall als rechtes Tötungsverbrechen dem BKA. Doch Przybillas Sensibilität macht kaum Schule. Sonst hätte die Diskrepanz zwischen der offiziellen Zahl der Todesopfer rechter Gewalt und den Ergebnissen der Recherchen des *Tagesspiegels* und der anderen Zeitungen bis zum Jahr 2010 nicht auf ganze neunzig Fälle wachsen können.

Als ein besonders auffälliger Beleg für diesen Vorwurf kann der Umgang von Justiz und Polizei mit dem Tod von Peter Siebert gelten. Der unauffällige Mann wird in der Nacht zum 26. April 2008 in Memmingen (Bayern) von seinem Nachbarn, einem polizeibekannten Rechtsextremisten, mit einem Bajonett erstochen. Siebert hat sich mehrfach bei dem Täter beschwert, weil der rechtsextreme Musik in enormer Lautstärke abspielte. In jener Aprilnacht ist der Krach wieder unerträglich, Siebert wirft dem rechtsextremen Nachbarn Ruhestörung und eine braune Gesinnung vor. Der Täter holt das Bajonett, folgt Siebert in dessen Wohnung und sticht zu.

Das Landgericht Memmingen benötigt für den Prozeß im Dezember 2009 nur einen Tag. Der geständige Messerstecher wird wegen Totschlags zu acht Jahren und drei Monaten Haft verurteilt. Ein rechtsextremes Motiv sehen die Richter nicht. Als der *Tagesspiegel* während der Recherchen zur Todesopferliste im Sommer 2010 beim Gericht nachfragt, gibt es eine erstaunliche Auskunft. Der Vizepräsident sagt, auf Grund der Aktenlage sei ein rechtsextremer Hintergrund der Tötung Sieberts wahrscheinlich. Die Strafkammer habe es aber dabei belassen, den »äußeren Sachverhalt« zu klären. Da der Täter die Stiche gestanden habe, hätten die Richter in puncto Motiv »nicht mehr intensiv nachgeforscht«. Obwohl der Messerstecher vor dem Prozeß zugegeben hatte, mit Siebert in Streit geraten zu sein, »weil ich rechts bin«. Da das Gericht den Fall nicht als politisch wertet, meldet ihn das Landeskriminalamt Bayern nicht als rechts motiviertes Tötungsverbrechen an das BKA – obwohl die PMK-Definition nahezu klassisch auf diese Straftat paßt.

Das Bundesinnenministerium reagiert im Herbst 2010 bei Fragen zur Wirkung der PMK-Definition verhalten. Das neue Erfassungssystem sei bei der Polizei »in der Fläche angekommen«, heißt es. Es gebe allerdings eine »systemimmanente Bewertungsbreite«. Und das Ministerium sieht keine Notwendigkeit, die Bundesländer mit dem Ergebnis der Recherchen der drei Zeitungen zu konfrontieren. Das habe man schon 2009 getan, als die Linksfraktion eine Große Anfrage zu Todesopfern rechter Gewalt gestellt hatte. Was das Ministerium nicht sagt: Die Linksfraktion hatte keine konkreten Fälle genannt, sondern pauschal nach rechten Tötungsverbrechen seit der Wiedervereinigung gefragt. Dennoch zeigte sich schon da, daß die offiziellen Angaben korrigiert werden müssen. Nordrhein-Westfalen und Sachsen-Anhalt meldeten insgesamt vier Fälle nach, alles Verbrechen aus den neunziger Jahren. In der Todesopferliste von *Tagesspiegel* und *Frankfurter Rundschau* wurden die vier Fälle schon im Jahr 2000 genannt.

5.

Wie geht es weiter? Die Linksfraktion hat im März 2011 eine weitere Große Anfrage eingereicht. Diesmal werden alle neunzig Todesopfer einzeln aufgelistet, die in der offiziellen Statistik fehlen. Auch die 14 Verdachtsfälle sind im Detail erwähnt. Das Bundesinnenministerium hat dann unter Verweis auf den »Rechercheaufwand« mitgeteilt, es bemühe sich, die Große Anfrage bis Ende September des Jahres zu beantworten. Man darf also gespannt sein, wie viele der neunzig Todesopfer rechter Gewalt, die in der offiziellen Bilanz fehlen, doch noch nachgemeldet werden – oder ob es überhaupt eine Korrektur geben wird. In Sachsen und Nordrhein-Westfalen bekamen die Linksfraktionen bislang nur negative Antworten auf Anfragen zu rechten Tötungsverbrechen, die offiziell nicht als solche anerkannt sind.

Sicher ist nur, weitere Fälle werden Streit auslösen. Eine Geschichte zeichnet sich bereits ab. Im Sommer 2011 hat das Landgericht Leipzig gegen zwei Neonazis verhandelt. Die beiden haben im Oktober 2010 den Iraker Kamal Kilade in einem Park der sächsischen Stadt attackiert.

Einer der Rechtsextremisten sticht zu, der 19 Jahre alte Kilade stirbt Stunden später an einem Verblutungsschock. Die einschlägig vorbestraften Täter werden noch in der Nähe des Tatortes festgenommen, am nächsten Tag erläßt das Amtsgericht Leipzig auf Antrag der Staatsanwaltschaft je einen Haftbefehl. Darin wird den Neonazis vorgehalten, sie hätten Kamal Kilade verletzen wollen, »weil er ausländischer Abstammung war«. Das Amtsgericht spricht von Mord und beruft sich auf die Aussagen von Augenzeugen.

Im Februar 2011 legt die Staatsanwaltschaft Leipzig die Anklage vor. Von Mord ist da keine Rede mehr. Auch ein ausländerfeindliches Motiv kann die Behörde nicht erkennen, obwohl die Augenzeugen ihre Aussagen nicht geändert haben. Zwar hat keiner gesagt, die Neonazis hätten ausländerfeindliche Parolen gebrüllt. Doch die Täter haben den Iraker grundlos angegriffen. Die Staatsanwaltschaft sagt, der Anfangsverdacht sei nicht zu halten gewesen und es komme ja auch auf die »Verurteilungswahrscheinlichkeit« an. Und im Prozeß plädiert die Staatsanwaltschaft beim Haupttäter auf Totschlag, ein ausländerfeindliches Motiv habe die Beweisaufnahme nicht ergeben. Doch dann gibt es eine Überraschung.

Am 8. Juli 2011 verurteilt die 1. Strafkammer den Haupttäter zu 13 Jahren Haft – wegen eines ausländerfeindlich motivierten Mordes. Der Angeklagte habe zugestochen, da sich sein »Kamerad« mit einem Ausländer im Kampf befunden habe, sagt der Vorsitzende Richter, Hans Jagenlauf, in der Urteilsbegründung. Für den Täter habe Kilade mit der Abwehr gegen den Angriff »sein Leben verwirkt«. Der Iraker ist damit für die Justiz, sollte das Urteil rechtskräftig werden, ein Todesopfer rechter Gewalt – und nach der Zählung des *Tagesspiegels* das 138ste seit der Wiedervereinigung. Aber auch eines für die Polizei und die offizielle Statistik?

Entscheiden muß die sächsische Polizei, konkret die Direktion Leipzig. Deren Sprecher sagt im August 2011, vor einer Einstufung müsse erst das schriftliche Urteil des Landgerichts vorliegen. Außerdem sei abzuwarten, wie der Bundesgerichtshof über die Revision des Verteidigers des Haupttäters entscheidet. »Das ist die Erlaßlage des sächsischen Innenministeriums«, sagt der Sprecher.

Es wird also dauern, bis die Polizei entscheidet, ob der Tod

Kamal Kilades als rechts motiviertes Tötungsverbrechen zu werten ist oder auch nicht. Ein Beschluß sei, deutet der Sprecher an, frühestens zum Jahresende zu erwarten. Wahrscheinlich aber erst 2012.

6.

Es erscheint leider unrealistisch, daß in absehbarer Zeit die Kluft zwischen der offiziellen Zahl der Todesopfer rechter Gewalt und den Ergebnissen der Recherchen der Zeitungen deutlich verringert oder gar geschlossen wird. Es mangelt an politischem Willen in den Landesregierungen und an öffentlichem Druck, der dies beeinflussen könnte. Daß der Wechsel einer Regierung eine tiefgreifende Änderung bewirken würde, ist ebenfalls kaum zu erwarten. Auch rotgrüne und rotrote Kabinette sind, wie die Recherchen der Zeitungen zu den zwei Jahrzehnten seit der Wiedervereinigung zeigen, keine Garantie, daß sich bei Polizei und Justiz die Erfassung von rechts motivierten Tötungsverbrechen nachhaltig ändern würde. Das liegt an der Sorge in Ministerien und Behörden, das eigene Bundesland könnte durch höhere Zahlen einen schlechten Ruf bekommen. Es liegt zudem an der Furcht vieler Richter, bei der Benennung eines rechtsextremen Tatmotivs in einem Urteil nehme die Gefahr zu, der Bundesgerichtshof werde der Revision eines Verteidigers stattgeben. Hinzu kommt das weitverbreitete gesellschaftliche Desinteresse, das Schicksal eines Todesopfers rechter Gewalt zu erforschen. Ein Indiz ist dafür auch der Mangel an Wissen über Opfer rechter Angriffe. Vermutlich sind seit der Wiedervereinigung, das lassen polizeiliche Statistiken zu rechten Gewaltdelikten ahnen, etwa 10 000 Menschen von Neonazis und anderen rechten Tätern attackiert worden. Eine genaue Zahl kennt niemand. Und wie es aussieht, wird sie auch nicht mehr zu ermitteln sein, weil die Polizei erst in den letzten Jahren Opferzahlen bekanntgegeben hat. Ein deprimierender Befund: Die Republik blendet solche Folgen rechter Gewalt aus.

Nachtrag: Es bleibt dabei – nur 47 Todesopfer rechter Gewalt.

Die Polizei in Bund und Ländern sieht trotz zahlreicher Hinweise auf Mängel bei der Erfassung von Todesopfern rechter Gewalt keine Notwendigkeit, ihre umstrittene Statistik zu ändern. Auch durch die Recherche von *Tagesspiegel* und *Zeit*, wonach seit der Wiedervereinigung Neonazis und andere rechte Täter mindestens 137 Menschen getötet haben, sei die offizielle Zahl von 47 Opfern »nicht in Zweifel zu ziehen«, heißt es in einer Ende September 2011 übermittelten Antwort der Bundesregierung auf eine Große Anfrage von Bundestagsvizepräsidentin Petra Pau (Linke) und ihrer Fraktion.

Laut Bundesinnenministerium, das die Antwort verfaßt hat, haben »polizeiliche Bund-/Länder-Fachgremien« die Differenz zwischen der offiziellen Zahl von 47 Toten und den Recherchen von *Tagesspiegel* und *Zeit* untersucht. Das Ergebnis: Es bestehe kein »Aktualisierungsbedarf«, da die Thematik bereits umfassend in der Antwort der Regierung auf eine Große Anfrage der Linksfraktion aus dem Jahr 2009 aufgearbeitet worden sei.

In der Antwort der Bundesregierung bleibt unerwähnt, daß die Große Anfrage der Linksfraktion vom Februar 2009 einen anderen Ansatz hatte als die, um die es jetzt geht.

Im Unterschied zu der alten Anfrage der Linksfraktion ging es nun in der vom März 2011 um spezielle Fälle aus der Liste, die *Tagesspiegel* und *Zeit* vor einem Jahr geschildert hatten. Dennoch erweckt die Bundesregierung in ihrer aktuellen Antwort den Eindruck, es habe bei der zweiten Großen Anfrage keine neuen Aspekte gegeben, die eine andere Antwort als die aus dem Jahr 2009 nötig machen könnten.

Die Regierung sagt auch, sie habe (im Unterschied zu 2009) diesmal »davon abgesehen«, jene Bundesländer um eine Stellungnahme zu bitten, die in der Opferliste von *Tagesspiegel* und *Zeit* mit offiziell nicht registrierten rechten Tötungsverbrechen erwähnt wurden. Als Grund nennt die Regierung eine Entscheidung des Bundesverfassungsgerichts vom 1. Juli 2009, wonach sich »der parlamentarische Informationsanspruch der Mitglieder des Bundestages nicht auf Gegenstände erstreckt, die sich außerhalb der Zuständigkeit und damit außerhalb des Verantwortungsbereichs der Bundesregierung befinden«. Das scheint allerdings in der Antwort vom Oktober 2009 auf die erste Große Anfrage der Linksfraktion noch keine Rolle gespielt zu haben.

In der aktuellen Antwort der Regierung findet sich allerdings eine Passage, die aufhorchen läßt. Insgesamt elf Fälle rechter Tötungsverbrechen, die in der offiziellen Statistik fehlen, wurden dennoch von der Polizei in »Täglichen Lagemeldungen« zu politisch motivierter Kriminalität genannt. Sieben dieser Fälle seien auch »unmittelbar nach der Tat« in den Lagemeldungen als »rechtsextremistisch beziehungsweise politisch rechts motiviert bezeichnet worden«. Warum die Taten dann allerdings nicht endgültig als rechts motivierte Tötungsverbrechen eingestuft wurden, bleibt offen.

Nach Ansicht der Bundesregierung ist auch die Kritik am Erfassungssystem der Polizei nicht berechtigt. Im Jahr 2001 hatte die Polizei das Definitionssystem PMK eingeführt. Daß dennoch die Zahl der offiziell nicht als rechte Tötungsverbrechen registrierten Gewalttaten weiter zunahm, hatte Fragen nach der Effizienz dieser Definition hervorgerufen – und danach, ob die Polizei dieses System bundesweit akzeptiert habe. Die Regierung sieht das in ihrer Antwort so: Das PMK-System »bildet das heute wahrgenommene Aufgabengebiet des Polizeilichen Staatsschutzes realistisch und umfassend ab«.

Auswirkungen und »Einsickern«

Ein über zehn Jahre laufendes Projekt, das wissenschaftliche Erkenntnisinteressen lokal, national und international mit gesellschaftlichen Aktionsinteressen verbindet, ja in diesem Sinne in die soziale Realität *einsickern* und damit soziale Verantwortung übernehmen will, steht spätestens am Ende des Forschungsjahrzehnts vor der Frage: Was ist gelungen, was ist mißlungen?

Das ist keine banale Frage, da sich die Parameter und Maßstäbe in Wissenschaft und Praxis deutlich unterscheiden und nicht einfach mit »gutem Willen« ineinander zu überführen sind. Wissenschaftler werden belohnt, wenn sie empirische Analysen – etwa zur *Gruppenbezogenen Menschenfeindlichkeit* – in Theorien mittlerer Reichweite übersetzen. Praktiker dagegen werden belohnt, wenn sie den Einzelfall lösen.

Daß Wissenschaft in Praxis *einsickern* kann, ist also mit Schwierigkeiten verbunden und bedarf einiger Voraussetzungen. Dazu gehören Langfristigkeit, Geduld und auch die Präsenz von Wissenschaftlerinnen und Wissenschaftlern in Institutionen der Praxis. Bis Ende 2011 haben die an dem Projekt Beteiligten über 400 Vorträge gehalten und an zahlreichen Diskussionen teilgenommen. In der Hannoveranischen Landeskirche wurde eine spezielle Arbeitsgruppe zur *Gruppenbezogenen Menschenfeindlichkeit* eingerichtet, die auch diesen Namen trägt. In Hessen wurden regionale Analysen zwecks Beratung vor Ort durchgeführt.

Exemplarisch berichten Ronny Blaschke, Olaf Sundermeyer und Anetta Kahane über das *Einsickern* unserer Forschung in die soziale Praxis.

Wilhelm Heitmeyer

Ronny Blaschke

Vom Rassismus zur *Gruppenbezogenen Menschenfeindlichkeit* in Fußballstadien
Entwicklungen der Debatte

I.

Im Januar 2011 schieben sich ein Dutzend Kamerateams und fünfzig Journalisten durch die Berliner Auferstehungskirche. An der Stirnseite des Saales sitzen der Bundesinnenminister, die Bundesfamilienministerin, die Vorsitzende der Sportministerkonferenz, die Präsidenten des Deutschen Fußball-Bundes (DFB) und des Deutschen Olympischen Sportbundes (DOSB), also die ranghöchsten Sportfunktionäre des Landes. Die Photographen richten ihre Objektive auf ein Podium, das eine Revolution zu verkünden glaubt. Die Runde verabschiedet ein gemeinsames Konzept und verspricht eine »bessere Koordination im Kampf gegen Rechtsextremismus im Sport«. Minuten später versenden die Nachrichtenagenturen erste Meldungen. Selten wird dieses Thema so prominent diskutiert, selten nehmen so viele Medien Anteil – selten wird eine solche Chance so fahrlässig vertan wie im Januar 2011 in Berlin.

Länger als eine Stunde führen die Teilnehmer eine moralisierende Debatte, die Schwerpunkte liegen auf Unterwanderungsstrategien der NPD, auf der Gewaltbereitschaft von Fußballfans, auf Rassismus und Antisemitismus. Es sind unverzichtbare Hinweise, aber sie spiegeln das Problemfeld nicht in seiner ganzen Breite wider: Homophobie, Sexismus, Antiziganismus, die Abwertung von Menschen mit Behinderungen etc. werden nicht ausführlicher erwähnt. So reduzieren die Fernsehnachrichten die *Gruppenbezogene Menschenfeindlichkeit* am Abend einmal mehr auf zwei Felder: Rassismus und Gewalt. Die gute Absicht der Politiker zementiert eine Rangfolge, die auf solch drastische Weise nur im Fußball seit Jahren kultiviert wird. Eine Rangfolge von Opfern erster und zweiter Klasse. Am Kern der öffentlichen Debatte hat sich in zwanzig Jahren wenig geändert.

Die Empörungsmaschinerie läuft stets nach dem gleichen Muster: Medien berichten, wenn die NPD vor dem Stadion ihre Wahlprogramme verteilt. Wenn der schwarze Stürmer Gerald Asamoah in Rostock beschimpft oder sein Kollege Adebowale Ogungbure in Halle getreten wird. Wenn der jüdische Verein TuS Makkabi Berlin aus Protest gegen Schmähungen ein Spiel abbricht oder der Klub Roter Stern Leipzig von Neonazis überfallen wird. Eine ausführliche Thematisierung dieser Vorfälle muß das Mindeste sein, doch durch das Verschweigen anderer Ausgrenzungsprozesse wird die Wahrnehmung bestärkt, daß *Gruppenbezogene Menschenfeindlichkeit* im Fußball eine Modeerscheinung ist, eine lose Kette von Ereignissen. So war es schon 2000. Andere Vorfälle, aber ähnlich kurzsichtige Konsequenzen.

Eine gefährliche Wahrnehmung, denn die Ausgrenzung von schwachen Gruppen findet in und neben den Stadien regelmäßig statt. Das Stadion ist der einzige Ort, an dem Abwertungsmuster eine breite Öffentlichkeit erreichen – ohne Sanktionen. Das gilt nicht für alle Diskriminierungsformen: Würde in der Bundesliga heute eine ganze Fankurve einen schwarzen Spieler – wie es in den achtziger und neunziger Jahren oft geschehen ist – mit Urwaldgeräuschen verunglimpfen oder mit Bananen bewerfen, würde der Schiedsrichter das Spiel unter- oder gleich abbrechen. Würden Tausende im Stadion die gegnerische Mannschaft aus der Hauptstadt mit »Juden Berlin« schmähen, würde der DFB eine Platzsperre aussprechen. Dafür würde der Verband dann ob seiner Zivilcourage bundesweit Applaus erhalten. Widerstand für seinen harten Kurs hätte er nicht zu fürchten. Schließlich hat sich auch im Fußball nach zwanzig Jahren plakativer Botschaften gegen Rechts ein Konsens der Korrektheit herausgebildet: Rassismus im Stadion ist tabu. Anders formuliert: Rassismus muß tabu sein im Rahmen schicker Familienevents.

2.

Daß rechtsextreme Einstellungen weiter bestehen und Millionen Fans die Gleichwertigkeit aller Menschen ablehnen, wollen Funktionäre und Politik nicht wahrhaben. Dabei erhalten sie regelmäßig Belege. In Rostock schmettern tausende Fans den Chor: »Wir haben einen Haßgegner – das sind die schwulen Hamburger.« Oder sie skandieren: »Ihr seid Wessis, asoziale Wessis, ihr schlaft unter Brücken oder in der Bahnhofsmission.« Zum Standardrepertoire vieler Fans gehört die pauschale Abwertung des Gegners durch den Spruch »Zick, zack, Zigeunerpack.« Durch Emotionen, Alkoholeinfluß und unter dem Schutz der Anonymität in der Masse können sich Aggressionen auf Fans übertragen, die zuvor nie durch Diskriminierung aufgefallen sind. Frust und Entfremdung gelangen in der räumlichen Sondersituation des Fußballstadions an die Oberfläche und können sich in Homophobie, Sexismus und in der Abwertung von Obdachlosen oder Menschen mit Behinderungen entladen. Den Fußball als Spiegelbild der Gesellschaft zu verklären, ist naiv. Das Stadion gleicht vielmehr einer Lupe, unter der Befindlichkeiten, Stimmungen und Ressentiments leichter erkennbar werden. Bestärkt durch den festen Regelkatalog des Fußballs, durch das Spannungsfeld zwischen Sieg und Niederlage, durch Befehl und Gehorsam, durch Männlichkeitskult und Hierarchien in den Fanszenen. Gruppen pflegen ihre Identität durch das Inszenieren von Unterschieden und die gezielte Abgrenzung von ihren Gegnern.

Der DFB und die Deutsche Fußball Liga (DFL) betrachten diese Rivalitäten als folkloristische Begleitmusik ihres lukrativen Geschäftsmodells, gelegentlich sehen sie über Abwertungsmuster hinweg – oder bestärken diese gar selbst. Erinnert sei an den Konflikt zwischen Gerald Asamoah und Roman Weidenfeller. Der ehemalige Schalker Stürmer hatte dem Dortmunder Torwart im August 2007 vorgeworfen, ihn als »schwarzes Schwein« beschimpft zu haben. In der Verhandlung des Sportgerichts sollen sich die Beteiligten auf »schwules Schwein« geeinigt haben. Statt einer Sperre von sechs Spielen mußte Weidenfeller nur drei Partien zuschauen. Die Lesben- und Schwulenszene protestierte gegen dieses Urteil und fühlte sich stigmatisiert. Einmal mehr wurde bestätigt, daß es in der fußballinternen Wahrnehmung Opfer erster und zweiter Klasse gibt.

Die Diskussionen um Homophobie und Sexismus werfen ein zweifelhaftes Licht auf den DFB, den größten Sportverband der Welt. Dessen Präsident Theo Zwanziger erzielte zu Beginn seiner Amtszeit durch einen Kurs der Politisierung hohe Beliebtheitswerte. Er hatte die Aufarbeitung der Rolle des Verbandes im Nationalsozialismus initiiert und Kooperationen mit politischen Institutionen eingeleitet. Als erster DFB-Chef verschrieb er sich dem Kampf gegen Homophobie im Fußball. In Interviews sprach er sich für einen neuen Liberalismus im verknöcherten Kicker-Kosmos aus. Zwanziger stellte 2009 ein Länderspiel unter das Motto »Gegen Homophobie«, er hielt eine Rede vor schwulen Unternehmern und schob in der ARD einen *Tatort* zum Thema an. Zwanzigers Leistung markiert eine Zäsur in der Geschichte des deutschen Sports – zumindest auf den ersten Blick.

In Wahrheit erstrahlt dieser Wandel deshalb so hell, weil der Fußball traditionell von einer oberflächlichen, devoten, unpolitischen Diskussionskultur getragen wird. Die einflußreichen Medienformate *Sportschau*, *Sportstudio*, *Bild* oder *Kicker* reduzieren den Fußball auf einen kommerzialisierten Zirkus, der Spieler zu Helden stilisiert und Tage später zu Versagern degradiert. Kein anderes Milliardengeschäft wird von der publizistischen Öffentlichkeit so zaghaft reflektiert und widerwillig kontrolliert wie der Fußball. Jeder Bundestagsabgeordnete und Wirtschaftsmanager wird kritischer hinterfragt als ein Bundesligafunktionär, der bisweilen mit deutlich mehr Geld jonglieren darf. Die Politik selbst, die Wirtschaft oder Kultur beaufsichtigt, hält sich mit der Bewertung des Fußballs weitgehend zurück – obwohl der Staat die Sportstätten und den Sicherheitsapparat des Fußballs mit Milliarden alimentiert. Der Fußball ist ein Staat im Staate, mit eigenen Regeln, mit eigener Gerichtsbarkeit. Der Versuch der Feuilletons, dieses System zu demokratisieren und den Fußball als gesellschaftliche Projektionsfläche abzustecken, kommt gegen diesen Tunnelblick des Trivialen nicht an. Sonst hätte sich eine Erkenntnis längst durchsetzen müssen: Theo Zwanzigers Liberalisierung im DFB ist das Minimum, das man von einem reichen Verband mit 6,7 Millionen Mitgliedern in einer aufgeklärten Republik erwarten kann – erst ab diesem Punkt lohnt es sich, ernsthaft zu diskutieren.

3.

Legt man nun diesen Maßstab an das Wirken Zwanzigers an, verbietet sich die Formulierung von der »Zäsur in der Geschichte des deutschen Sports«. Zum einen, weil Zwanziger die DFB-Spitze repräsentiert und nicht den ganzen Verband – und erst recht nicht den gesamten Fußball. Zum anderen, weil viele Maßnahmen des DFB vor allem »Schnellschüsse« waren, um nach rassistischen Vorfällen das mediale Hamsterrad der Empörung zu bremsen:

2006 hatte es wieder einmal eine Häufung von Ausschreitungen und rassistischen Übergriffen in Stadien gegeben, der damalige Schalker Spieler Gerald Asamoah wurde in Rostock geschmäht, Adebowale Ogungbure, damals für Sachsen Leipzig aktiv, wurde in Halle bespuckt und körperlich attackiert. Anschließend rief der DFB in einer live übertragenen Pressekonferenz eine Task Force ins Leben, für die sich bereits wenige Monate später kaum noch jemand interessierte. Diese Task Force wurde längst wieder aufgelöst, eine Debatte über deren Ergebnisse fand nicht statt. Und so machen sich in den Landes- und Kreisverbänden des DFB konservative Kräfte über ihren Chef Zwanziger lustig, wenn der wieder mal einen politischen Vorstoß wagt oder einen Preis einer schwullesbischen Organisation entgegennimmt. Gleichwohl ergreift Zwanziger wenigstens das Wort – von den Würdenträgern der DFL oder der großen Vereine sind seltener deutliche Statements gegen *Gruppenbezogene Menschenfeindlichkeit* zu vernehmen.

Zwanziger redet gegen Homophobie an, das ist ehrenwert, das unterscheidet ihn von seinen Vorgängern – aber das ist keine Revolution, denn Streit und Widerstand auf Augenhöhe nimmt er nicht in Kauf: 2008 verglich der damalige Kölner Trainer Christoph Daum die Homosexuellen mit Pädophilen. 2010 kündigte Michael Becker, der Manager des langjährigen Nationalmannschaftskapitäns Michael Ballack, in einem Essay des Nachrichtenmagazins *Der Spiegel* an, ein ehemaliger Nationalspieler werde bald eine »Schwulencombo« auffliegen lassen. Im selben Jahr empfahl Joseph Blatter, der Präsident des Weltfußballverbandes FIFA, Schwulen im konservativen Katar den Verzicht auf Sex während der WM 2022. Oliver Bierhoff, der Manager des DFB-Teams, suggerierte 2011 nach der Ausstrahlung des ARD-*Tatorts*, man müsse die »Familie der Nationalelf« vor Schwulen schützen. Er sagte über die Dramaturgie des Films: »Ich finde es schade und ärgerlich, daß die Prominenz der Nationalelf mißbraucht wird, um irgendein Thema zu entwickeln oder einen Scherz zu machen. Dieser Satz im Tatort hatte ja keine inhaltliche Relevanz. Das sehe ich immer auch als einen Angriff auf meine Familie – die Familie der Nationalelf. Und das ärgert mich.« Alle Wortmeldungen vermitteln den Eindruck, daß Homosexualität als abnormal und anrüchig zu sehen ist. Zwanziger, der gegen diese Wahrnehmung ankämpft, reagierte auf jene Aussagen – wenn überhaupt – mit diplomatischen, inhaltsleeren Reden. Ist ihm betriebsinterne Harmonie wichtiger als ein erstrittenes Zeichen gegen Homophobie?

Während sich an der Schwulenfeindlichkeit auf den Rängen eine reinigende Diskussion in der Fanszene entzünden kann, sind die Debatten nach Aussagen von Bierhoff & Co. schnell verstummt. Die Medien folgen dem roten Teppich der Ressentiments. Das galt zum Beispiel im Februar 2010, als ein Streit zwischen dem Schiedsrichterfunktionär Manfred Amerell und dem Referee Michael Kempter eskalierte. Amerell wurde von seinem ehemaligen Schüler der sexuellen Belästigung bezichtigt. In diesem Fall ging es um Machtfülle und Machtmißbrauch eines Funktionärs im Schiedsrichterwesen. Hätte es sich um eine heterosexuelle Beziehung gehandelt, wäre der Aufschrei vermutlich nicht annähernd so laut gewesen.

Doch wieder berichteten alle Medien über schwule Fußballer. Sie sahen in der Homosexualität ein Skandalpotential. Manche Zeitungen interpretierten Frisur und Gesichtszüge von Michael Kempter als Indiz für Homosexualität, private Inhalte aus SMS und E-Mails wurden ausgebreitet.

Im Fußball geht es um Männerbünde und die Demonstration von Stärke, um Glorifizierung und die Sehnsucht nach Macht, um Zuspitzung und Trivialisierung. Bleibt auf diesem Marktplatz der Makellosen keine Nische für alternative Gedanken und Lebensformen? Sind viele der Zeitungsartikel, Fernsehberichte und Radiobeiträge über Homophobie nur Heuchelei? Festigen sie gar *Gruppenbezogene Menschenfeindlichkeit*? In einem Interview mit dem *Kölner Express* schilderte Rudi Assauer, der frühere Manager des FC Schalke 04, im März 2010 eine Begegnung mit einem schwulen Masseur in Bremen. Assauer habe ihm vor vielen Jahren empfohlen: »Junge, tu mir einen Gefallen – such dir einen neuen Job.« Assauer wurde im Interview auch gefragt, ob er etwas gegen Homosexuelle habe. Seine Antwort: »Nein. Überhaupt nicht. In anderen Sportarten mag das vielleicht gehen, aber im Fußball funktioniert das nicht.«

Diese Berichterstattung täuscht Anrüchigkeit vor. Es ist verständlich, daß sich auf diesem Niveau kaum Spieler oder Funktionäre zum Thema äußern wollen. Journalisten kritisieren dann gern die Schweigsamkeit der Offiziellen, die sie selbst mit verursacht haben. Sie zelebrieren ihre Fahndung nach dem schwulen Superkicker. Sie wollen hinter eine Mauer schauen, das Leben eines schwulen Kickers ausleuchten. Zugleich aber wollen Sportjournalisten ihr letztes Tabu am Leben halten. Ihre spekulativen Schlagzeilen, die sich aus unseriösen Aussagen wie jenen Rudi Assauers speisen, manifestieren die Wahrnehmung der *Ungleichwertigkeit* zwischen Hetero- und Homosexuellen. Es ist eine Wahrnehmung, die hartgesottene Fans in der Kurve in Bild und Ton umwandeln. »Schwul« ist für sie das Schimpfwort Nummer eins, sie diffamieren ihre Gegner als »Schwuchteln« oder »Tunten«. Ähnlich geht es auf den Plätzen unter den Spielern zu, Homophobie ist Teil ihres Umgangs. Dieser Umgang dürfte auf Spielerinnen und Spieler, die über ein Coming out nachdenken, wie eine Drohung wirken.

4.

Seit Jahrzehnten orientiert sich der Leistungsstandard des Fußballs am heterosexuellen Mann. Offiziell wollen der DFB und seine Partner dagegen angehen – inoffiziell konterkarieren sie ihr Anliegen: In den Monaten vor der Frauen-Weltmeisterschaft in Deutschland 2011 stieg die attraktive Spielerin Fatmire Bajramaj zur Leitfigur in Medien und Werbung auf, an unterschiedlichen Schauplätzen wurde sie modisch in Szene gesetzt, mit Make-up und Stöckelschuhen. Zu ihrem Auftreten paßte auch der WM-Slogan »20elf von seiner schönsten Seite«. Zu ihrem Auftreten paßte auch die neue Fußball-Barbie, eine Spielzeugpuppe mit dünnen Beinen und zierlichem Körper. Übertroffen wurde ihr Auftreten allerdings durch das Magazin *Playboy*, das junge Spielerinnen kurz vor der WM softpornographisch inszenierte. War es Zufall, daß Bajramaj das Gesicht des deutschen Teams prägte, die Spielführerin und Rekordschützin Birgit Prinz aber kaum auftauchte?

Laut den Klischees gibt es im Frauenfußball ausschließlich Lesben und im Männerfußball keinen einzigen Schwulen. 1995 hatte der DFB seinen Nationalspielerinnen noch verboten, an den schwullesbischen Europameisterschaften in Frankfurt teilzunehmen. Unvorstellbar in der Gegenwart? Das Lesbenmagazin *L-Mag* zitierte in seiner WM-Ausgabe 2011 einen Schriftverkehr zwischen dem Magazin sowie einigen Sponsoren und der Pressestelle des DFB. Kaum eine Spielerin habe für ein Interview zur Verfügung gestanden, die Chefredakteurin Manuela Kay schlußfolgerte: »Unsere Liebe zu Frauen, der offene Umgang mit dem

Lesbischsein ist es, was auch im Jahr 2011 als anrüchig und unaussprechbar gilt.« Es ist paradox: Spielerinnen wollen an ihrer Leistung gemessen werden, nicht an ihrer Sexualität, nicht an ihrer Weiblichkeit. Sie wollen das Klischee der kickenden Kampflesbe mit Kurzhaarschnitt nicht mehr hören. Um es nicht mehr hören zu müssen, legen sie eine feminine Rüstung an, mit Pferdeschwanz und Lippenstift. Damit zementieren sie die heterosexuelle Ordnung, gegen die der DFB zu kämpfen vorgibt.

Die Vermarktung der WM 2011 stellte tausende Spielerinnen, die nicht dem *Playboy*-Schönheitsideal entsprechen, unterschwellig ins Abseits. »Ich finde es diskriminierend, Fußballerinnen auf ihr Aussehen zu reduzieren«, sagt zum Beispiel die lesbische Schiedsrichterin Nadja Pechmann: »Viele Männer nehmen Fatmire Bajramaj nur als Sexobjekt wahr – nicht als Sportlerin.« Es ist nicht ungewöhnlich, daß Sportlerinnen ihren Beruf durch Freizügigkeit popularisieren wollen, aber nur im Fußball ist Sexismus auf Tribünen und Spielfeldern Alltag. Wenn die Berlinerin Nadja Pechmann die Spiele in der Männer-Kreisliga pfeift, hört sie Sprüche wie: »Du siehst gar nicht lesbisch aus«, »Du bist nicht lesbisch, du brauchst einen ordentlichen Mann« oder »Wollen wir zusammen duschen gehen?«. Es steht zu bezweifeln, daß sich an diesem Ton etwas ändern wird. Die WM hat vergessen geglaubte Geschlechtermodelle als normal erscheinen lassen. Wo sie normal erscheinen, lassen sie sich kaum noch problematisieren. Dieser Standard könnte das Bewußtsein der homogenen, männlich geprägten Fangruppen bestätigen und ihnen die pauschale Abwertung schwacher Gruppen erleichtern.

5.

Rassismus und Antisemitismus haben sich aus den Profiligen in die Amateurligen verlagert, doch Homophobie, Sexismus, Islamfeindlichkeit oder Antiziganismus bleiben Begleiterscheinungen der Bundesliga. Diese identitätsstiftenden Abwertungsmuster, verbunden mit der feierlichen Unterscheidung »Wir gegen die anderen«, bieten Andockpunkte für NPD, Neonazis und Autonome Nationalisten. Nicht überall muß der Fußball wie im Umfeld des Oberligisten Lokomotive Leipzig Teil einer Unterwanderungsstrategie sein, um Mitglieder und Wähler zu rekrutieren. Oft ist der Fußball für die NPD eine Bühne, auf der sich Schwarz-Weiß-Botschaften leichter verbreiten lassen. Gegen Polizeihundert-schaften am Stadion – und damit gegen den Staat. Für eine neue Arena – und damit für die Jugend. Gegen den Kommerz in Verei-nen – also gegen Globalisierung. Für die heimische Talentförde-rung – gegen Migranten.

Die NPD veröffentlichte 2006 vor der WM in Deutschland einen Planer mit der Titelzeile: »Weiß – Nicht nur eine Trikotfarbe! Für eine echte NATIONALmannschaft!« Der DFB ging vor Ge-richt – am Ende wurden die NPD-Funktionäre freigesprochen. Klaus Beier, Pressesprecher der NPD, bezeichnete den türkisch-stämmigen DFB-Spieler Mesut Özil 2009 als »Plaste-Deutschen«. Er instrumentalisierte die abstrakte Angst vieler Bürger gegenüber Einwanderern, die sich noch deutlicher im Amateurfußball spie-gelt. Studien zeigen, daß die Mehrheit der Spielabbrüche auf Mi-granten zurückgeht, daß Migranten aber bei gleichen Vergehen härter bestraft werden als Herkunftsdeutsche. Der DFB verweist gern auf sein neues Meldesystem, das Diskriminierungen unbüro-kratisch erfassen soll. Aber gehen Funktionäre oder Schiedsrichter mit Attacken an die Öffentlichkeit, die sie früher verschwiegen hätten, nur weil der Spielberichtsbogen plötzlich ein paar neue Felder enthält und der DFB eine Hotline freigeschaltet hat? Im De-zember 2007 tönte ein Funktionär in Rheinland-Pfalz über Gegner mit Migrationshintergrund: »Wenn ich solche Mannschaften sehe, bin ich nicht mehr stolz darauf, ein Deutscher zu sein. Wenn ich beim Verband etwas zu sagen hätte, würde ich solche Mannschaf-ten zwangsabmelden. Die gehören in den Rhein gejagt.« Er sprach eine Meinung aus, die Millionen Deutsche für sich behalten. Zu-fällig stand ein Lokalreporter daneben.

6.

Nur langsam wächst die Bereitschaft zur Prävention. Die meisten Landes- und Kreisverbände des DFB werkeln vor sich hin, sind höchstens zu plakativen Kampagnen bereit, die keine dauerhafte Wirkung erzielen. Es gibt allerdings Ausnahmen: Die Sportmedia-torin Angelika Ribler in Hessen, die Migrationsexpertin Breschkai Ferhad in Berlin oder der ehemalige Profitorwart Tim Cassel in Schleswig-Holstein leiten Projekte, die das komplexe Feld der

ierungen nicht auf Rassismus und Antisemitismus ver-
ᴀern der Prävention sind kommunale Bildungsangebote,
ᴊ Workshops, Ausstellungen, Lesungen. Das beweist auch der
ᴋote Stern Leipzig, dessen ehrenamtliche Kräfte bei Förderanträ-
gen oft das Nachsehen gegenüber großen Sportverbänden haben.
Doch es sind vor allem die kleinen, ehrenamtlichen Projekte, die
lokal nachhaltig etwas bewirken können. Der DFB versucht, solche Projekte durch Ehrungen wie den Julius-Hirsch-Preis symbo-
lisch zu stützen, was im Prinzip durchaus begrüßenswert ist. Der
Verband sollte seinen politischen Einfluß aber vor allem geltend
machen, damit Förderungen nicht in Verbänden versanden, deren
primäres Interesse die Huldigung für Leistungssportler ist – und
nicht das Engagement gegen *Gruppenbezogene Menschenfeindlichkeit*.

Zu den Engagierten zählt auch das Bündnis aktiver Fußballfans,
dessen Wanderausstellung »Tatort Stadion« an mehr als hundert
Standorten Aufklärung betrieben hat. Seit 2010 tourt die Schau mit
aktuellen Fallbeispielen und Schautafeln durchs Land. Die Kura-
toren müssen innerhalb eines vergleichbar engen Finanzrahmens
agieren, was auch für die Sozialarbeiter der präventiven Fanprojekte gilt, die durch kreative Angebote dafür sorgen wollen, daß
Gruppenbezogene Menschenfeindlichkeit gar nicht erst entstehen
kann. Doch von fünfzig Projekten ist höchstens ein Zehntel finanziell stabil ausgestattet. Sechs Millionen Euro werden jährlich für
die Sozialarbeit mit Fans aufgewendet, jeweils zu einem Drittel
von DFB/DFL, den betreffenden Kommunen und den Landesregierungen. Nur ein einziges Risikospiel zwischen rivalisierenden
Vereinen kann in der dritten Liga zwei Millionen Euro an Sicher-
heitskosten verschlingen.

In den politischen Runden ist dieser eklatante Kontrast kein
Thema: Nicht im Sportausschuß des Bundestages im November
2008, nicht im Bundestagsplenum im Mai 2009, nicht in der ein-
gangs erwähnten Prominenten-Runde 2011 in der Berliner Auferstehungskirche. Ein Jahr zuvor, im Januar 2010, wurde die Inter-
netseite von »Am Ball bleiben« zum letzten Mal aktualisiert. Drei
Jahre lang hatte die Initiative gegen *Gruppenbezogene Menschenfeindlichkeit* im Fußball ein Netzwerk geknüpft, mit einem be-
scheidenen Jahresetat von 100 000 Euro. Die Initiative themati-
sierte auch Homophobie, Sexismus oder Antiziganismus, Abwertungsmuster, die es im Fußball seit Jahrzehnten gibt, die aber noch

immer nicht in der Weise sanktioniert werden wie Rassismus oder Gewalt. Nach drei Jahren wurde »Am Ball bleiben«, das einzige bundesweite Projekt dieser Art, getragen von Familienministerium und DFB, still und heimlich begraben. Diese Begebenheit sagt mehr aus als die gesamte Diskussion in der Auferstehungskirche. Den Satz »Am Ball bleiben« sollte man in bezug auf das politische Engagement im Fußball nicht unbedingt wörtlich nehmen. Doch so wird die öffentliche Rangfolge von Opfern erster und zweiter Klasse im Fußball noch lange Bestand haben.

Literatur zum Thema

Blaschke, R., *Angriff von Rechtsaußen – Wie Neonazis den Fußball missbrauchen*, Göttingen 2011.

Blaschke, R., *Im Schatten des Spiels. Rassismus und Randale im Fußball*, Göttingen 2007.

Blecking, D./Dembowski, G. (Hg.), *Der Ball ist bunt. Fußball, Migration und die Vielfalt der Identitäten in Deutschland*, Frankfurt am Main 2010.

Dembowski, G./Scheidle, J. (Hg.), *Tatort Stadion. Rassismus, Antisemitismus und Sexismus im Stadion*, Köln 2002.

Deutsche Sportjugend, *Vereine und Verbände stark machen – zum Umgang mit Rechtsextremismus im und um den Sport*, Frankfurt am Main 2009.

Endemann, M./Dembowski, G., »Die wollen doch nur spielen. Fußballfanszenen und Fußballvereine als Andockpunkte für neonazistische Einflussnahme im ländlichen Raum«, in: Burschel, F. (Hg.), *Stadt – Land – Rechts. Brauner Alltag in der deutschen Provinz*, Berlin 2010, S. 22-51.

Fabich, U./Bednarsky, A., *Fußball und Diskriminierung. Eine qualitative Studie am Beispiel Leipziger Fußballfans*, Saarbrücken 2008.

Pilz, G./Behn, S./Harzer, E. et al., *Rechtsextremismus im Sport in Deutschland und im internationalen Vergleich*, Köln 2009.

Ribler, A./Pulter, A., *Konfliktmanagement im Fußball*, Frankfurt am Main 2010.

Zick, A./Scherer, J./Winands, M., »Der Fußballplatz als ethnische Kampfarena«, in: *Der Ball ist bunt. Fußball, Migration und die Vielfalt der Identitäten in Deutschland*, Frankfurt am Main 2010.

Olaf Sundermeyer

Es geht nicht nur um den rechten Rand
Einsickern in die Praxis

Menschenfeindlichkeit erschöpft sich nicht in Rassismus. Sie unterliegt dem gesellschaftlichen Wandel, und die Auseinandersetzung mit der Menschenfeindlichkeit deckt Schwachstellen der Demokratie auf. Diese Erkenntnisse aus der Langzeitstudie *Deutsche Zustände* haben sich durchgesetzt – und könnten der Maßstab für die Beschreibung »Europäischer Zustände« sein.

1.

Für Korinna Dittrich sehen die Verantwortlichen des Deutschen Fußball-Bundes (DFB) die Sache viel zu eng. Deren wohlmeinende Kampagne, mit der dem »Rassismus die rote Karte« gezeigt werden soll, ist aus Sicht der Sozialarbeiterin nicht unbedingt ein Fehler, aber ihr plakativer Ansatz »greift inhaltlich viel zu kurz«, wie es die Mitarbeiterin des Dresdner Fanprojekts ausdrückt. Schließlich sei es mit dem Kampf gegen den Rassismus längst nicht getan. Denn auf den Tribünen herrschten das Einfordern von Etabliertenvorrechten, Antisemitismus, Sexismus und Homophobie, die ganze Palette der Abwertung vermeintlich schwächerer Gruppen. »Deshalb arbeiten wir schon seit Jahren mit dem Begriff der *Gruppenbezogenen Menschenfeindlichkeit*« (GMF). Korinna Dittrich geht es in ihrer täglichen Sozialarbeit mit den Anhängern des sächsischen Traditionsvereins Dynamo Dresden also um mehr als nur darum, dem Rassismus die rote Karte zu zeigen. Der Club hat von allen ostdeutschen Vereinen die meisten Anhänger. Und unter diesen herrschen auch all jene menschenfeindlichen Einstellungen vor, die in der Stadt und der sie umgebenden Region zu finden sind. So hat dort beispielsweise die rechtsextreme Bewegung mehr Zulauf als anderswo in Deutschland. Nirgendwo sonst hat die NPD mehr Wähler als in Sachsen, wo sie nun bereits in der zweiten Legislaturperiode im Landtag in Dresden sitzt. Ihre stärkste Wählerhochburg war bei der vergangenen Landtagswahl 2009 erneut die südöstlich von Dresden gelegene Sächsische Schweiz, wo Dynamo traditionell viele Fans rekrutiert. Überdies gibt es keine Großstadt, in der die NPD mehr Wählerzuspruch hat als in Dresden. Dabei ist der Club die Stadt, und die Stadt ist der Club. Viele der dort auftauchenden Konflikte werden mit ins Stadion hineingetragen – und durch die Emotionalität des Fußballs verstärkt. Das weiß auch die NPD, die nachweislich von menschenfeindlichen Einstellungen profitiert. Dieser unmittelbare Zusammenhang gehört zu den frühen wissenschaftlichen Erkenntnissen der auf zehn Jahre angelegten Langzeitstudie des Instituts für interdisziplinäre Konflikt- und Gewaltforschung (IKG) der Universität Bielefeld.

Trotz der zurückhaltenden Kritik des Dresdner Fanprojekts am DFB, dessen Fokus zu sehr auf dem Rassismus liege, ließ sich zuletzt feststellen, daß sich das Konzept der weiter gefaßten *Gruppenbezogenen Menschenfeindlichkeit* allmählich auch beim Verband durchgesetzt zu haben scheint. So sagte DFB-Präsident Theo Zwanziger in einem Interview mit der *Bild*-Zeitung über die Fußballnationalmannschaft der Männer: »Das Team hat sich in seiner Geschlossenheit offen gegen Rassismus und Fremdenfeindlichkeit gestellt. Es zeigt eindrucksvoll, wie Integration funktioniert. Es ist mir völlig egal, welche sexuelle Orientierung einer unser Nationalspieler oder Nationalspielerinnen hat.« (25. März 2011) Dem DFB geht es also um mehr als nur um Rassismus. Inzwischen öffnet er das Spektrum der Abwertung und Diskriminierung, gegen die sich seine offizielle Linie richtet. Dabei ist es erst ein paar Jahre her, daß seine Funktionäre abgewiegelt haben, wenn es in Interviews um *Gruppenbezogene Menschenfeindlichkeit* unter Fußballanhängern ging. Inzwischen haben sie auf den öffentlichen Druck reagiert, der theoretisch ganz wesentlich auf dem in Bielefeld entwickelten Konzept basiert.

Sport ist eine Art stellvertretendes Beobachtungsfeld, ja er funktioniert geradezu als Brennglas, in dem sich die herrschenden gesellschaftlichen Zustände besonders gut beobachten lassen. Zum Beispiel von Petra Tzschoppe, Mitglied im Vorstand des sächsischen Landessportbundes und Sportsoziologin an der Universität Leipzig. Auch für sie ist der Rassismusbegriff »viel zu eng«. »Wir gehen von der Annahme aus, daß die *Gruppenbezogene Menschenfeindlichkeit* im Sport ebenso vertreten ist wie in der Gesamtgesellschaft«, sagt die Wissenschaftlerin, die allerdings von einer Besonderheit vor allem des Publikumssports ausgeht.

»Möglicherweise wird die *Gruppenbezogene Menschenfeindlichkeit* im Sport, der ja grundsätzlich zu demokratischem Handeln anregt, an manchen Stellen sogar weiter verstärkt. Etwa unter den erwähnten Bedingungen der Stadionatmosphäre. Denn hier geht es ja oft um die Auseinandersetzung von Eigengruppe versus Fremdgruppe.« Wenn also, wie unter vielen ostdeutschen Fußballanhängern üblich, die Gegner stakkatoartig als »Jude, Jude, Jude« diffamiert werden, drückt sich genau diese Auseinandersetzung mit dem Gegner als *Gruppenbezogene Menschenfeindlichkeit* aus. Allerdings bemängelt Tzschoppe, daß zur *Gruppenbezogenen Menschenfeindlichkeit* im Sport bisher keinerlei verwertbare empirische Erkenntnisse vorliegen. Es gibt nicht mehr als den begründeten Verdacht, daß neben dem Fußball insbesondere die Kampfsportarten und die Vereine der Sportschützen dafür besonders anfällig sind. Ähnlich wie etwa die freiwilligen Feuerwehren.

2.

»Die humane Qualität einer Gesellschaft erkennt man nicht an Ethikdebatten in Feuilletons meinungsbildender Printmedien oder in Talkshows, sondern am Umgang mit schwachen Gruppen«, heißt es einleitend in dem Konzept, das dem Projekt zugrunde liegt, welches die Erscheinungsweisen, Ursachen und Entwicklungen der *Gruppenbezogenen Menschenfeindlichkeit* (GMF) untersucht. Ergänzt wurde es durch lokale Analysen, die Aufschluß über die Ursachen von GMF brachten. Zahlreiche Kommunen haben sich entsprechenden Sozialraumanalysen unterzogen, um Schlüsse aus den jeweils herrschenden Einstellungen für die lokale Gemeinschaft zu ziehen: Von Anklam in Vorpommern, dem äußersten Nordosten der Republik, in Sichtweite der polnischen Grenze, bis nach Pirmasens, im Südwesten, wo Frankreich nur eine kurze Autofahrt durch den dichten Pfälzer Wald entfernt liegt. Eine prosperierende ostdeutsche Landeshauptstadt wie Dresden war ebenso darunter wie die Ruhrgebietsstadt Dortmund, in der die Umbrüche des industriellen Wandels soziale Problemlagen zementieren. Dort sorgt die punktuell verbreitete GMF für Freiräume, die eine freie Neonazi-Szene zuletzt mit wütender militanter Agitation ausgefüllt hat (vgl. Luzar/Sundermeyer 2010).

Natürlich spiegelt GMF immer auch die unterschiedlichen Lebensverhältnisse wider. So verfängt etwa im Ruhrgebiet, das stark von muslimischen Migranten geprägt wird, Islamfeindlichkeit auf ganz andere Weise als im ländlichen Bad Nenndorf oder in Wernigerode im Harz, wo kaum Muslime leben. Andererseits blenden viele Kommunen diejenigen Syndrome der GMF aus, die sich nicht unmittelbar auf den Rechtsextremismus beziehen. So hat etwa die Stadtgesellschaft in Dortmund das Problem des organisierten Rechtsextremismus durch die veröffentlichten Ergebnisse einer entsprechenden Studie erkannt – und wendet sich nunmehr in breiter demokratischer Allianz dagegen. Gleichzeitig aber formiert sich in bürgerlichen Wohngegenden auch Widerstand gegen Moscheebauten und die Ansiedlung eines Heimes für Asylbewerber. In einem anderen Stadtteil werden gezielt antiziganistische Vorurteile befördert, mittels einer lokalen Pressekampagne und über einzelne demokratische Parteien, die sich im Umgang mit einigen Kriminellen aus dem neuen EU-Mitgliedsstaat Bulgarien nicht anders zu helfen wissen. Derlei *Gruppenbezogene Menschenfeindlichkeit* bleibt dort aber weitgehend unreflektiert, während sich die politische Aufmerksamkeit dem Problem mit den Neonazis widmet. Das Dortmunder Beispiel läßt den Schluß zu, daß man GMF vor allem dann thematisiert, wenn sie am rechten Rand der Gesellschaft auftritt. Betrifft sie allerdings deren Mitte, fällt es den Verantwortlichen schwer, darauf zu reagieren.

Und diese Herausforderung stellt sich auch noch zehn Jahre nach dem Beginn des Projekts. So reagierte etwa der SPD-Bundesvorsitzende Sigmar Gabriel während seiner sogenannten »Moscheentour« in Duisburg während des nordrhein-westfälischen Landtagswahlkampfes 2010 äußerst gereizt auf die Frage nach der Islamfeindlichkeit im sozialdemokratischen Ruhrgebietsmilieu, bevor er seine vielsagende Antwort formulierte: »Wir sind eine Volkspartei, und als solche haben wir auch sämtliche Probleme, die in der Gesellschaft vorkommen.« Da stellt sich anschließend noch die Frage: Wie geht man mit diesen menschenfeindlichen Einstellungen in den eigenen Reihen um?

Zu den maßgeblichen Einrichtungen, die frühzeitig das Konzept der *Gruppenbezogenen Menschenfeindlichkeit* übernommen haben, gehört die Amadeu Antonio Stiftung in Berlin, die sich in ihrer praktischen Arbeit grundsätzlich gegen Rassismus und Antisemitismus wendet. »Dabei kamen wir aber an begriffliche Grenzen, zumal es uns immer auch darum ging, demokratische Kultur erlebbar zu machen. Wir wollen über unsere Projekte eine demokratische Stadtgesellschaft entwickeln«, sagt Timo Reinfrank, Geschäftsführer der Stiftung. »Wir wollten aber selbst keine Begriffe konstruieren, denn wir sind nicht die Wissenschaft.« So sei man schließlich vor sechs Jahren schon über die *Deutschen Zustände* auf den Begriff der *Gruppenbezogenen Menschenfeindlichkeit* gekommen. »Denn der beschreibt das Syndrom, über das wir dauernd reden, am besten«, so Reinfrank.

Im Laufe der Jahre ist das umfassende Konzept vom wissenschaftlichen Diskurs also zu den Praktikern durchgesickert, zumal es einen ständigen Austausch gibt: Über Konferenzen, Workshops, Vorträge und Publikationen. Bei der Amadeu Antonio Stiftung ist einschlägiges Arbeitsmaterial mit Titeln wie »Von Ungleichwertigkeit zu Gleichwertigkeit« oder »Gleichwertig leben« überschrieben. Als unmittelbare Antwort auf GMF arbeitet man dort an einer Kultur der Anerkennung. Auch bei der Heinrich Böll Stiftung in Brandenburg ist das GMF-Konzept »Grundlage unserer Bildungsarbeit«, wie es Bildungsreferentin Katharina Thanner beschreibt. Für sie dient diese Studie auch als wissenschaftliche Quelle in den Auseinandersetzungen mit der Politik. Vor allem auf der kommunalen Ebene, um die es im Flächenland Brandenburg in ihrer Arbeit zuallererst geht. »Dafür sind die Sozialraumanalysen sehr wichtig und brauchbar.« So war Thanner mit den Ergebnissen der Langzeitstudie bei öffentlichen Veranstaltungen an verschiedenen Orten in Brandenburg zu Gast. Mit dabei auch jeweils einer der Autoren: »Dabei hing es ganz maßgeblich davon ab, wie der einzelne diese Zusammenhänge vermittelt bekam«, erinnert sich Thanner.

3.

Anklam in Ostvorpommern,[1] an einem heißen Spätnachmittag im Mai 2010: Der große Saal der Kreissparkasse ist vollbesetzt, vorne, an einem Stehpult, sortiert der Politikwissenschaftler Dierk Borstel die Unterlagen seiner Anklamer Sozialraumanalyse, einige Ergebnisse sind schon vor dieser Veranstaltung öffentlich durchgesickert. Anklam ist eine Hochburg der rechtsextremen NPD und als solche bundesweit bekannt. Viele Menschen sind genervt, weil sie sich von den Medien zu Unrecht gebrandmarkt fühlen. Die Stimmung ist abwartend skeptisch. Viele Zuhörer haben die Arme verschränkt, einige wenige blicken gar feindselig. Anklam leidet unter dem Druck von außen. Neulich erst wurde Anklam im *Zeit-Magazin* als »Hauptstadt Dunkeldeutschlands« bezeichnet: »Wer sich in den vergangenen zwanzig Jahren die Probleme Ostdeutschlands (Arbeitslosigkeit, Abwanderung, Überalterung) vor Augen führen wollte, der hatte immer nur auf diesen Ort blicken brauchen«, schreibt Moritz von Uslar nach einem Besuch in Anklam (Uslar 2010). Weiter heißt es: »Rechtsradikale hatten hier den so entscheidenden Schritt von der Protestpartei in die Mitte der Gesellschaft, die Normalität, den Alltag vollzogen.« Borstel ist nun hergekommen, um den Anklamern genau dafür auch noch eine wissenschaftliche Begründung zu liefern.

In der Einleitung zu seinem kurzweiligen Vortrag läßt er freundlich einige Namen fallen. Die Menschen sind gespannt, einzelne Kommunalpolitiker hatten Borstel zuvor herzlich begrüßt. Man kennt sich, der Wissenschaftler hat seine Doktorarbeit in ihrer Stadt geschrieben. Nun ist er zurückgekehrt, um ihnen unliebsame Nachrichten zu übermitteln: Denn mehr als 49 Prozent der befragten Anklamer befürchteten den sozialen Abstieg in Hartz IV. Hinzu komme der Trend, daß sich die Ängste in der Stadtgesellschaft gegen schwache Gruppen zu wenden drohen. »Viele Menschen haben Angst vor Dingen, die gar nicht existieren. Beispielsweise die Furcht vor Muslimen, die es in Anklam gar nicht gibt.« Ein Reporter des lokalen *Nordkurier* trägt die Botschaften des Abends in die Stadt hinein. »Bedenklich stimme auch, daß für mehr als ein Drittel der Befragten die NPD eine Partei wie jede andere sei«, schreibt er und zitiert Borstel schließlich mit einem Satz, an dem sich die Anklamer Lokalpolitik künftig orientieren muß: »Durch die Distanz zur lokalen Politik, die ökonomischen Probleme, die Ängste und die dadurch bedingten Abwertungen schwacher Gruppen hat der Rechtsextremismus in Anklam gute Voraussetzungen, sich zu normalisieren.« (Zähringer 2010) Circa 400 solcher Vorträge haben Borstel und die übrigen Mitarbeiter des Instituts für interdisziplinäre Konflikt- und Gewaltforschung in den vergangenen zehn Jahren gehalten: Auch Workshops und Diskussionsrunden bei Einrichtungen für politische Bildung, Stiftungen, Gewerkschaften, Kirchen, bei der Polizei, in Volkshochschulen, bei Landessportbünden – sogar auf einem Ärztetag. Die jährlichen Berichte der *Deutschen Zustände* über den aktuellen Forschungsstand der Studie lieferten immer wieder neuen Gesprächsstoff. Auch bei der Bundeszentrale für politische Bildung (bpb). Gerade wegen dieser massiven Aufklärungsarbeit stellt sich die Frage: Was hat es jeweils gebracht? Welche Schlüsse haben etwa die einzelnen Kommunen aus diesen Erkenntnissen zur GMF gezogen? Die Antwort fällt wohl für jeden Ort anders aus. In Anklam, wo ähnliche Verhältnisse herrschen wie in der umliegenden Region Vorpommern, ist die Antwort eindeutig. Wenn sich einem Aufmarsch der rechtsextremen NPD durch die Stadt außer dem Bürgermeister kaum jemand entgegenstellt. Wenn es einmal mehr die hiesigen Hochburgen der NPD sind, die der Partei bei den Wahlen im September 2011 den Wiedereinzug in den Schweriner Landtag ermöglichen. Wenn es erneut die massive Polenfeindlichkeit der Menschen an der deutschen Ostgrenze ist, auf die sich die NPD in ihren Kampagnen stützen kann.

In den Fluren der Bonner Bundeszentrale gilt Anklam immer noch als ein Ort am unteren Ende des bundesdeutschen Demokratiegefälles. Als Gradmesser dafür gelten Sozialraumanalysen nach dem GMF-Konzept. Deren Ergebnisse müssen allerdings auch verständlich vermittelt werden, damit sie bei den Menschen vor Ort ankommen, die es schließlich betrifft. Und die in der Regel eine andere Sprache sprechen als die Wissenschaftler. Jahrelang schien aber die Diskrepanz zwischen Wissenschaft und lokaler Ebene unüberwindbar. »Und für die Arbeit in der Region hat sie zunächst nichts ergeben. Das hat sich dann mit Einführung der Übersetzungswerkstätten im Jahre 2006 geändert«, sagt Ulrich Dovermann, Leiter des Fachbereichs »Extremismus« bei der Bundeszentrale. Tatsächlich bemühen sich die einzelnen Autoren der Studie seither um eine nutzergerechte Vermittlung ihrer Ergebnisse. »Ich habe aber immer noch das Gefühl, daß man das nicht richtig versteht«, sagt Dovermann. Kathrin Thanner aus Potsdam macht es an einem Beispiel deutlich: »Am schwierigsten ist es, Etabliertenvorrechte zu erklären.« Dennoch führt für Dovermann bislang kein Weg am GMF-Konzept vorbei, zumal es auch auf Ereignisse reagiere. »Und es ist so differenziert, daß man damit nicht polarisieren kann.« Dennoch bleibt das Problem der Vermittlung. Außerhalb von Universitäten und jenen zivilgesellschaftlichen Einrichtungen, die im Aufbau und in der Pflege einer demokratischen Kultur ihre Aufgabe sehen, stößt das GMF-Konzept auf eine Hürde der Verständlichkeit. Bis dahin gilt es inzwischen als weitgehend unumstritten – es wird als gegeben vorausgesetzt.

4.

Auf deutlich über 30 000 Treffer kommt die Internetsuchmaschine Google bei dem Begriff *Gruppenbezogene Menschenfeindlichkeit.* Dabei fällt auf, daß die meisten Quellen aus dem Kreis der Wissenschaft und aus zivilgesellschaftlichen Institutionen stammen. Denn in der breiten öffentlichen Diskussion kommt der Begriff in seiner ursprünglichen Form immer nur dann vor, wenn Journalisten direkt Bezug auf die Langzeitstudie nehmen. Etwa um sie grundsätzlich anzuzweifeln, wie etwa Jürgen Kaube in der *Frankfurter Allgemeinen Zeitung* (Kaube 2010). Anlaß für seine Kritik war ein Ergebnis der achten Folge der *Deutschen Zustände,* bei dem es um die Reflexion der Einstellungen während der vorausgegangenen Finanz- und Wirtschaftskrise ging. »Die Irritation für Heitmeyer liegt darin, daß die Feindschaftsindikatoren nicht mit dem Krisenbewußtsein gleichziehen«, schrieb Kaube. Weil also ein Anstieg der GMF in der Krise ausgeblieben war, stellte er das GMF-Konzept grundsätzlich in Frage: »Was soll man also mit einer Forschung anfangen, die immer recht hat, ganz gleich, was ihre Daten sagen, und im Zweifel die Bestätigung ihrer Hypothesen auf die nächste Krise vertagt?« Auch Nadine Lange nimmt in einem Essay im *Tagesspiegel* direkt Bezug auf die Studie, um ein aktuelles Gesellschaftsphänomen – nämlich das der Wutbürger – mit wissenschaftlicher Hilfe zu beleuchten: Sie faßt einzelne Ergebnisse der Studie zusammen, spricht von »erschreckend weitverbreitete[n] Ressentiments«, die auch in dem »umstrittenen Buch« Thilo Sarrazins (*Deutschland schafft sich ab*) gespiegelt würden (Lange 2010). Gerade im Zuge der sogenannten Sarrazin-Debatte wurde offensichtlich, wie sehr das eigentliche Prinzip des GMF-Konzepts schon Einzug in den intellektuellen Diskurs genommen hat. Weil es aktuelle Stimmungen in der Bevölkerung frühzeitig erkennt, ja auf »Moden reagiert«, wie Dovermann es genannt hat. Seit Sarrazin wird das GMF-Konzept auch herangezogen, wenn sich Menschenfeindlichkeit von Muslimen etwa gegen die Mehrheitsgesellschaft in Deutschland richtet. Auch Wolfgang Huber, der ehemalige Bischof der Evangelischen Kirche Berlin-Brandenburg und von 2003 bis 2009 Ratsvorsitzender der Evangelischen Kirche in Deutschland (EKD), bezieht sich in einem Gastbeitrag in der FAZ darauf:

> »Gruppenbezogene Menschenfeindlichkeit ist jedoch nicht nur innerhalb der deutschen Mehrheitsgesellschaft zu finden. Auch Schüler deutscher Sprache und Herkunft bekommen es mit ihr in Klassenzimmern und auf Schulhöfen zu tun. ›Schweinefleischfresser‹ ist zu einem verbreiteten Schimpfwort geworden [...]. Wer sich durch Leistungsbereitschaft hervortut, läuft Gefahr, als ›schwul‹ bezeichnet zu werden. Mit solchen Stereotypen wollen manche Schüler die Überzeugung zum Ausdruck bringen, daß der Islam einen Status der Überlegenheit vermittelt.« (Huber 2011)

Die Studie hat im Laufe der Jahre ein Klima der Erkenntnis dafür erzeugt, daß Menschenfeindlichkeit sich gegen ganz unterschiedliche Gruppen richten kann, ihre Funktionsweise dabei aber jeweils ähnlichen Mustern folgt. Egal, ob sie nun auf Langzeitarbeitslose, Homosexuelle oder Menschen muslimischen Glaubens zielt.

Für den alltäglichen, sogenannten »Gebrauchsjournalismus« aber ist der Begriff *Gruppenbezogene Menschenfeindlichkeit* schlicht untauglich, weil er inhaltlich zu überladen und noch dazu schwer verständlich ist. Für elektronische Medien – die ja deutlich an Bedeutung gegenüber den Tageszeitungen gewonnen haben – ist er deshalb gänzlich ungeeignet. Ausreißer sind Internetforen wie etwa die höchst intellektuelle Online-Community der Wochenzeitung *Freitag* oder Kommentare bei *Zeit online*, wo der Begriff zwar gelegentlich auftaucht, aber nicht erläutert wird, so daß er auch hier nicht für jedermann verständlich wird. Einmal mehr bewegt sich das Konzept innerhalb der geschlossenen Gesellschaft der Wissenden. Wollte man auch nicht vorgebildeten Personen erläutern, was GMF genau bedeutet, bedürfte dies einer platzraubenden Einordnung, und genau deshalb vermeiden die meisten Journalisten den Begriff. Er ist zu groß, zu sperrig, um ihn durch die medialen Kanäle zu schicken, die mit zunehmender Informationsflut immer enger werden. Sie zerlegen ihn in seine Einzelaspekte, wenn überhaupt, ist dann von »Menschenfeindlichkeit« die Rede. So beispielsweise nach den Attentaten von Oslo und Utøya, bei denen Anders Behring Breivik am 22. Juli 2011 77 Menschen tötete. Nach dieser Tat haben viele Medien die komplexe Motivlage des Täters zu beschreiben versucht, gestützt auf die Analyse seines Manifests *2083*, das er vor seiner Tat verschickt hatte.

5.

In Europa ist GMF nur ansatzweise erforscht. Einen Anfang machten Andreas Zick, Beate Küpper und Andreas Hövermann mit ihrer Studie »Die Abwertung der Anderen«, in der sie jeweils 1000 Menschen aus Deutschland, Großbritannien, Frankreich, den Niederlanden, Italien, Portugal, Ungarn und Polen befragten. Dabei kommen Polen und Ungarn bei den meisten Fragen auf den jeweiligen Spitzenwert in puncto GMF, etwa bei den antisemitischen Aussagen, aber auch bei der Islamfeindlichkeit und beim Sexismus. An anderer Stelle schlußfolgern die Autoren:

> »In den westeuropäischen Ländern konnten sich Normen der Toleranz etablieren. Lange Zeit gehegte Vorurteile gegenüber Schwarzen, Juden, Frauen und Homosexuellen werden hier zunehmend geächtet [...]. Dies ist unseres Erachtens ein Modernisierungs- und Lernprozeß, der in den osteuropäischen Ländern erst langsam einsetzt.« (Zick/Küpper/Wolf 2010)

Wir haben es also mit einer Analogie zu dem Demokratiegefälle zu tun, das in den *Deutschen Zuständen* für West- und Ostdeutschland aufgezeigt wurde. In der Erörterung dieses Phänomens könnte eine Aufgabe für die gegenwärtige Wissenschaftlergeneration liegen.

Im Jahr 2012 findet in Polen und der Ukraine die Fußballeuropameisterschaft statt, und ganz allmählich setzt sich in Polen – forciert durch die Einbindung in EU-Institutionen – die Erkenntnis durch, daß GMF ein Problem ist, das nach einer Lösung verlangt. Zunächst im Fußball, weil in diesem Bereich derzeit das Ansehen der Nation auf dem Spiel steht, vor allem weil in Polen ein riesiges Problem mit Gewalt im Fußball existiert. Deshalb nehmen sich die Organisatoren der Europameisterschaft nun die Arbeit deutscher Fanprojekte zum Vorbild, etwa beim Verein Śląsk Wrocław (Schlesien Breslau), dessen Stadion auch Spielort der EM sein wird. Dort tauscht man sich mit dem Dresdner Fanprojekt von Korinna Dittrich über Sozialarbeit aus, wobei auch das Konzept der *Gruppen-*

bezogenen Menschenfeindlichkeit ins Spiel kommt, das auch so seinen Weg nach Europa findet.

Anmerkungen

1   Der ehemalige Landkreis Ostvorpommern gehört seit dem 4. September 2011 zum neuen Landkreis Südvorpommern.

Literatur

Kaube, J., »Es gilt das eine und sein Gegenteil, jedenfalls heute, morgen wieder anders«, in: *Frankfurter Allgemeine Zeitung* (4. Mai 2010).

Lange, N., »Wutbürger – Mitte ohne Maß«, in: *Der Tagesspiegel* (21. November 2010).

Huber, W., »Verschieden und doch gleich«, in: *Frankfurter Allgemeine Zeitung* (21. Januar 2011).

Luzar, C./Sundermeyer, O., »Gewaltige Energie. Dortmund als Hochburg der Autonomen Nationalisten«, in: Heitmeyer, W. (Hg.), *Deutsche Zustände. Folge 9*, Berlin 2010, S. 179-189.

Uslar, M. v., »Freitagnacht in Anklam«, in: *Zeit-Magazin* (6. Mai 2010).

Zähringer, A., »Distanz zur Politik«, in: *Nordkurier* (19. Mai 2010).

Zick, A./Küpper, B./ Hövermann, A., *Die Abwertung der Anderen. Eine europäische Zustandsbeschreibung zur Intoleranz, Vorurteilen und Diskriminierung*, Berlin 2011.

Zick, A./Küpper, B./Wolf, H., »Wie feindselig ist Europa?«, in: Heitmeyer, W. (Hg.) *Deutsche Zustände. Folge 9*, Berlin 2010, S. 39-60.

Anetta Kahane

Das Konzept *Gruppenbezogene Menschenfeindlichkeit* in der Praxis
Segen und Fluch der Komplexität

1. Die Idee

Das Konzept der *Gruppenbezogenen Menschenfeindlichkeit* (GMF) ist in verschiedener Hinsicht brillant. Zunächst war es eine überzeugende Idee, überhaupt eine Langzeitstudie zur Entwicklung von Einstellungen gegenüber Minderheiten in Deutschland aufzulegen. Nach dem Mauerfall hatte sich vieles verändert, und für uns, die Praktikerinnen und Praktiker, kam diese Studie keinen Augenblick zu früh. Als ebenfalls hilfreich erwies sich der Ansatz selbst. Statt eines einzigen Einstellungsmusters untersucht die Studie eine ganze Reihe von Vorurteilen mitsamt ihren unterschiedlichen Facetten – und das auch noch im Zusammenhang. Dies erlaubt einen differenzierten Blick auf unterschiedliche Formen der Abwertung von Menschen, die allein aufgrund ihrer Gruppenzugehörigkeit als minderwertig betrachtet werden. Die Laufzeit von zehn Jahren ermöglichte zudem, Entwicklungen auch vergleichend zu betrachten. GMF, so zeigte sich, ist keine bloße Aufzählung verschiedener Vorurteile, die irgendwie miteinander zu tun haben, sondern sie stellt ein Syndrom dar. GMF bildet Bewegungen in der Gesellschaft ab, die sich je nach politischer oder wirtschaftlicher Lage in die eine oder andere Richtung entwickeln. Die Analysen der Langzeitstudie zeigen, welche Gruppen aufgrund welcher Vorurteile wann und von wem besonders abgewertet werden. Die Untersuchung fungiert so als Gradmesser für Stimmungen und Einstellungen, mit dem empirisch belegt werden kann, daß Veränderungen der sozialen Bedingungen sich in den Einstellungen der Bevölkerung niederschlagen. Die Studie ist sozusagen das zivilgesellschaftliche Fieberthermometer der Gesellschaft.

2. Zur richtigen Zeit

Für die Amadeu Antonio Stiftung hatte der Ansatz der *Gruppen-bezogenen Menschenfeindlichkeit* einen ganz praktischen Wert. Gerade nach den Terroranschlägen vom 11. September 2001 wurde die GMF-Perspektive notwendig und sinnvoll. Wie viele andere Projekte hatte sich die Amadeu Antonio Stiftung mit der Bekämpfung von Rechtsextremismus und Rassismus beschäftigt. Die moralischen wie praktischen Parameter hierbei waren stets klar umrissen. Nach den Anschlägen jedoch hatte sich das Bild verändert. Alte Gewißheiten und damit auch eine gewisse Selbstzufriedenheit derer, die mit den Themen Rassismus und Rechtsextremismus zu tun hatten, begannen zu erodieren. Für die Praxis bedeutete das eine Zeitenwende. Das Thema, das zu einem Paradigmenwechsel in der Betrachtung von Vorurteilsstrukturen führte, war der Antisemitismus. Bereits auf der UN-Konferenz gegen Rassismus in Durban im August 2001 hatte sich ein Klima des Antisemitismus und der Israelfeindschaft bemerkbar gemacht, das zu einer öffentlichen Spaltung der internationalen Bewegung gegen Rassismus führte. Kontroverse Diskussionen hatte es zwar schon zuvor gegeben, nun wurden sie jedoch radikaler ausgetragen.

Der Antisemitismus, nicht nur in bezug auf Israel, bestimmte bald die gesamte Debatte über Rassismus. In ihrem Mittelpunkt steht – damals wie heute – der Antiimperialismus, der vom neuen Antisemitismus praktisch nicht mehr zu trennen ist. Im Kern haben wir es einmal mehr mit dem alten Bild einer jüdischen Weltverschwörung zu tun. Für Anhängerinnen und Anhänger des Antiimperialismus sind Israel und die USA – und alle Personen, die mit ihnen zu tun haben – zum Symbol des Bösen, des Krieges und der Unterdrückung geworden. In Durban wurden nicht nur israelische Organisationen attackiert, sondern auch jüdische, die mit Israel nicht verbunden waren. Das »Durban-Syndrom«, das dazu beitrug, Antirassismus gegen Antisemitismus in Stellung zu bringen, beschädigte die Bemühungen von Praktikerinnen und Praktikern überall auf der Welt. Wer antirassistisch arbeiten wollte, sollte sich demnach zunächst gegen die USA und Israel positionieren. Wer das nicht tat, galt als Teil des Rassismusproblems, denn – so die Logik von Durban – der Imperialismus insbesondere der USA und Israels ist die Ursache aller Rassismen. Mit dieser einfachen Antwort auf die komplexen Fragen zu den Ursachen von Rassismus fiel ein Teil der Antirassismus-Bewegung zurück in die Ideologie und die Feindbilder des Kalten Krieges.

Große Teile der Anti-Rassismus-Bewegung stilisierten die Protagonisten des Terrorismus gegen den Westen zu Vertretern legitimer Befreiungsbewegungen. Deren Menschenrechtsverletzungen und – das wird häufig übersehen – Verbrechen vor allem gegen Muslime wurden hingegen hingenommen. Der gesamte Diskurs über Antirassismus litt darunter. Der reale Antisemitismus aber verschwand aus der Wahrnehmung. Lediglich bei klassischen Neonazis setzte die antirassistische Öffentlichkeit stereotypen Antisemitismus voraus.

Weshalb ist der Antisemitismus nun eine Schlüsselfigur bei der Betrachtung und der praktischen Bekämpfung von Rassismus und Diskriminierung, obwohl die Zahl der Gewalttaten gegen Juden eher niedrig erscheint im Vergleich zu Gewalttaten gegenüber Opfern von Rassismus? Die Antwort ist einfach – erschreckend einfach: Weil sich am modernen Antisemitismus, der fast immer einen weltpolitischen Zusammenhang zu Israel hat, zeigt, daß die Idee der Arbeit gegen strukturellen Rassismus nicht mehr den Realitäten entspricht. Rassismus als Folge diskriminierender und unterdrückender Strukturen gibt es natürlich. Doch seit dem 11. September wurde aus der berechtigten Kritik an diesem strukturellen Rassismus immer mehr eine grundlegende Abwehr gegen die westlichen Demokratien, den Kapitalismus im allgemeinen und die Globalisierung. Hier ist eine Querfront-Ideologie entstanden, unter deren argumentativem Dach sich die westliche, antiimperialistische Linke ebenso wiederfindet wie islamistisch-antisemitische Organisationen oder Staaten oder auch die neu-rechten oder national-revolutionären Bewegungen, denen der Rassismus in den multikulturellen Gesellschaften als Argument gilt, die ethnisch homogene Gemeinschaft in Nationalstaaten zu propagieren.

Der Survey zu *Gruppenbezogener Menschenfeindlichkeit* bot nun den Ansatz, ein Syndrom zu identifizieren, das viele Gruppen in eine Beziehung zueinander setzt. Diese Methode veranlaßte die Praktikerinnen und Praktiker in der Amadeu Antonio Stiftung sowie ihre Partner, über neue Werkzeuge für die Praxis nachzudenken, um die von Ideologiekämpfen erschütterte Arbeit gegen Rassismus und Diskriminierung wieder auf sachliche Füße zu stellen. Im Konzept der *Gruppenbezogenen Menschenfeindlichkeit* hatte auch das Konzept des Antisemitismus wieder einen Platz. Die Kapitalismusdebatte konnte so aus dem Syndrom herausgenommen und dem Feld der Politik wieder zugeordnet werden. Dadurch gelang es, Antisemitismus zur Sprache zu bringen, ohne die ständigen politischen Projektionen mitzudiskutieren.

3. Wege zur Praxis

Durch das GMF-Konzept gerieten sowohl die Einstellungen der einzelnen Menschen wieder in den Blick wie auch die persönliche Verantwortung im Umgang mit Minderheiten oder Schwachen. Damit konnte der Tendenz »Erst müssen wir die ganze Welt verändern – nur dann lohnt es, sich um Rassismus zu kümmern« in der Praxis etwas entgegengesetzt werden.

In der Praxis war bekannt, daß Menschen, die zu Vorurteilen neigen, diese meist nicht allein gegenüber einer einzelnen Gruppe pflegen. Der GMF-Ansatz bietet dafür einen theoretischen Rahmen, da er betont, daß es eine innere Verbindung zwischen den Facetten der *Gruppenbezogenen Menschenfeindlichkeit* gibt. Wer Obdachlose, Homosexuelle oder Frauen verachtet, ist auch anfälliger für Rassismus. Wer grundsätzlich Muslime haßt, macht auch vor anderen Minderheiten wie den Juden nicht halt. Wer auf Vorrechte von Etablierten gegenüber sozial Schwachen pocht, ist auch für rechte Parolen offener. Diese Durchlässigkeiten öffnen den Blick auch auf eigene Schwächen. Jeder Mensch gehört selbst Gruppen an und kann somit Opfer *Gruppenbezogener Menschenfeindlichkeit* werden. Umgekehrt ist jeder auch Teil eines abwertenden Systems und somit selbst anfällig für GMF. Dies gilt auch für Diskriminierte, die selbst Vorurteile haben. Jeder kann Täter und Opfer von Ungleichwertigkeit sein. Der Anti-Diskriminierungsansatz dagegen bleibt dabei, eigene Einstellungen zu ignorieren. Hier steht der Diskriminierende oder eine Struktur im Mittelpunkt, nicht aber die Selbstreflexion des Diskriminierten. Diese Herangehensweise war in einer von politischer Bildung geprägten Praxis bislang unüblich, und sie hat auch aus diesem Grund viel Kritik ausgelöst. Der GMF-Ansatz soll andere Konzepte allerdings nicht ersetzen, sondern diese um eine individuelle Perspektive ergänzen.

Die GMF-Perspektive ermöglicht es, die Einhaltung universalistischer Standards als Ziel zu formulieren und einzufordern –

nicht allein eine Verbesserung der Lage der jeweils diskriminierten Gruppe.

Die Mitarbeiterinnen und Mitarbeiter der Amadeu Antonio Stiftung und der Regionalen Arbeitsstelle für Bildung, Integration und Demokratie (RAA) in Berlin haben zunächst eine Erkenntnis betont, die alle von GMF betroffenen Gruppen verbindet: Ihnen wird die Gleichwertigkeit abgesprochen. Darauf suchten wir Praktikerinnen und Praktiker nun eine positive Antwort. Die Gleichwertigkeit aller Menschen muß ein Standard des gesellschaftlichen Handelns sein – nicht nur in der Theorie, sondern auch in der Praxis. Demokratie, Menschenrechte und demokratische Kultur sollen im Alltag für jeden einzelnen zu einer realen Erfahrung werden.

Auf der Grundlage verschiedener Ideologien und Menschenbilder erleben die Angehörigen der jeweiligen Opfergruppen sich selbst oft als besonders betroffen. Gerade auf dem Feld der Projektarbeit ging dies stets auch mit einem Kampf um Ressourcen einher. Damit ist, das sei an dieser Stelle betont, keine Wertung verbunden. Die Opferarbeit ist alternativlos und wird es auch bleiben. Der GMF-Ansatz kann hier jedoch den Blick erheblich erweitern. Der universalistische Anspruch des GMF-Konzepts ist eine große Herausforderung für die Arbeit mit verschiedenen Opfergruppen. Bei Mehrfachdiskriminierten ist es beispielsweise oft besonders schwer, mit der Frage nach der Gleichberechtigung der Frau zu beginnen. Dennoch muß sie eine Dimension der Praxis sein – alles andere wäre ein Widerspruch in sich.

4. Praxistypen

Seit Beginn der Projektarbeit, die sich der universalistischen Perspektive des GMF-Ansatzes verschrieben hat, haben verschiedene Partner in Zusammenarbeit mit der Amadeu Antonio Stiftung drei Projekttypen erprobt: Audits, Zielgruppenprojekte und Multiplikatorenausbildungen.

4.1 Audit

Ein Audit ist eine Art Realitätscheck. Bei diesem Verfahren wird überprüft, ob bestimmte Bedingungen, die als vorausgesetzt angenommen werden, tatsächlich erfüllt sind. In Schulen beispielsweise gilt ein Klima der Anerkennung für Schüler wie Lehrer in der Regel als gegeben. Die Kultur des Zusammenlebens in der Schule entspricht allerdings oft nicht den Kriterien, die für ein positives Klima notwendig sind. Das Verfahren des Audits, also eine Art Anhörung, bringt in diesem Bereich mehr Klarheit.

Ein Audit zur Anerkennung oder zur Gleichwertigkeit durchzuführen, bedeutet, in die Details des Zusammenlebens einzutauchen. Um sie erfassen zu können, müssen übergeordnete Kriterien entwickelt werden, auf die sich alle verständigen können: Lehrer wie Schüler, Eltern wie Sozialarbeiter. Zu einer Anerkennungskultur gehört zum Beispiel auch Transparenz im Umgang miteinander, und dazu ist eine klare Informationspolitik in der Schule notwendig. Die Behauptung etwa, wichtige Vorgänge und Entscheidungen in der Schule, die alle betreffen, würden auch kommuniziert, können bei einem Audit überprüft werden. Stellt sich heraus, daß diese Bedingung in der Alltagswirklichkeit nicht erfüllt ist, ist dies zugleich eine Erklärung für das Gefühl, nicht ernstgenommen oder gar übergangen zu werden. So entsteht Mißtrauen gegenüber Entscheidungen der »Obrigkeit« oder aber der Eindruck, ungerecht behandelt zu werden. Solche Einschätzungen werden anhand von Beispielen erfragt. Meist stellt sich heraus, daß die Kommunikation eine Gleichwertigkeit oder sogar Beteiligung im Konkreten gar nicht zuläßt. Wenn dies aber eine wichtige Bedingung für gleichwertiges Miteinander sein soll, muß am analysierten Defizit gearbeitet werden. Mitunter sind es schon wenige, aber wichtige Veränderungen, die das Klima verbessern können. Und wenn die Kommunikation erst einmal besser funktioniert, lassen sich auch andere Veränderungen leichter umsetzen, von denen dann Schüler wie Lehrer profitieren. Das Auditverfahren wirkt vertrauensbildend, weil hier jeder gehört wird und weil alle Vorschläge machen können, ohne daß dem im Einzelfall ein akuter Konflikt zugrunde liegen muß. In einer zweiten Anhörung wird dann später überprüft, ob und wie die Maßnahmen zur Behebung des Mangels zu einer Verbesserung der Situation der Beteiligten beigetragen haben. Dieses Verfahren hat damit einen großen Vorteil: Es rationalisiert Konflikte, es entlastet von gegenseitigen Beschuldigungen und es enthält einen praktischen Vorschlag zur Verbesserung der Bedingungen. Sein Nachteil ist: Es dauert lange, braucht Geduld und eine gute, sachliche Moderation.

Parallel zu diesen Audits startete die Amadeu Antonio Stiftung das Verbundprojekt »Living Equality«, das über drei Jahre hinweg unter anderem auch von der Ford Foundation und der Freudenberg Stiftung gefördert wurde. Mit bundesweit insgesamt acht Einzelprojekten arbeitete der Verbund vor allem an der Frage, ob und wie der Ansatz der *Gruppenbezogenen Menschenfeindlichkeit* in der Praxis erfolgreich umgesetzt werden kann. Zielgruppen und Methoden der einzelnen Projekte waren sehr unterschiedlich. Zwei Projekte befaßten sich mit Ungleichwertigkeit in Kommunen. Dort wurde unter anderem zugleich das Auditverfahren angewandt. Ein weiteres Projekt beschäftigte sich mit der Kultur der Erinnerung an den Nationalsozialismus und schlug dabei den Bogen bis zur gegenwärtigen Situation. Das Empowerment von Sinti und Roma stand in einem anderen Projekt im Mittelpunkt. Das nächste Projekt beschäftigte sich mit Antisemitismus in der Einwanderungsgesellschaft. An einem anderen Ort ging es um Fußball und Rassismus, und schließlich nahm auch ein Projekt zur Ausbildung junger Peer Leader an dem Verbund teil. Diese sollten in ihren jeweiligen Schulen andere Schüler für den GMF-Ansatz sensibilisieren.

Bei den Treffen aller Projekte gelang es, Personen aus sehr unterschiedlichen Milieus zusammenzubringen. Angesichts der kurzen Laufzeit kann über langfristige Wirkungen keine Aussage getroffen werden, doch immerhin läßt sich sagen: Alle Projekte überraschten mit interessanten und neuen Ergebnissen, die eine Grundlage für weiteres Engagement boten. Eine größere, lebendigere, weil persönliche Identifikation der Beteiligten mit dem Thema wurde festgestellt. Denn: Zum einen eröffnet der GMF-Ansatz für die an den Projekten Beteiligten eine gute Möglichkeit der Selbstreflexion ohne blockierende Schuldzuweisungen; im Vordergrund aller Aktivitäten stand immer die eigene Gestaltungsmöglichkeit. Und zum anderen wurde die Bereitschaft zu Empathie wesentlich gestärkt. Innerhalb des Verbundes fand ein systematischer Austausch von Erfahrungen darüber statt, ob und wie der GMF-Ansatz zum Empowerment von Minderheiten beiträgt. Diese Form der kollegialen Fallberatung der Projektleiter untereinander wirkte auch in die Projekte hinein. Die wenigsten der Teilnehmenden hatten bis dahin die Gelegenheit gehabt, sich

regelmäßig mit den Erfahrungen anderer Minderheiten und/oder
dem Stand der demokratischen Alltagskultur der Anerkennung
und Gleichwertigkeit in anderen Regionen des Landes auseinanderzusetzen.

4.3 Vielfalt-Coaches

Die Ausbildung Jugendlicher zu Vielfalt-Coaches an verschiedenen Standorten in Brandenburg und Mecklenburg-Vorpommern
beendet die Reihe von Praxisprojekten zu *Gruppenbezogener
Menschenfeindlichkeit*, die die Amadeu Antonio Stiftung und ihre
Partner über acht Jahre durchgeführt haben. Die jugendlichen
Multiplikatoren konnten aus den Erfahrungen mit den vorangegangenen Projekten lernen. In einer Art Ausbildung zu Peer Lea-
dern durchliefen die Jugendlichen in drei Jahren verschiedene Pro-
jektphasen, in denen sie immer gleichzeitig kognitive, emotionale
und praktische Fähigkeiten ausbilden konnten. In der letzten
Phase entwickelten sie selbst Projekte mit Jugendlichen aus ihrem
eigenen Umfeld und bereiteten diese auf eine Ausbildung zum
Vielfalt-Coach vor. Den Jugendlichen gelang es schnell, ihr eigenes
Handeln zu reflektieren. Der Praxisansatz der *Gruppenbezogenen
Menschenfeindlichkeit* rückt ein humanistisches Menschenbild in
den Vordergrund. Mit ihm verbindet sich die Frage, wie wir leben
wollen: Mit Feindbildern und Gegnerschaften? Oder als Gleichwertige? Die Jugendlichen betonten aber auch, daß sie ihre Kon-
fliktfähigkeit weiterentwickeln konnten, da sie nun ein klareres
Bild davon hatten, was sie von sich und anderen erwarten. Dabei
hatten sie die Erfahrung gemacht, daß sie Auseinandersetzungen
mit Rechtsextremen nun selbstbewußter und effektiver führen
konnten. Allein die Lektüre der zahllosen wissenschaftlichen Publikationen zum Rechtsextremismus würde nicht ausreichen. Nur
wer selbst reflektiere und sich seines eigenen Menschenbildes sicher sei, so die Jugendlichen, könne auch eine erfolgversprechende
Auseinandersetzung führen und sich klar von Ideologien der Ungleichwertigkeit abgrenzen.

5. Chancen, Grenzen und Probleme des GMF-Ansatzes in der Praxis

Die Ergebnisse der Projektarbeit belegen das innovative Plus durch den GMF-Ansatz. Es zeigen sich allerdings auch Nachteile. Im Kampf gegen den Rechtsextremismus, in dessen Kontext die Projekte gearbeitet haben, kann der GMF-Ansatz mit dem erwünschten Verzicht auf ideologische Auseinandersetzungen auch das genuin Politische verlieren. In der Debatte um Links- und Rechtsextremismus als zwei Seiten derselben Medaille, wie sie unter der schwarzgelben Regierung geführt wird, wurde ebenfalls der Begriff *Gruppenbezogene Menschenfeindlichkeit* benutzt. Politisch vermeidet diese Regierung damit eine klare Positionierung gegen Rechtsextremismus. Bestehen Projekte darauf, sich explizit mit der Bedrohung der demokratischen Kultur durch rechtsextreme Gruppierungen auseinanderzusetzen, wird ihnen automatisch unterstellt, sie engagierten sich nicht gleichermaßen gegen Linksextremismus, vermutlich weil sie selbst Linksextreme seien. Dies trifft jedoch insgesamt nur auf einzelne Projekte zu, die ohnehin meist isoliert arbeiten und eher Aktionen als Projekte betreiben. Doch mit dieser Argumentation zielt Schwarzgelb auf die Extremismustheorie, nach deren heutiger Auslegung sich Rechts- und Linksextreme ähneln, so daß der Staat eine Art Äquidistanz einhalten müsse. Ein Beispiel dafür stellt die Tatsache dar, daß die Bundesprogramme gegen Rechtsextremismus immer häufiger gerade dann von *Gruppenbezogener Menschenfeindlichkeit* reden, wenn es eigentlich um eine klare Auseinandersetzung mit Neonazis gehen sollte. Hier benutzen Politik und Verwaltung das GMF-Konzept, um der politischen Auseinandersetzung zu entgehen. Wer sich nur auf individueller Ebene und selbstreflektierend mit *Gruppenbezogener Menschenfeindlichkeit* beschäftige, habe damit genug zu tun und keinen Anlaß, politische Entscheidungen oder deren Folgen zu kritisieren.

Genau aus diesem Grund ist der GMF-Ansatz auch bei Praktikern nicht unumstritten. Auf verschiedenen Treffen mit Vertretern aus der Arbeit mit Homosexuellen, Obdachlosen, Frauen oder Flüchtlingen wurde die Befürchtung geäußert, daß die Individualisierung des Rassismus und anderer Formen der *Gruppenbezogenen Menschenfeindlichkeit* zwar pädagogisch sinnvoll sein kann, daß damit allerdings auch gesellschaftliche Konflikte individualisiert und damit entpolitisiert würden. Somit würde die Haltung der Äquidistanz gegenüber rechts und links mitsamt ihren verheerenden Folgen unterstützt. Diejenigen Praktiker, die selbst mit dem GMF-Ansatz gearbeitet haben, teilten diese Einschätzung nicht, da sie die Erfahrung gemacht hatten, daß sich beides ergänzen kann. Einig waren sich allerdings alle darüber, daß das Konzept der *Gruppenbezogenen Menschenfeindlichkeit* in der Arbeit mit Minderheiten eine gute Orientierungshilfe darstellt.

Daß die aktuelle Bundesregierung nun verlangt, daß alle Projekte, die Mittel aus Programmen zur Förderung der demokratischen Kultur beantragen, eine »Extremismusklausel« unterschreiben und sich damit verpflichten sollen, auf der Grundlage der »Freiheitlich demokratischen Grundordnung« zu handeln, hielten alle für eine öffentliche Erklärung des Mißtrauens gegenüber denjenigen, die sich gegen Diskriminierung oder Ungleichwertigkeit engagieren.

Die theoretische Arbeit zur *Gruppenbezogenen Menschenfeindlichkeit* unterscheidet sich natürlich deutlich von der praktischen Herangehensweise an die entsprechenden Phänomene. Während die Bielefelder Forschungsgruppe stets betonte, die anwachsende Desintegration der Menschen sei eine der wesentlichen Ursachen von GMF, müssen wir in der praktischen Arbeit vom konkreten individuellen Fall ausgehen. Das ist kein Widerspruch, vielmehr ergänzen sich die beiden Herangehensweisen. Die Praxis sorgt schließlich für einen humaneren Umgang miteinander, die Wissenschaft beschreibt die sozialen und gesellschaftspolitischen Bedingungen, die erfüllt sein müssen, wenn dies gelingen soll. In zahlreichen Workshops haben die Praktikerinnen und Praktiker über das Für und Wider des GMF-Ansatzes diskutiert. Zusammenfassend lässt sich sagen: Die Komplexität, die durch den GMF-Ansatz in die Praxis kommt, ist seine größte Chance und seine größte Gefahr. Einerseits ermöglicht sie einen erweiterten Blick auf Diskriminierungen, andererseits kann sie aber auch entpolitisierend wirken. Der GMF-Ansatz wendet sich dem realen Leben zu und versachlicht so Konflikte. Er macht es möglich, selbst Verantwortung zu übernehmen, da nun einmal jeder Mensch bestimmte Gruppenidentitäten hat. Doch nur dadurch können wir uns als Individuen identifizieren und lernen zu handeln.

Das Konzept der *Gruppenbezogenen Menschenfeindlichkeit* hat den entscheidenden Vorteil, daß es deutlich macht, daß GMF nicht ausschließlich ein unter Rechtsextremisten verbreitetes Phänomen ist, sondern – die statistischen Erhebungen zeigen das – in allen gesellschaftlichen Gruppen vorkommt. Zugleich kann dies allerdings zu einer Entpolitisierung des Kampfes gegen den Rechtsextremismus führen. Vor allem aber, so viele Praxisvertreter, sollte der GMF-Ansatz vor Mißbrauch geschützt werden: Auf keinen Fall darf er instrumentalisiert werden, um unterschiedliche Gruppen, die sich gegen Diskriminierungen engagieren, gegeneinander auszuspielen.

Die Komplexität des GMF-Ansatzes erfordert ein hohes Maß an Kompetenz und Offenheit unter den Praktikern. Genau dies ist notwendig, um sich in einer Welt partikularistischer Interessen, Meinungen und Konflikte zurechtzufinden. Gerade in Deutschland, einem Land mit einer singulären Geschichte der *Gruppenbezogenen Menschenfeindlichkeit*, ist dies wichtig. Wir müssen ganz allgemein zu einem humaneren Umgang miteinander finden. Dabei handelt es sich um eine langfristige kulturelle Aufgabe, und der GMF-Ansatz hat das Potential, sie zu gestalten.

Wissenschaftliche und politische Verantwortung

Wissenschaft kann sich als ein selbstreferentielles Unterfangen verstehen: Wissenschaft dient in diesem Sinne dann der Wissenschaft und kreist um sich selbst. Ein solches Verständnis lag diesem zehnjährigen Forschungsprojekt zur *Gruppenbezogenen Menschenfeindlichkeit* ausdrücklich nicht zugrunde. Doch gerade dadurch, daß wir uns auf eine irritierende, ja »störende« Weise in wissenschaftliche Debatten einmischten, indem wir die Frage stellten, in welcher Gesellschaft wir eigentlich leben wollen, erzeugten wir für das Projekt selbst auch erhebliche Probleme. Schließlich galt es, die herrschende Politik und Normalisierungsprozesse in bezug auf Verletzungen der Gleichwertigkeit und der Integrität immer wieder neu zu kritisieren. Natürlich blieb die wissenschaftliche Kritik an gesellschaftlichen Verhältnissen selbst nicht unkommentiert, wir mußten uns mit Einwänden seitens wissenschaftlicher, politischer und medialer Eliten auseinandersetzen, erhielten Leserbriefe und waren mit Eintragungen auf Facebook konfrontiert.

Aus unserer Sicht gibt es allerdings keine Alternative zu einer Wissenschaft, die dezidiert soziale, aber auch politische Verantwortung übernimmt. Dies gilt aktuell zum Beispiel in der Auseinandersetzung mit dem Rechtspopulismus, dem der Beitrag von Albrecht von Lucke gewidmet ist.

Wilhelm Heitmeyer

Albrecht von Lucke

Populismus schwergemacht
Die Dialektik des Tabubruchs und wie ihr
zu begegnen wäre

1. Das Problem

Martin Walser und Jürgen W. Möllemann, Martin Hohmann und
Heinz Buschkowsky, Eva Herman und Thilo Sarrazin: Die Zahl
der selbsternannten Tabubrecher ist Legion, doch besonders gehäuft – zumindest das fällt ins Auge – traten sie in den letzten zehn
Jahren auf. Und so unterschiedlich die Genannten auch sind, eines
haben sie alle gemeinsam: Immer wieder tappte die nationale Em-
pörungsgemeinschaft bei ihren Provokationen in die Falle.

Gewiß, man mag es als beruhigend ansehen, daß die medialen
Seismographen bisher noch jedes Anzeichen eines neu aufkeimen-
den Antisemitismus, der Islamfeindlichkeit oder antieuropäischer
Strategien erkannt und darauf prompt mit heftigen Protesten reagiert haben. Doch diese Form der aufgeregten medialen Ächtung
geht mehr und mehr am Problem des europaweit aufkommenden
Rechtspopulismus vorbei. Schlimmer noch: Was Teil der Lösung
sein will, wird schnell zu einem Teil des Problems.

Denn eines steht fest: Die mediale Reaktion gehört immer zur
erfolgreichen Provokation dazu. Ob Walser, Möllemann oder Sarrazin – alle Chefprovokateure der Republik rieben und reiben sich
nach jedem ihrer Coups selbstzufrieden die Hände und freuen sich
über die Reaktionen, getreu der Devise: Viel Feind, viel Ehr. Ihre
Rechnung ist aufgegangen, sie haben mit Erfolg provoziert und
werden mit immenser medialer Aufmerksamkeit belohnt.

Bloße Empörung hilft somit nicht weiter, um den Agitatoren
wirksam zu begegnen. An die Stelle hilfloser Aufregung muß zunächst vielmehr die schlichte Analyse des Populismus treten. Was
sind seine Funktionsmechanismen? Wie operiert der Provokateur? Und wie funktioniert die erfolgreiche Inszenierung des Tabubruchs?

2. Die Dialektik des Tabubruchs

Für jeden Tabubruch gilt dreierlei, gewissermaßen die Dialektik oder der gelungene Dreisatz der Provokation.

Erstens: Der moderne Populismus bedient sich immer der Strategie der gezielten Regelverletzung. Dabei hüllt er sich in das Mäntelchen des Aufklärers, indem er seine Provokationen als Kampf gegen irrationale Tabus inszeniert.

Zweitens: Die Provokation, das gezielte Spiel mit der Regelverletzung, gelingt nur dann, wenn sie tatsächlich verfängt. Dafür muß der Provozierte »mitspielen«, also als Provozierter reagieren und mit seinem Protest die Antithese zur Provokation selbst beisteuern. Stets kalkuliert der Tabubrecher diese Reaktionen bereits bei seinen Vorüberlegungen ein. Dieser gedankliche Vorsprung macht seine strategische Überlegenheit aus.

Drittens: Erst dadurch, nämlich dank der provozierten Reaktion, ist der Tabubrecher endgültig in der Lage, sich als im Namen des Volkes auftretender Robin Hood gegen die Klasse der Etablierten zu inszenieren. Indem er seine These und die Antithese seiner Gegner aufnimmt, kann er diese coram publico synthetisieren und seine Conclusio daraus ableiten: Seht her, nur ich allein setze mich stellvertretend für die unterdrückte Bevölkerung gegen die Meinungsdiktatur der herrschenden Klasse zur Wehr.

Wie aber wäre gegen eine derartige Strategie vorzugehen? Wie kann sich die Gesellschaft zukünftig gegen einen derartigen Populismus imprägnieren? Schauen wir uns dafür das Prinzip des Tabubruchs genauer an.

Der erste Schritt der gelungenen Provokation: Wie sich der Provokateur an der gelungenen Provokation delektiert – danach und schon davor.

Man muß sich den Provokateur als glücklichen Menschen vorstellen. Denn bereits in seiner Imagination wird der Tabubruch genüßlich ausgelebt. Exemplarisch dafür ist die Rede Martin Walsers aus Anlaß der Verleihung des Friedenspreises des deutschen Buchhandels im Jahr 1998. Sie trägt den beredten Titel »Erfahrungen beim Verfassen einer Sonntagsrede«. Schon darin zeigt sich: Martin Walser nimmt den Hörer mit in die Überlegungen auf, die er beim Entwurf seiner Rede anstellt. Dabei gibt der Autor einer merkwürdigen Vorfreude Ausdruck, die er bereits bei der bloß gedanklichen Vorwegnahme seines Tabubruchs erlebt:

> »Im Jahr 1977 habe ich nicht weit von hier, in Bergen-Enkheim, eine Rede halten müssen und habe die Gelegenheit damals dazu benutzt, folgendes Geständnis zu machen: ›Ich halte es für unerträglich, die deutsche Geschichte – so schlimm sie zuletzt verlief – in einem Katastrophenprodukt enden zu lassen.‹ Und: ›Wir dürften, sage ich vor Kühnheit zitternd, die BRD so wenig anerkennen wie die DDR. Wir müssen die Wunde namens Deutschland offenhalten.‹ Das fällt mir ein, weil ich jetzt wieder vor Kühnheit zittere, wenn ich sage: Auschwitz eignet sich nicht dafür, Drohroutine zu werden, jederzeit einsetzbares Einschüchterungsmittel oder Moralkeule oder auch nur Pflichtübung.« (Walser 1998)

Walser weiß also ganz genau, wenn er – wie behauptet – schon beim Schreiben vor Kühnheit zittert, wie die empörte Öffentlichkeit auf ihn reagieren wird. Er genießt die Vorstellung der Reaktion bereits beim Aussprechen, ja beim Konzipieren seiner Rede.

Genau dasselbe Muster begegnet uns bei einem anderen Paradeprovokateur, nämlich dem deutschnationalen ehemaligen CDU-Abgeordneten Martin Hohmann. In seiner berüchtigten Rede »Gerechtigkeit für Deutschland« zum Tag der Deutschen Einheit 2003 heißt es:

> »In der Tat lehnen sich gerade jüngere Menschen dagegen auf, für Verfehlungen von Großvätern und Urgroßvätern in Anspruch genommen und mit dem Verdikt ›Angehöriger des Tätervolks‹ belegt zu werden. Ganz zweifellos steht fest: Das deutsche Volk hat nach den Verbrechen der Hitlerzeit sich in einer einzigartigen, schonungslosen Weise mit diesen beschäftigt, um Vergebung gebeten und im Rahmen des Möglichen eine milliardenschwere Wiedergutmachung geleistet, vor allem gegenüber den Juden. [...] Auf diesem Hintergrund stelle ich die provozierende Frage: Gibt es auch beim jüdischen Volk, das wir ausschließlich in der Opferrolle wahrnehmen, eine dunkle Seite in der neueren Geschichte, oder waren Juden ausschließlich die Opfer, die Leidtragenden?« (Hohmann 2003)

Bei Walser wie bei Hohmann erkennt man das gleiche, bewährte Prinzip: Der Tabubrecher weiß um den Charakter seiner Provokation. Auf diese Weise hat er die Reaktion der Gegenseite beim Aussprechen seiner »Wahrheit« längst im Hinterkopf.

Wunderbar hat dieses immer gleiche Prinzip Heinz Buschkowsky, der Bezirksbürgermeister von Berlin-Neukölln und Intimus von Thilo Sarrazin, auf den Punkt gebracht. Bundesweit bekannt wurde Buschkowsky, als er bereits 2004 das »Ende von Multikulti« postulierte. Später zog er vor allem gegen die angebliche »Verwahrlosung« von Hartz-IV-Empfängern zu Felde. 2009 verschaffte er tiefe Einblicke in die Regeln der gelungenen Provokation: »*Nehmen wir den letzten Aufreger, Versaufen:* Ich wußte genau, daß da die Selter hochgeht. Aber das wollte ich. Ich wollte eine Debatte über Kinder in der Unterschicht und den Unsinn des Betreuungsgeldes. Ich habe auf den Pawlowschen Reflex der Öffentlichkeit gesetzt, und es hat funktioniert.« (Zitiert in Meinhardt 2009)

Ein pawlowscher Reflex: Der Provokateur rührt die Klingel, und in der Öffentlichkeit setzt prompt der Speichelfluß, sprich: die Empörung ein, an der sich der Tabubrecher delektiert. Genau hier liegt der strategische Vorsprung des Tabubrechers. Provokateur und empörte Öffentlichkeit gleichen Hase und Igel. Immer wenn der brave Mümmelmann, sprich: die empörte liberale Öffentlichkeit, auf den Akt der Provokation reagiert, ist der Provokateur gedanklich längst einen Schritt weiter – und damit in der Lage, seine Provokation ganz nach Gusto abzuschwächen, also sich zu entschuldigen, oder noch einen Schritt weiterzugehen.

Der Tabubrecher profitiert auf diese Weise von der Asymmetrie der Standpunkte. Indem er den gängigen Verhaltenskodex gezielt außer Kraft setzt, begibt er sich jenseits des rational Kalkulierbaren und erschwert damit die gedankliche Vorwegnahme seines Verhaltens.

Der zweite Schritt der gelungenen Provokation: Der Tabubruch verfängt, denn die Öffentlichkeit spielt mit.

Die aufgeregte Reaktion, der empörte Antipopulismus konstruieren jedoch erst jene Öffentlichkeit, die der Provokateur benötigt, um sich als Opfer der herrschenden politischen Klasse darzustellen. Der neue Rechtspopulismus geriert sich ja gerade als Form der Systemopposition gegen die angebliche linksliberale Kulturhegemonie, die in der herrschenden *political correctness* ihren Ausdruck gefunden haben soll. In diesem Punkt trafen und treffen sich die Haiders, Fortuyns, Möllemanns, Wilders und Sarrazins. Die durch den Tabubruch erzielte Ablehnung dient dem Populisten als willkommene Munition, um die behauptete Gleichschaltung der Medienlandschaft umgehend in seine Argumentationsstruktur einzubeziehen.

Der Tabubruch wird auf diese Weise zur *self-fulfilling prophecy*: Die Empörung in der medialen Öffentlichkeit wird als Beleg für das neueste Verbot der herrschenden Gedankenpolizei umgehend in die Argumentationslogik eingespeist. Dabei spekuliert der Provokateur auf die behauptete Geschlossenheit in der Ablehnung durch das »Establishment«; im Extremfall wird dieser verschwörungstheoretische Eindruck erst durch den Tabubruch produziert. Der Tabubruch erzeugt seine Legitimation gewissermaßen aus sich selbst.

Der dritte Schritt der gelungenen Provokation: Der Tabubrecher inszeniert sich als Robin Hood.

Jetzt ist der Tabubrecher endgültig in der Lage, sich als im Namen des Volkes auftretender Robin Hood gegen die Klasse der Etablierten zu inszenieren. Er ist Opfer und Rächer in Personalunion und setzt sich stellvertretend für die unterdrückte Bevölkerung gegen die Meinungsdiktatur der herrschenden Klasse zur Wehr – immer getreu der pseudo-aufklärerischen Devise: »Das wird man ja wohl noch sagen dürfen...«

Exemplarisch dafür ist der Fall Jürgen Rüttgers. Dieser hatte 2009 im Wahlkampf in Nordrhein-Westfalen als Ministerpräsident rumänische Arbeiter frontal mit den Worten attackiert: »[I]m Unterschied zu den Arbeitnehmern hier im Ruhrgebiet, kommen die in Rumänien eben nicht morgens um sieben zur ersten Schicht und bleiben bis zum Schluß da, sondern sie kommen und gehen, wann sie wollen und wissen nicht, was sie tun.« (Zitiert in Schmid 2009)

Nach massiven Protesten der Öffentlichkeit erklärte Rüttgers: »Ich habe mich vor die nordrhein-westfälischen Arbeitnehmer gestellt, deren hervorragenden Leistungen weltweit anerkannt sind und die durch falsche Entscheidungen von Konzernzentralen ihren Arbeitsplatz verloren haben. Ich wollte niemanden beleidigen, wenn das doch geschehen ist, tut mir das leid.« Gleichzeitig kündigte Rüttgers an, er werde »weiter für die Arbeitnehmer in Nordrhein-Westfalen kämpfen.« (Zitiert in N. N. 2009)

Kurzum: Rüttgers gegen alle – der einsame Robin Hood im Namen des Volkes. So also sieht er aus, der gelungene Dreisprung der Provokation.

Wie aber wäre diesem Mechanismus in Zukunft wirksam zu begegnen?

3. Der Kampf um die Diskurshegemonie

Letztlich ist dem Phänomen des populistischen »Aufmerksamkeitspolitikers« nur beizukommen, indem man diesem die Diskurshegemonie abspenstig macht. Natürlich darf dies nicht im simplen Umkehrschluß bedeuten, daß seine Aussagen unwidersprochen bleiben sollten. Eine schleichende Gewöhnung wäre die verheerende Folge. Entscheidend ist jedoch, der Provokation mit einer geeigneten Reaktion zu begegnen.

Eine zentrale Rolle spielt dabei das Verhalten der Medien. Sie sind schließlich der Raum, den der Provokateur braucht und innerhalb dessen er sich bewegt, um seine Botschaften an Mann und Frau zu bringen. Ohne Verstärkung seiner Botschaft in den Medien gäbe es keinen Populismus von weiterer Verbreitung. Der moderne Populismus ist daher stets auch medialer Populismus. Das aber bedeutet, daß vor allem der Umgang der Medien mit Tabubrechern über deren Wirkung entscheidet.

Wie man es gerade nicht machen sollte, läßt sich an zwei Beispielen zeigen, die zehn Jahre auseinanderliegen: Nämlich am Auftritt des bis heute wohl bekanntesten Rechtspopulisten im deutschen Sprachraum, Jörg Haider, in der Talkshow *Talk in Berlin* im Jahr 2000 und am Auftritt Thilo Sarrazins bei Reinhold Beckmann 2010. Dabei handelte es sich um zwei völlig gegensätzliche Reaktionen, die nur eines gemeinsam haben: Sie gingen beide dramatisch daneben – und leisteten damit populistischen Bestrebungen unnötig Vorschub.

Den vielleicht ersten TV-Auftritt eines modernen Rechtspopulisten erlebte das deutsche Fernsehpublikum am 5. Februar 2000. Es war ein Lehrstück eines gescheiterten Journalismus – und für alle, die es sehen konnten, ein Offenbarungseid der beteiligten Diskutanten. Moderator der Sendung war Erich Böhme, langjähriger *Spiegel*-Chefredakteur und einer der routiniertesten Journalisten des Landes. Nach einjähriger Pause von der Mattscheibe wollte er Jörg Haider stellen, »den derzeit umstrittensten Politiker Europas« – so Böhme selbst voller Stolz. Dessen rechtsgerichtete Partei war kurz zuvor erstmalig in die österreichische Regierung unter dem ÖVP-Politiker Wolfgang Schüssel eingetreten, was heftige Proteste und Sanktionen der EU nach sich zog.

»Ich will den Mythos Haider entzaubern«, lautete Böhmes Devise. Doch das Gegenteil trat ein. Der stets kulante Böhme war mit dem gerissenen Haider völlig überfordert, der smarte Kärntner gab von Beginn an souverän den Wolf im Schafspelz. Nein, er wolle nicht die Regierung Schüssel insgeheim übernehmen, so Haider gleich zu Beginn, sondern er werde »weiter kleine Brötchen in Kärnten backen«. Haider konnte sich gegen die angebliche »beispiellose Verleumdungskampagne« spielend in Szene setzen, so daß ein wiederholt ausgekonterter Moderator schließlich fast konsterniert fragen mußte: »Wie kann es denn so sein, daß alle gegen Sie sind?«

Damit gelang Haider genau das, was den gelungenen Tabubruch kennzeichnet – er besetzte die Opferrolle, erzielte damit einen moralischen Vorsprung und gab diesen nicht wieder her. Ja, mehr noch: Böhme lud Haider regelrecht dazu ein, die Bühne, die er ihm bot, für seine rechtspopulistische Propaganda zu nutzen. Die Sendung wurde so zu »Haider-Festspielen« der besonderen Art – wie es im Internet treffend hieß. Am Ende erntete Haider mehrfach Szenen-Applaus. Selbst der altersmilde Ralph Giordano war Haiders »Charme« in der Sendung erlegen: »[W]enn man ihm so gegenübersitzt, ist er [Haider] einer der sympathischsten Menschen, die mir in meinem 76jährigen Leben je begegnet sind.«

Das Fazit der Talkshow: Es war ein Desaster. Haider gelang exemplarisch, was den populistischen Dreisatz ausmachte. Auf die überschießenden Reaktionen seiner wenig informierten Gegner hin präsentierte er sich als Opfer und als mutiger Streiter im Namen des Volkes, was ihm dessen Zustimmung einbrachte. Und so wurde die Sendung regelrecht zu einer Blaupause dafür, wie man Populismus ungewollt Vorschub leistet.

4. Auf die Dosierung kommt es an

Zehn Jahre später wollten die Medien es um so besser machen, nämlich am Beispiel Thilo Sarrazins. So jedenfalls das feste Vorhaben all jener, die sich auf den neuen Skandal-Autor stürzten, als dieser 2010 sein biologistisches Manifest *Deutschland schafft sich ab* veröffentlichte. Sarrazin war überall und auf allen Kanälen; jeder wollte ihn haben. Den Anfang im großen Talkshow-Reigen machte am 30. August 2010 Reinhold Beckmann. In seiner Sendung konnte man erleben, wie das explizite Bemühen, alles dezidiert gut und richtig zu machen, das genaue Gegenteil zeitigte.

Beckmann hatte das Böhme-Haider-Desaster offenbar aufmerksam studiert – und wollte gerade deshalb ganz anders vorgehen. Um das bloße Leugnen der Fakten – wie im Falle Haiders – zu verhindern, wurden schon im Vorspann die einschlägigen Sarrazin-Zitate eingeblendet. Und bereits mit seiner ersten Frage rückte Beckmann Sarrazin direkt zu Leibe: »Wie geht's ihnen als Spalter der Nation?«

Mangelnde Konfliktbereitschaft war den Machern der Talkshow somit nicht vorzuwerfen. Und um sich nicht – anders als Erich Böhme – den Vorwurf fehlenden Sachwissens machen lassen zu müssen, hatte sich Beckmann mit Experten ausgestattet. Im Studio saß der bekannte ARD-Wissenschaftsjournalist Ranga Yogeshwar, der als erfolgreicher Fernsehmoderator mit Migrationshintergrund zugleich als lebender Gegenbeweis für Sarrazins Kernthese der fehlenden Integrationsbereitschaft von Migranten fungierte. Aus Berlin live zugeschaltet wurde außerdem die Sozialwissenschaftlerin Naika Foroutan, die sich an der Humboldt-Universität mit dem Thema Migration und Integration beschäftigt und Sarrazins Thesen mit ihren Untersuchungsergebnissen konterte.

Doch damit nicht genug. Sekundiert wurden Beckmann und seine Experten von den üblichen Politprofis – Olaf Scholz von der SPD, Renate Künast von den Grünen und der frisch gekürten niedersächsische Integrationsministerin Aygül Özkan von der CDU. Derart präpariert, hätte doch eigentlich alles glattgehen müssen, sollte man meinen. Doch Sarrazin spielte schlicht nicht mit. Er gab eben nicht den aalglatten »Feschisten«, als der Haider aufgetreten war, sondern war nur – ganz echt und authentisch – der lebenslange Bürokrat und Zahlenmensch Thilo Sarrazin, der das Publikum immer wieder mit einer schier unüberschaubaren Menge von Statistiken eher langweilte als faszinierte.

Die Phalanx seiner Gegner war insofern völlig überdimensioniert – und machte Sarrazin von Beginn an zum hilflosen, fast notgedrungen Mitleid erregenden Opfer. Der Eindruck diesmal: Ein naiv ehrlicher Laie unter lauter abgebrühten Profis.

Das Verhalten gegenüber den beiden Populisten – Haider und

Sarrazin – war also in seiner völligen Gegensätzlichkeit gleichermaßen unangebracht: Wo Haider nicht die entschiedene Gegenrede erhielt, wurde Thilo Sarrazin ins Wort gefallen. Damit aber bediente die Sendung genau das, was es zu vermeiden galt. Sarrazin gelang es brillant, sich selbst zum Opfer zu stilisieren – mit verheerenden Folgen: »Was geplant war, war klar: nichts weniger als Sarrazins öffentlich-rechtliche Hinrichtung à la Eva Herman bei dem unerträglichen Kerner.« – »Es war unverschämt von ›Herrn‹ Beckmann, Herrn Sarrazin gleich zu Beginn des Gesprächs nicht ausreden zu lassen und ihn einfach auf ganz ungehobelte Weise mit ein paar ›jajajaja-Grunzlauten‹ abzuwürgen.« – »Was die ARD gestern bei Beckmann abgeliefert hat, war unter aller Sau. Die ganze Sendung hatte nur ein Ziel, Sarrazin zu diskreditieren und das Volk (das ihm mehrheitlich zustimmt) zu verarschen.« – »Recht auf freie Meinungsäußerung, daß ich nicht lache, solange es Beckmanns als Erfüllungsgehilfen und Handlanger der Political Correctness gibt, die in den Medien kräftig Meinungsmache betreiben, kann es nie zu einer ehrlichen und wissenschaftlichen Diskussion kommen.«

Soweit nur vier von unzähligen Meinungsäußerungen auf einer der zahlreichen Wut-Websites, die aber durchaus repräsentativ zu sein scheinen für eine weitverbreitete Stimmung im Land. Sie bringen exemplarisch zum Ausdruck, wie perfekt es Sarrazin gelungen ist, in den Augen der Bevölkerung den populistischen Dreisatz zu erfüllen.

Erstens: Sarrazin ist der mutige Tabubrecher. Er allein traut sich, die Wahrheit zu sagen.

Zweitens: Die Phalanx der politisch Korrekten, wahlweise Gutmenschen, versucht ihn zu unterdrücken.

Drittens: Indem Sarrazin – bis heute – unbeirrbar an seinen Thesen festhält, wird er endgültig zum Helden, der sich alleine der Übermacht stellt – im Namen des unterdrückten Volkes.

5. Die Dekonstruktion des Populisten

Was aber lernen wir aus dieser kurzen Geschichte des modernen medialen Populismus? Auf drei Dinge kommt es entscheidend an, um Tabubrechern wirksam zu begegnen.

Erstens: Wähle bei Deiner Reaktion stets die richtige Dosis. Gegen Übertreiber, denn das sind die selbsterklärten Tabubrecher und Populisten, darf man nie selbst reaktiv übertreiben – andernfalls geht ihre Rechnung zwangsläufig auf. Sie werden quasi rückwirkend ins Recht gesetzt und können sich als Opfer präsentieren. Doch genauso falsch, siehe Böhme vs. Haider, ist die Untertreibung oder gar ranschmeißerische Verniedlichung des Populisten. Auf das rechte Maß kommt es also an. Hier gilt die Devise: nicht zu schwach und nicht zu stark, sondern dem jeweiligen Populisten und seiner medialen Präsenz entsprechend.

Zweitens: Dekonstruiere den Populisten als Gegner eines geschlossenen elitären Systems. Populismus lebt, so Anton Pelinka von der Universität Innsbruck, von zwei Affekten: »Wir da drinnen – ihr da draußen« und »Wir da unten – ihr da oben«. (Zitiert in Tölke 2001) Das Ressentiment des Populisten richtet sich demnach erstens stets gegen die Fremden oder einfach nur anderen. Zum zweiten aber richtet sich die populistische Propaganda gegen »die da oben«. Der Populist insinuiert also, daß das Volk, der vielbeschworene kleine Mann, die Dinge besser selbst in die Hand nimmt – gegen die korrumpierte und abgehobene Elite.

Die Ironie der Geschichte: Der Populist selbst – und auch hier exemplarisch Thilo Sarrazin – ist jedoch in aller Regel nicht Gegner, sondern vielmehr selbst Teil der von ihm angeblich bekämpften politischen oder gesellschaftlichen Elite. Dies herauszustellen, ramponiert nicht unerheblich den vermeintlichen Mut des angeblichen Outlaws – und zerstört den Eindruck eines geschlossenen Systems. Gleichzeitig nimmt man dem Populisten damit die Bühne für seine Opfer-Helden-Inszenierung.

Drittens: Dekonstruiere die Behauptung einer unüberwindbar-unhinterfragbaren *political correctness*. Stoßrichtung jedes von rechts kommenden Populisten ist die Behauptung einer angeblich »linken Meinungsvorherrschaft«. Mit Antonio Gramsci gesprochen, geht es also immer auch um die gesellschaftliche Hegemonie und deren angeblich unüberwindbare *political correctness*. Faktisch aber ist es keineswegs so, daß es heute noch eine eindeutig links-liberale Meinungsführerschaft gäbe, wie dies vielleicht noch in den siebziger Jahren der Fall war. Im Gegenteil: Gerade die Sarrazin-Debatte hat gezeigt, daß in diesem Lande längst fast alles gesagt werden kann – ohne nennenswerte Folgen.

Diese real existierende Liberalität unserer Öffentlichkeit, die jeder Behauptung einer angeblichen linken Meinungsdiktatur Hohn spricht, gilt es immer wieder hervorzuheben – und zu verteidigen. Denn sie ist in der Tat ein hohes Gut. Die Schattenseite aber liegt auf der Hand: Gerade unsere liberale Öffentlichkeit bietet Populisten ungeheuer viel Raum für ihre gezielten Provokationen und Grenzüberschreitungen. Insofern steht heute bereits fest: Der nächste Tabubrecher kommt bestimmt. Bereiten wir uns also besser heute als morgen auf ihn vor.

Literatur

Hohmann, M., »Gerechtigkeit für Deutschland«, Rede zum Tag der Deutschen Einheit am 3. Oktober 2003, online verfügbar unter: {http://www.heise.de/tp/artikel/15/15978/1.html} (Stand Oktober 2011).

Meinhardt, B., »Mensch ärgere Dich«, in: *Süddeutsche Zeitung* (21. November 2009), S. 3.

N. N., »Rüttgers äußert Bedauern«, auf: *Focus online* (4. September 2009), online verfügbar unter: {http://www.focus.de/politik/deutschland/auslaender-schelte-ruettgers-aeussert-bedauern_aid_432855.html} (Stand Oktober 2011).

Schmid, B., »Rüttgers beleidigt Rumänen«, auf: *Spiegel online* (4. September 2009), online verfügbar unter: {http://www.spiegel.de/politik/deutschland/0,1518,646974,00.html} (Stand Oktober 2011).

Tölke, S., »Gesellschaft im Umbruch. Populismus als Protest«, Gespräch mit Anton Pelinka (2001), online verfügbar unter: {http://www.br-online.de/wissen-bildung/collegeradio/spezial/beitraege/pelinka/} (Stand Oktober 2011).

Walser, M., »Erfahrungen beim Verfassen einer Sonntagsrede«, Dankesrede anläßlich der Verleihung des Friedenspreises des Deutschen Buchhandels am 11. Oktober 1998, online verfügbar unter: {http://www.hdg.de/lemo/html/dokumente/WegeInDieGegenwart_redeWalserZumFriedenspreis/index.html} (Stand Oktober 2011).

WILHELM HEITMEYER

Erfahrungen mit der gesellschaftlichen Verantwortung der Wissenschaft
Eine Bilanz nach zehn Jahren

I.

Seit 1982, also seit bald dreißig Jahren, wird in Bielefeld theoretisch und empirisch erforscht, in welchem Ausmaß und in welchen Varianten einzelne Menschen und Gruppen abgewertet, diskriminiert und ausgegrenzt werden. Alles begann mit Studien zu rechtsextremistischen Orientierungen in der jungen Generation; diese Untersuchungen stellten in gewisser Weise einen Neuanfang dar, weil nicht länger allein organisierte Neonazi-Gruppen als Gefährdung demokratischer Verhältnisse betrachtet wurden.

Während die interessierte Öffentlichkeit und die sie beliefernden Medien ihr Interesse vorrangig auf die Aktivitäten der organisierten Akteure richteten – und zwar gemäß den Regeln der bekannten Aufmerksamkeitszyklen nach aufsehenerregenden Gewalttaten –, blieben die Einstellungsmuster in der jüngeren wie älteren Bevölkerung als Legitimation für diese Gewalt oft eher unbeachtet – und das galt auch für verdeckte Akte der Abwertung, Diskriminierung und Ausgrenzung, denen bestimmte Individuen und schwache Gruppen im Alltag ausgesetzt waren und bis heute sind. Zudem verengte sich die öffentliche Aufmerksamkeit auf merkwürdige Weise auf einen Begriff: Rassismus. Übersehen wurde dabei lange Zeit, daß so Opfer erster und zweiter Klasse geschaffen wurden, denn schließlich betraf die Menschenfeindlichkeit auch Obdachlose, Homosexuelle oder Behinderte, ebenso wie heute die Langzeitarbeitslosen, die sich mit der Kategorie des Rassismus nicht fassen lassen.

Als Reaktion auf diese Verengung der öffentlichen Wahrnehmung ist damals die Idee zur Konzeption einer *Gruppenbezogenen Menschenfeindlichkeit* geboren, wofür wir oft heftig angefeindet wurden. Wir legten die Idee der Ausweitung zunächst zur Seite, holten sie dann aber 1999 wieder aus der Schublade, nicht zuletzt, weil wir uns den Zyklen der medialen Berichterstattung, aber auch der Forschungsförderung nicht beugen wollten, die oftmals nach brutalen »Signalereignissen« lediglich kurzzeitig anspringen, um ein Thema dann wieder längere Zeit zu vernachlässigen. Außerdem wollten wir eben aus der allzu engen Fragestellung des Rassismus ausbrechen und den Fokus ausweiten: Was denken die Menschen? Wie verändern sich ihre Einstellungen? Welche Erfahrungen machen sie? Wie nehmen sie die Dinge wahr und wie verarbeiten sie ihre Eindrücke? Und nicht zuletzt: Welche Folgen hat das für schwache Gruppen in dieser Gesellschaft?

Das bedeutete allerdings auch, die »beruhigende« Unterscheidung zwischen den brutalen Rechtsextremisten einerseits sowie der angeblich humanen Bevölkerung andererseits aufzulösen und somit den oberflächlichen Konsens im Land bewußt zu irritieren und zu stören. Denn Teile der Bevölkerung sind nun einmal beteiligt an der Abwertung und Diskriminierung schwacher Gruppen im Alltag und zugleich nützliche Legitimationsbeschaffer für Gewalttäter. Dies war ein Umstand, den weite Teile der interessierten Öffentlichkeit wie der Politik nicht wahrnehmen wollten und zum Teil auch 2011 noch nicht wahrhaben wollen. Doch wenn Wissenschaftler ihre gesellschaftliche Verantwortung wahrnehmen wollen, gibt es oft keine Alternative: Dann müssen sie *stören*.

2.

Wissenschaft hat viele Facetten. Erkenntnisgewinn gehört zu ihren vornehmsten Aufgaben. Dennoch muß man fragen: Erkenntnisgewinn für wen? Lediglich für die relativ geschlossenen Zirkel der eigenen Disziplin? Oder doch für die Gesellschaft insgesamt? Hat die Wissenschaft insgesamt, haben die Sozialwissenschaften hier nicht eine eminent wichtige soziale Verantwortung? Und wenn ja: in welcher Form? Die Antworten auf diese Fragen gehen weit auseinander. In den siebziger Jahren wurde vielfach eine gesellschaftskritische Wissenschaft mit politischem Anspruch gefordert, eine Haltung, die später – auch unter dem Einfluß der Systemtheorie – zurückgewiesen und zugunsten der Konzentration auf den (fach-)wissenschaftlichen Kreislauf in den Hintergrund geriet. Diese Verschiebung betraf auch die sozialwissenschaftliche Verwendungsforschung (Beck/Bonß 1989) der achtziger Jahre, die ebenfalls in Bedrängnis und schließlich in Vergessenheit geriet.

In der letzten Zeit häufen sich nun die Indizien dafür, daß der Wind sich drehen könnte. So wies beispielsweise Altbundeskanzler Helmut Schmidt aus Anlaß des hundertjährigen Jubiläums der Max-Planck-Gesellschaft am 11. Januar 2011 darauf hin, daß die Wissenschaft auch eine gesellschaftliche Bringschuld habe (Schmidt 2011). Matthias Kleiner, der Präsident der Deutschen Forschungsgemeinschaft (DFG), hielt am 7. Juli 2010 ebenfalls eine Rede zur gesellschaftlichen Verantwortung (Kleiner 2010), und die DFG kündigte 2010 ein neues Programm zur Förderung des Erkenntnistransfers an. Die VolkswagenStiftung schließlich hat bereits vor einigen Jahren das Programm »Wissenschaft – Öffentlichkeit – Gesellschaft« aufgelegt, das untersuchen soll, auf welchen Wegen und in welchem Umfang wissenschaftliche Erkenntnisse in die allgemeine Öffentlichkeit gelangen. Auch wir im Bielefelder Institut widmen uns im Rahmen eines von der VolkswagenStiftung geförderten Projekts ganz konkret solchen Fragen. Wir erforschen Einstellungsmuster in Städten und Gemeinden und analysieren dann, wie es gelingen kann, unsere Ergebnisse – im Sinne der Idee einer reflexiven Stadtgesellschaft – auf die lokale Agenda zu hieven.

3.

Es gibt zweifellos Normalisierungen der Abwertungen schwacher Gruppen in der Gesellschaft, in Städten und Gemeinden, in Gruppen und Vereinen. Dies ist gefährlich, denn alles, was einmal als normal gilt, kann man dann kaum noch problematisieren. An festgefügten Normalitätsstandards prallen »querliegende« Informationen, laute wie leise Kritik oder insistierende Debatten meist einfach ab. Es gilt also, Normalisierungen zu verhindern.

Was kann man in einer solchen Situation tun, wenn man *stören* und dafür sorgen will, daß irritierende Informationen auch ins gesellschaftliche Bewußtsein *einsickern*? Im Verlauf der vergangenen Jahrzehnte haben sich einige Strategien als hilfreich erwiesen. Dazu gehören unter anderem:

• der Gebrauch ungewohnter, *aneckender Begriffe*, in unserem Fall die Formulierung *Gruppenbezogene Menschenfeindlichkeit*; viele Menschen reagieren darauf zunächst einmal mit der irritierten Nachfrage: »Was ist das denn?«;

- das *hartnäckige Insistieren* und nicht »Nachgeben«, auch angesichts von Kritik und zähen Abwehrhaltungen;
- die kontinuierliche, ganz bewußt gesuchte *öffentliche Präsenz* in seriösen medialen Formaten;
- die *Präsentation überraschender Ergebnisse*, etwa zur Fremdenfeindlichkeit unter Frauen oder religiösen Menschen; so lassen sich Gewißheiten irritieren und aufbrechen;
- der geduldige, immer wieder neue *Hinweis auf die Zusammenhänge* zwischen den gesellschaftlichen *Zuständen* in Deutschland und der Abwertung und Diskriminierung schwacher Gruppen, also das – notfalls auch – *penetrante Erinnern* an Verletzungen humaner Normen und das Ausbleiben angemessener politischer Interventionen.

4.

Ein langfristig angelegtes Projekt, in dem es auch darum geht, der gefährlichen Normalisierung menschenfeindlicher Einstellungen in unserer Gesellschaft entgegenzuwirken, muß natürlich auch mit Widerstand rechnen. Im Bereich der *Wissenschaft* gibt es Argwohn, wenn die Ergebnisse auf störende Weise nicht mit dem Mainstream übereinstimmen. Er wird mit dem Hinweis auf »unangebrachte« Methoden artikuliert. Im Bereich der *Medien* gerät man dann schnell – je nach der politischen Positionierung einer Zeitung oder Zeitschrift – unter den Verdacht, das Ansehen und Selbstverständnis der eigenen Gesellschaft beschmutzen zu wollen. Solche Vorwürfe werden bisweilen auch in prominenten, sich als liberal verstehenden Wochenzeitungen erhoben. Selbst aus *Kirchenkreisen* muß man mit aufgebrachten Reaktionen rechnen, wenn beispielsweise die problematische Rolle bestimmter religiöser Überzeugungen im Zusammenhang mit der Abwertung schwacher Gruppen thematisiert wird. Vor allem in *konservativen Kreisen* werden die Ergebnisse nicht zur Kenntnis genommen oder gar mit dem Hinweis aggressiv zurückgewiesen, das Land sei schon »in Ordnung«. Auch diese Akteursgruppen sind Teil des Reproduktionszirkels. Sie tragen dazu bei, Einstellungsmuster aufrechtzuerhalten, etwa durch konjunkturabhängige mediale Berichterstattung, politische Mobilisierung oder die intergenerationale Weitergabe *Gruppenbezogener Menschenfeindlichkeit* von den Älteren zu den Jungen. Diesen Reproduktionszirkel gilt es zu durchbrechen.

Schließlich stoßen wir sogar bei Personen und Organisationen, die sich selbst gegen rechtsextreme Gruppen und Parteien engagieren, auf eine oftmals verdeckte Abwehrhaltung. Mit der Präsenz feindseliger Mentalitäten in der Mitte der Gesellschaft konfrontiert, schieben diese die Ergebnisse zu feindseligen Mentalitäten häufig zur Seite und lenken die Diskussion um auf sichtbare und damit auch »faßbare«, meist rechtsextreme Akteure. Denn man könnte solche latenten Einstellungen ja auch selbst »mitschleppen«.

5.

Wie und anhand welcher Maßstäbe läßt sich nun ermitteln, ob man die gesellschaftliche Verantwortung der eigenen wissenschaftlichen Tätigkeit auch tatsächlich erfolgreich wahrnimmt? Zunächst daran, daß Wissenschaftlerinnen und Wissenschaftler nicht auf den innerwissenschaftlichen Kreislauf fixiert sind und sich der innerwissenschaftlichen Perpetuierungen bedienen, sondern sich den unkalkulierbaren öffentlichen Debatten aussetzen. Ein wesentlicher Erfolg unserer Anstrengung besteht, meiner Wahrnehmung nach, darin, daß zentrale Begrifflichkeiten unseres Projekts – etwa *Gruppenbezogene Menschenfeindlichkeit* oder *soziale Desintegration* – trotz der angesprochenen Abwehrreaktionen in das Vokabular eher praktisch ausgerichteter Institutionen und Initiativen *eingesickert* sind. Dies verdankt sich nicht zuletzt dem Zusammenspiel von alltagsnaher Problemdefinition und der hochintensiven Vortragstätigkeit der Mitarbeiterinnen und Mitarbeiter des Projekts, die in zehn Jahren etwa 400 Vorträge in praktischen, politischen und wissenschaftlichen Kontexten gehalten haben. Auf diesem Wege verändern die Begriffe und die entsprechenden Forschungsergebnisse auch Wahrnehmungsweisen und letztlich die gesellschaftliche Realität. Das konnte nur über ein Langzeitprojekt gelingen, das jetzt beendet ist. Damit hören auch das *störende Einsickern* und die Beunruhigungen der Öffentlichkeit auf. Gegen die *rohe Bürgerlichkeit*, die sich in den letzten Jahren herausgebildet hat, kommt aber auch eine ihre gesellschaftliche Verantwortung wahrnehmende Wissenschaft mit ihren begrenzten Mitteln nicht an. Diese rohe Bürgerlichkeit läßt sich in ihrer Selbstgewißheit nicht stören: Die Würde bestimmter Menschen und die Gleichwertigkeit von Gruppen sind antastbar. Das gehört zur persönlichen Bilanz.

6.

Ein Jahrzehnt intensiver theoretischer und empirischer Arbeit liegt hinter uns. 42 – teils etablierte, teils junge – Wissenschaftlerinnen und Wissenschaftler haben in diesem Projekt mitgearbeitet. Eine solche Langzeitstudie, in deren Rahmen im jährlichen Rhythmus konzeptuelle Weiterentwicklungen erfolgten, Daten erhoben und ausgewertet wurden und deren Ergebnisse publiziert sowie auf wissenschaftlichen Konferenzen und in gesellschaftlichen Institutionen präsentiert wurden, stellt für einen Wissenschaftler eine einmalige Gelegenheit und Erfahrung dar. Deshalb an dieser Stelle auch eine kurze persönliche Bilanz. Was habe ich da konzipiert, erlebt und »angerichtet«?

Als ich die Idee zu einer Zehn-Jahres-Studie im Jahr 2000 erstmals im eigenen Institut vorstellte, erlebte ich nicht nur freudige Reaktionen. Einige Kollegen hielten die Sache für sinnlos, andere wiesen auf die geringen Realisierungschancen hin. Die ersten, noch vorsichtig tastenden Kontakte zur VolkswagenStiftung waren zwar ermutigend, finanziell bewegten wir uns damals jedoch noch in einem äußerst engen Rahmen. Im nächsten Schritt diskutierten wir in Hannover die Idee, zur Finanzierung eines auf drei Jahre angelegten Projekts ein Stiftungskonsortium zu bilden. Während die VolkswagenStiftung, die Freudenberg-Stiftung und die Möllgaard-Stiftung zustimmten, waren wir auch mit scharfen Absagen konfrontiert. Wir sahen uns teilweise einem massiven Ideologieverdacht ausgesetzt, manche Stiftungen unterstellten uns implizit, wir wollten das Ansehen der deutschen Gesellschaft herabsetzen.

Das Projekt war immer umkämpft, ob nun in der Auseinandersetzung mit Förderern, Gutachtern, Wissenschaftlern oder journalistischen Beobachtern. Doch vor allem die federführende VolkswagenStiftung hat unsere Studie dann über die zehn Jahre hinweg mit großer Risikofreude in außergewöhnlicher Weise finanziell und ideell unterstützt.

Die praktische Arbeit warf von den ersten Schritten an intensive Debatten um theoretische Konzepte und Auswertungsstrategien auf. Der Kampf um Fragestellungen und Frageformulierungen wurde kontrovers, bisweilen sogar ruppig geführt. Es ging um den knappen Platz in Fragebögen und um Chancen für erfolgversprechende Publikationen. Die Anstrengungen im jährlichen Rhythmus folgten dem Motto: Nach dem Spiel ist vor dem Spiel, oder anders: Nach der Publikation der *Deutschen Zustände* war immer vor der Publikation.

Wenn alljährlich im Sommer die Daten der neuen Erhebung eintrafen, brachen spannende Tage an: Was hatte sich verändert? Welche Ausprägungen der Syndromelemente der *Gruppenbezogenen Menschenfeindlichkeit* hatten sich ergeben? Welche in unseren Konzepten formulierten Annahmen erwiesen sich als irrelevant? Und: Können wir all das theoretisch erklären, müssen wir spekulieren oder kapitulieren? Es waren immer wieder äußerst verdichtete Phasen der Erwartung, Bestätigung und Enttäuschung. Auch die Arbeit an den einzelnen Folgen der Buchreihe – mit wechselnden wissenschaftlichen und journalistischen Autoren – war immer wieder überraschend, auch weil unsere im Lauf der Zeit wechselnden Suhrkamp-Lektoren spezifische Reaktionsformen zeigten. Kurz: Es war jedes Mal ein nervenstrapazierendes Unterfangen unter Zeit- und vor allem Formulierungsdruck, bis das endgültige Manuskript dann im September stand.

Die Rezeptionsgeschichte unseres Projekts ist außerordentlich vielschichtig: Obwohl sich die Syndromelemente der *Gruppenbezogenen Menschenfeindlichkeit* – und so kann man es ja in den einzelnen Bänden nachlesen – äußerst differenziert entwickelten, hörten wir wiederkehrend die Formel vom Boten, der am Ende des Jahres die schlechten Nachrichten überbringt.

Immer wieder wird nach Vorträgen aus dem Publikum die Frage gestellt, ob die offizielle Politik die Ergebnisse denn zur Kenntnis und zum Anlaß für selbstkritische Überlegungen nehme. Unter der rotgrünen Regierung war dies durchaus der Fall, in dieser Phase stießen unsere Befunde auf eine gewisse Resonanz. Das derzeit regierende CDU-FDP-Milieu zeigt, keine große Überraschung, keinerlei Interesse.

Rekapituliert man die über ein ganzes Jahrzehnt hinweg immer wiederkehrende Arbeit, den damit verbundenen Druck im Hinblick auf die Sicherung der wissenschaftlichen Qualität und die pünktliche Einhaltung technischer Produktionsabläufe, das Interesse an öffentlichen Präsentationen sowie die ausgelösten Kontroversen, so ergibt sich nach zehn Jahren eine ambivalente Bilanz, die mehr Fragen aufwirft, als sie Antworten bereithält. Dies ist in der Wissenschaft auch bei kürzeren, drei- bis fünfjährigen Projekten kaum anders: Oft weiß man erst am Ende, welche Fragen wirklich wichtig sind.

7.

Was bleibt? Es war ein spannendes, vor allem ein unruhiges Jahrzehnt, das dieses Land verändert und immer wieder emotional aufgewühlt hat. Dasselbe gilt für mich und meine wissenschaftliche Arbeit, denn wer hat schon die Gelegenheit, zusammen mit zahlreichen hochengagierten Kolleginnen und Kollegen im jährlichen Rhythmus eine Studie über gesellschaftliche, über deutsche Zustände durchzuführen. Der Titel der Buchreihe ist von Heinrich Heine entlehnt, der aus dem Pariser Exil unter dem Titel »Französische Zustände« Beiträge für die *Augsburger Allgemeine Zeitung* verfaßte. In seinem Vorwort schrieb Heine damals, es gehe ihm in diesen Arbeiten um »Berichterstattungen«, die »das Verständnis der Gegenwart beabsichtigen. Wenn wir es dahin bringen, daß die große Menge die Gegenwart versteht, so lassen die Völker sich nicht mehr von den Lohnschreibern der Aristokratie zu Haß und Krieg verhetzen.« Das war – *mutatis mutandis* – auch das Programm der nun mit der zehnten Folge abgeschlossenen Reihe *Deutsche Zustände*.

Literatur

Beck, U./Bonß, W., »Verwissenschaftlichung ohne Aufklärung? Zum Strukturwandel von Sozialwissenschaft und Praxis«, in: Beck, U./Bonß, W. (Hg.), *Weder Sozialtechnologie noch Aufklärung? Analysen zur Verwendung sozialwissenschaftlichen Wissens*, Frankfurt am Main 1989, S. 7-45.
Kleiner, M., »Deshalb Erkenntnistransfer«, in: *forschung. Das Magazin der Deutschen Forschungsgemeinschaft* 3/2010, S. II-VIII.

Schmidt, H., »Verantwortung der Forschung im 21. Jahrhundert«, Festrede anläßlich des einhundertsten Jubiläums der Kaiser-Wilhelm-Gesell- schaft/Max-Planck-Gesellschaft am 11. Januar 2011 in Berlin; online verfügbar unter: {http://www.mpg.de/990353/Verantwortung_der_ Forschung} (Stand August 2011).

Die Autorinnen und Autoren

Asbrock, Frank, 36, Dr., Arbeitsgruppe Sozialpsychologie der Universität Marburg.

Blaschke, Ronny, 30, Journalist und Schriftsteller.

Borstel, Dierk, 38, Dr., Dipl.-Pol., Institut für interdisziplinäre Konflikt- und Gewaltforschung, Universität Bielefeld.

Christ, Oliver, 37, Dr. rer. nat., Dipl.-Psych., Fachbereich Psychologie, Universität Marburg.

Gosen, Stefanie, 26, Dipl.-Soz., Promotionsstipendiatin im DFG-Graduiertenkolleg *Gruppenbezogene Menschenfeindlichkeit*, Universität Marburg.

Grau, Andreas, 32, Dipl.-Soz., Institut für interdisziplinäre Konflikt- und Gewaltforschung, Universität Bielefeld.

Groß, Eva, 34, Dipl.-Soz., M. A., Institut für interdisziplinäre Konflikt- und Gewaltforschung, Universität Bielefeld.

Heitmeyer, Wilhelm, 66, Prof. Dr., Leiter des Instituts für interdisziplinäre Konflikt- und Gewaltforschung, Universität Bielefeld.

Hövermann, Andreas, 27, Dipl.-Soz., Institut für interdisziplinäre Konflikt- und Gewaltforschung, Universität Bielefeld.

Hofmann, Gunter, 68, Dr., *Die Zeit*, Berlin.

Issmer, Christian, 27, Dipl.-Psych., Arbeitsgruppe Sozialpsychologie und Graduiertenkolleg *Gruppenbezogene Menschenfeindlichkeit*, Universität Marburg.

Jansen, Frank, 52, Politikwissenschaftler, Reporter beim *Tagesspiegel*, Berlin.

Kahane, Anetta, 57, Sozialwissenschaftlerin, Vorsitzende der Amadeu Antonio Stiftung, Berlin.

Kauff, Mathias, 27, Dipl.-Psych., Graduiertenkolleg *Gruppenbezogene Menschenfeindlichkeit*, Universität Marburg.

Klein, Anna, 32, Dipl.-Päd., Institut für interdisziplinäre Konflikt- und Gewaltforschung, Universität Bielefeld.

Krause, Daniela, 30, Dipl.-Soz., Institut für interdisziplinäre Konflikt- und Gewaltforschung, Universität Bielefeld.

Küpper, Beate, 43, Prof. Dr., Hochschule Niederrhein, Mönchengladbach.

Leibold, Jürgen, 43, Dr., Methodenzentrum Sozialwissenschaften, Universität Göttingen.

Lucke, Albrecht von, 44, Jurist und Politikwissenschaftler, Redakteur der *Blätter für deutsche und internationale Politik*, Berlin.

Mansel, Jürgen, 56, apl. Prof. Dr., Institut für interdisziplinäre Konflikt- und Gewaltforschung, Universität Bielefeld.

Pettigrew, Thomas F., 80, Prof., University of California, Santa Cruz, USA.

Reinecke, Jost, 54, Prof. Dr., Fakultät für Soziologie, Universität Bielefeld.

Schmidt, Peter, 69, Prof. Dr., DFG-Graduiertenkolleg *Gruppenbezogene Menschenfeindlichkeit*, Universität Marburg, und State Research University Higher School of Economics, Moskau.

Spaiser, Viktoria, 30, M. A., Bielefeld Graduate School in History and Sociology, Universität Bielefeld.

Sundermeyer, Olaf, 38, recherchierender Journalist und Buchautor, Berlin.

Thörner, Stefan, 26, Dipl.-Soz., Promotionsstipendiat im DFG-Graduiertenkolleg *Gruppenbezogene Menschenfeindlichkeit*, Universität Marburg.

Wagner, Ulrich, 60, Prof. Dr., Arbeitsgruppe Sozialpsychologie der Universität Marburg.

Zick, Andreas, 49, Prof. Dr., Institut für interdisziplinäre Konflikt- und Gewaltforschung, Universität Bielefeld.

Deutsche Zustände

Verzeichnis der empirischen GMF-Analysen in den Folgen 1 bis 9

Deutsche Zustände. Folge 1 (2002)

Deutsche Zustände. Folge 2 (2003)

Deutsche Zustände. Folge 3 (2005)

Deutsche Zustände. Folge 4 (2006)

Deutsche Zustände. Folge 5 (2007)

Deutsche Zustände. Folge 6 (2008)

Deutsche Zustände. Folge 9 (2010)

Suhrkamp Verlag GmbH
Torstraße 44, 10119 Berlin
info@suhrkamp.de
www.suhrkamp.de